Comment dessiner des animaux de manière photoréaliste

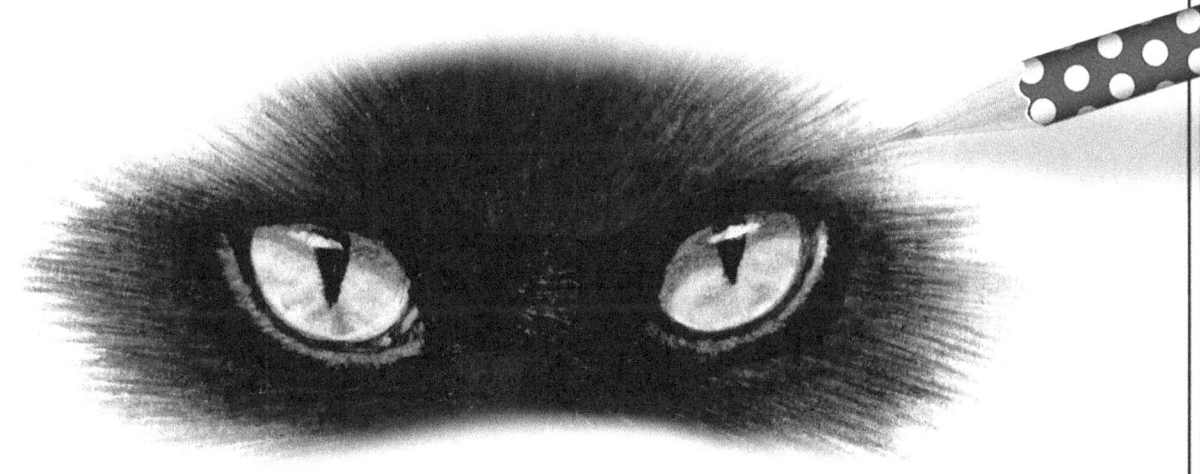

Dessin à partir de photos de référence por Jasmina Susak

À l'intérieur du Livre :
une Collection des Dessins que vous Maîtriserez

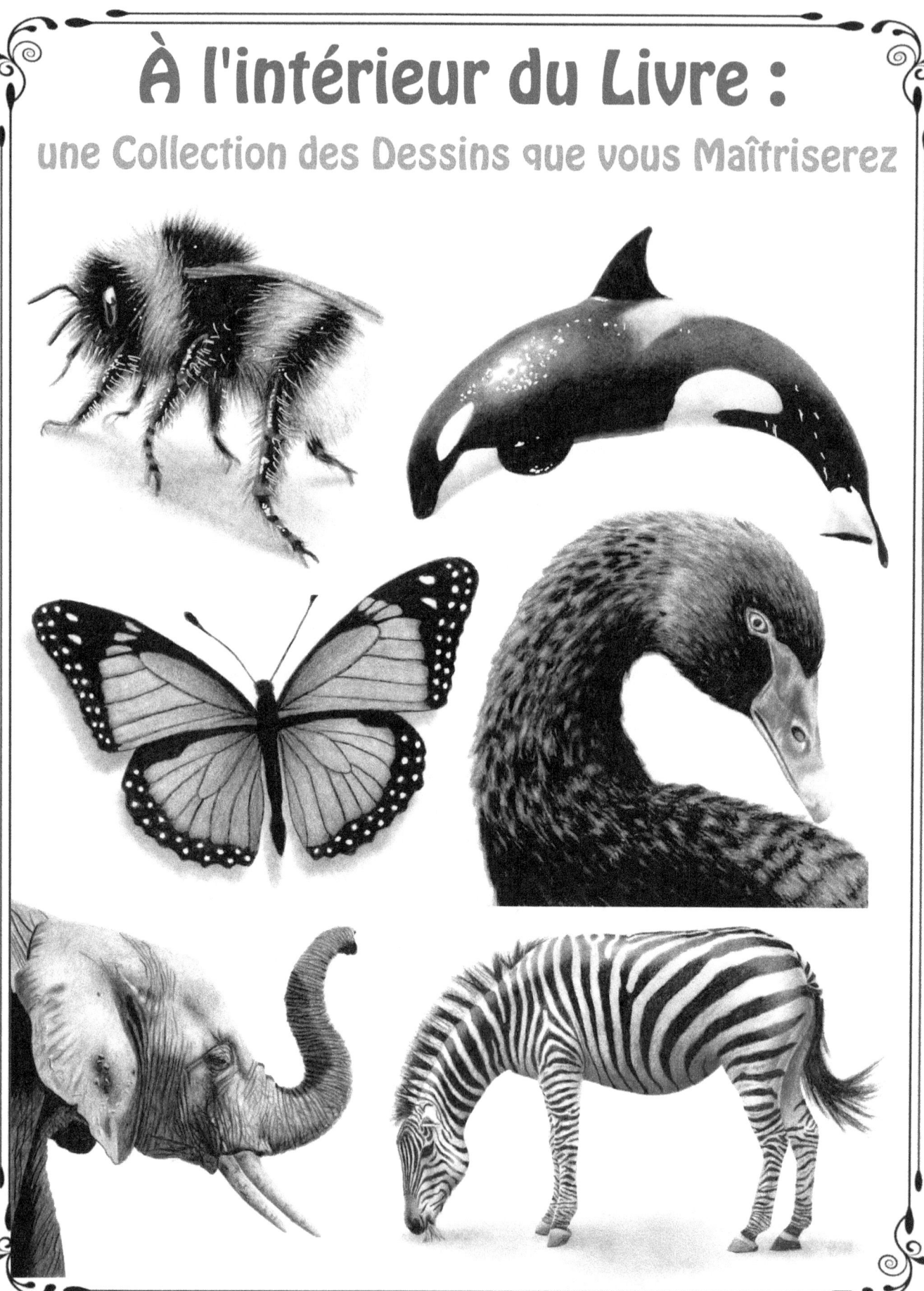

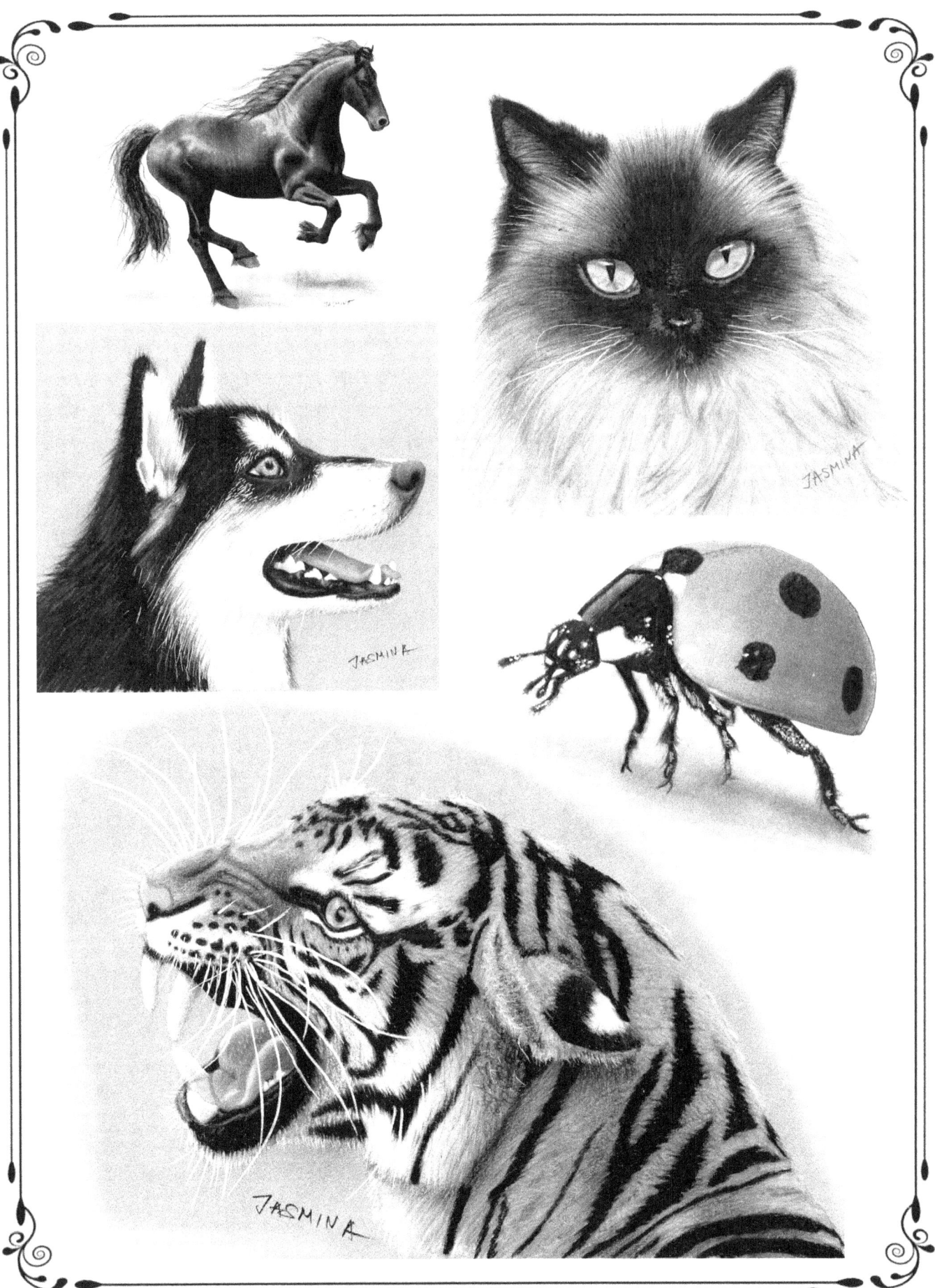

Copyright

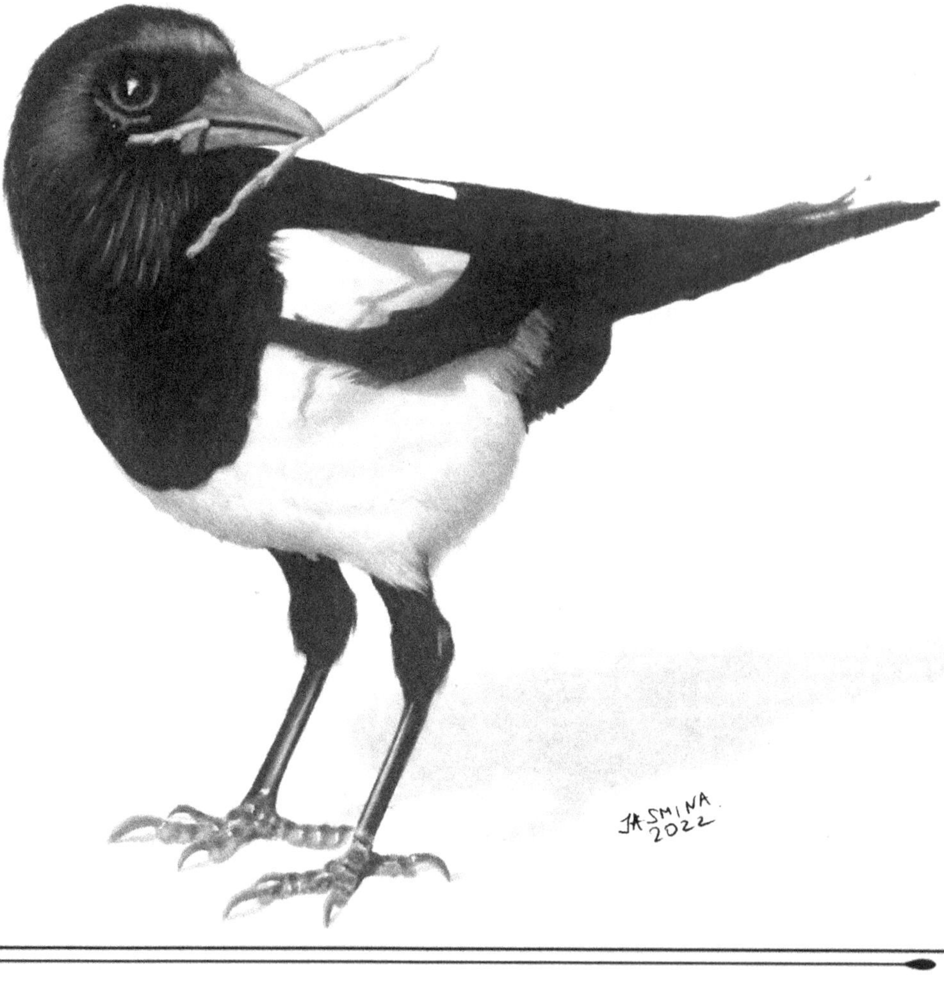

Dédicace

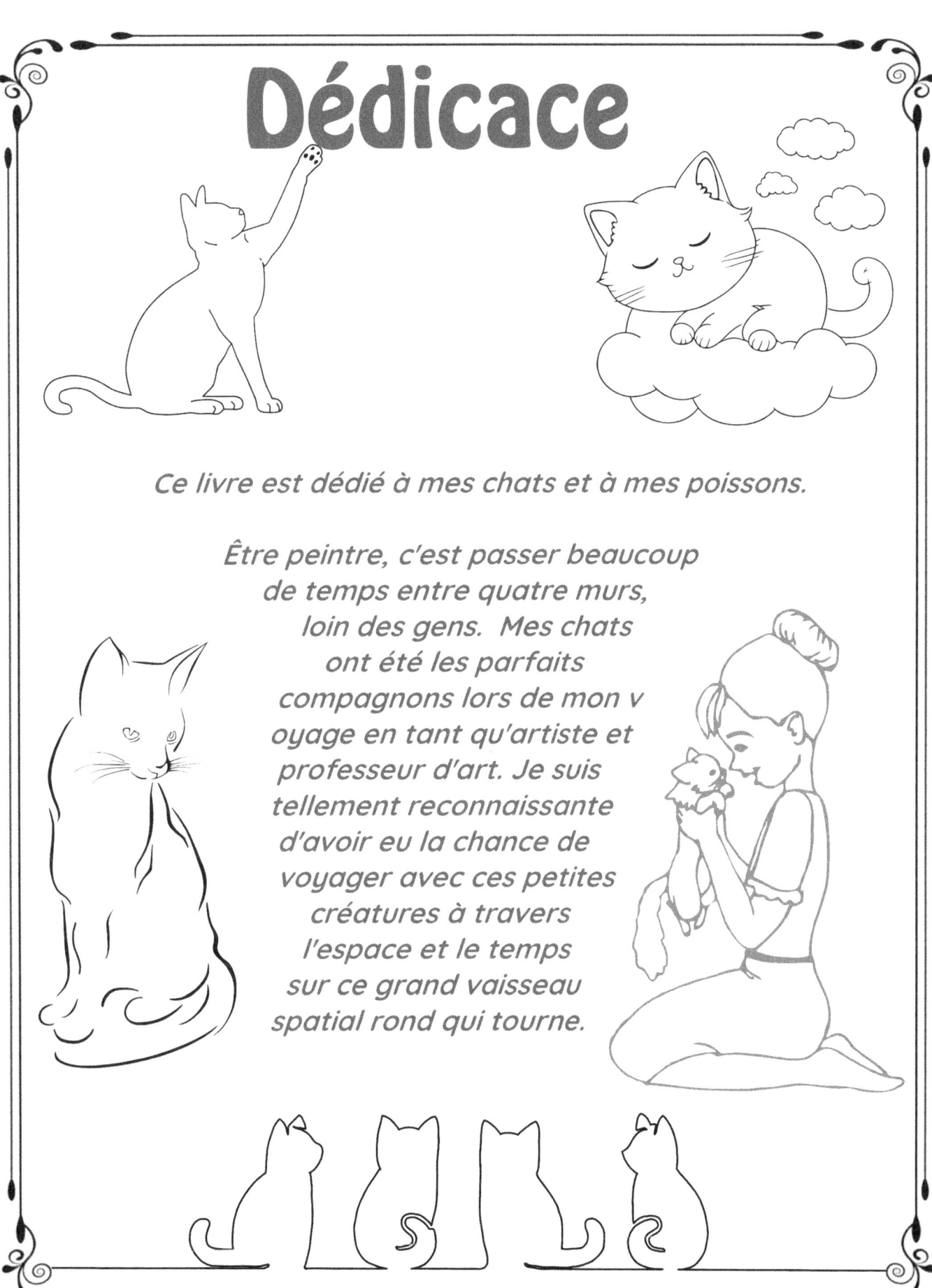

Ce livre est dédié à mes chats et à mes poissons.

Être peintre, c'est passer beaucoup
de temps entre quatre murs,
loin des gens. Mes chats
ont été les parfaits
compagnons lors de mon v
oyage en tant qu'artiste et
professeur d'art. Je suis
tellement reconnaissante
d'avoir eu la chance de
voyager avec ces petites
créatures à travers
l'espace et le temps
sur ce grand vaisseau
spatial rond qui tourne.

Table des Matières

Introduction

Mon aspiration ultime a toujours été de créer des dessins photoréalistes. Si c'est aussi votre but, alors ce livre est spécialement conçu pour vous. On me pose souvent la question : "Pourquoi ne pas simplement prendre une photo ?" Ma réponse est simple : "Parce que c'est facile, et nous aimons travailler dur !"

Dessiner à partir de photos de référence n'est pas une tâche facile. Même avec plus d'une décennie d'expérience dans ce domaine, je trouve toujours difficile de reproduire une photo avec une précision absolue, même si vu de l'extérieur cela semble facile. Lorsqu'on observe un dessin créé à partir d'une photo de référence, il devient évident que l'artiste a utilisé la référence pour représenter avec précision la position des caractéristiques faciales et autres éléments et leurs relations. Il est difficile pour quiconque de se fier uniquement à sa mémoire pour déterminer les proportions précises d'un animal ou capturer ses détails exacts. Utiliser des photos de référence garantit une représentation plus réaliste et proportionnelle, à moins que l'intention ne soit de créer une œuvre d'art abstraite ou aux proportions moins réalistes.

Bienvenue donc dans ce guide conçu pour vous aider à faire passer vos dessins au niveau supérieur. Ce livre suppose que vous avez déjà une certaine expérience en dessin, et vise à affiner et à améliorer vos compétences existantes. L'accent est mis ici sur la construction d'une base, en sortant de votre zone de confort et en explorant des techniques plus complexes et avancées.

Il est crucial de comprendre que maîtriser le dessin est un processus graduel. Vos premières tentatives pourront ne pas être parfaites, mais il est important de ne pas vous décourager.

En progressant et en comparant vos premiers travaux avec les plus récents, vous constaterez de remarquables améliorations. En persévérant et en affinant régulièrement vos compétences, la qualité de vos réalisations augmentera. Avec le temps et la pratique, vos compétences progresseront naturellement, entraînant une croissance remarquable.

Pour garantir une base solide, nous commencerons par des dessins plus simples comme échauffements avant de passer progressivement à des projets plus complexes et détaillés. Je vous conseille de ne pas vous précipiter d'étape en étape. Ne passez à l'étape suivante que lorsque vous êtes satisfait des résultats de l'étape précédente, ne vous dites pas que vous l'améliorerez plus tard.

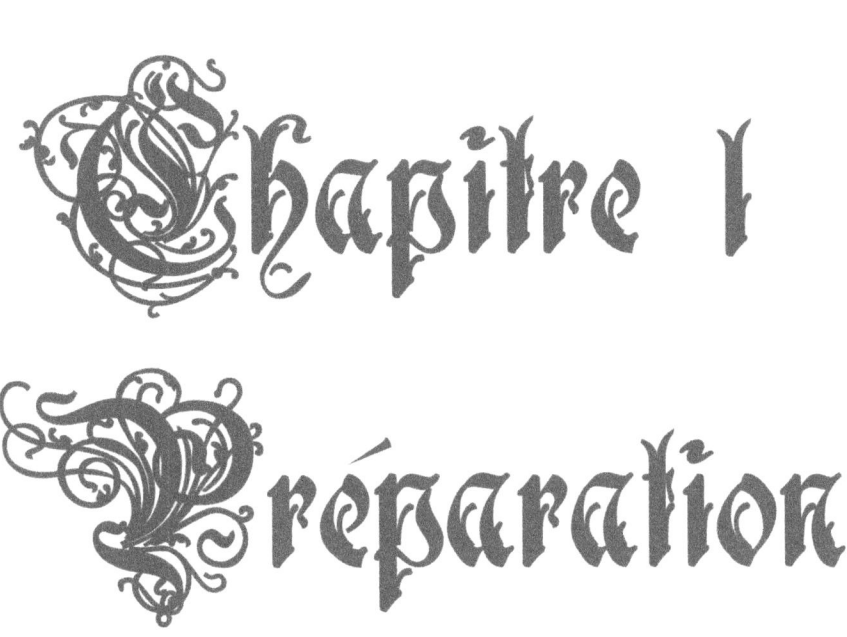

Chapitre 1
Préparation

Fournitures d'Art Essentielles

Lorsqu'il s'agit d'outils de dessin, il n'y a pas de réponse universelle qui convienne à tout le monde. Chaque artiste a ses propres préférences et besoins uniques. En fonction des résultats spécifiques que vous visez à obtenir, un large éventail de fournitures de dessin est disponible pour que vous puissiez choisir.

Dans ce chapitre, je vise à fournir une liste complète des outils et des matériaux qui seront utilisés tout au long des tutoriels de ce livre. Il est important de noter que la mention de marques spécifiques est purement basée sur les préférences personnelles et ne signifie pas qu'elles sont supérieures à d'autres options.

Je tiens à souligner que je ne suis affiliée à aucune des marques mentionnées, et je ne bénéficie d'aucun parrainage de leur part. Bien que j'utilise personnellement et apprécie ces marques particulières, je vous encourage à explorer et à choisir les marques qui correspondent à vos propres préférences. Cependant, je vous recommande d'opter pour des marques établies pour garantir la qualité et la durabilité des produits que vous achetez.

Investir dans des matériaux légèrement plus chers peut améliorer votre expérience artistique globale et donner de meilleurs résultats par rapport à l'utilisation d'outils de moindre qualité. N'oubliez pas que travailler avec des matériaux fiables et agréables peut avoir un impact positif sur votre processus créatif.

Crayons Graphite

Avant tout, je tiens à souligner la flexibilité et l'adaptabilité du médium que vous choisissez pour ces tutoriels. Bien que les crayons graphite soient couramment utilisés, n'hésitez pas à explorer d'autres options telles que le fusain ou les crayons de couleur gris. L'essentiel est de choisir le médium qui vous parle. Le fusain offre une texture riche et expressive, permettant des effets audacieux et dramatiques. D'un autre côté, les crayons de couleur gris offrent une approche plus contrôlée et précise tout en offrant une large gamme de valeurs.

Ainsi, que vous optiez pour le fusain, les crayons graphite ou les crayons de couleur gris, rappelez-vous que les techniques et les principes abordés dans ces tutoriels peuvent être appliqués à différents médiums. Adoptez le médium qui vous parle et encourage votre exploration artistique.

Pour ces tutoriels, je préfère personnellement et utiliserai les crayons Pitt Graphite Matt de Faber-Castell. Ces crayons particuliers offrent l'avantage unique d'avoir une finition mate, éliminant tout reflet indésirable de la lumière. Cette caractéristique les rend idéaux pour les artistes qui préfèrent une surface non réfléchissante.

Ce qui distingue ces crayons, c'est que Faber-Castell a élargi sa gamme pour inclure des teintes encore plus sombres comme 10B, 12B et 14B, dépassant la teinte la plus foncée auparavant, 9B. Cette gamme plus large permet une plus grande profondeur et intensité dans vos dessins.

Les crayons Pitt Graphite Matt sont disponibles en huit degrés de dureté : HB, 2B, 4B, 6B, 8B, 10B, 12B et 14B. Étant donné qu'il n'y a pas de valeurs plus claires que HB, vous pouvez soit utiliser leurs crayons normaux, soit un crayon HB avec une pression légère pour obtenir des tons plus clairs. Il n'est pas nécessaire d'acheter les huit crayons ; HB, 2B et 14B suffiront.

En variant la pression que vous appliquez en dessinant, vous pouvez créer une large gamme de tons. Je vous recommande vivement de pratiquer et d'expérimenter avec différentes pressions pour vous familiariser avec les possibilités offertes par ces crayons.

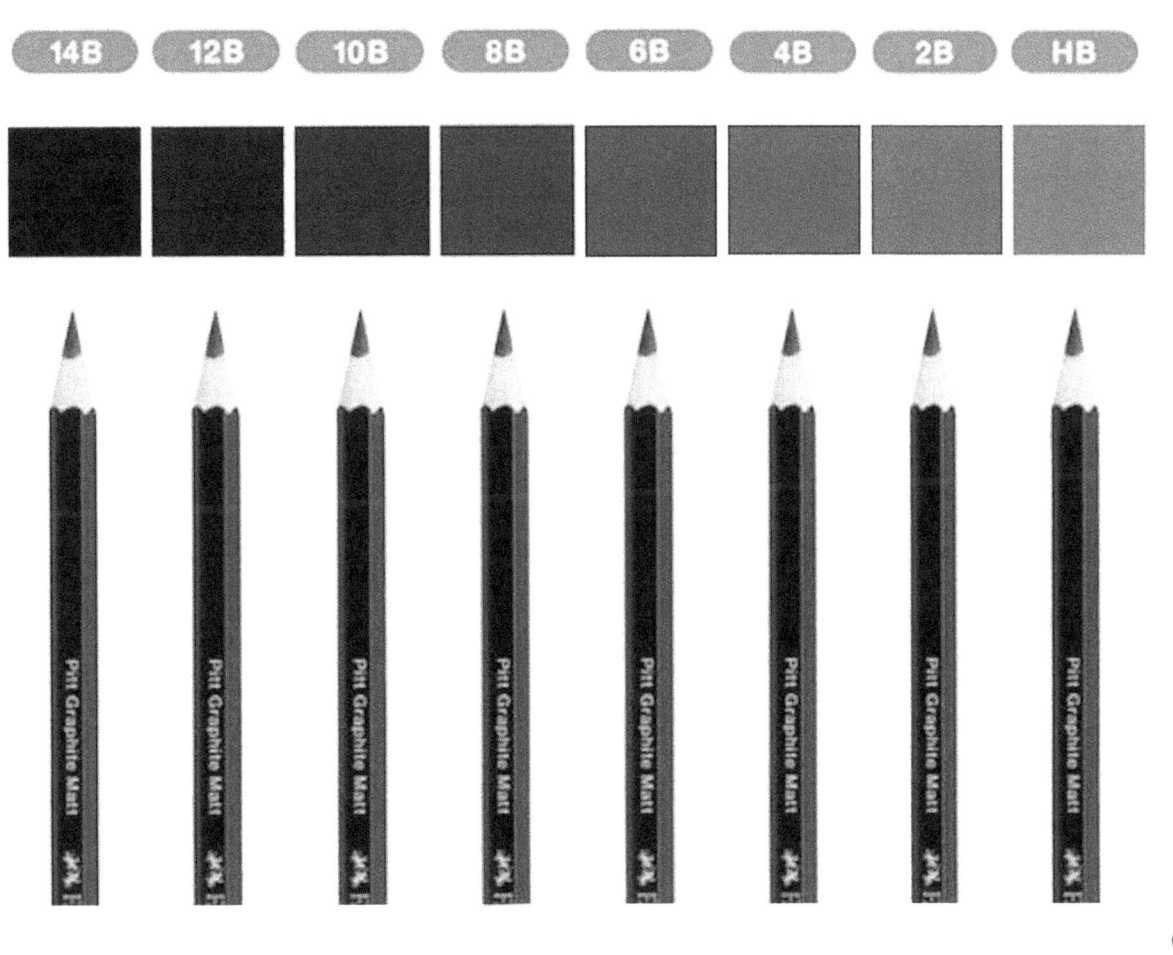

Papier

Pour obtenir des résultats optimaux, le choix du papier ne doit pas être négligé. Travailler avec un papier plus épais est crucial pour éviter les plis et les déchirures, qui peuvent être très frustrants pendant le processus de dessin.

Au cours de la dernière décennie, j'ai constamment fait confiance au papier Fabriano Bristol pour mes dessins au crayon de couleur et au graphite, et il ne m'a jamais déçu. Ce papier affiche un grammage de 250 g/m², ce qui le rend exceptionnellement épais et robuste. Son poids substantiel et son épaisseur lui ont valu le surnom de "carton à dessin".

Certains artistes préfèrent un papier texturé ou légèrement jaunâtre, mais ma préférence personnelle va vers une surface lisse et d'un blanc pur. Cela permet un contrôle précis et une esthétique propre dans mes dessins. Gardez à l'esprit que tout papier Bristol peut être un excellent choix, tant qu'il répond à vos. Pour tous les dessins de ce livre, j'utiliserai le format de papier A4 (210 x 297 mm).

N'oubliez pas que le choix du bon papier pose les bases de votre œuvre, garantissant une expérience de dessin satisfaisante et agréable.

Outils pour le Mélange

Lorsqu'il s'agit de mélanger de grandes zones dans mes dessins, je trouve qu'un simple mouchoir blanc enroulé autour de mon doigt est un outil fiable. Il est important de noter que le mouchoir doit être simple et dépourvu d'hydratants, de couleurs ou de parfums. Opter pour un mouchoir blanc basique garantit un processus de mélange propre et efficace. Lorsque je m'attaque à des zones plus petites nécessitant plus de précision, je me tourne vers des estompes ou des tortillons. Ces outils en forme de crayon, fabriqués à partir de papier, sont à la fois abordables et très efficaces. Ils permettent un mélange contrôlé, ce qui les rend parfaits pour obtenir des transitions subtiles et adoucir les contours des détails complexes.

Quand un équilibre entre précision et couverture plus large est nécessaire, je compte sur la polyvalence des cotons-tiges. Facilement disponibles, ils offrent une option pratique et accessible pour obtenir des effets de mélange intermédiaires.

J'utilise fréquemment le crayon mélangeur incolore Prismacolor Premier pour les dessins au graphite et aux crayons de couleur. Cet outil polyvalent à base de cire adoucit sans effort les contours et crée une apparence duveteuse, comme le montrent les tutoriels, y compris celui mettant en scène un chat Ragdoll.

USA &SANFORD. PRISMACOLOR Blender Incoloro PC1077 Colorless Blender

Gommes

Les gommes jouent un rôle vital lors du travail avec des crayons graphite : ils servent non seulement à corriger les erreurs, mais aussi à créer des reflets dans les zones ombrées. Avec une variété de gommes à ma disposition, je peux obtenir différents résultats. Les gommes sont donc des outils essentiels dans mon processus artistique.

J'utilise plusieurs types de gommes pour obtenir des résultats et des textures spécifiques en effaçant le graphite. Ma collection comprend une gomme simple, une gomme malaxée, une gomme mécanique et une gomme électrique.

Lorsqu'il s'agit d'effacer une section dans une zone particulièrement sombre, une gomme malaxée peut se révéler inefficace. Dans de tels cas, j'utilise la gomme électrique, qui excelle à retirer efficacement le graphite, même dans les ombres profondes. Sa précision et son efficacité en font un outil inestimable.

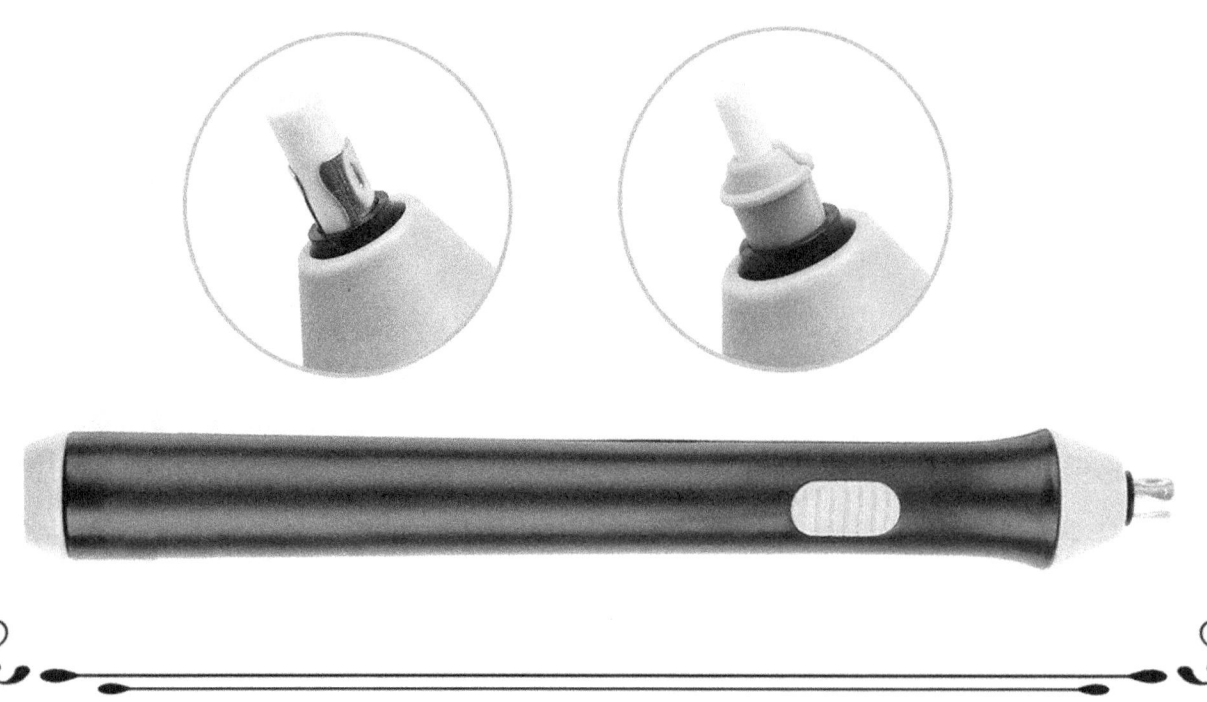

Pour des effacements plus légers et progressifs, surtout lorsque vous visez des détails délicats, la nature malléable d'une gomme malaxée est idéale. Sa capacité à soulever doucement le graphite permet des ajustements subtils sans perturber les zones environnantes.

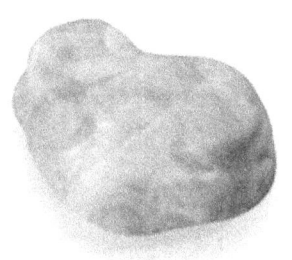

Dans les cas où je cherche un compromis entre la précision et la facilité, la gomme mécanique me paraît être la meilleure option. Sa nature rétractable et sa précision me permettent d'effacer sélectivement avec contrôle, en obtenant l'effet désiré avec facilité.

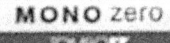

Outils Additionnels

En plus des outils mentionnés précédemment, quelques autres éléments essentiels contribuent grandement à mon processus de dessin :

<u>Taille-crayon</u> : Un taille-crayon manuel simple est indispensable pour maintenir une pointe fine sur mes crayons.

<u>Pinceau de nettoyage</u> : Pour enlever la poudre de graphite et la poussière de mon papier, j'utilise un gros pinceau de maquillage. Ses poils doux éliminent efficacement les résidus indésirables sans risque de brouillage ou de laisser des empreintes digitales sur l'œuvre. Laver régulièrement le pinceau et le sécher correctement garantit sa propreté et son efficacité pour une utilisation future.

<u>Poudre de graphite</u> : Pour ombrer de grandes surfaces ou créer des arrière-plans atmosphériques, la poudre de graphite est une ressource précieuse. Elle peut être achetée facilement ou fabriquée en frottant la pointe d'un crayon graphite contre du papier de verre. La poudre ainsi obtenue permet des techniques d'ombrage lisses et polyvalentes, ajoutant profondeur et dimension à l'œuvre.

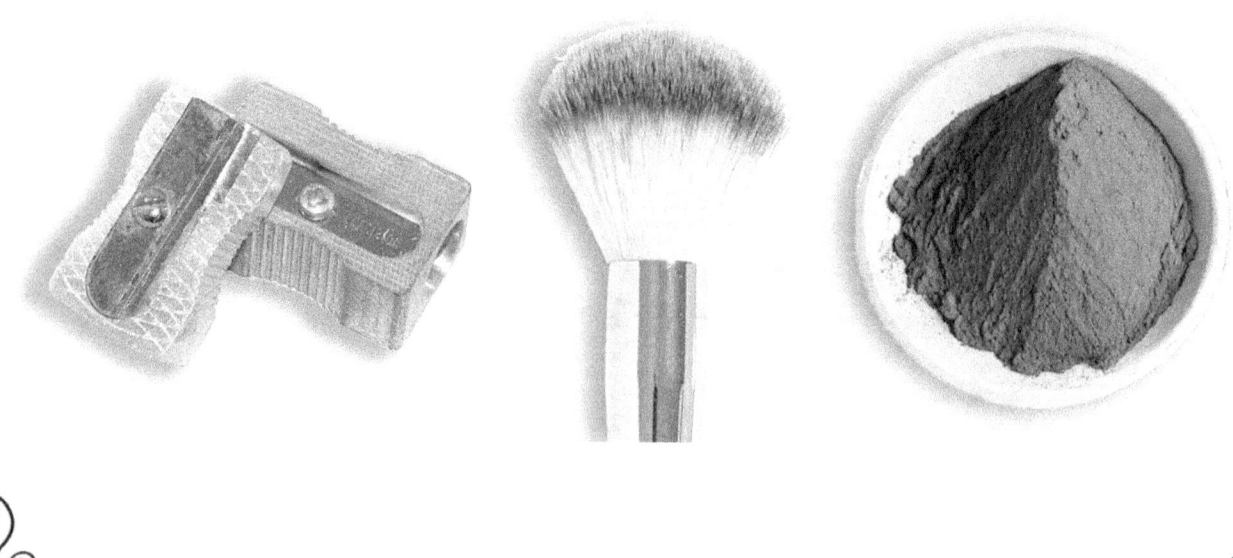

Outils de Masquage : Quand je veux préserver des zones spécifiques lorsque j'ombre ou je dessine, j'utilise le Frisket Masking Film. Ce film me permet de couvrir facilement les régions souhaitées et peut être retiré sans causer de dommages. Bien qu'un ruban de masquage ordinaire ou du papier découpé puisse remplir la même fonction, opter pour un film autoadhésif spécialement conçu à cet effet offre une commodité supplémentaire. Cette marque, très appréciée des artistes, s'est avérée fiable et je la recommande fortement.

Stylo à encre gel blanc : J'utilise souvent un stylo à encre gel blanc ou un Gelly Roll blanc pour ajouter des détails blancs complexes à mes dessins, surtout lorsque l'obtention d'un blanc pur est difficile. Par exemple, lors de la réalisation de moustaches, je préfère utiliser ce stylo plutôt que d'ombrer autour de petites lignes qui doivent rester intactes jusqu'à la fin du dessin pour conserver leur luminosité. Les gommes, quant à elles, ne peuvent pas créer les lignes précises nécessaires aux moustaches et ne peuvent pas enlever suffisamment de graphite pour obtenir un résultat vraiment blanc. Cet outil polyvalent facilite grandement le processus et donne de meilleurs résultats. Si vous n'avez pas de stylo à encre gel blanc, n'importe quel marqueur blanc opaque ou même un correcteur liquide peut remplir la même fonction lorsqu'il est appliqué sur du graphite ou le médium de votre choix.

Le papier de verre

Le papier de verre est un outil polyvalent que j'ai toujours à portée de main lors de mes entreprises artistiques. Il sert à plusieurs fins, notamment à aiguiser les pointes de mes crayons et à nettoyer à la fois les pointes de crayon et les gommes électriques. De plus, je compte sur le papier de verre pour créer une pointe précise sur ma gomme électrique. Pour ce faire, je l'allume simplement et je la fais passer à un angle de 45 degrés sur le papier de verre. Cette technique garantit une pointe nette et précise, permettant d'effacer avec précision lorsque je travaille sur des zones détaillées de mes dessins.

Pour aiguiser les pointes de mes crayons, je les tourne doucement contre le papier de verre, en veillant à obtenir une pointe précise et fine. La surface abrasive du papier de verre élimine efficacement l'excès de graphite et aide à maintenir les performances optimales du crayon.

Le papier de verre peut également servir à créer votre propre poudre de graphite.

Types de Traits

Différentes textures nécessitent des types de traits et des techniques d'ombrage spécifiques pour obtenir les effets souhaités. Ici, je vais brièvement vous présenter quelques-uns des types de traits essentiels et vous fournir des images d'exemple.

<u>Hachures</u>

Les hachures consistent à appliquer des lignes parallèles qui ne se croisent pas pour couvrir une zone complètement ou partiellement. Cette technique est idéale pour dessiner des cheveux bouclés humains ou la fourrure longue et brillante d'un animal, comme la crinière droite d'un cheval.

Pour illustrer cette technique, référez-vous à l'image ci-dessous.

Dans la première étape (1), à l'aide d'un crayon 2B, dessinez des lignes vers le point lumineux de la boucle, en ciblant spécifiquement la section centrale où les cheveux se plient. Appliquez une pression ferme du côté gauche, dans la zone la plus sombre, et déplacez-vous progressivement vers le point lumineux en relâchant la pression sur le crayon.

Ensuite, dans la deuxième étape (2), répétez le processus du côté opposé. Commencez par une pression ferme et allégez progressivement votre pression à mesure que vous approchez de la zone que vous avez précédemment dessinée. Laissez un peu d'espace vide entre les lignes. La taille de l'espace vide détermine la taille et l'éclat des boucles. Pour de petites boucles, laissez une petite quantité d'espace vide.

Dans la troisième étape (3), ajoutez plus d'ombre en couvrant l'extrémité de la boucle avec une teinte beaucoup plus sombre, comme un crayon 8B. Appliquez une pression ferme au début et relâchez progressivement au fur et à mesure que vous dessinez les lignes vers le point lumineux.

Enfin, dans la quatrième étape (4), utilisez une estompe pour mélanger les extrémités des traits avec le point lumineux. Pour ajouter plus de réalisme, créez des cheveux rebelles désordonnés en effaçant le graphite dans différentes parties du dessin. Cette technique donnera une boucle de cheveux brillante. Il est important de noter que, dans ce cas, nous n'utilisons pas le hachurage croisé ou la technique du circulisme, que je discuterai plus en détail ultérieurement.

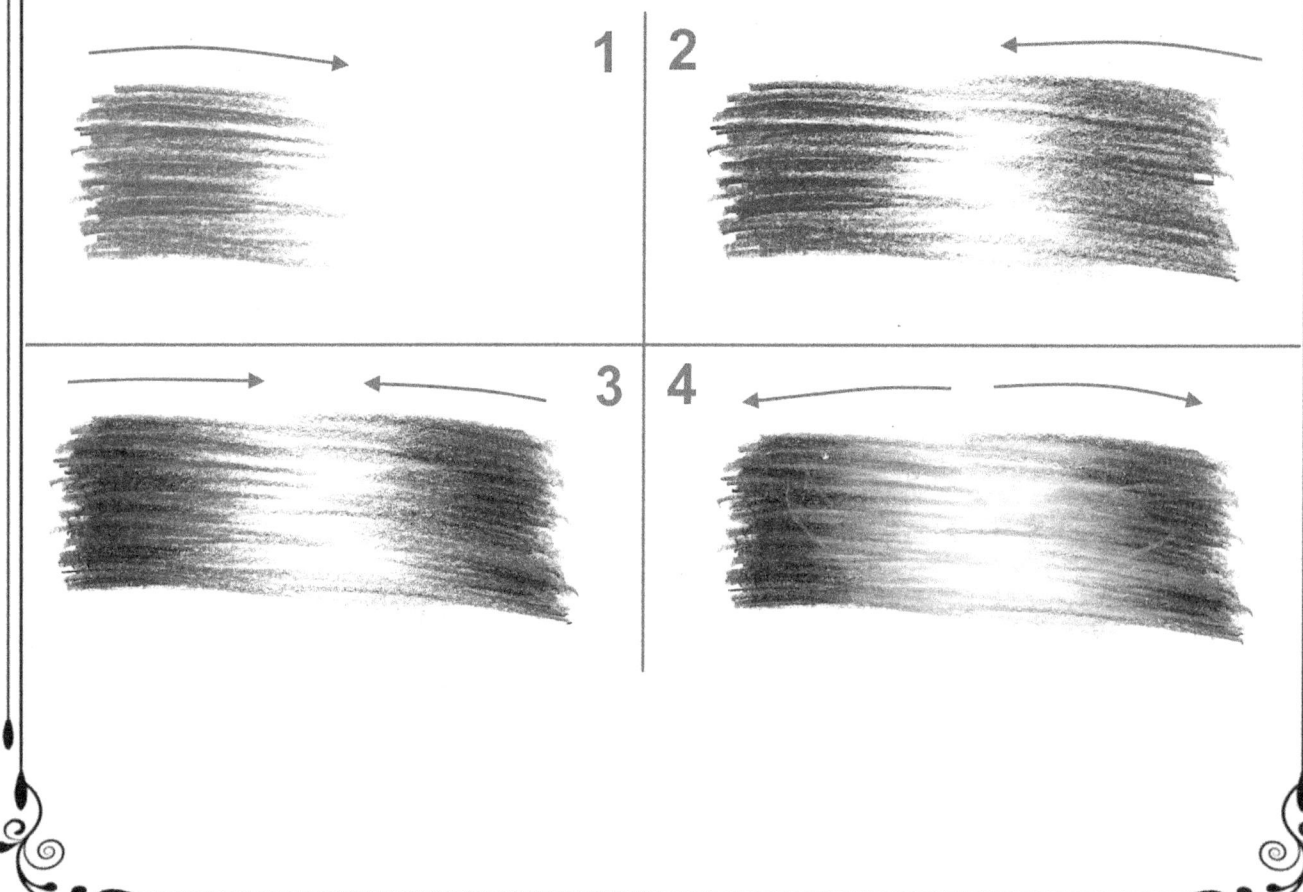

Hachures croisées

Les hachures croisées sont une tech
nique précieuse pour créer une large
gamme de textures, en particulier
pour les tissus et autres surfaces
complexes. Pour obtenir cet effet,
commencez par appliquer des
traits de crayon parallèles proches les uns des autres dans une
direction. Ensuite, superposez un
autre ensemble de lignes, perpen-
diculaire (angle de 90 degrés) aux traits initiaux.

Le pointillisme

Le pointillisme est une technique qui
consiste à créer un motif de nombreux
points à la surface du papier. Certains
artistes créent même des œuvres
entières en utilisant uniquement le
pointillisme. Lorsque l'on utilise le
pointillisme pour créer des ombres,
les points sont placés plus près les uns
des autres dans les zones ombragées, et
légèrement plus espacés dans les zones éclairées.
Cette technique est particulièrement utile lorsque l'on travaille
avec des crayons qui ne produisent pas une texture lisse, peu
importe la pression exercée. Le pointillisme nous permet
d'équilibrer la texture en appliquant un peu dans les zones plus
claires, ce qui crée un effet d'ombrage progressif et contrôlé

sans transitions soudaines ni erreurs. Il offre une approche méthodique et précise pour créer des textures et des tons réalistes dans nos dessins. Il est également crucial de prendre en compte la finesse ou l'émoussement de la pointe du crayon lorsque l'on vise des textures spécifiques. Une pointe de crayon très affûtée peut créer des détails précis et fins, tandis qu'une pointe totalement émoussée peut produire des traits plus larges et plus doux. En ajustant la finesse de la pointe du crayon, nous avons un meilleur contrôle sur les textures que nous souhaitons obtenir dans nos dessins. Cela nous permet de varier le niveau de détail et de créer différents effets visuels, améliorant ainsi le réalisme et l'expression globale de notre œuvre.

Gribouillage

Le gribouillage est une technique qui consiste à dessiner des lignes de manière aléatoire et non structurée pour couvrir une zone spécifique. Avec le gribouillage, vous avez la liberté de laisser libre cours à votre créativité et de créer des marques spontanées. Une fois que vous avez terminé de gribouiller, vous pouvez mélanger les lignes à l'aide d'un mouchoir ou d'un estompe, ce qui crée un effet unique et texturé. Cette technique peut être particulièrement utile pour créer certaines textures dans votre œuvre.

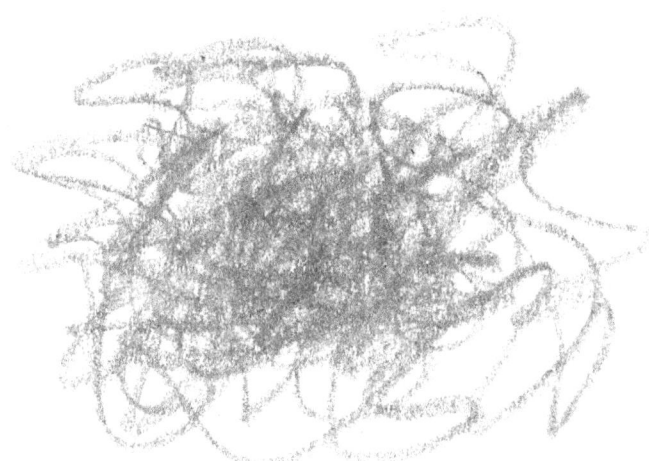

Circulisme

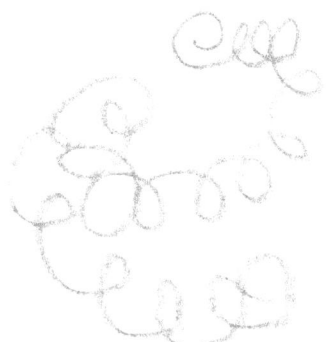

Le circulisme est une méthode qui consiste à dessiner des cercles qui se chevauchent, comme le montre l'image ci-dessous. Bien que cet exemple permettent de comprendre la technique, en pratique, les cercles doivent être beaucoup plus rapprochés et répétés jusqu'à obtenir une texture uniforme.

Maintenant, dessinons des cercles qui se chevauchent à plusieurs reprises. Jetez un coup d'œil à l'image ci-dessous pour voir le résultat final. En dessinant des cercles les uns par-dessus les autres, nous pouvons recouvrir entièrement le papier et créer une texture lisse, particulièrement utile pour dessiner la peau humaine et des textures similaires.

Personnellement, j'utilise cette technique et je la recommande vivement pour obtenir une texture fluide et sans lignes visibles. Il est important d'utiliser un papier de bonne qualité, lisse et épais, capable de supporter plusieurs couches de coloration à pression forte. Un papier fin peut s'effriter et se déchirer lors de l'utilisation de nombreuses couches de cercles superposés.

Dégradé fluide

Dans le domaine des dessins réalistes, il est primordial de maîtriser l'art de créer un dégradé fluide. Cette technique consiste à connecter sans rupture les tons sombres, moyens et clairs de manière à ce qu'aucune bordure ne soit visible entre eux. Les nuances doivent se fondre gracieusement les unes dans les autres, créant une transition fluide. Une fois que vous aurez maîtrisé le dégradé lisse, les possibilités de dessin réaliste seront illimitées.

Pour pratiquer cette technique, je vous encourage à ombrer une surface plate, comme le montre l'image ci-dessous. Je n'aborderai pas l'ombrage d'une sphère dans ce livre, car il s'agit d'un sujet largement exploré, mais je crois qu'il est important de renforcer l'importance de pratiquer le dégradé fluide. Il sert de base pour créer des textures et des volumes réalistes.

La clé pour obtenir une transition douce entre les différentes couleurs de graphite, c'est d'ajuster la pression exercée sur votre crayon. Sur l'image de gauche, j'ai utilisé des crayons 2B, HB, H, 3H et 5H côte à côte, en maintenant une pression constante. Sur le côté droit, j'ai commencé avec un crayon 2B en appliquant une pression ferme sur le côté gauche du dessin. À mesure que je me déplaçais vers la zone la plus claire à droite, j'ai progressivement relâché la pression sur mon crayon.

En poursuivant avec un crayon HB, j'ai légèrement chevauché le côté droit de la zone 2B précédemment dessinée, en appuyant plus fort pour mélanger les tons, puis j'ai relâché la pression alors que j'ombrais vers le côté droit. J'ai répété ce processus avec un crayon H et 3H et, enfin, j'ai utilisé un crayon 5H sur le côté droit, en appliquant une pression très légère pour permettre au ton le plus clair de se fondre en douceur dans la blancheur du papier. Enfin, je suis retournée aux crayons précédemment utilisés pour apporter des retouches et les mélanger parfaitement, rendant les bords invisibles.

2B HB H 3H 5H

2B HB H 3H 5H

Pratiquer cette technique affinera votre capacité à créer des dégradés réalistes et développera un regard avisé pour les transitions douces dans votre œuvre.

Comment choisir des photos de référence

Lorsque vous sélectionnez une photo de référence pour votre dessin, il est important de choisir une image qui présente un bon contraste et ne paraît pas plate. Même si la photo originale manque de contraste prononcé, vous pouvez le créer dans votre dessin en mettant l'accent sur les reflets et les ombres, comme je le montre dans le tutoriel sur le zèbre. De plus, assurez-vous que les sujets de l'image restent reconnaissables même quand sa taille est très réduite.

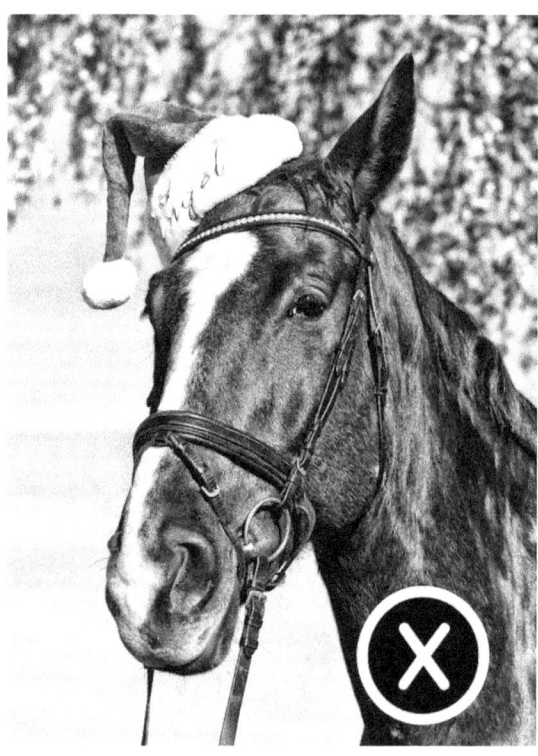 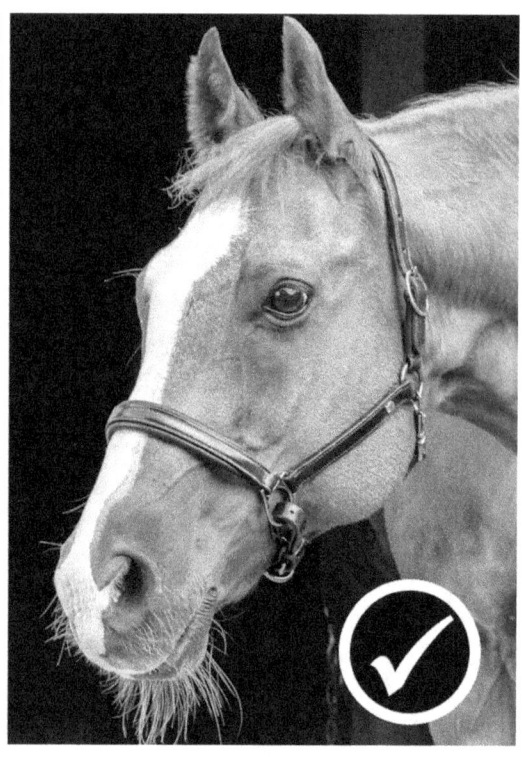

Pour une meilleure clarté, vous pouvez envisager de peindre l'arrière-plan derrière l'animal en blanc ou même en noir à l'aide d'un logiciel de retouche d'image. En simulant l'arrière-plan de papier blanc, vous pourrez mieux évaluer le contraste, les valeurs et la composition générale de votre sujet. En retirant les détails de l'arrière-plan, l'animal devient le principal point focal. Cette approche minimaliste peut permettre une composition puissante et percutante, surtout lorsque l'objectif est de mettre en avant l'animal et de créer un fort impact visuel. Tout au long des tutoriels de ce livre, j'approfondirai davantage le sujet du choix des photos de référence et je vous fournirai des conseils précieux pour choisir les photos au mieux pour votre œuvre.

Comment choisir les bons crayons

Vous vous demandez peut-être comment choisir les bons crayons pour vos futurs dessins, lorsque je ne serai plus là pour vous guider comme dans ces tutoriels. On apprend avec le temps à choisir la bonne nuance, grâce à la pratique et à l'expérience. En général, je fais confiance à mon instinct et je choisis le crayon qui me vient à l'esprit en premier lorsque je vois la photo de référence. Cependant, cette méthode peut être difficile pour les débutants, car il est facile de choisir la mauvaise teinte. Pour vous aider au début, j'ai développé un outil utile appelé "Color Picker for Artists", disponible sous forme d'application mobile et PC. Cet outil vous permet de télécharger votre photo de référence, de sélectionner une zone spécifique, et l'application vous suggérera la correspondance la plus proche en termes de crayons de couleur ou de graphite. La version PC propose même une estimation de la précision, affichant la correspondance en pourcentage. Bien que ces applications soient payantes, leur coût équivaut à celui de seulement quelques crayons, et elles peuvent vous faire gagner un temps précieux dans le choix des bons crayons. Pour plus d'informations et de liens, visitez notre site web à l'adresse suivante : www.pen-pick.com

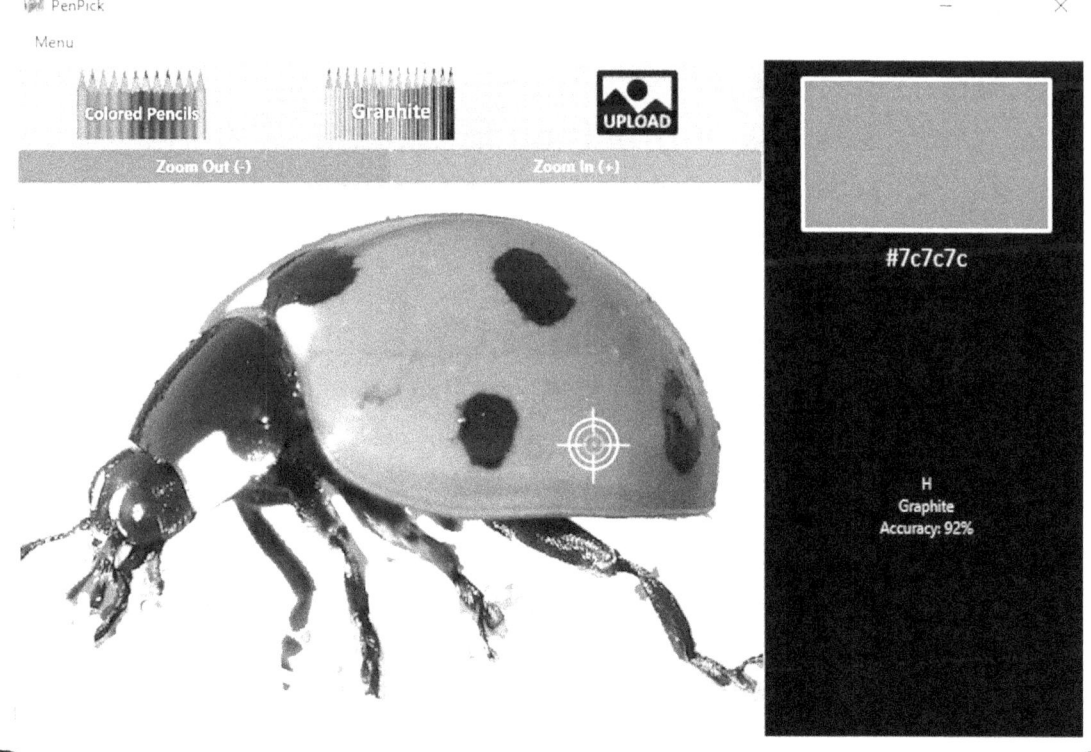

Esquisse bien proportionnée

Lors de la création de dessins réalistes aux crayons graphite, une base solide est cruciale. L'esquisse initiale doit être à la fois bien proportionnée et précise, car les crayons sombres ne s'effacent pas facilement. Cependant, l'esquisse seule ne garantit pas un résultat réaliste. Il est possible d'avoir une esquisse parfaite mais de finir avec un dessin manquant de réalisme, tout comme une esquisse moins parfaite peut être transformée grâce à l'ombrage et au placement stratégique des valeurs. Bien que le décalquage puisse offrir une solution rapide, il entrave le développement des compétences de dessin à main levée et de la patience, et présente des inconvénients significatifs à long terme. De plus, sur du papier épais de haute qualité, le décalquage peut être inefficace car la transparence est limitée, entraînant des lignes mal placées.

La Méthode du Quadrillage

La méthode du quadrillage est une technique simple et efficace pour transférer avec précision les contours d'une photo de référence sur votre surface de dessin. Elle consiste à diviser à la fois la photo de référence et la zone de dessin en une grille de carrés de taille égale. En observant soigneusement la photo de référence carré par carré et en reproduisant le contenu de chaque carré sur votre surface de dessin, vous pouvez garantir des proportions et un placement précis.

Pour développer vos compétences de dessin à main levée, je vous recommande vivement d'utiliser la méthode du quadrillage.

Commencez par esquisser les lignes principales à main levée, en ayant recours au quadrillage uniquement si les proportions semblent incorrectes dans votre esquisse initiale. À mesure que vous gagnez en confiance, augmentez progressivement la taille des carrés de votre quadrillage, en vous appuyant de moins en moins sur le quadrillage lui-même. Les artistes avancés peuvent utiliser quelques lignes de quadrillage à des fins de référence, en s'appuyant davantage sur leur "œil artistique".

La méthode du quadrillage a une histoire riche dans le monde de l'art, remontant au Moyen Âge. L'un des artistes les plus renommés à avoir employé cette technique fut Albrecht Dürer.

L'image ci-dessous montre la méthode de Dürer pour positionner son modèle à l'intérieur d'un quadrillage encadré, ce qui lui permettait de dessiner une reproduction précise et fidèle sur papier.

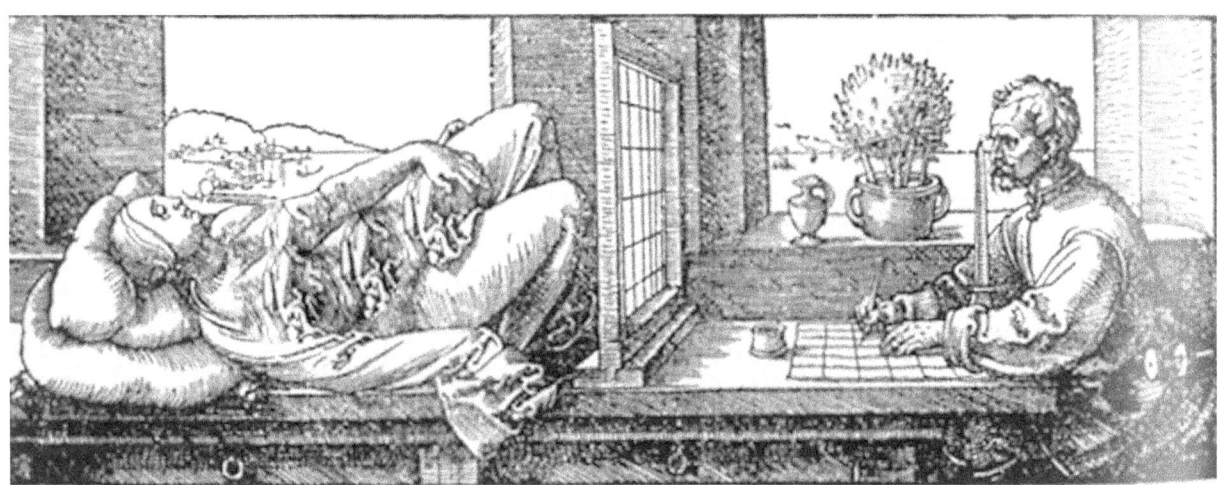

La méthode du quadrillage a également été utilisée par de nombreux autres artistes de la Renaissance, dont le grand Léonard de Vinci. Même aujourd'hui, la méthode du quadrillage demeure une technique précieuse pour les artistes souhaitant décomposer des sujets complexes et maintenir la précision dans leur œuvre.

Comment utiliser la méthode du quadrillage :

Si vous trouvez difficile de dessiner un quadrillage sur votre photo de référence à la main, il existe des outils numériques disponibles pour vous aider. Un de ces outils est GriDraw, une application que j'ai développée. GriDraw propose un outil de dessin de quadrillage pratique qui peut vous aider à placer des lignes de quadrillage sur votre photo de référence. Pour plus d'informations sur GriDraw et pour l'acheter, veuillez visiter son site web à l'adresse suivante : www.gridraw.net

Je recommande vivement d'utiliser des cellules carrées avec un ratio 1:1 au lieu de cellules rectangulaires lors de la création de quadrillages. En effet, les cellules carrées rendent le travail plus simple et facile, permettant une meilleure précision et proportionnalité dans votre œuvre.

1. Commencez par décider du nombre de colonnes et de lignes que vous souhaitez pour votre quadrillage.

2. Dessinez un quadrillage sur votre photo de référence, en numérotant chaque ligne et colonne avec un chiffre ou une lettre, comme indiqué sur l'image ci-dessous.

3. Sur une feuille de papier vierge, dessinez un quadrillage avec le même nombre de lignes et de colonnes que celui que vous avez dessiné sur votre photo de référence. Numérotez les lignes et colonnes de la même manière. Pour des résultats optimaux, je recommande d'utiliser un crayon HB et d'appliquer une pression légère. Les crayons plus légers (plus durs) ont tendance à débosser les lignes dans le papier, ce qui peut être indésirable lors du remplissage. Il n'est pas nécessaire d'utiliser des crayons plus foncés car ils peuvent rester visibles même après effacement.

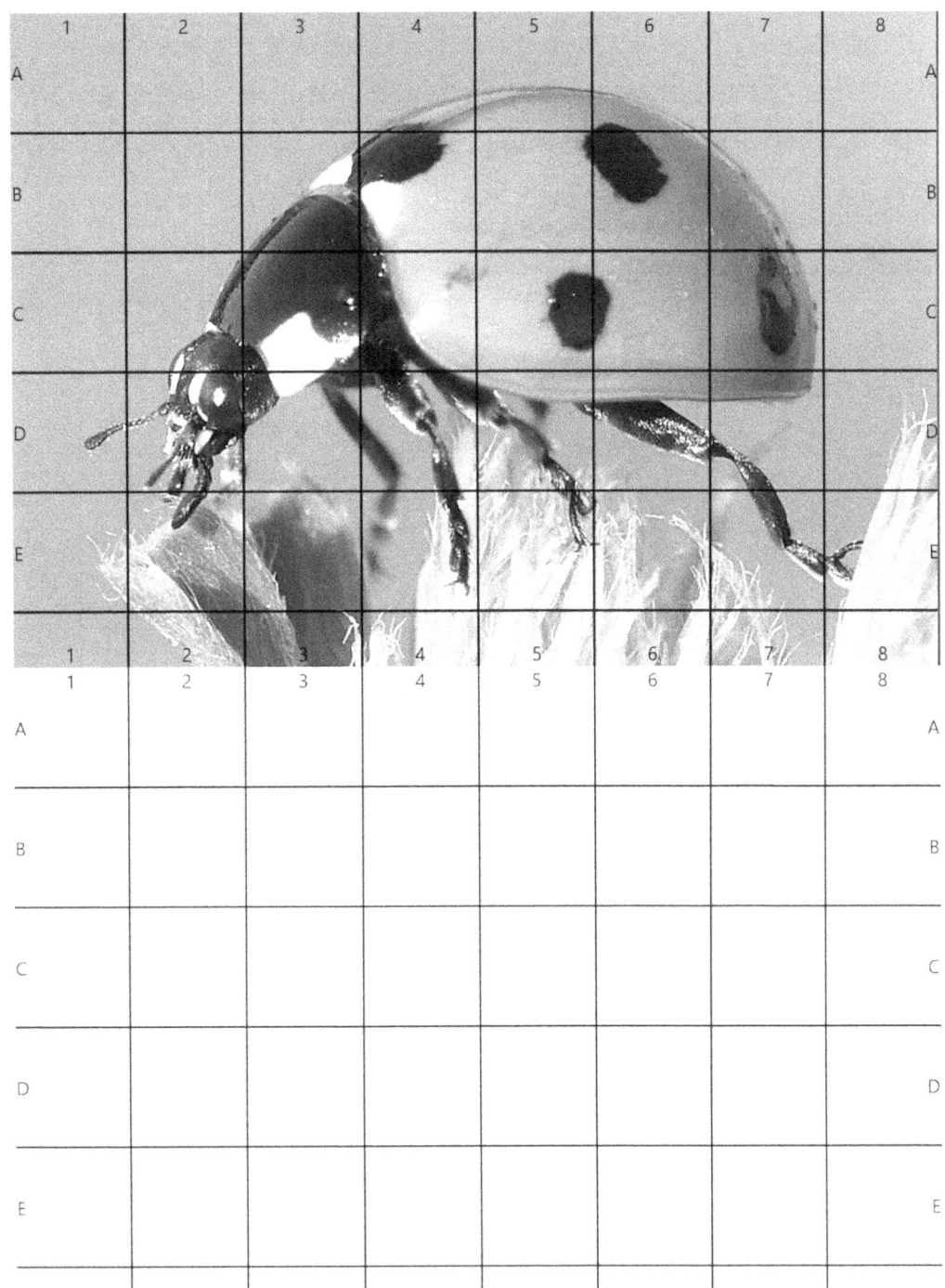

4. Il est maintenant temps de commencer à esquisser les lignes dont vous aurez besoin pour votre dessin. Ces lignes peuvent être des formes simples ou des détails complexes, selon ce que vous trouvez le plus utile dans la photo de référence. Choisissez une case sur le quadrillage comme point de départ et

localisez la case correspondante sur votre papier ou votre toile quadrillée. Dans l'image fournie, vous pouvez voir que j'ai commencé dans la case B7, en dessinant la courbe de la coque de la coccinelle.

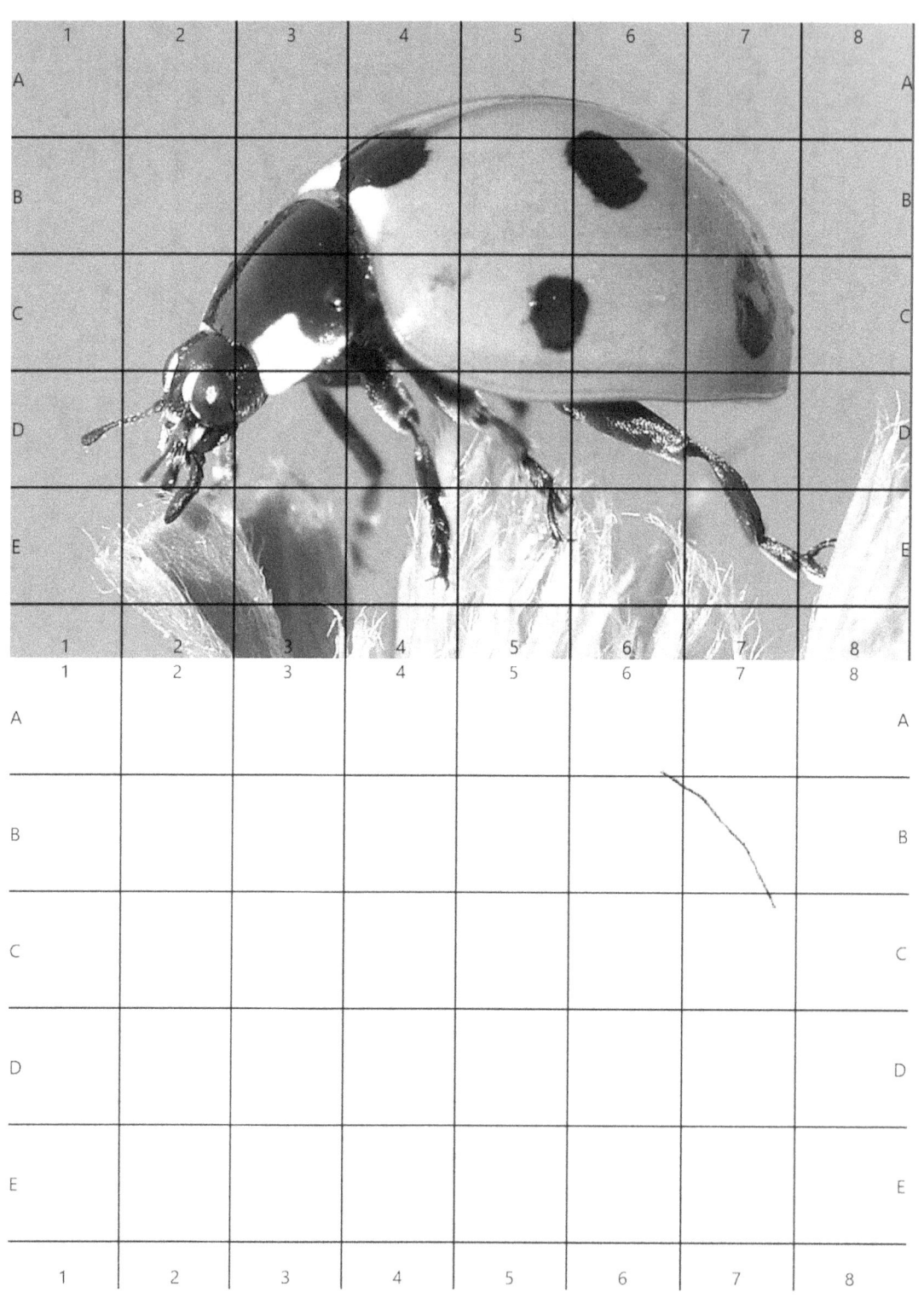

5. Lorsque vous esquissez, suivez attentivement le contour d'une case à l'autre, en vous référant à la numérotation pour suivre votre position. Portez une attention particulière à l'endroit où le contour commence et se termine dans chaque case, en maintenant la précision et en capturant la forme souhaitée.

6. Prenez un moment pour examiner attentivement votre esquisse. Évaluez l'exactitude et la proportionnalité générales du dessin, en le comparant à la photo de référence. Effectuez les ajustements nécessaires pour vous assurer que les proportions sont correctes et que les détails sont capturés avec précision.

7. Si vous êtes satisfait de votre esquisse et avez confiance en sa précision, il est temps d'effacer soigneusement les lignes du quadrillage de votre papier. Utilisez une gomme douce et des traits délicats pour enlever les lignes du quadrillage, en veillant à ne pas brouiller ou endommager une partie de votre dessin. Une fois les lignes du quadrillage effacées, vous aurez un dessin propre prêt pour les prochaines étapes de l'ombrage et des détails.

Dans l'image fournie, vous pouvez voir les lignes d'esquisse clé que j'ai jugées importantes pour mon dessin.

Pour pratiquer la méthode du quadrillage, utilisez votre crayon pour recréer l'esquisse de la coccinelle sur les lignes du quadrillage dans l'image que j'ai fournie après l'étape 3 de ce chapitre.

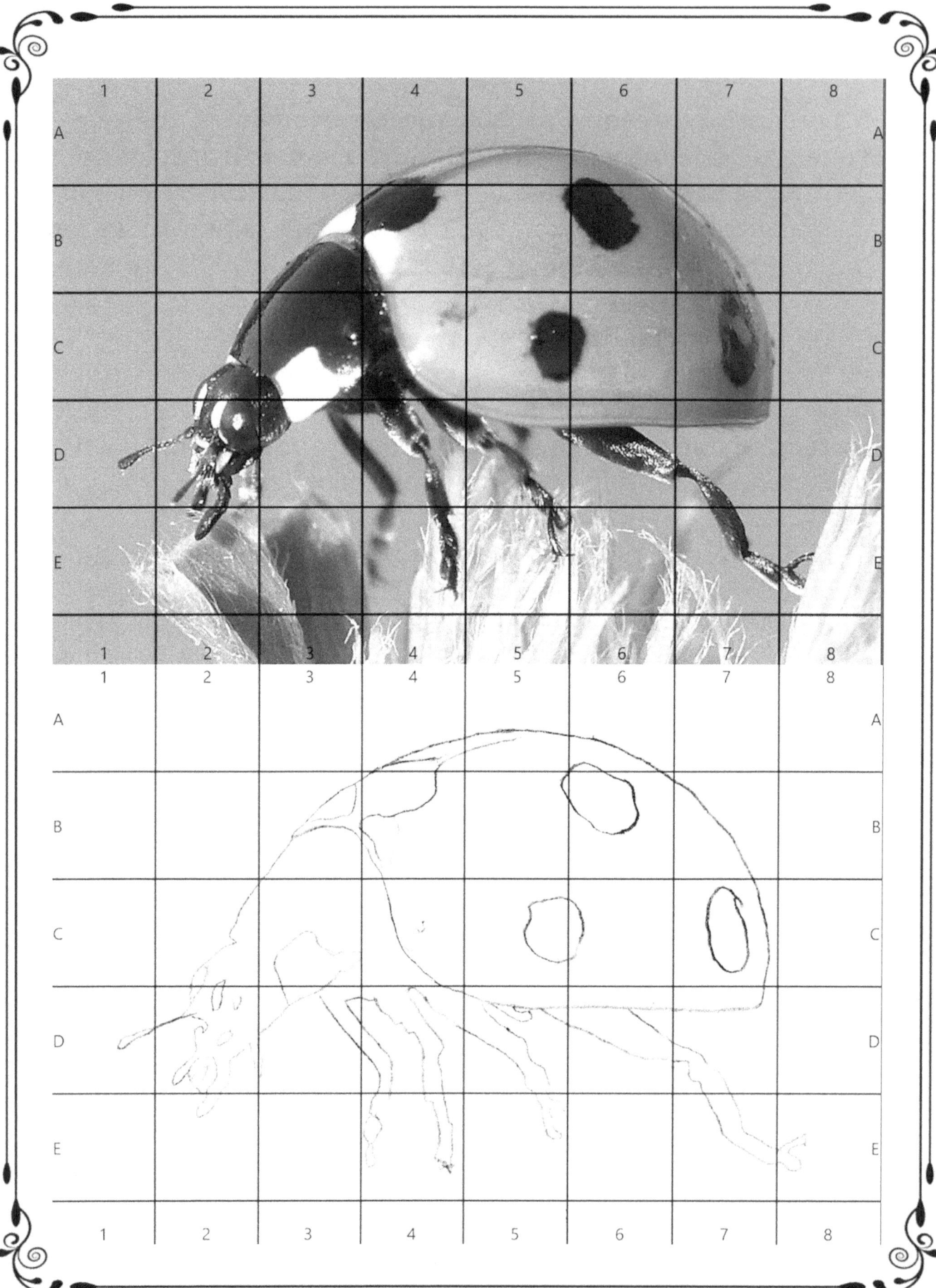

Si vous trouvez difficile de créer l'esquisse en utilisant la méthode du quadrillage ou si vous préférez simplement avoir une esquisse pré-faite avec laquelle travailler, vous pouvez télécharger toutes les esquisses présentées dans ce livre depuis mon site web www.jasminasusak.com/sketch Ces esquisses sont fournies dans un fichier zip compressé pour un téléchargement facile. Une fois que vous avez téléchargé le fichier, vous pouvez le décompresser pour accéder aux images d'esquisse individuelles. À partir de là, vous pouvez imprimer les esquisses sur le papier de votre choix et commencer à ombrer par-dessus les lignes existantes. Cette option peut être utile pour gagner du temps et garantir la précision de vos dessins.

Voici une autre image pour vous permettre de vous entraîner :

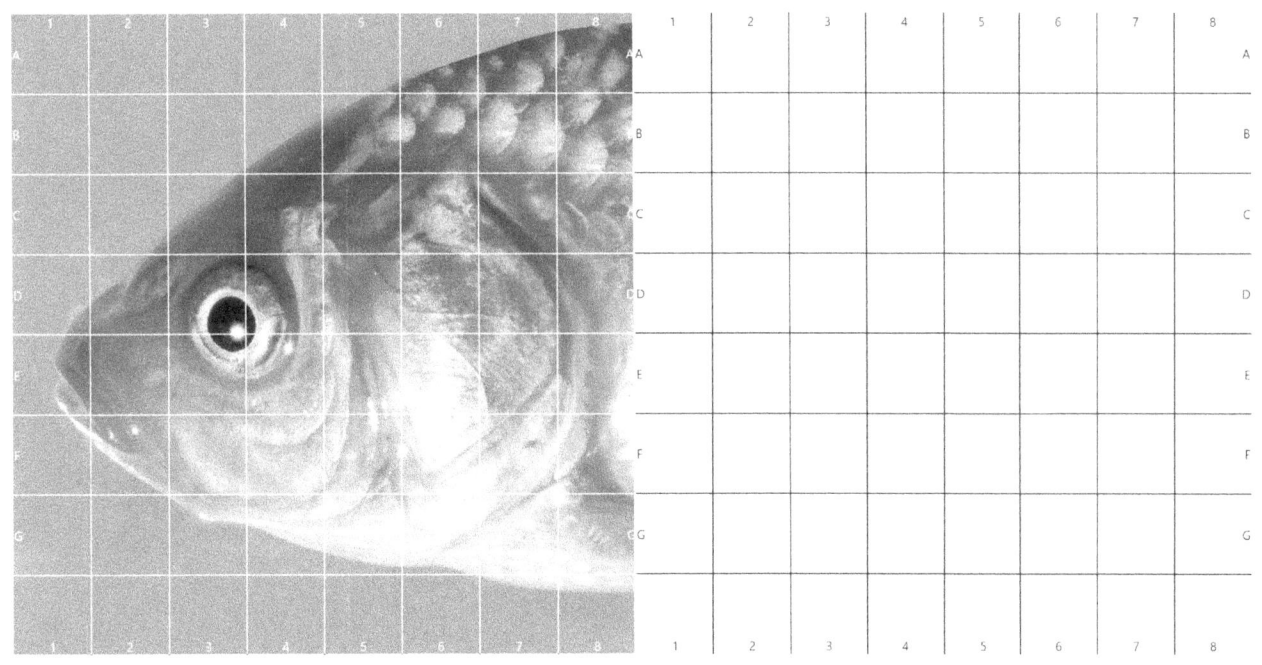

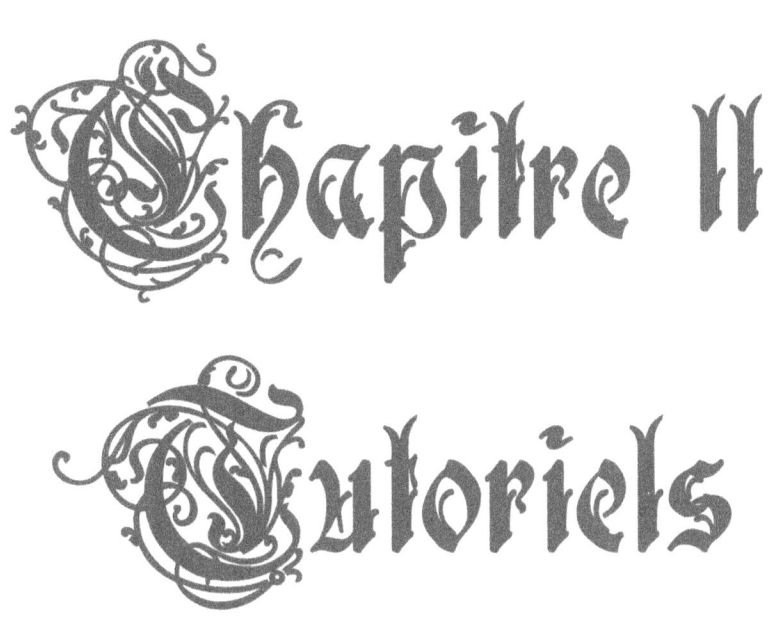

Chapitre II
Tutoriels

Comment dessiner un papillon

Dessiner un papillon peut être un excellent point de départ pour les débutants qui explorent les techniques d'utilisation du crayon graphite. C'est relativement simple, mais cela vous permet de pratiquer des compétences fondamentales telles que le dessin à main levée, l'ombrage et la capture de détails délicats tout en créant un sujet beau et reconnaissable. À mesure que vous progresserez, les compétences apprises dans ce tutoriel simple vous donneront la confiance nécessaire pour aborder des sujets plus complexes et plus difficiles.

La Photo de Référence

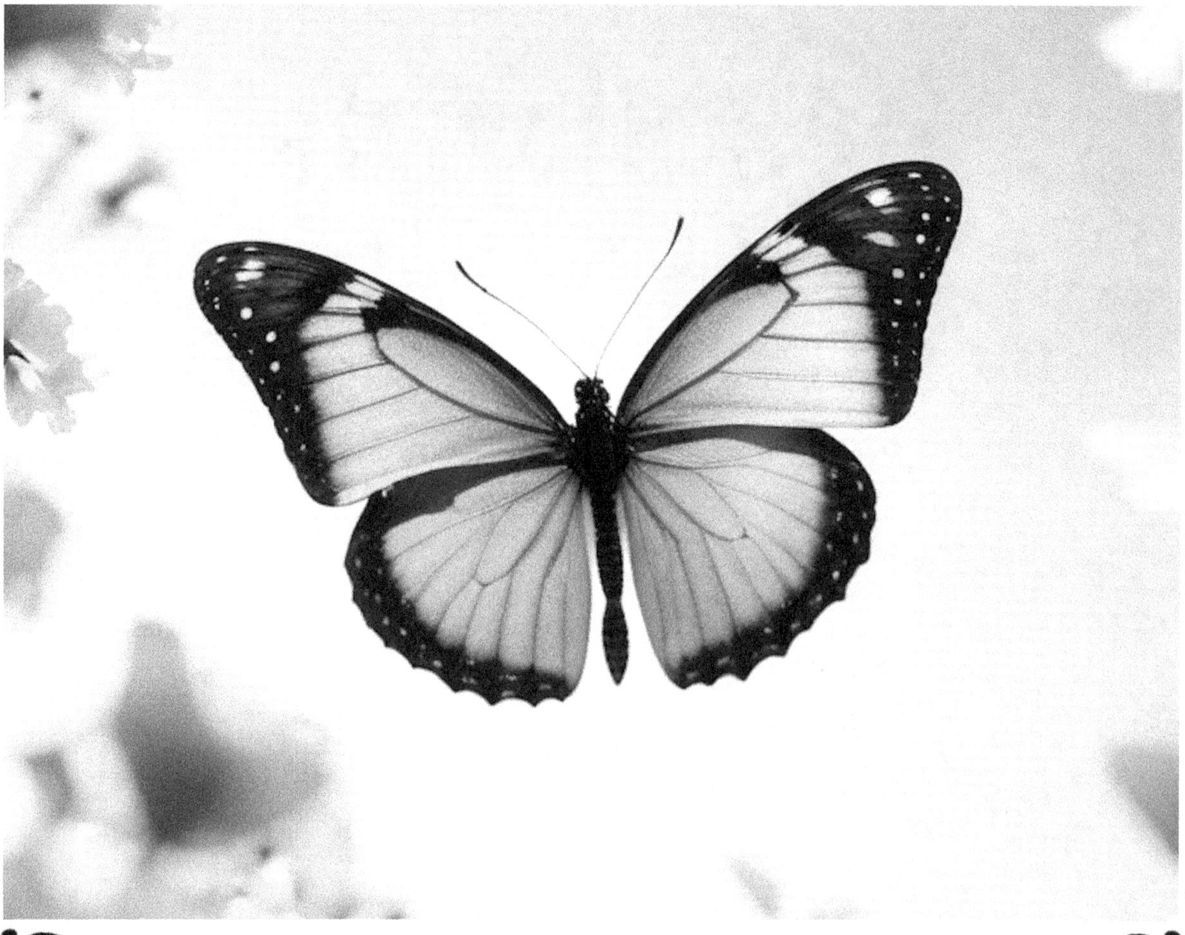

Esquisse et formes de base

J'ai utilisé un générateur d'images IA pour créer cette photo de référence, en veillant à ce que nous ne rencontrions aucun problème de droits d'auteur. J'encourage les autres artistes à adopter et à utiliser de telles innovations, car elles offrent des possibilités infinies pour générer des matériaux de référence uniques pour nos œuvres. Dans l'image ci-dessous, vous trouverez les lignes principales de mon esquisse. Comme vous pouvez l'observer, j'ai ajouté des points supplémentaires le long du bord par rapport à ce qui est représenté sur la photo de référence.

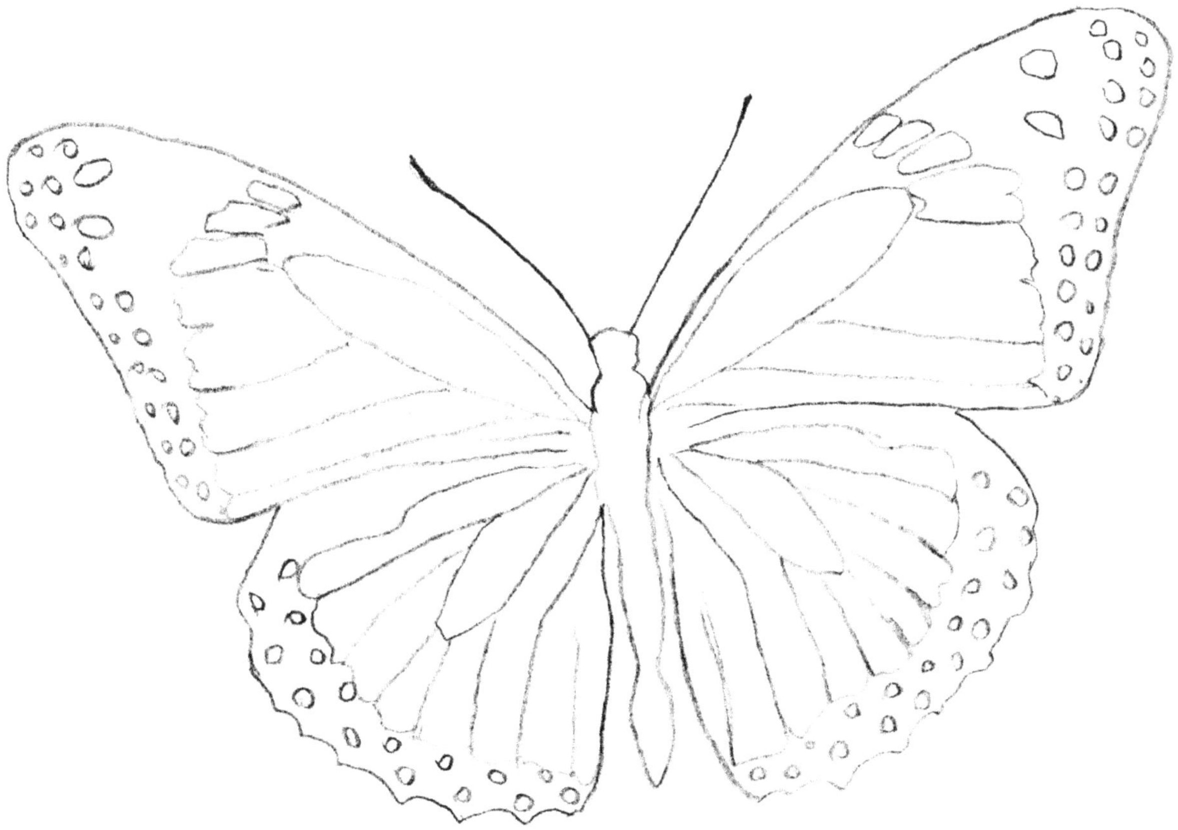

Ombrage des zones les plus foncées

Commencez par l'étape cruciale qui donne forme à presque tout le papillon. Bien qu'elle ne soit pas intrinsèquement difficile, cette phase demande un investissement substantiel en termes de temps et de précision. J'ai utilisé un crayon 14B en appliquant une pression ferme pour ombrer les zones les plus foncées. Tailler régulièrement le crayon est essentiel pour obtenir des contours nets et délimiter les lignes du motif. Gardez à l'esprit que ce type de crayon tendre s'use rapidement sous une forte pression. J'ai souvent besoin de reconstituer mon stock de crayons plus foncés que 2B, surtout que je compte souvent sur ces teintes plus sombres pour obtenir une profondeur photoréaliste dans mes dessins.

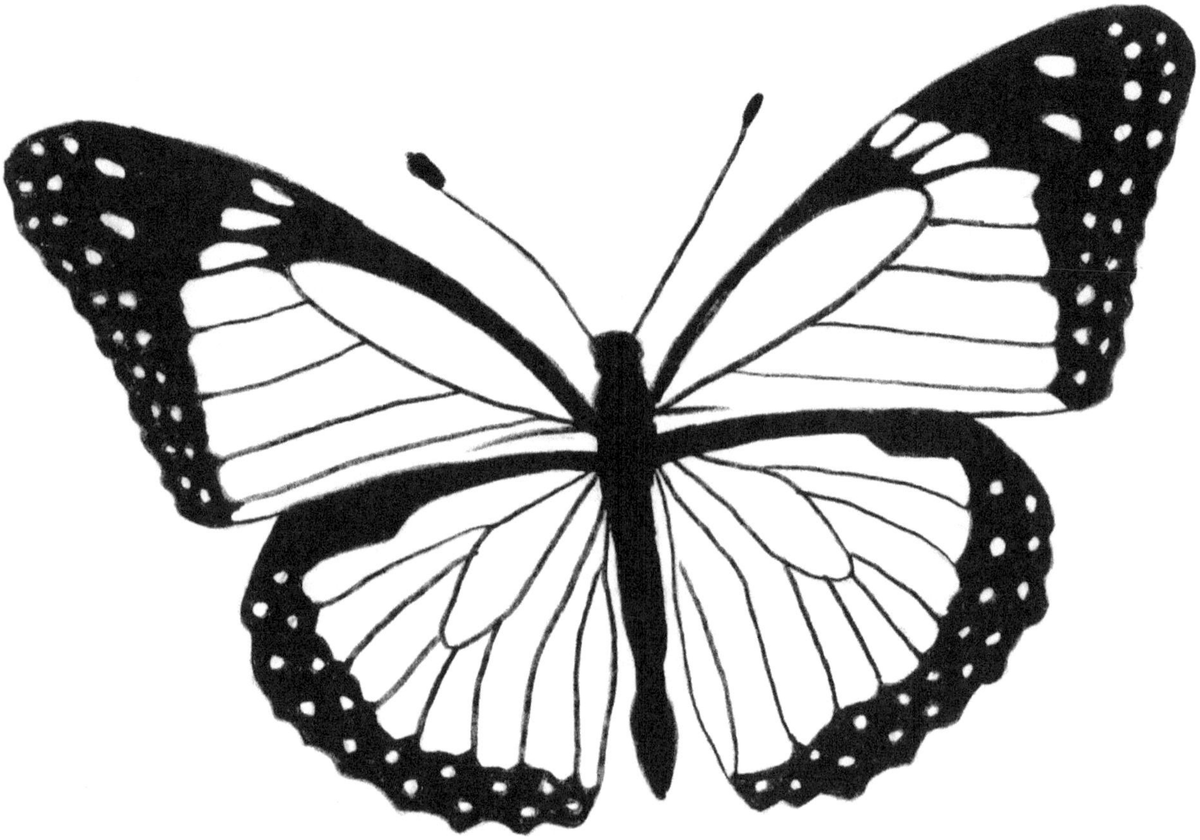

Préparation à l'ombrage des tons moyens

Passons maintenant à l'ombrage des valeurs plus claires sur les ailes, en préservant la blancheur exclusivement pour les petits points sur les bords de l'aile. Pour maintenir la précision, assurez-vous que vos traits de crayon suivent la direction du motif.

Référez-vous à l'image ci-dessous, où j'ai ajouté numériquement des lignes indiquant la direction correcte des traits. À cette étape, abstenez-vous d'utiliser des techniques de hachures croisées ou de circulisme - concentrez-vous uniquement sur l'utilisation de traits le long des directions désignées.

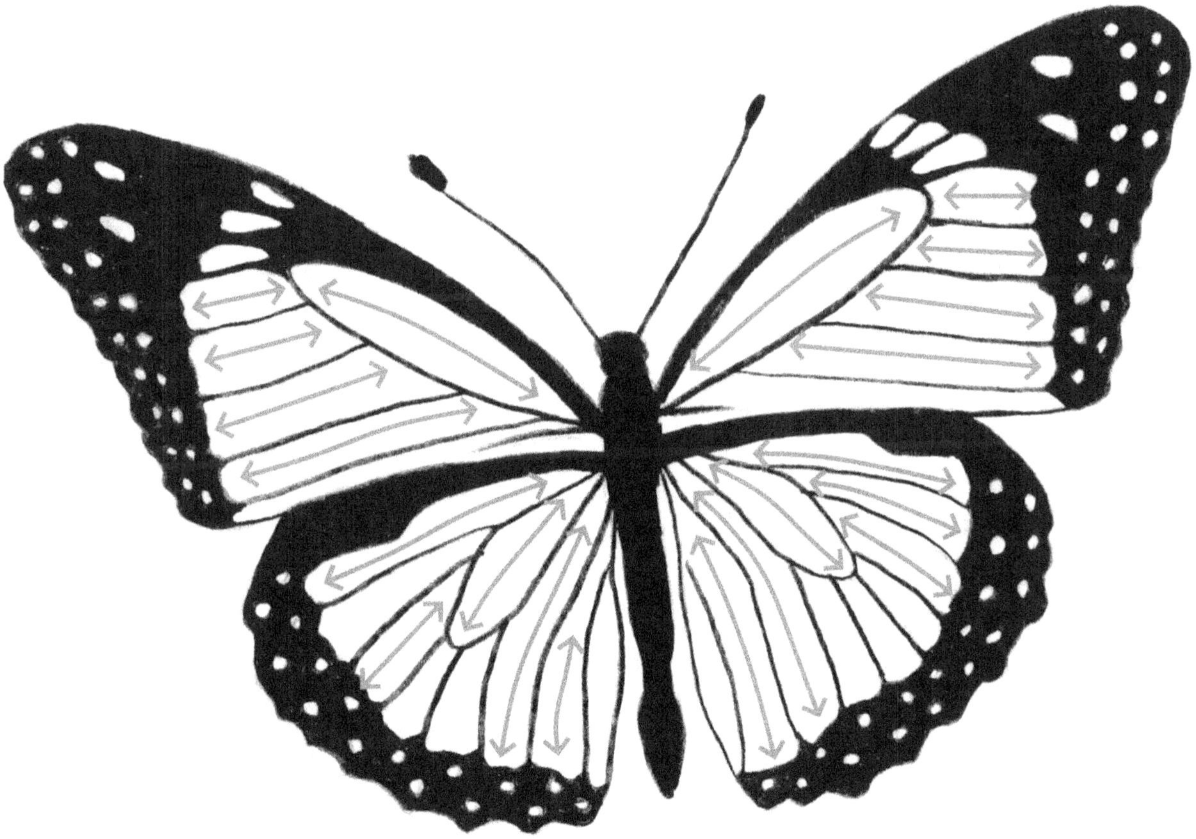

Remplir les sections de tons moyens

Maintenant, à l'aide d'un crayon HB et en vous référant aux directions indiquée dans l'image précédente, commencez à remplir les différentes zones des ailes par des traits, en visant à couvrir complètement le papier. Il est essentiel de maintenir une pression constante tout au long de ce processus, car nous ajouterons progressivement plus de profondeur par la suite.

Mon intention est de diviser le dessin en étapes simples, pour que vous puissiez comprendre le processus facilement et ne vous sentiez pas débordé. En général, lorsque je dessine pour le plaisir, je travaille souvent sur une zone à la fois, même avec des crayons de couleur. Cependant, dans ce tutoriel, j'adopte une approche couche par couche, simplifiant le processus en me concentrant sur un crayon à la fois.

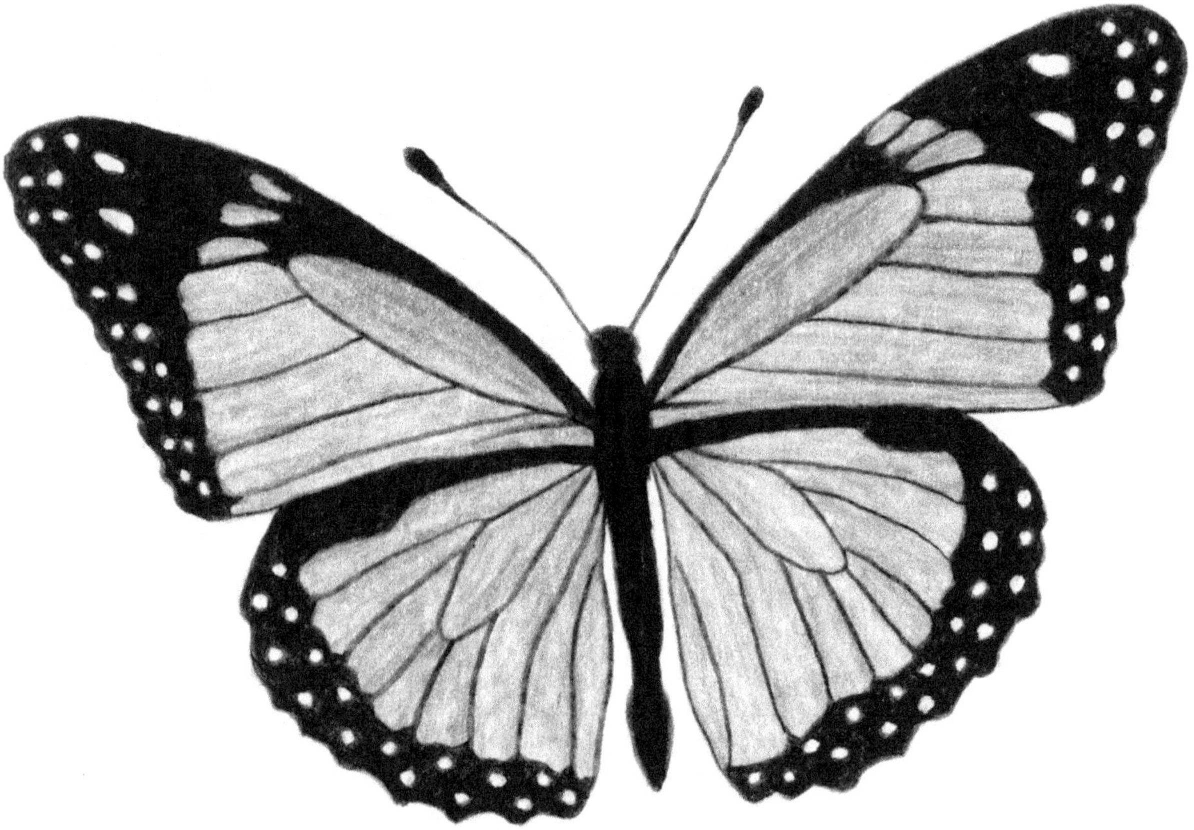

Comprendre le flux de lumière

Pour contrer l'aspect plat actuel des zones de tons moyens, nous devons introduire des valeurs plus sombres. Comme le montre l'image de référence, les régions grises présentent une obscurité beaucoup plus marquée près du corps du papillon et le long des bords de l'aile. J'ai ajouté des flèches numériques à l'image précédente pour indiquer la direction dans laquelle vous devriez dessiner.

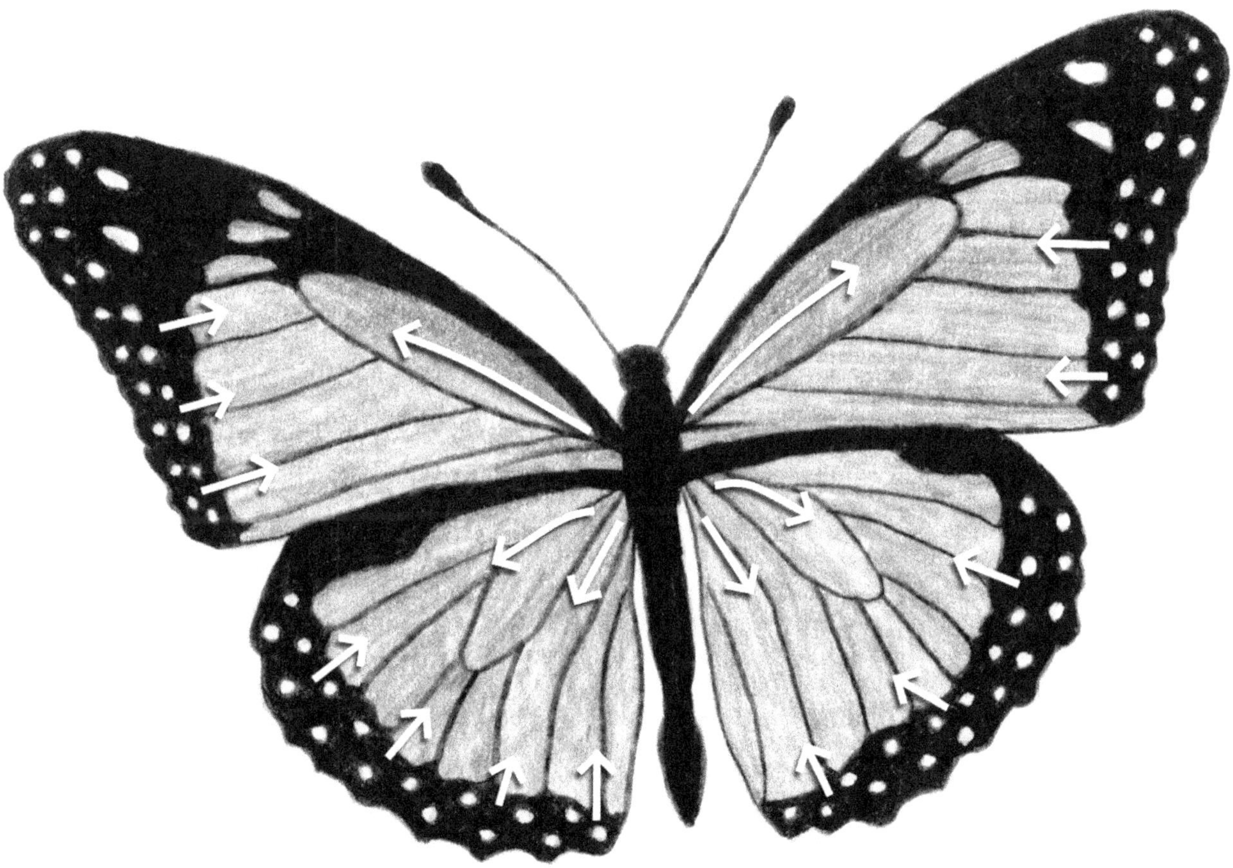

Ajout d'ombres aux zones de tons moyens

Placez la pointe d'un crayon 4B sur les zones noires plus sombres et ombrez par traits en suivant les flèches que j'ai fournies. En progressant des zones plus sombres vers les tons moyens, relâchez doucement la pression du crayon pour assurer une transition fluide. Appliquez la même technique du corps du papillon vers l'extérieur.

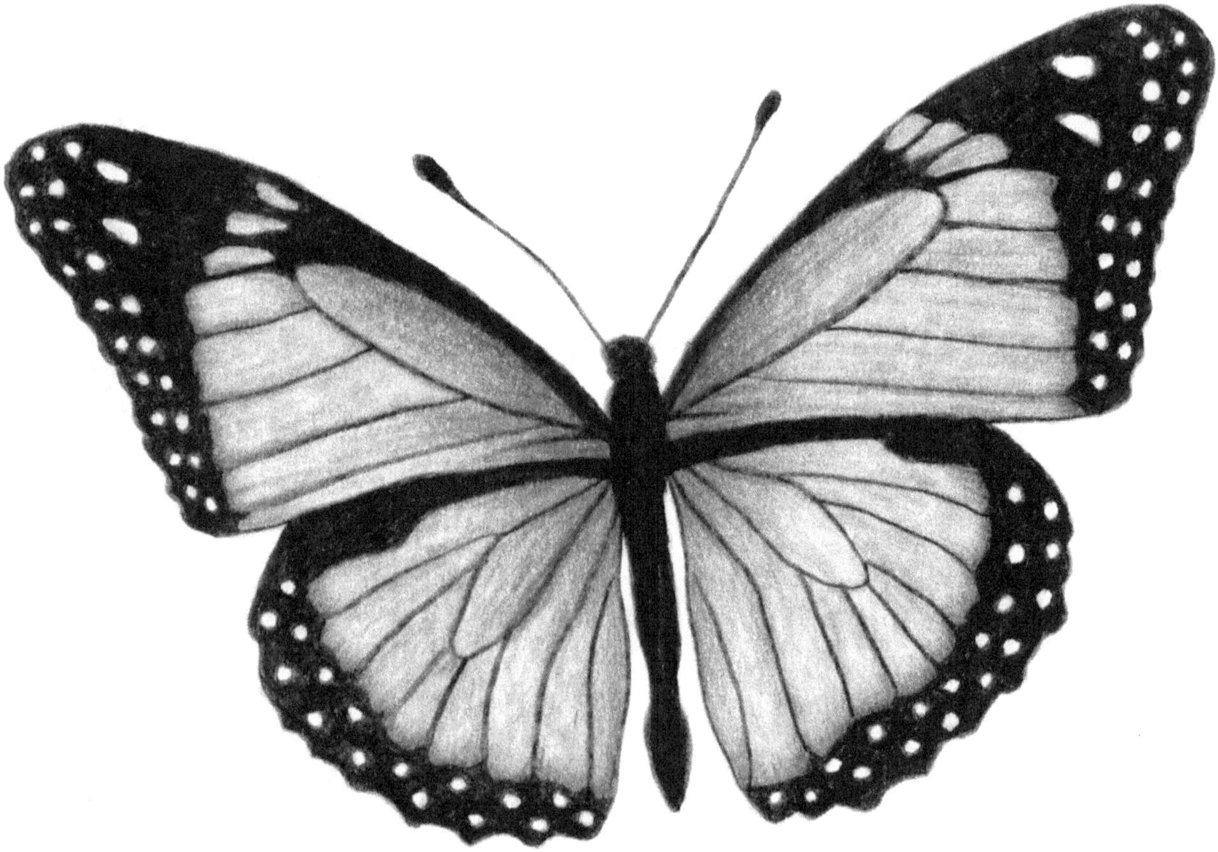

Lissage des tons moyens

Ensuite, utilisez une estompe ou un coton-tige pour estomper délicatement ces zones. Si les sections ombrées semblent plus claires après l'estompage, vous pouvez réappliquer les crayons correspondants. En revanche, si elles semblent plus sombres, utilisez une gomme malaxée pour éclaircir doucement les zones souhaitées.

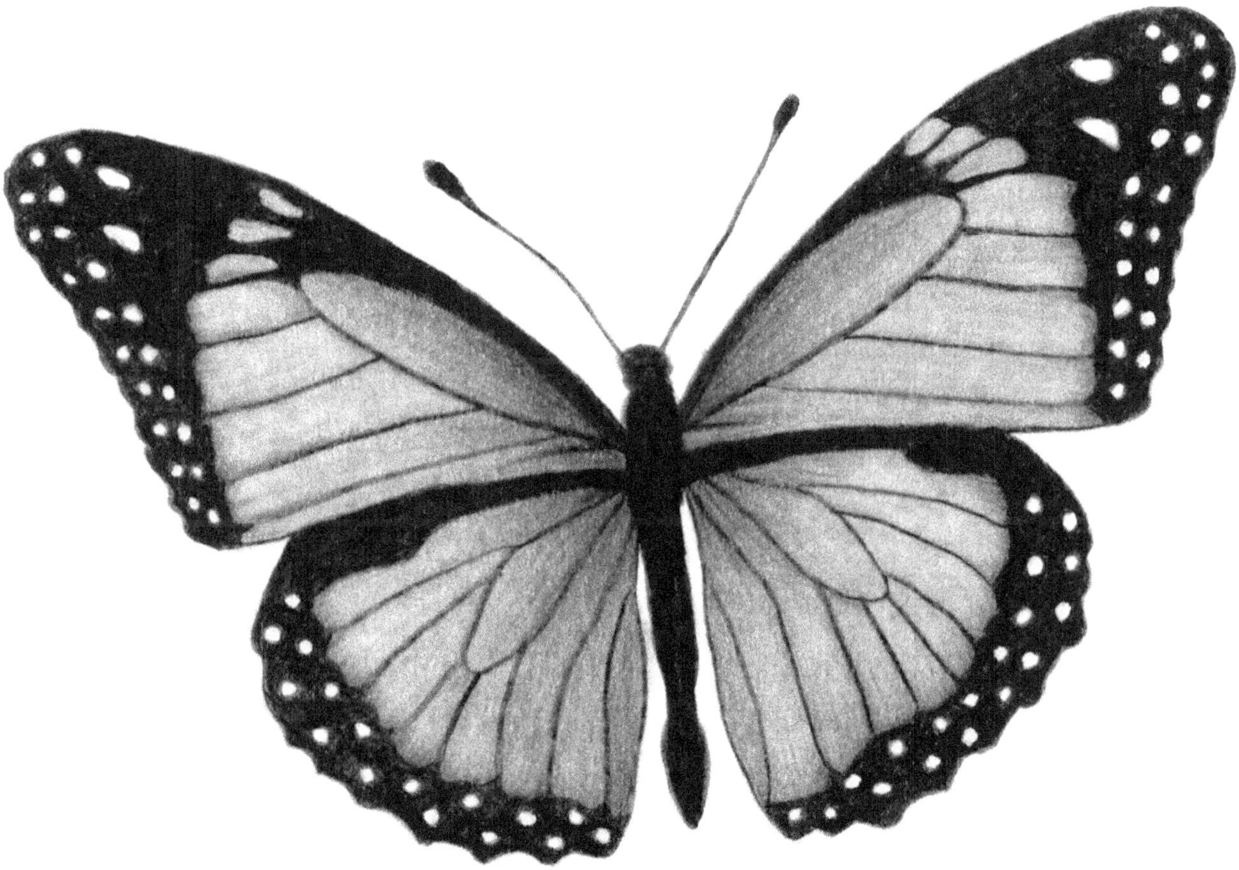

Création de l'ombre projetée

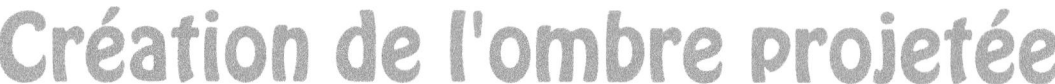

Afin de donner une qualité tridimensionnelle au papillon, introduisons une ombre projetée par le papillon sur la surface hypothétique sur laquelle il repose, bien que cela diffère de sa position dans la photo de référence. J'ai utilisé un coton-tige pour appliquer de la poudre de graphite pour cette ombre projetée, car les coups de crayon ne produiraient pas la douceur requise pour l'effet désiré. Il vous suffit de reproduire la forme inférieure du papillon en utilisant de la poudre de graphite, tout en gardant à l'esprit la source de lumière spécifique. Dans mon cas, j'ai imaginé que la source de lumière venait du coin supérieur droit, et j'ai ombré la zone en conséquence.

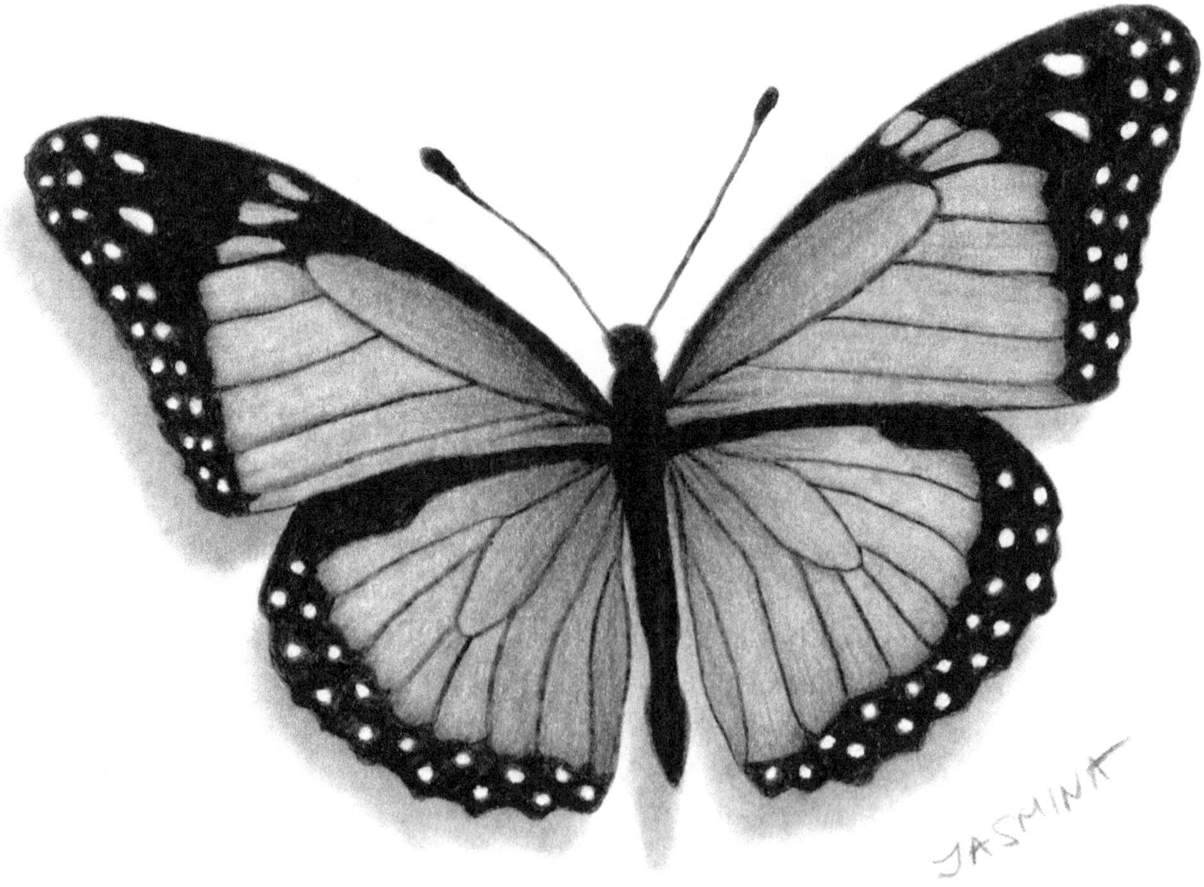

JASMINA

48

Dessins d'interlude

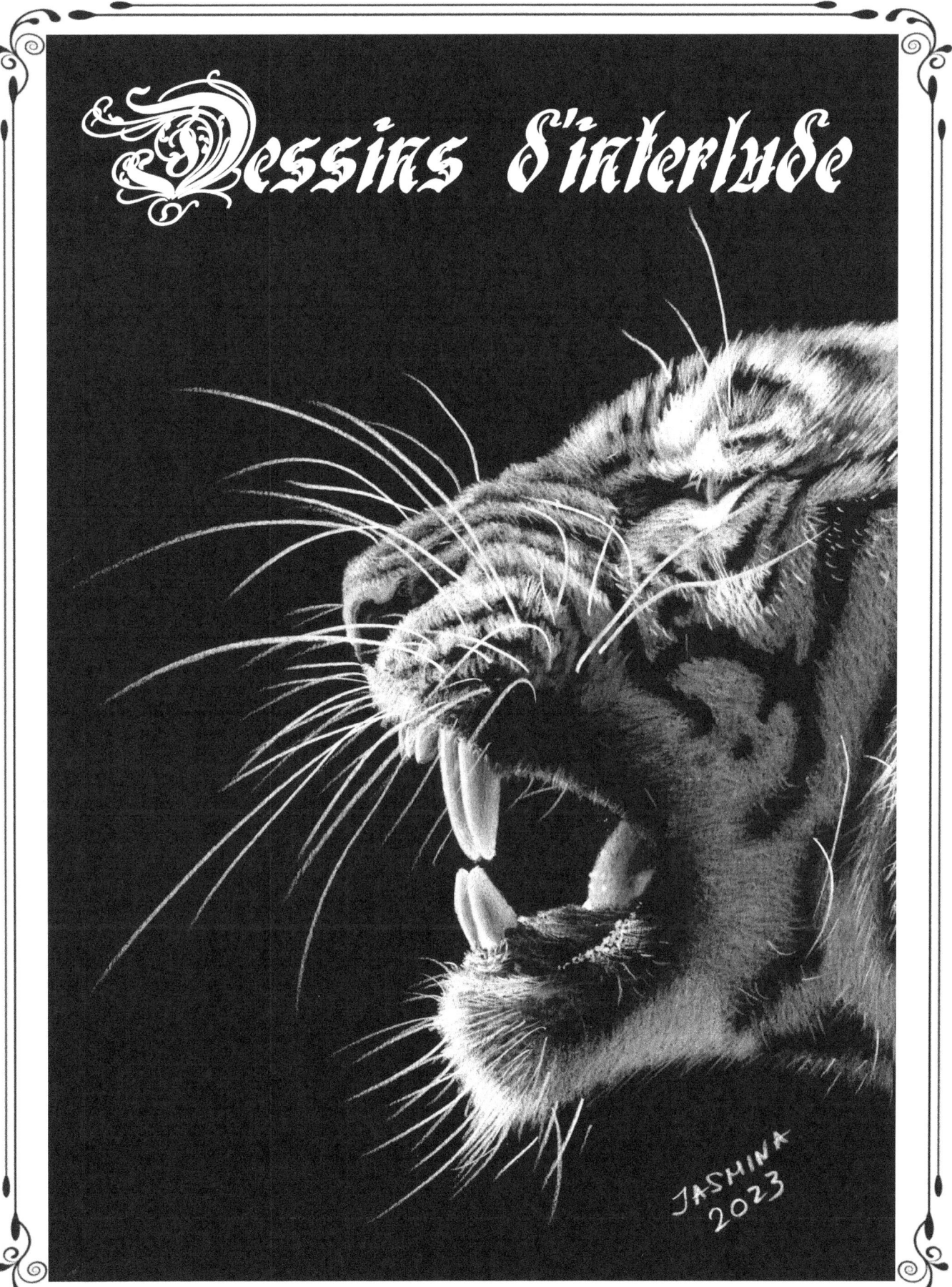

JASHINA
2023

Comment dessiner un orque

Le dessin d'un orque est une opportunité captivante de créer une œuvre d'art saisissante toute en simplicité avec un fort contraste en noir et blanc. En se concentrant sur la silhouette puissante et élégante de l'animal, les artistes peuvent mettre en valeur la beauté du minimalisme tout en améliorant leurs compétences en matière de texture réaliste et d'ombrage. Le résultat est une œuvre d'art captivante à fort impact visuel qui célèbre la magnificence de ces créatures marines remarquables.

La Photo de Référence

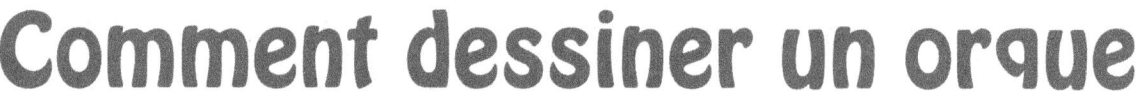

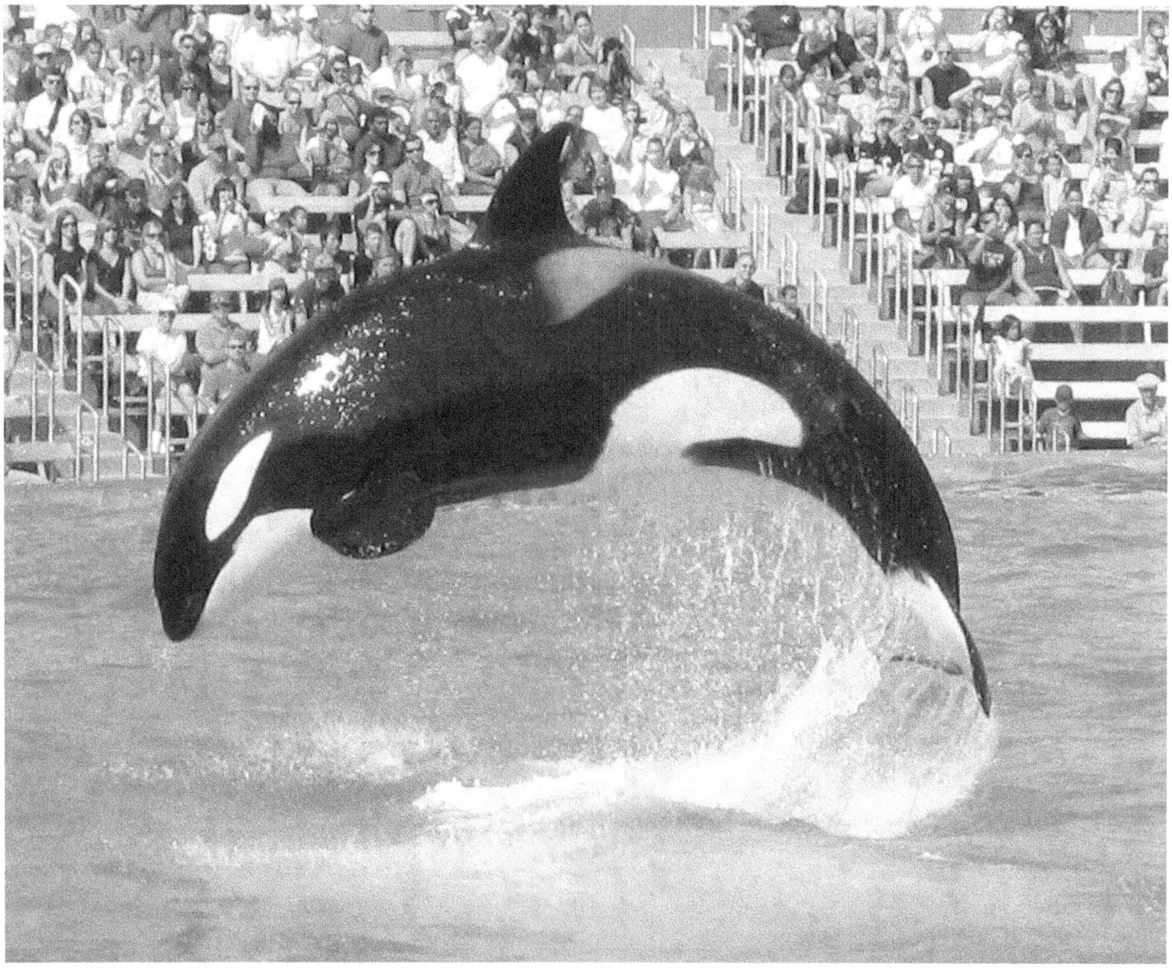

Esquisse et formes de base

Dans l'image ci-dessous, j'ai mis en évidence les lignes cruciales qui guideront le processus d'ombrage.
Elles forment les contours principaux du corps de l'orque et aident à délimiter les régions noires et blanches.
Pendant le reste du dessin, je me concentrerai sur ces éléments clé pour garantir un ombrage exact et une représentation réaliste de l'orque.

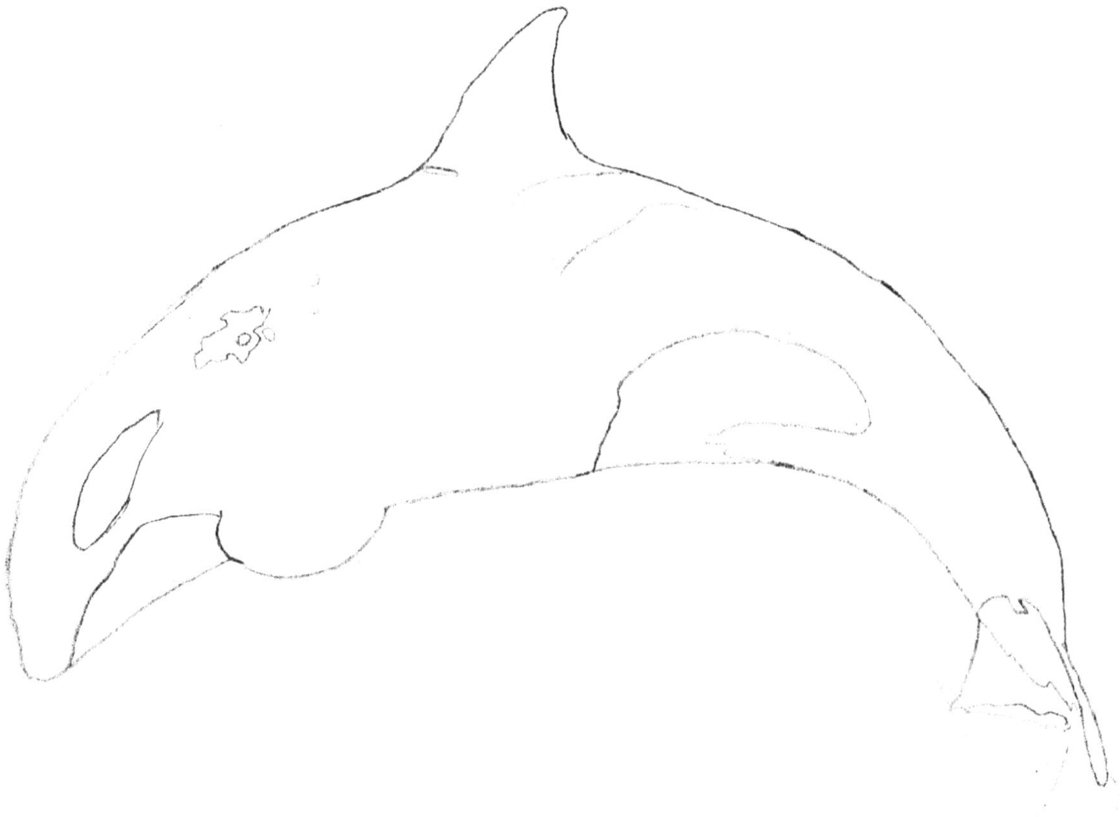

Dessin des parties les plus sombres

Voici une erreur fréquente chez les débutants : éviter d'utiliser le noir ou des couleurs sombres dans ses dessins, par peur de ne pas pouvoir effacer. Mais ne laissez pas cette crainte vous retenir ! Les teintes foncées peuvent apporter une impression de profondeur et de dimensionnalité à votre œuvre. Souvenez-vous, si vous faites une erreur, vous pouvez toujours recommencer. N'hésitez donc pas à commencer par le noir. Pour ce dessin d'un orque, créer des teintes très sombres est essentiel. En utilisant un crayon 9B ou plus foncé, appliquez une pression ferme pour obtenir la noirceur souhaitée. Observez les zones que j'ai commencé par colorer dans cette image. J'ai utilisé légèrement moins de pression en haut des régions sombres au milieu du corps, pour pouvoir préserver cet espace pour les reflets.

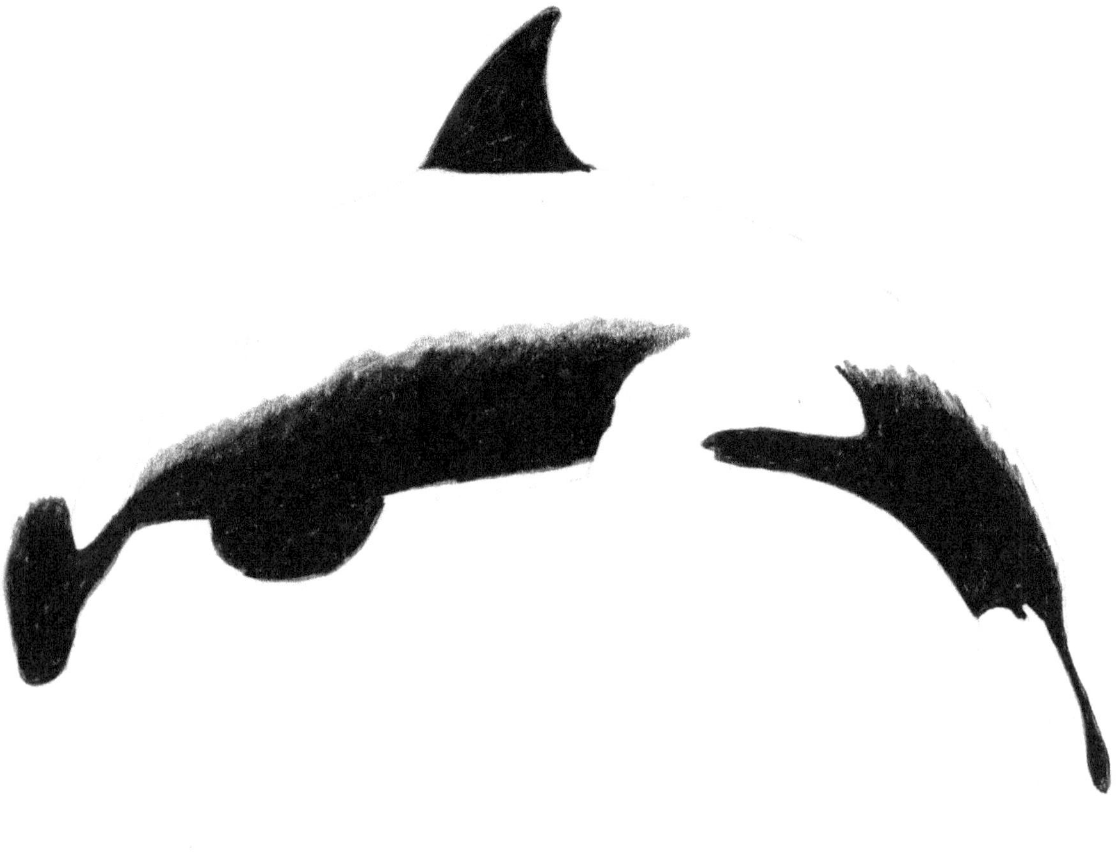

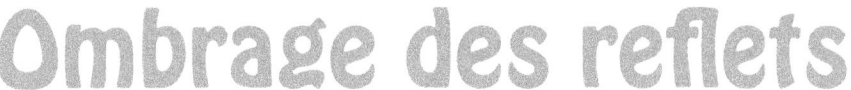

Ombrage des reflets

Maintenant, continuez à ombrer avec un crayon 2B, en vous dirigeant vers le haut du corps de l'orque. Concentrez-vous pour atteindre une texture lisse et égale. En cas de taches plus claires, remplissez-les simplement avec votre crayon 2B ou un crayon plus sombre si besoin. L'objectif clé de cette phase est de fondre en toute fluidité les parties les plus sombres dans les reflets (eux-mêmes sombres), afin de donner au corps de l'orque une forme arrondie et réaliste.

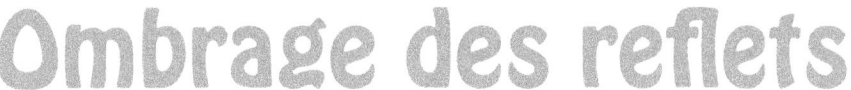

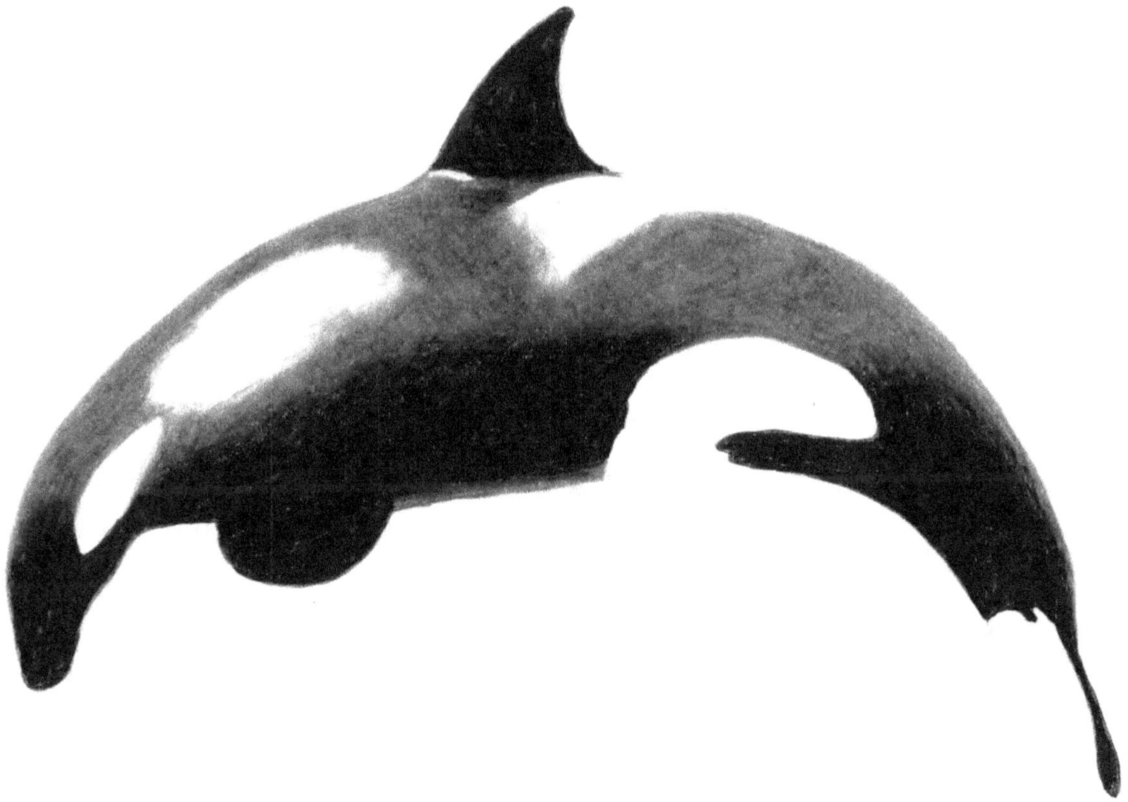

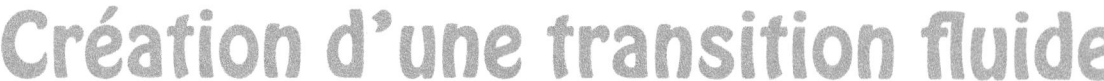

Création d'une transition fluide

Pour donner au corps de l'orque une apparence arrondie et vivante, nous devons raffiner la transition entre les zones de reflets et les zones plus sombres. Pour ceci, je vous recommande d'utiliser un crayon 8B pour mélanger les valeurs avec délicatesse et créer un dégradé plus fluide. Au fur et à mesure que vous vous approchez de la partie plus claire, essayez de réduire la pression sur votre crayon ou d'utiliser une teinte plus claire comme 6B pour garantir une transition graduelle entre les tons. Observez de près les changements sur l'image ci-dessous par rapport à l'image précédente, et vous remarquerez que ce nouveau dégradé donne du relief aux contours du corps de l'orque, lui donnant une apparence plus réaliste et tridimensionnelle.

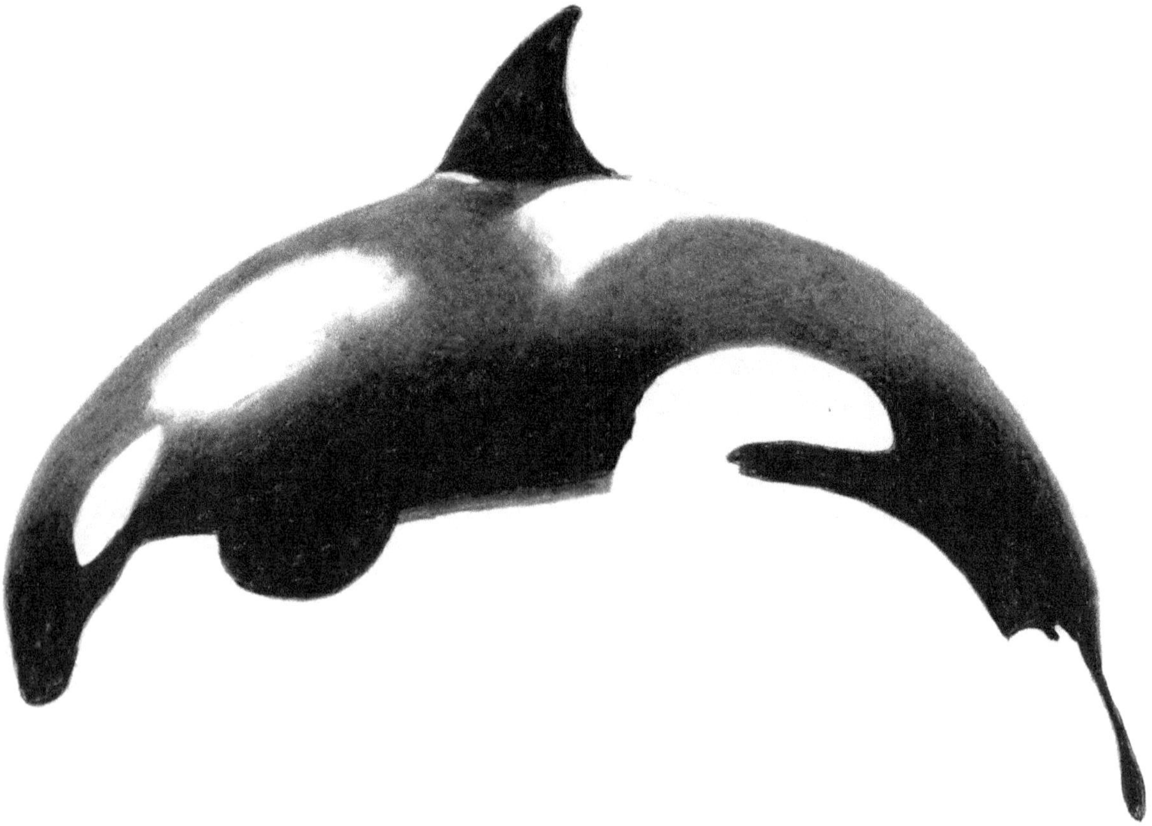

Ombrage de la partie éclairée

Maintenant, concentrons nous sur la partie au sommet du dos de l'orque qui est directement éclairée. Pour obtenir une texture lisse et réaliste, je vous recommande d'utiliser un crayon HB et d'appliquer la technique du circulisme. Commencez par ombrer très légèrement, puis superposez vos traits peu à peu jusqu'à atteindre l'effet désiré. Souvenez-vous, la clé pour obtenir une texture lisse, c'est d'éviter toute ligne visible sur le corps de l'orque, connu pour son apparence lisse et brillante, surtout quand il est mouillé comme dans la photo de référence. Portez une attention particulière à ne pas dessiner sur la petite zone tout au centre du reflet : elle devrait rester d'un blanc absolu. Ce contraste avec les zones ombrées environnantes renforcera l'illusion d'une surface brillante et illuminée.

En incorporant savamment trois valeurs différentes pour les reflets, vous pouvez créer un effet remarquable qui suggère à la fois brillance et profondeur, tout en laissant en évidence la couleur noire de l'orque.

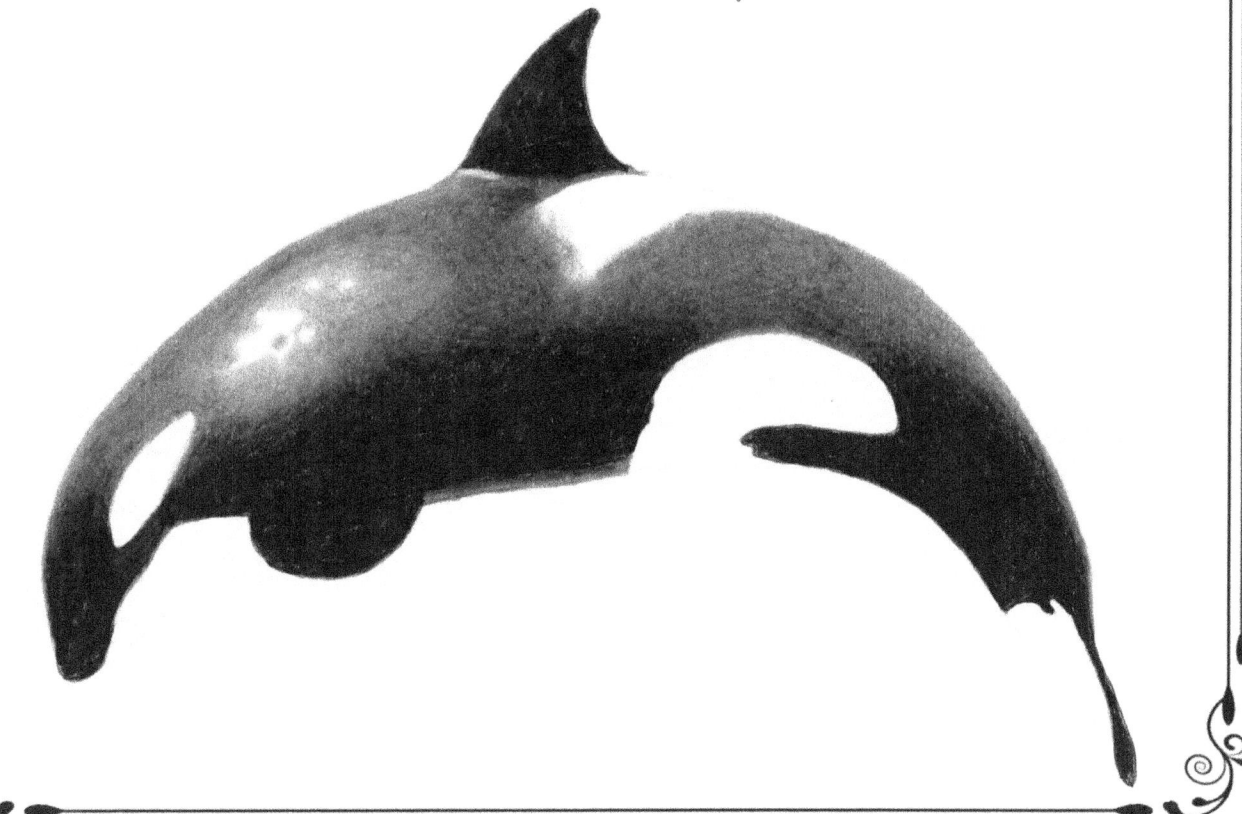

Ombrage des parties blanches

Pour créer de la profondeur et du réalisme, il est essentiel d'ombrer même les parties blanches du corps de l'orque, en particulier celles qui sont dans son ombre. Imaginez dessiner une sphère dans un tutoriel de dessin classique, et appliquez ici une technique similaire. Pour atteindre cet effet, je vous suggère de couvrir l'arrière-plan de ruban de masquage ou autre matériel approprié pour éviter de le colorer par inadvertence. Utilisez ensuite un coton-tige pour ombrer soigneusement les parties basses des zones blanches. Diminuez graduellement la pression au fur et à mesure que vous vous éloignez du bord de l'animal, fondant l'ombrage en toute fluidité vers les parties blanches illuminées qui doivent rester intactes. N'oubliez pas également de prêter attention à la queue, observez mon exemple et la photo de référence pour garantir un ombrage précis.

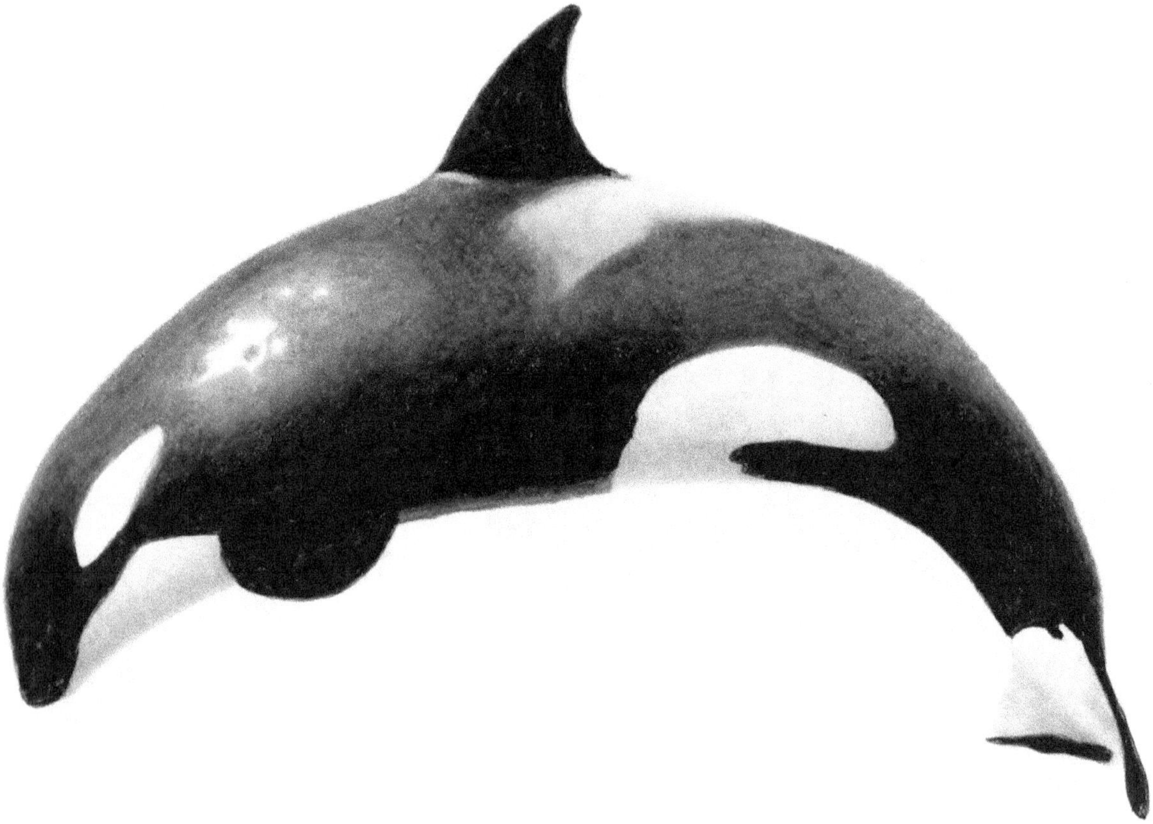

Création d'une apparence mouillée

Donnons maintenant à l'orque un aspect brillant en ajoutant de petits points blancs autour des zones éclairées du dos et dans d'autres zones où c'est approprié. Vous pouvez même créer ces points à l'aide d'une gomme électrique, mais selon mon expérience, utiliser un stylo à encre gel blanc est beaucoup plus facile et donne de bien meilleurs résultats. Si vous possédez les deux outils, vous pouvez essayer les deux et voir ce qui fonctionne pour vous. C'est fascinant comme ces petits détails peuvent vraiment donner un effet aquatique au dessin de l'orque.

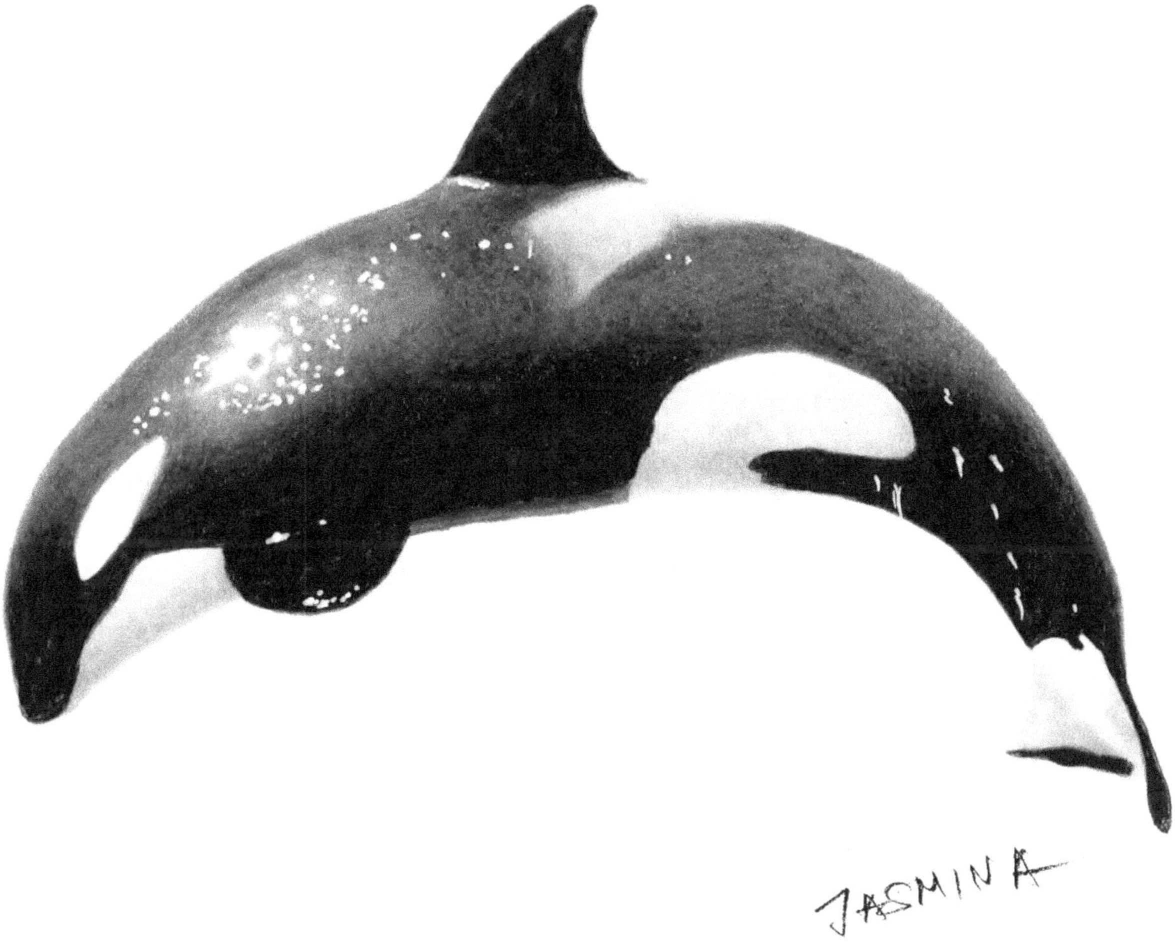

JASMINA

Comment Dessiner une Coccinelle

Dessiner une coccinelle offre une excellente occasion de pratiquer les techniques d'ombrage, en particulier les transitions en dégradé comme discuté dans le chapitre "Dégradé Fluide". Ces adorables insectes apportent non seulement de la joie, mais jouent également un rôle essentiel dans le maintien de l'équilibre de l'écosystème en dévorant les parasites et en contribuant à la santé de nos jardins bio. Capturons leur charme et leur beauté sur papier tout en célébrant leur présence bénéfique dans la nature.

La Photo de Référence

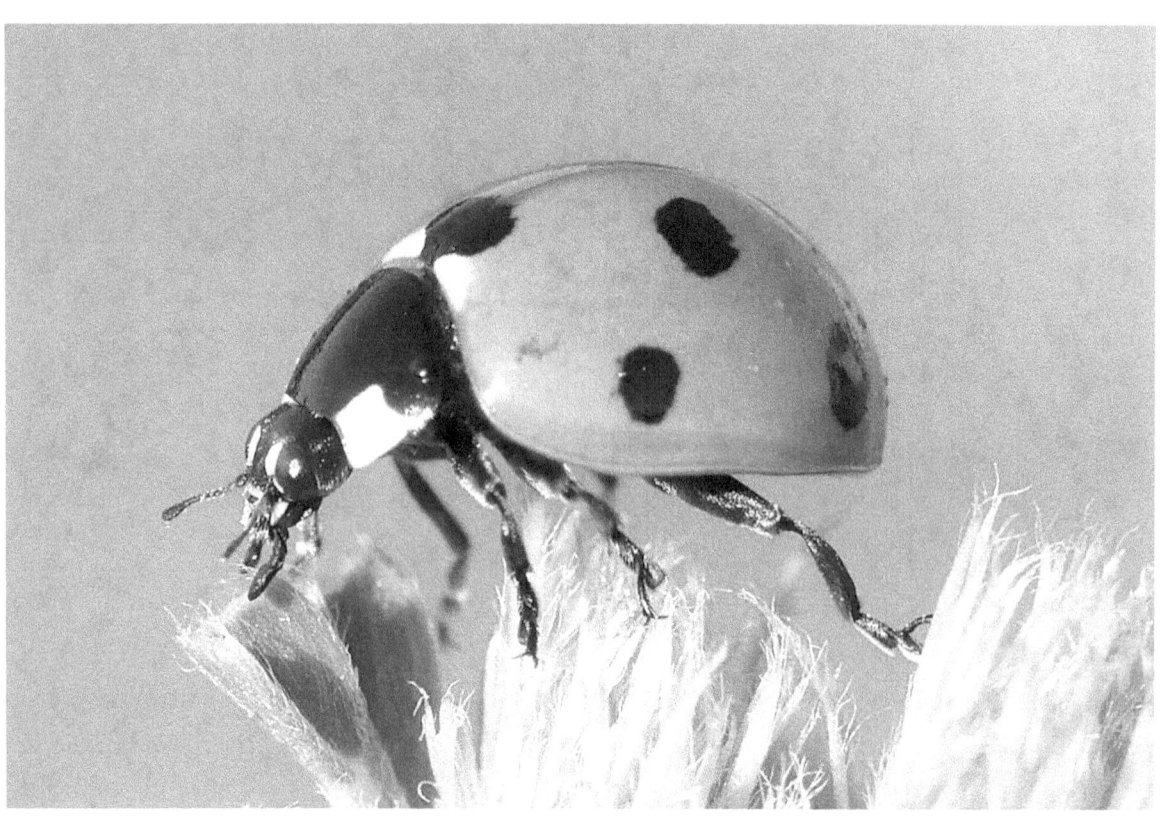

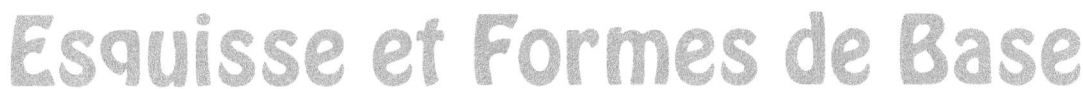

Esquisse et Formes de Base

Pour recréer cette esquisse, veuillez vous référer au chapitre "La Méthode du Quadrillage" pour des instructions détaillées et un guide étape par étape de ce processus.

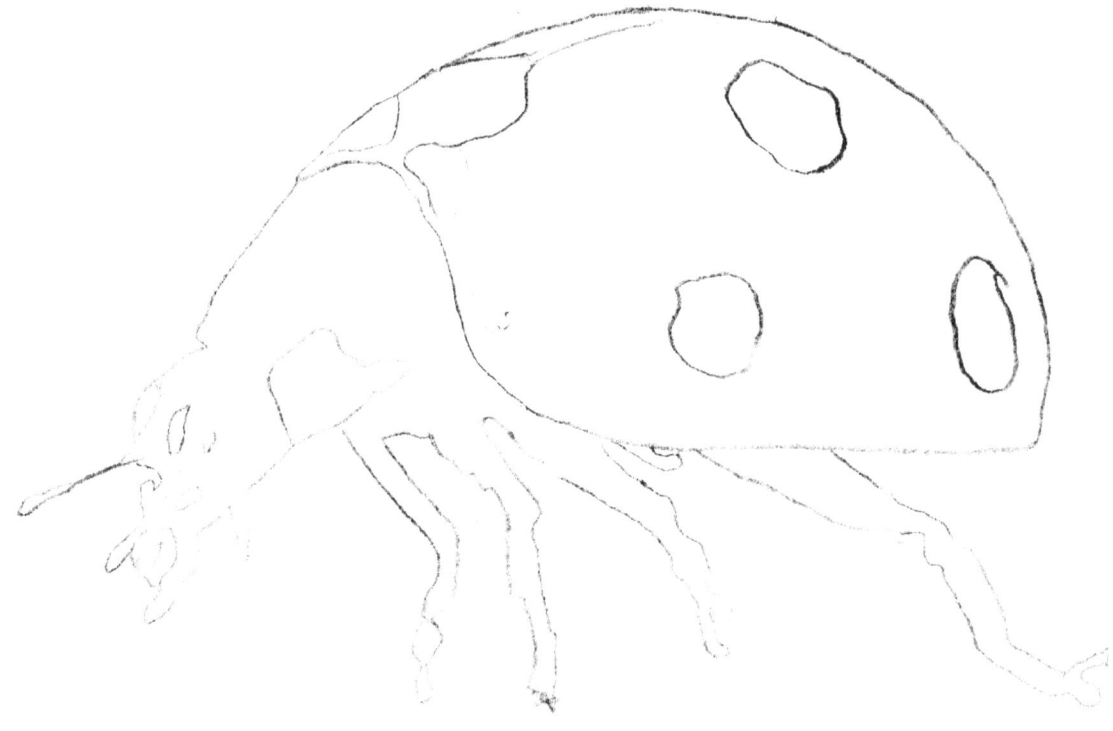

Masquer l'Arrière-plan

Cette fois-ci, j'ai choisi d'ombrer en utilisant de la poudre de graphite appliquée avec un mouchoir. Renforcez légèrement les lignes d'esquisse des taches noires pour maintenir leur visibilité sous la couche d'ombrage de graphite. Cependant, ces taches n'ont pas besoin d'être placées exactement aux mêmes endroits que sur la photo de référence. Pour m'empêcher d'ombrer l'arrière-plan du dessin et assurer des bords extérieurs propres et définis, j'utilise du Frisket Masking Film. Utiliser ce produit ou simplement du ruban adhésif de masquage ou un morceau de papier découpé est une technique efficace pour protéger la zone environnante tout en travaillant sur des détails spécifiques de l'œuvre. Utiliser le film de masquage est essentiel car une fois que le graphite est fortement imprimé sur l'arrière-plan, l'effacer sans laisser de trace serait pratiquement impossible.

Ce film peut être facilement collé sur le papier et retiré sans causer de dommages. Après avoir placé le film sur mon croquis, je découpe soigneusement les bords de la coccinelle avec un couteau de précision, tel qu'un cutter, laissant la carapace accessible pour l'ombrage tout en protégeant la zone autour d'elle.

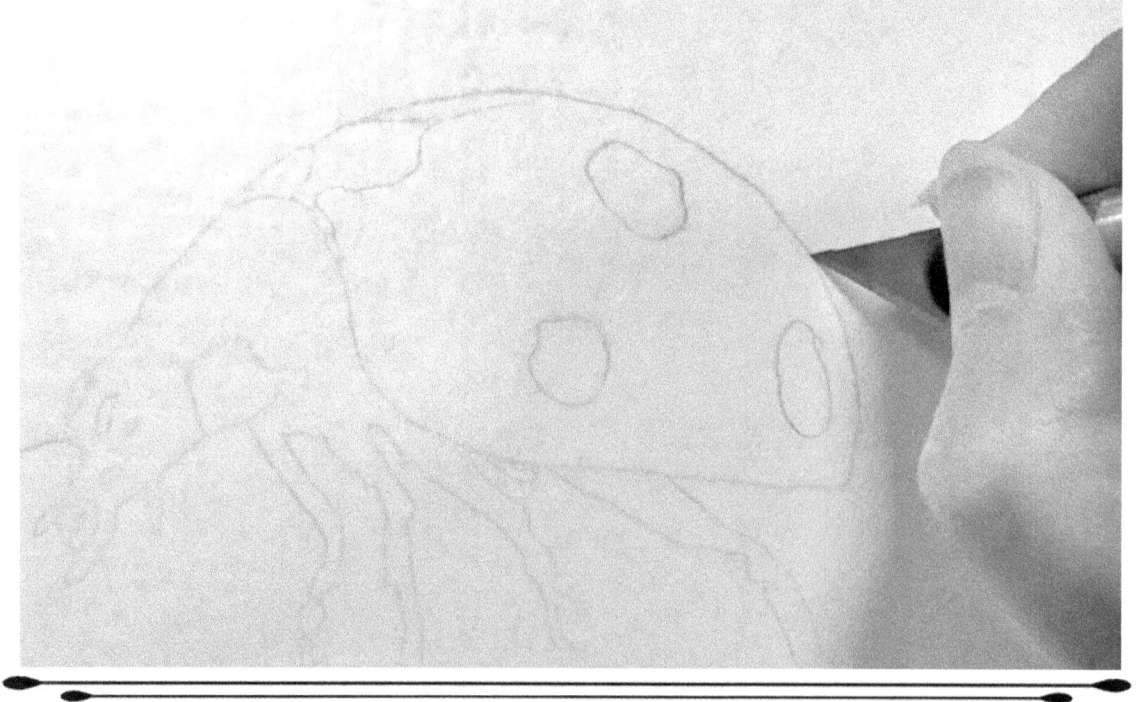

Ombrage de la Carapace de la Coccinelle

Maintenant que seule la zone de la carapace est exposée, passons à l'ombrage. Avant d'appliquer la poudre de graphite sur votre dessin, testez-la sur un morceau de papier séparé pour voir la nuance qu'elle produira. De plus, faites attention à ne pas toucher votre papier avec vos doigts, car cela pourrait laisser des marques indésirables une fois la poudre de graphite appliquée. Pour éviter cela, je pose toujours ma main sur un morceau de papier séparé pendant que je travaille sur mon dessin. Cela garantit que ma main ne rentre pas en contact avec l'œuvre, la gardant propre et exempte de traces de doigts. Trempez votre doigt, enveloppé d'un mouchoir, dans la poudre de graphite. Appliquez soigneusement ce graphite sur la zone, en commençant par la partie ombrée du côté droit et en appuyant avec une pression décroissante à mesure que vous ombrez vers le côté gauche. Cette technique créera une transition en dégradé entre les teintes sombres et claires. N'oubliez pas de toujours commencer du côté droit après avoir trempé votre mouchoir dans la poudre de graphite, en l'appliquant sur la zone ombrée. Le graphite restant sur le mouchoir sera suffisant pour la zone plus claire à gauche. Des mouvements circulaires vous aideront à obtenir une transition en douceur entre les teintes.

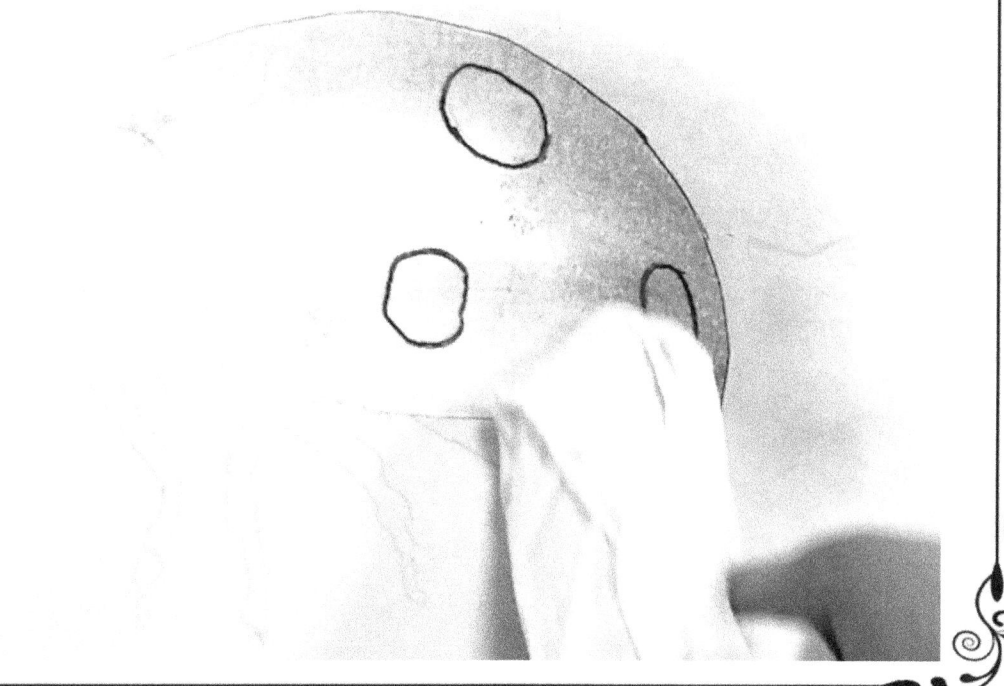

Superposition et retrait du masquage

Procédez couche par couche, en construisant soigneusement les nuances jusqu'à ce que vous obteniez le résultat souhaité. Le choix de la nuance de poudre de graphite est important ; dans mon cas, j'utilise une nuance B. Si vous avez une nuance plus sombre, vous voudrez peut-être enlever un peu de graphite de votre mouchoir avant de l'appliquer sur votre dessin pour éviter qu'il ne devienne trop foncé et difficile à effacer. D'autre part, si vous avez de la poudre de graphite HB ou plus claire, elle pourrait ne pas être assez sombre pour la zone ombrée.

Après avoir retiré le Frisket Masking Film, vous devriez constater que votre zone ombrée ressemble à celle sur l'image suivante. Cependant, si vous trouvez que le résultat n'est pas satisfaisant, je vous recommande de recommencer sur un nouveau croquis. Étant donné que vous n'êtes qu'au stade initial du dessin et n'avez pas encore investi beaucoup d'efforts, répéter cette étape jusqu'à ce que vous soyez satisfait du résultat est une approche judicieuse.

J'espère que vous trouverez cette technique d'ombrage intéressante, d'autant plus qu'elle est à la fois plus rapide et donne une apparence plus lisse par rapport à l'utilisation de crayons de graphite et d'estompes. Prenez votre temps pour maîtriser cette méthode avant de passer à l'étape suivante, et n'hésitez pas à explorer et à expérimenter avec le processus jusqu'à ce que vous obteniez l'effet souhaité.

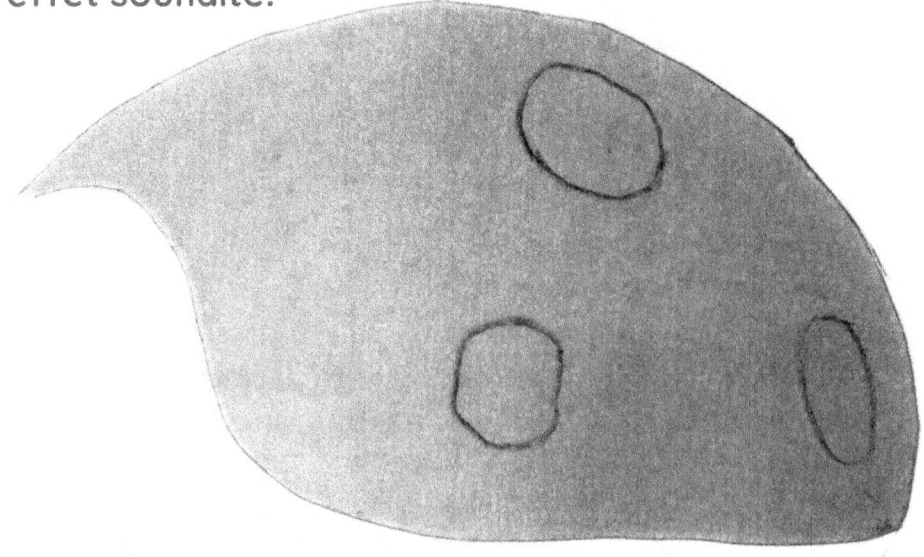

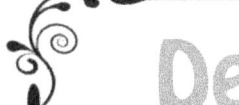

Dessiner les Taches Noires

À l'étape suivante, nous nous concentrerons sur l'ajout des taches noires distinctives sur la carapace de la coccinelle. Pour ce faire, prenez votre crayon 14B et appliquez une pression ferme en dessinant ces taches. L'objectif est de créer une teinte sombre et contrastée qui se démarque par rapport à l'ombrage graphite environnant.

Comme mentionné précédemment, ne vous sentez pas limité par la photo de référence lorsque vous dessinez les taches sur la carapace de la coccinelle. Vous avez la liberté créative de les interpréter et de les positionner comme vous le souhaitez. Dans mon cas, j'ai accidentellement perdu l'esquisse initiale de la tache sur le dessus de la carapace, mais je l'ai maintenant ajoutée en approximant sa position.

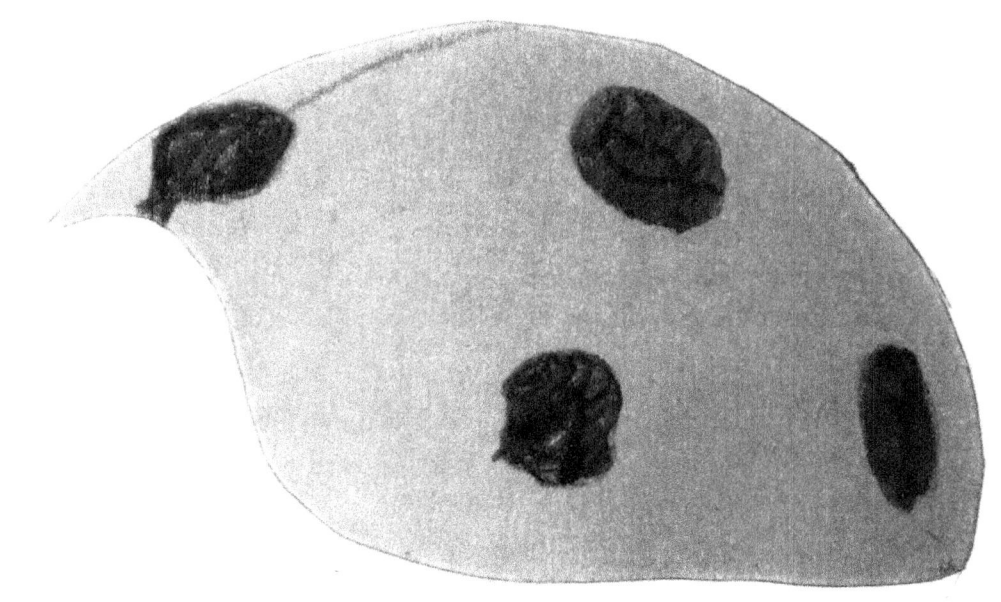

Créer des Reflets

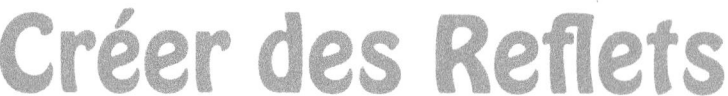

Ensuite, nous allons accentuer la carapace de la coccinelle avec des reflets. Pour obtenir cet effet, j'enlève délicatement un peu de graphite à l'aide d'une gomme malaxable, comme le montre l'image suivante. Pour un reflet plus prononcé, j'utilise ma gomme électrique pour éclaircir le centre de cette zone. Cet ajout de luminosité confère à la carapace une apparence magnifiquement arrondie.
De plus, j'efface minutieusement les deux taches blanches près de la tête pour préserver leur blancheur, renforçant le contraste et les faisant ressortir avec élégance.

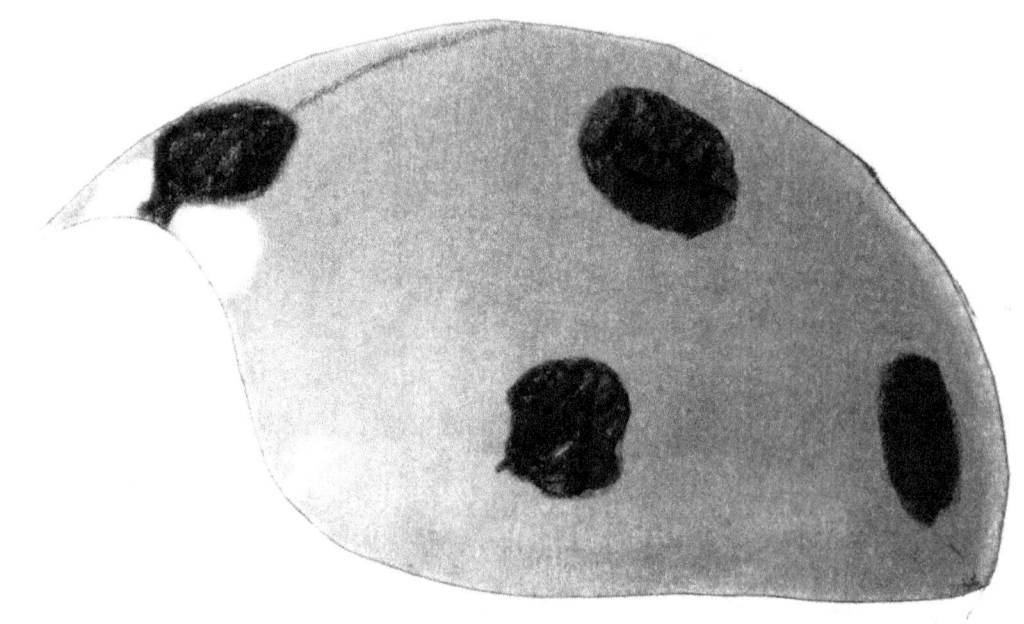

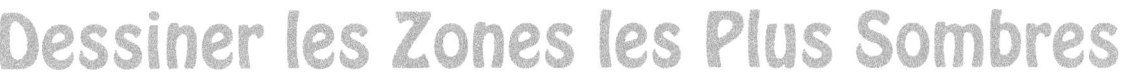

Dessiner les Zones les Plus Sombres

Poursuivons en ombrant toutes les zones les plus sombres à l'aide de notre nuance la plus profonde, le 14B. Référez-vous à l'image ci-dessous pour observer précisément quelles zones j'ai ombrées, tout en laissant certaines petites sections blanches. Prenez le temps d'étudier à la fois la photo de référence et mon processus étape par étape pour bien comprendre les actions nécessaires pour votre dessin.

Il est important de noter que j'ai délibérément laissé la partie noire éclairée sur le pronotum (la zone noire entre la tête et la carapace) intacte. Cette zone sera ombrée avec une nuance plus claire pour indiquer l'éclat qu'elle possède.

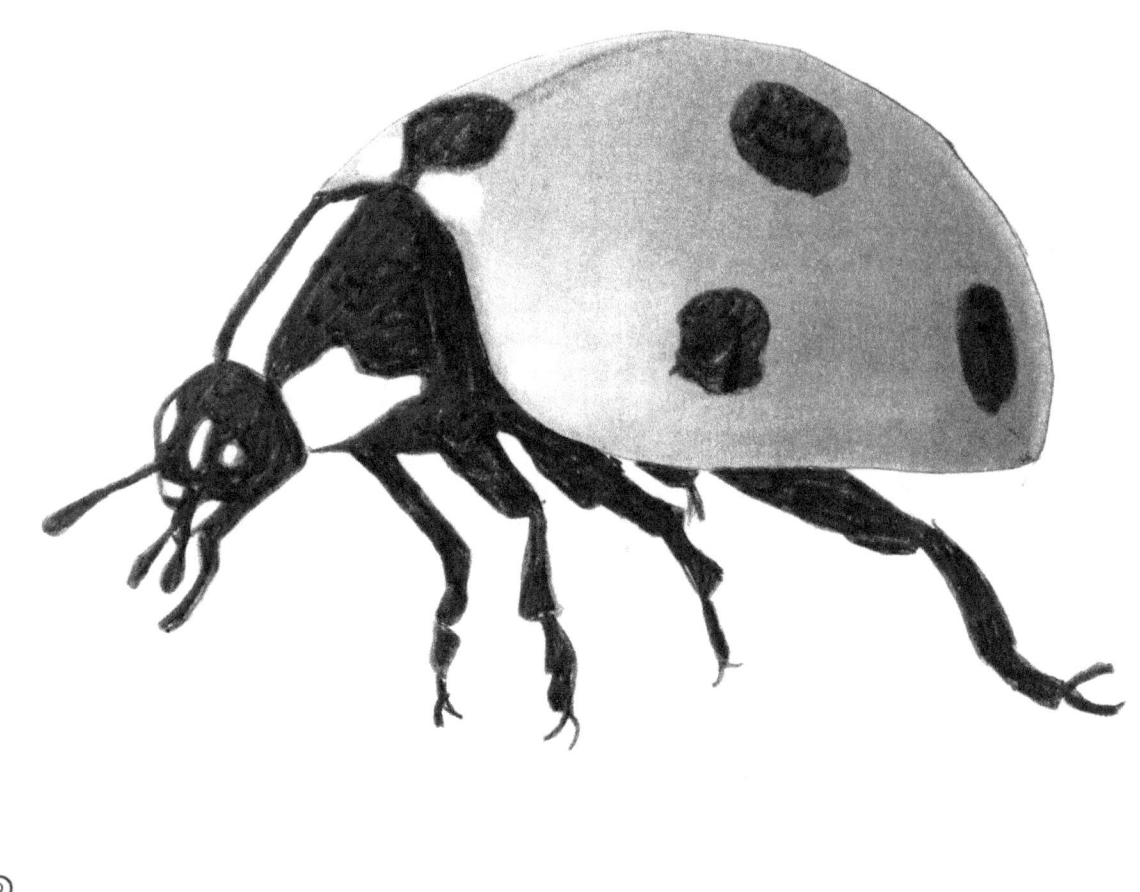

Estomper et Ombrer les Détails

Ensuite, nous allons ombrer la zone précédemment laissée intacte sur le pronotum. Commencez par utiliser un crayon HB en haut de cette zone, en transition progressive vers la région ombrée au 14B. Ensuite, estompez le bord entre ces nuances avec un crayon 6B pour obtenir un dégradé en douceur.

De plus, prenez une estompe et estompez soigneusement les bords des pattes à l'arrière-plan pour leur donner une apparence légèrement floue. Cet effet créera l'impression que ces pattes sont positionnées derrière les pattes plus proches des yeux du spectateur. Estompez également le bord de la carapace à côté du pronotum pour assurer une transition fluide entre les deux sections.

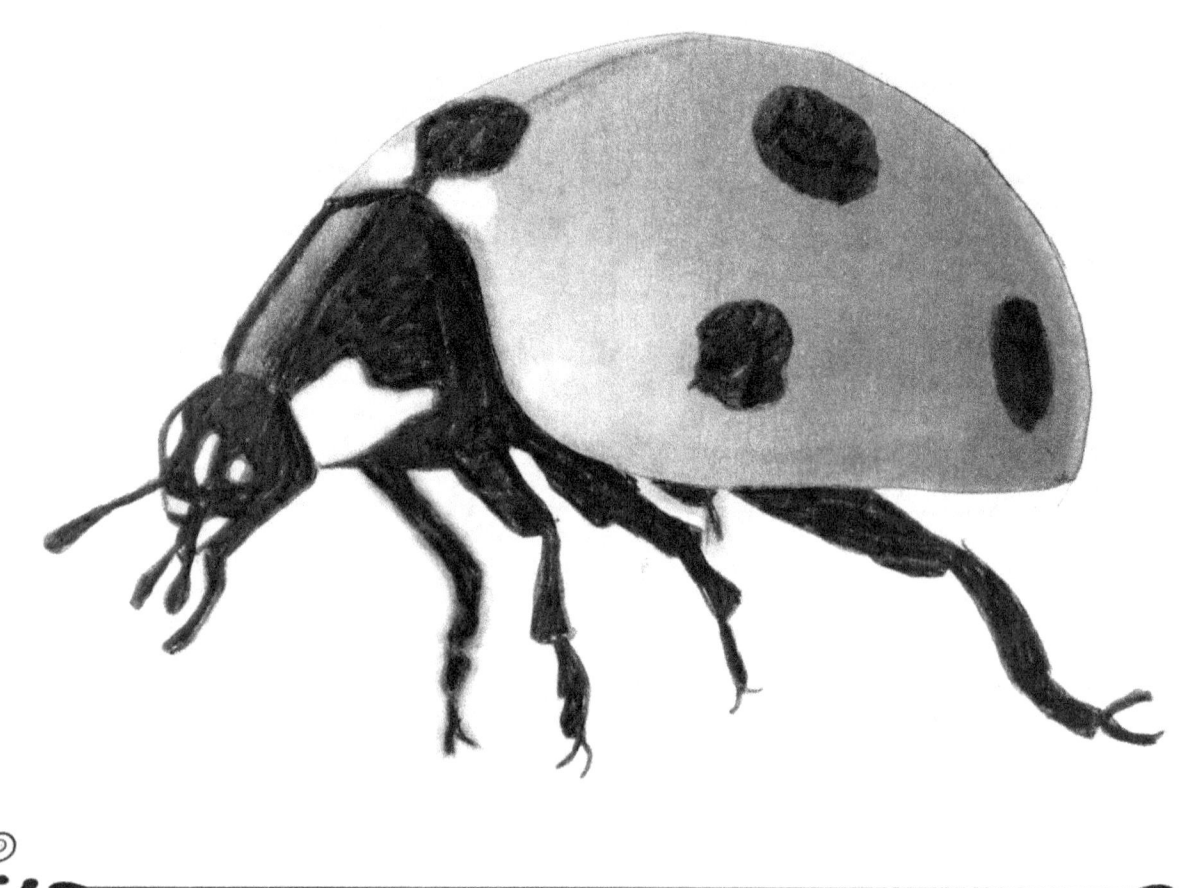

66

Créer des Poils sur les Pattes

Comme le montre la photo de référence, les pattes possèdent une texture velue. Pour obtenir cet effet, nous utiliserons un crayon estompe incolore à base de cire. En plaçant doucement sa pointe le long du bord de la patte et en le tirant vers l'extérieur dans la direction requise, nous pouvons créer l'apparence de petits poils, comme illustré dans mon dessin. Cette technique donne un aspect duveteux, conférant une qualité réaliste et vivante aux pattes dans l'œuvre d'art.

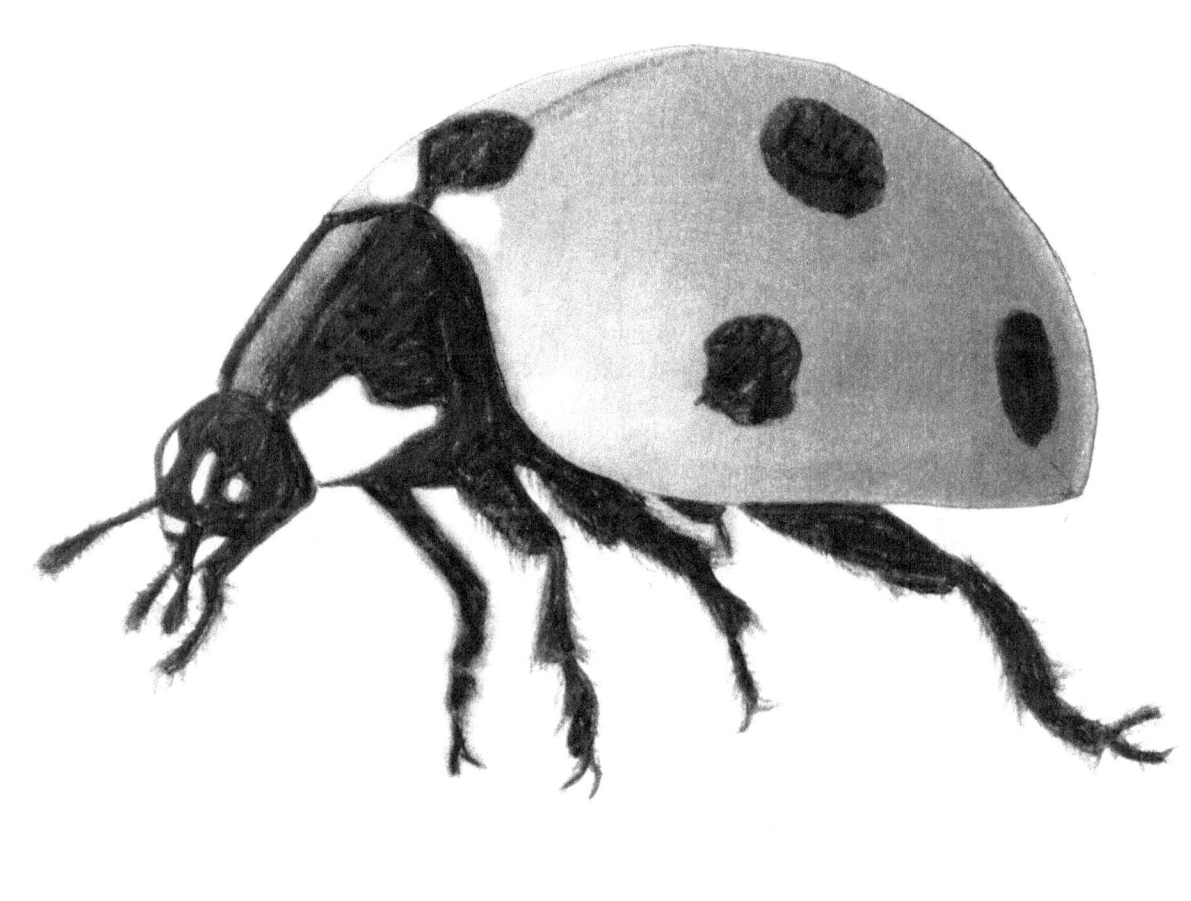

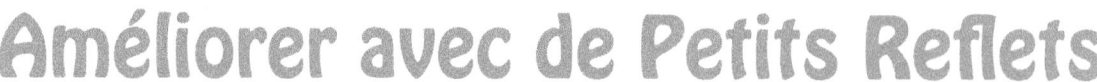

Améliorer avec de Petits Reflets

Maintenant, il est temps d'ajouter les touches finales en incorporant de petits points en surbrillance là où cela est approprié. Pour obtenir cet effet, j'ai utilisé la pointe fine de ma gomme électrique, éliminant soigneusement le graphite et créant des reflets lumineux. Pour les zones nécessitant une valeur purement blanche, j'ai utilisé un stylo gel blanc à encre.

Sur l'image ci-jointe, vous pouvez observer de nombreux petits points blancs que j'ai placés méticuleusement sur toute la coccinelle, même sur ses pattes.

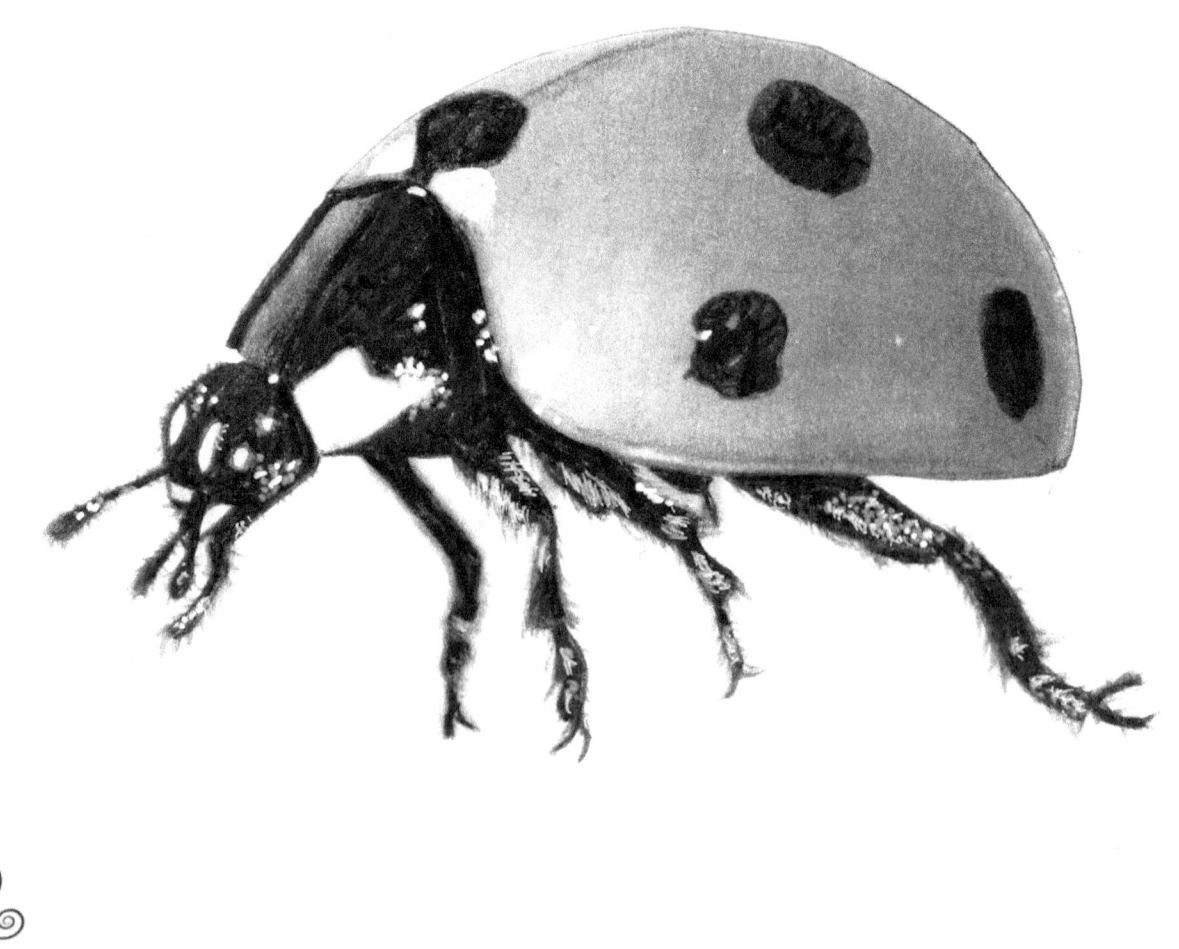

Maîtriser les Ombres Portées pour le Réalisme

Une fois que vous êtes satisfait de l'apparence générale de votre dessin, il est temps d'améliorer son aspect tridimensionnel et réaliste en créant une ombre portée sous la coccinelle. Pour ce faire, j'ai utilisé de la poudre de graphite et un pinceau de peinture, en utilisant des mouvements de va-et-vient pour appliquer l'ombre.

L'ombre devrait apparaître plus sombre près des pattes de la coccinelle et s'estomper progressivement plus loin de l'animal. Lorsque vous appliquez de la poudre de graphite avec un pinceau, commencez par vous concentrer sur les zones qui nécessitent une teinte plus foncée. En étendant votre ombrage vers l'extérieur, vous aurez de moins en moins de poudre de graphite sur le pinceau, créant ainsi une transition dégradée en douceur entre l'ombre portée et le fond. Cette technique donne un effet réaliste et dimensionnel au dessin.

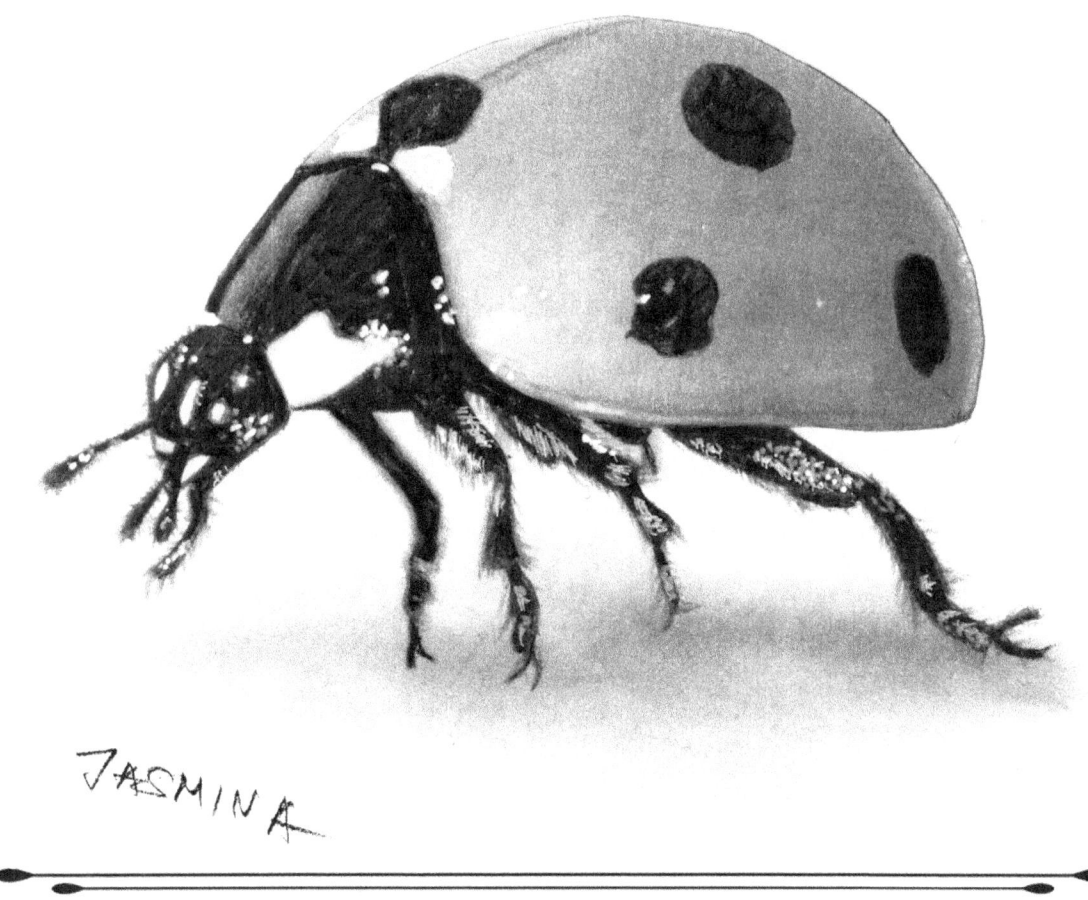

JASMINA

Comment Dessiner un Bourdon

Avec leurs corps duveteux et leur coloration noir et jaune distinctive, les bourdons sont des sujets fascinants pour l'exploration artistique. Les bourdons sont connus pour leur nature douce et docile, ce qui en fait une présence appréciée dans les jardins et les habitats naturels. En tant qu'artiste et amatrice de nature, j'ai personnellement planté du trèfle dans mon vaste jardin spécifiquement pour attirer et nourrir les abeilles et les bourdons. Les observer bourdonner joyeusement parmi les fleurs colorées est une véritable joie et m'inspire à capturer leur charme sur papier. En créant des œuvres d'art qui mettent en valeur leur beauté, nous pouvons sensibiliser à l'importance de protéger ces espèces précieuses et en voie de disparition.

La photo de référence

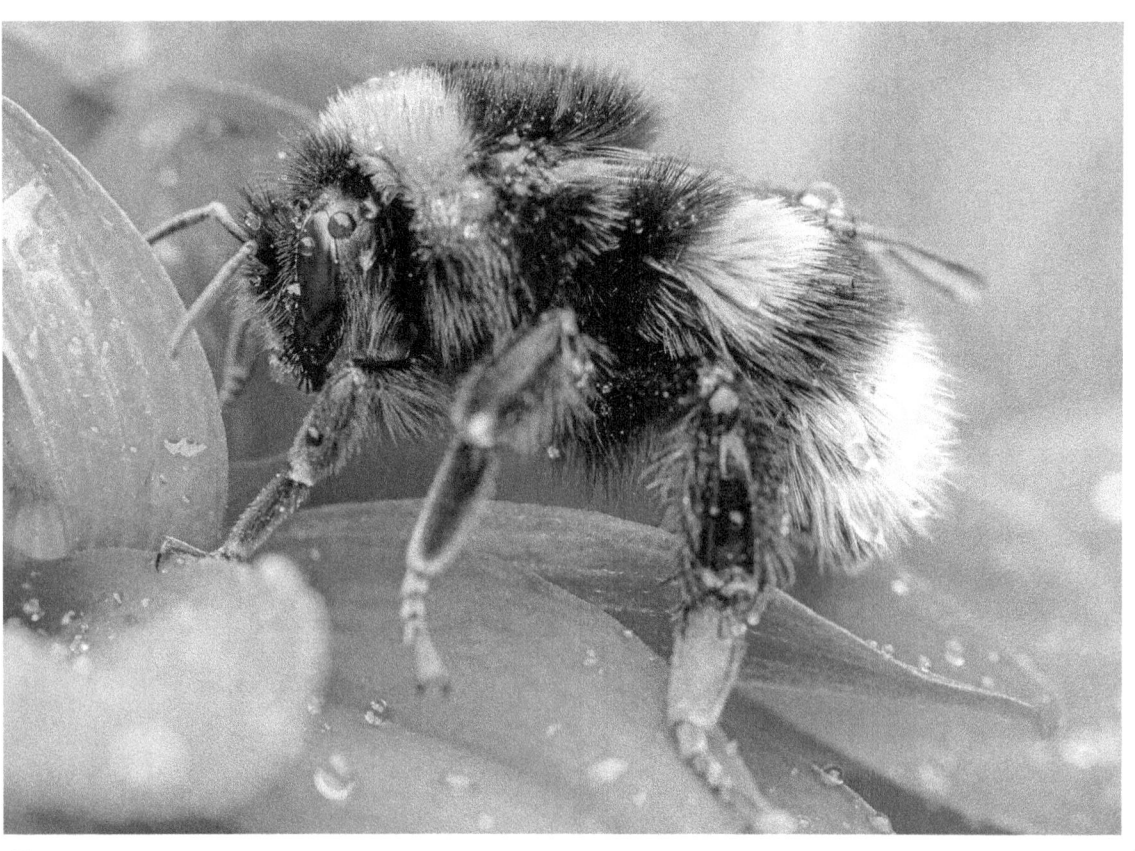

Esquisse et formes de base

Dans mon approche, j'ai mis l'accent sur l'importance de délimiter le corps principal et les pattes, ainsi que de tracer la frontière entre les segments noirs et jaunes avec des lignes en zigzag. Rappelez-vous que chaque détail dans votre esquisse n'a pas besoin de correspondre parfaitement à la photo de référence. N'hésitez pas à expérimenter et à explorer, vous pouvez même changer les positions exactes des ailes si cela vous inspire.

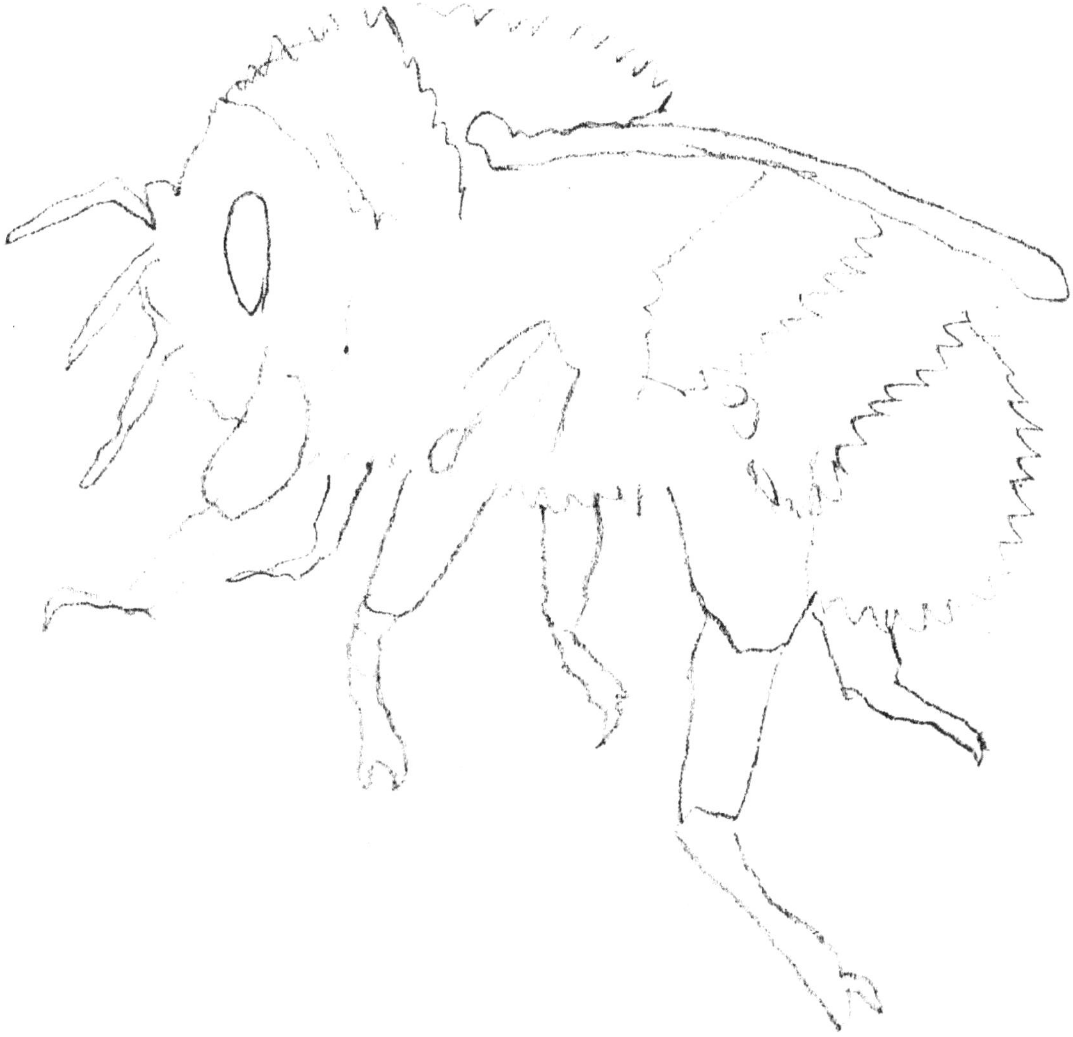

Dessin des parties les plus sombres

Avec un crayon **14B**, commencez par remplir les régions
qui doivent être complètement noires. Identifier ces zones
dans la photo de référence peut être un peu difficile,
alors référez-vous à mon exemple pour observer
où j'ai appliqué la teinte la plus sombre.

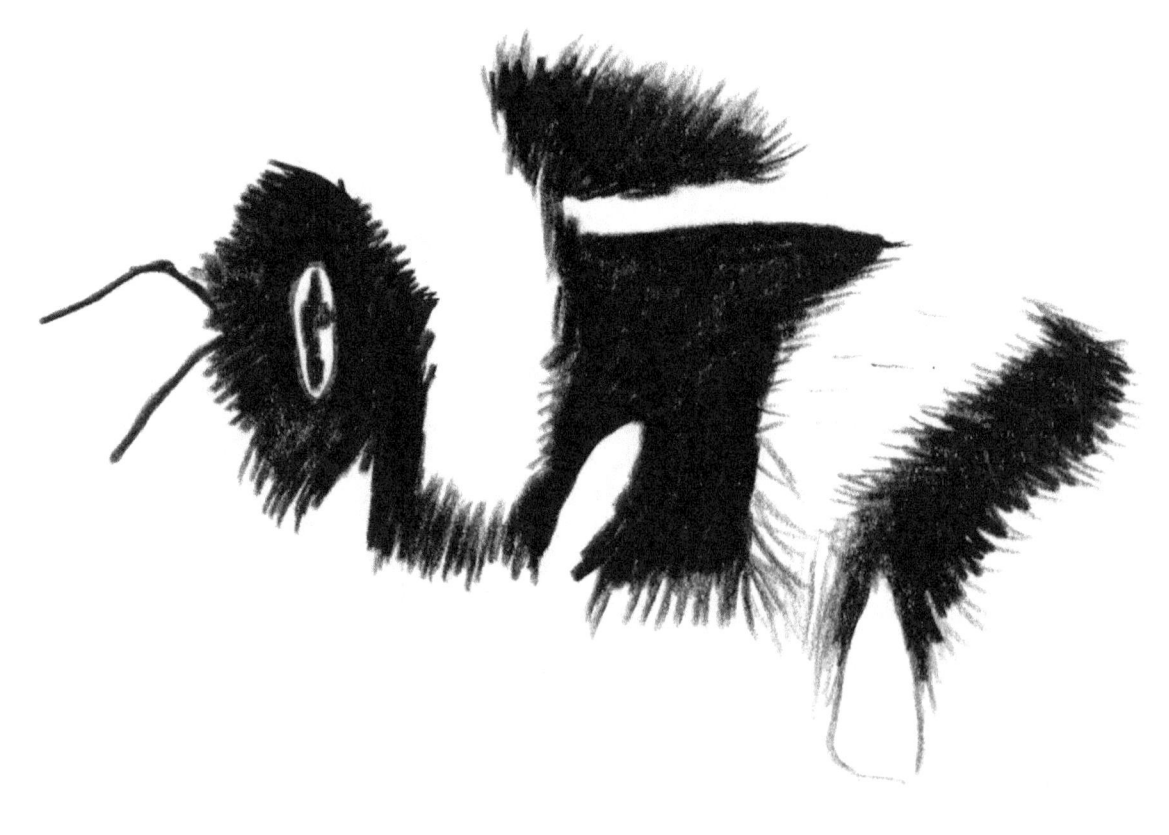

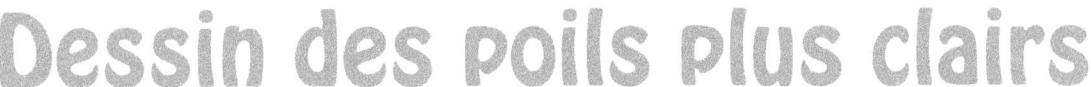

Dessin des poils plus clairs

Les bourdons sont connus pour leurs rayures noires et jaunes distinctives. Leur corps se termine souvent par une section blanche, semblable à une queue. Maintenant, en utilisant un crayon HB, concentrez-vous sur le dessin des poils délicats sur les deux segments jaunes. Réduisez progressivement la densité des traits pour la section à poils blancs.

Comme pour les étapes précédentes, assurez-vous d'aligner vos traits de crayon avec la croissance naturelle et le mouvement des poils.

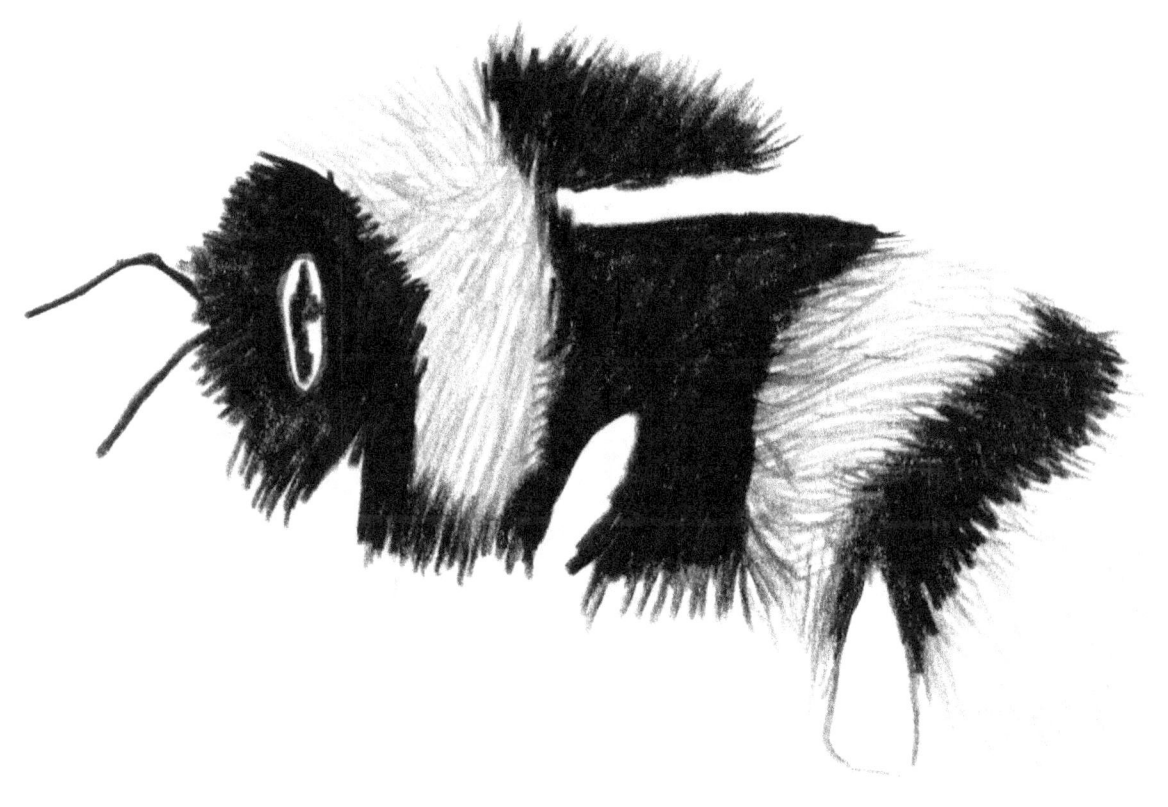

Estompage des poils plus clairs

Pour obtenir un aspect plus doux et plus naturel, utilisez une estompe ou un coton-tige pour estomper méticuleusement les poils que vous avez esquissés. Ce processus d'estompage évitera que les poils paraissent nets et distincts, contribuant ainsi à une texture plus réaliste et douce.

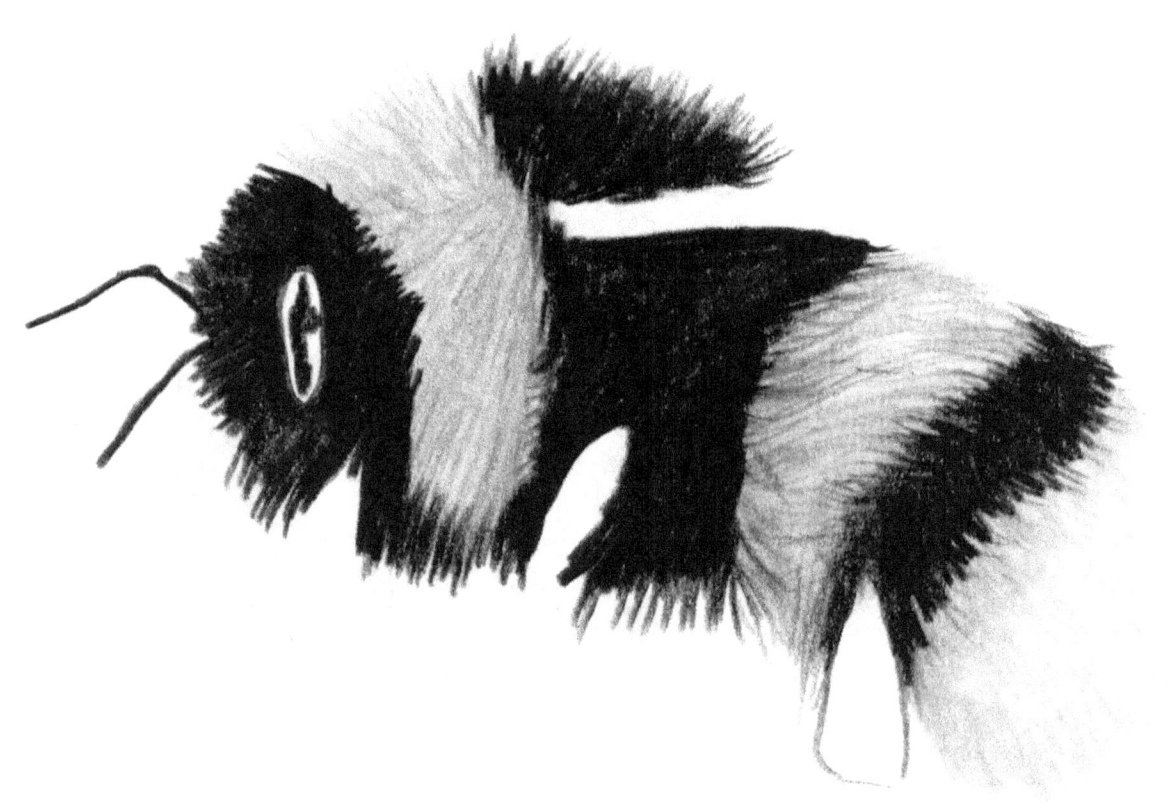

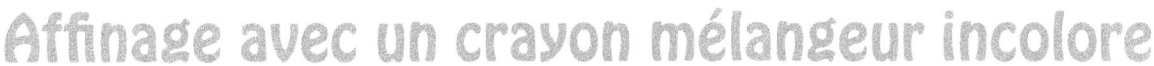

À cette étape, j'ai utilisé un crayon mélangeur incolore de Prismacolor Premier pour fondre dans les zones claires les extrémités des poils noirs que j'ai esquissés avec un crayon 14B. J'utilise cette technique pour les poils noirs qui s'étendent sur les parties jaunes et blanches du bourdon, ainsi que pour les poils le long du bord extérieur de l'animal, vers l'arrière-plan. Pour réaliser cet effet, placez la pointe du crayon estompe sur la zone noire et faites un geste rapide dans la direction souhaitée. Bien qu'un crayon 2B puisse également être utilisé pour cette tâche, j'ai remarqué que l'effet d'estompage est plus délicat et texturé lorsque vous utilisez ce crayon mélangeur spécifique.

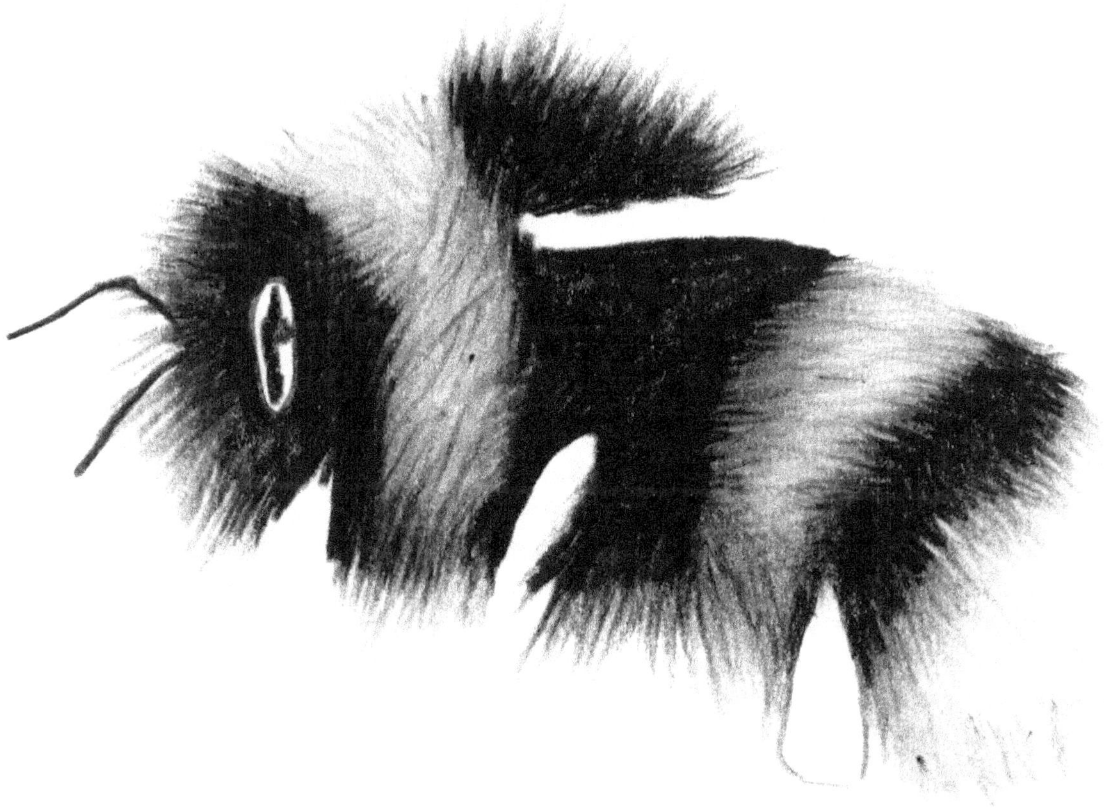

Ajout de poils en surbrillance

Dans cette étape, nous allons introduire quelques poils délicatement illuminés à la jonction des sections noires avec les sections jaunes et blanches. Vous avez la possibilité de créer ces fins poils lumineux à l'aide d'une gomme électrique ou d'un stylo gel à encre blanche. Si les reflets semblent trop lumineux après l'utilisation du stylo gel, une solution simple consiste à les frotter délicatement avec une estompe une fois que l'encre a séché pour obtenir un ton légèrement plus foncé.

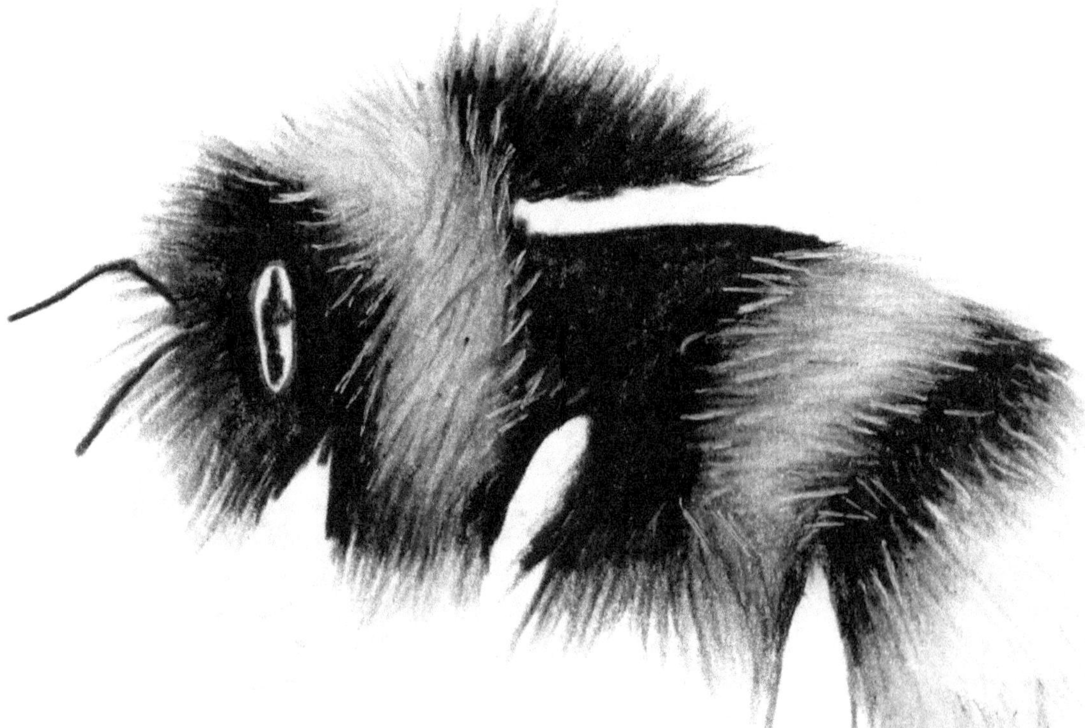

Ombrage des antennes, de l'œil et de l'aile

Dans cette étape, nous allons procéder à l'ombrage des parties supérieures des antennes avec un crayon HB. Utilisez le même crayon pour ombrer l'œil et l'aile. Lorsque vous ombrez l'aile, veillez à ajuster la pression que vous appliquez pour créer un effet texturé, moins uniforme et plus tridimensionnel.

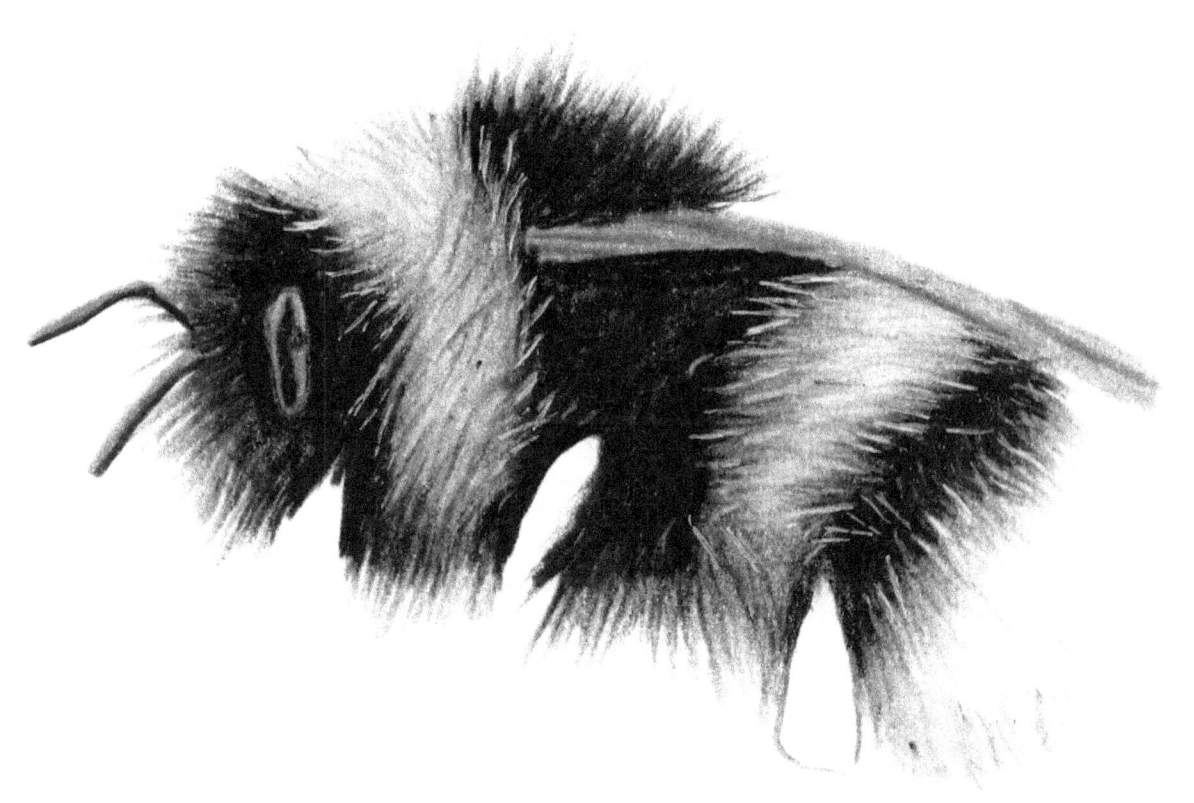

Début du dessin des pattes

Lorsque vous êtes prêt, nous pouvons commencer à dessiner les pattes. Pour obtenir une effet d'illumination tout autour et de rondeur, j'ai utilisé un crayon 2B pour ombrer les parties extérieures des pattes. Observez l'image ci-jointe pour identifier les régions spécifiques que j'ai ombrées dans cet exemple.

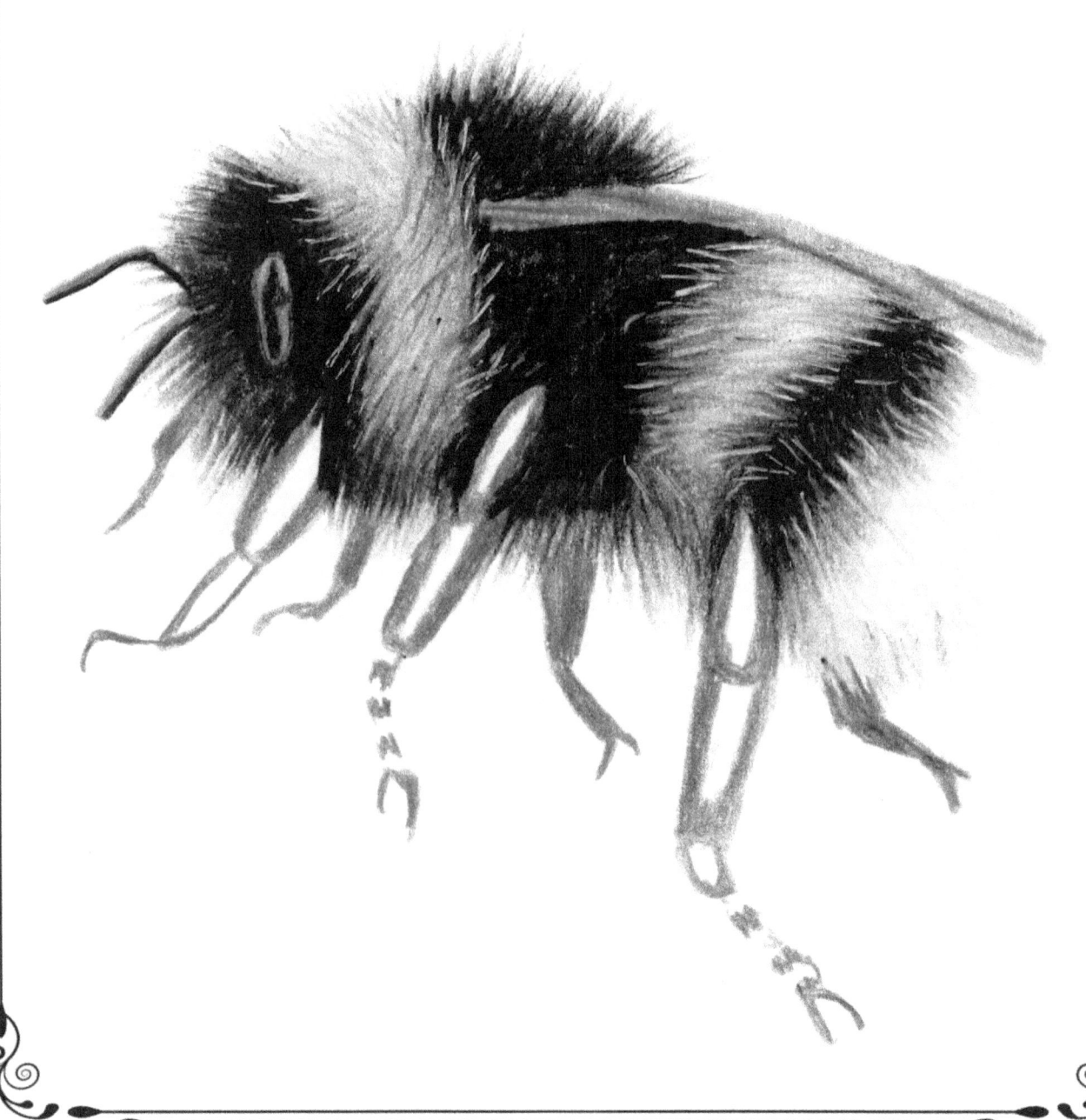

Poursuite de l'ombrage des pattes

Poursuivez en ombrant les zones qui n'ont pas été touchées à l'étape précédente, en vous concentrant sur les sections centrales des segments des pattes. Utilisez un crayon 10B pour cet ombrage. Ensuite, utilisez un crayon 6B pour estomper les transitions entre les deux nuances, en veillant à obtenir un dégradé progressif et homogène entre elles. Cette technique d'estompage produira un effet de rondeur sur les pattes.

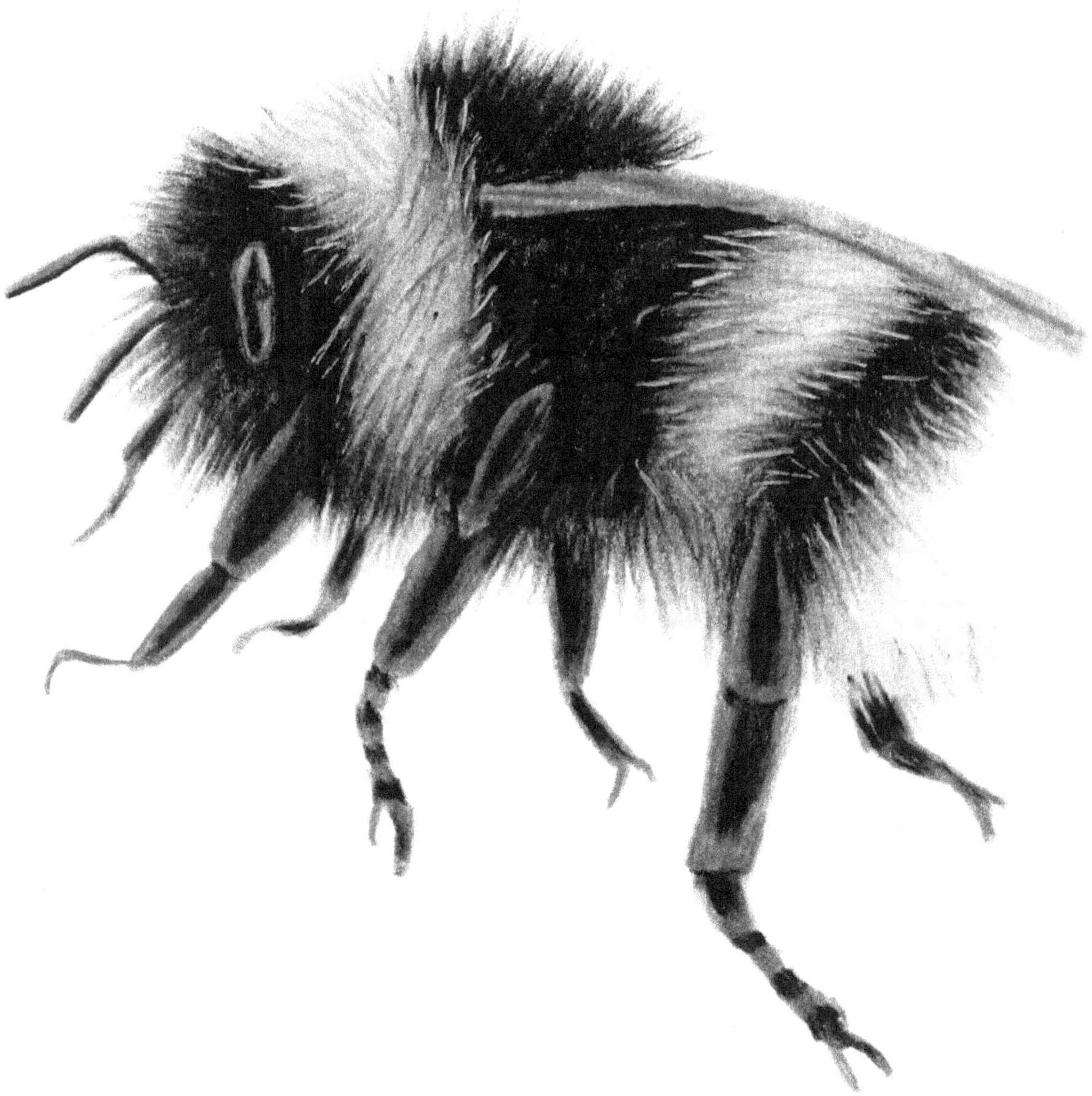

Affinage des détails des pattes

Pour continuer, utilisez un crayon 2B pour dessiner avec soin les petites soies qui ornent toute la surface des pattes, en suivant les indications visuelles fournies dans mon exemple ci-dessous. Une fois satisfait du résultat, estompez les poils que vous avez dessinés à l'aide d'un crayon estompe incolore ou d'une nuance plus claire, comme un crayon HB. Cet estompage créera une apparence harmonieuse et texturée pour les poils des pattes.

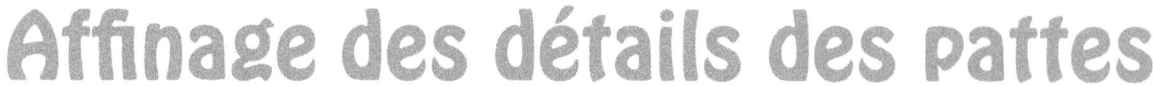

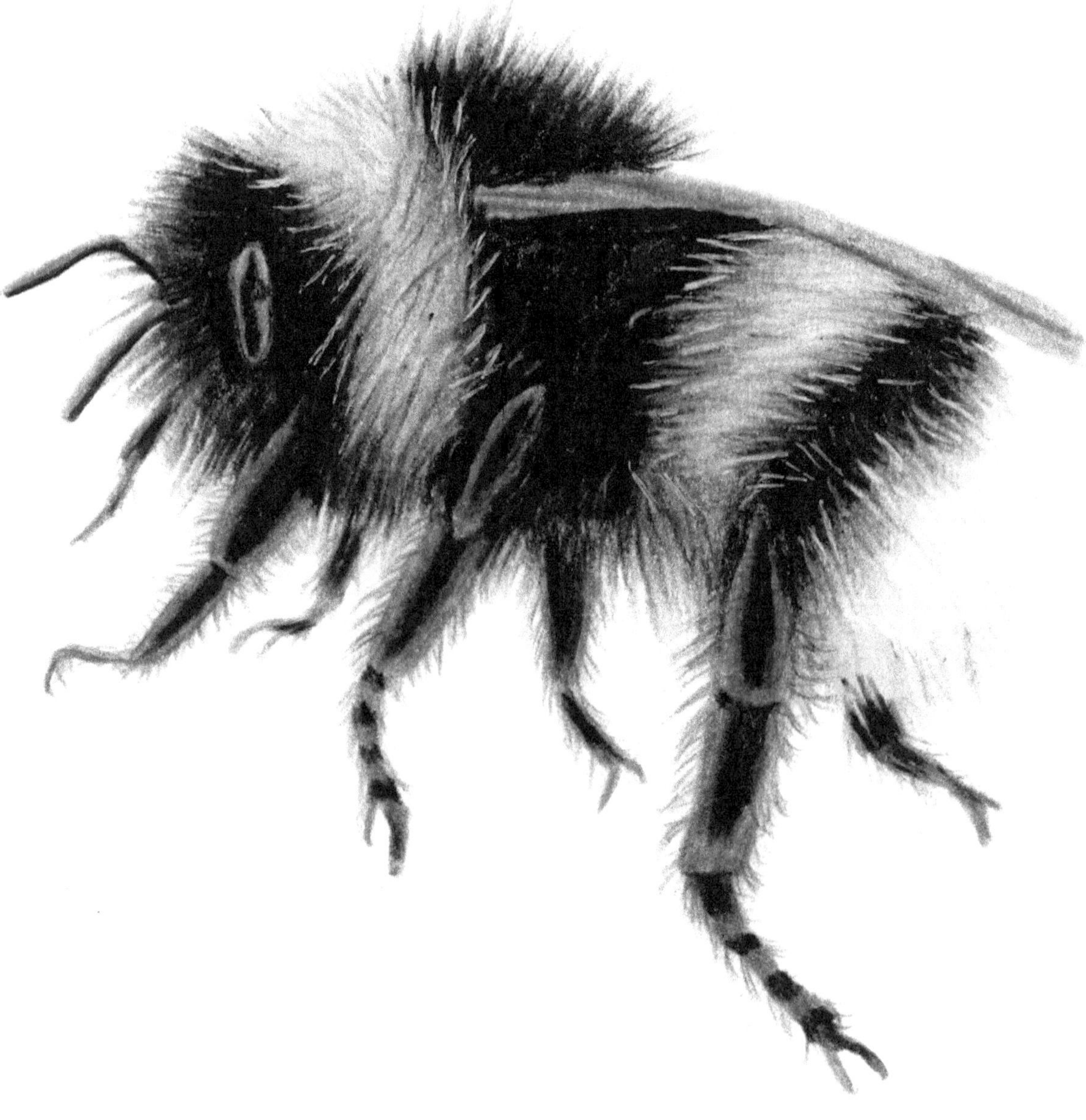

Pour continuer, utilisez un stylo à encre gel blanc pour délicatement créer les minuscules poils qui ornent les pattes. Ces poils brillent souvent à la lumière ou portent des traces de pollen, justifiant leur représentation avec la précision d'un stylo encre gel blanc ou d'une gomme électrique. De plus, saupoudrez quelques petits points stratégiquement sur toute la forme du bourdon pour transmettre l'idée du pollen et de son butinage affairé. Cela insufflera à votre œuvre une touche de vie et de vitalité.

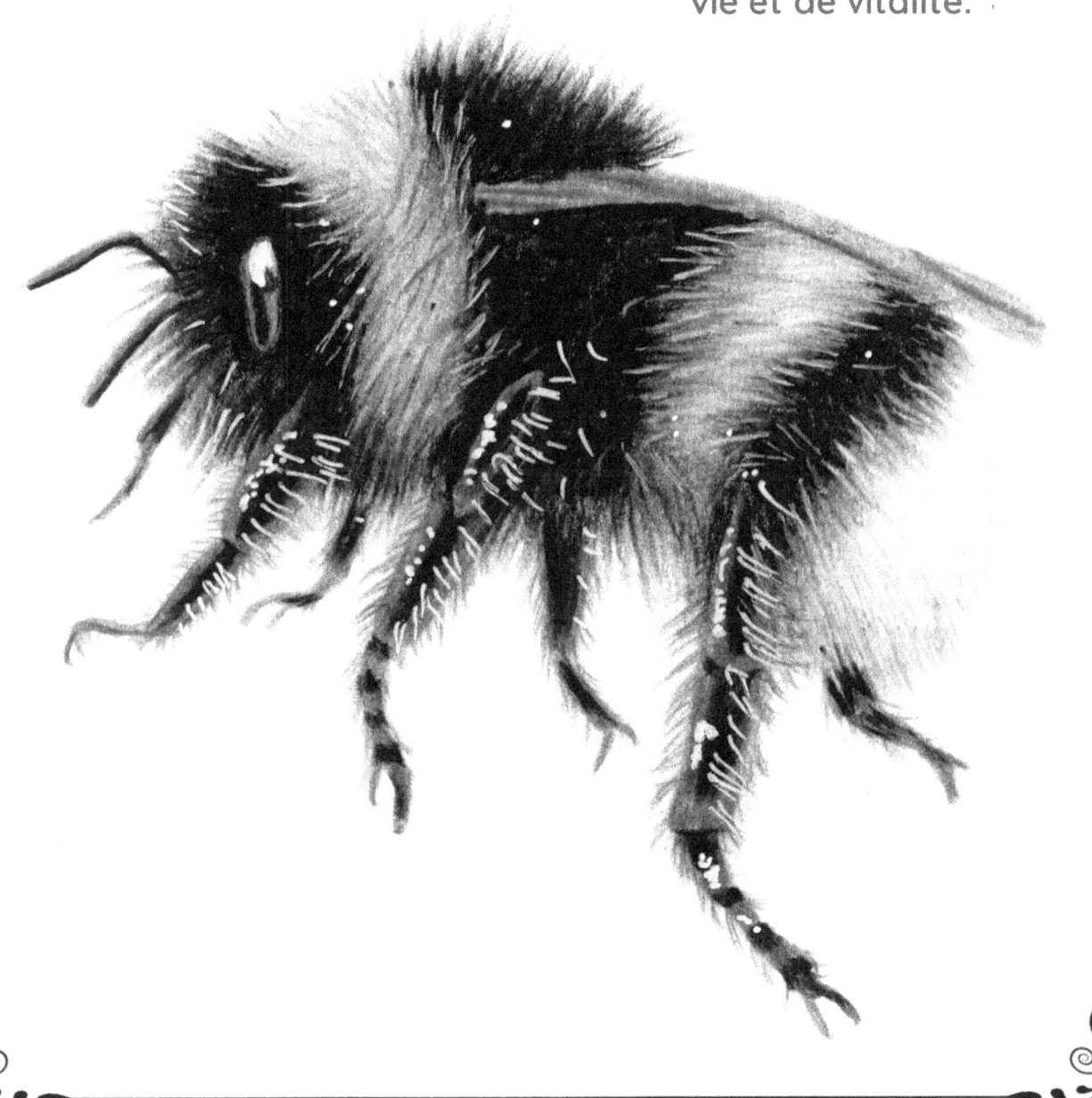

Finition de l'œuvre du bourdon

Si vous êtes satisfait de votre interprétation du bourdon, vous pouvez envisager d'étendre votre composition en dessinant une fleur en dessous de lui, comme s'il était posé dessus. Pour ajouter une touche de réalisme supplémentaire, j'ai choisi de représenter l'ombre projetée par le bourdon sur une surface imaginée. J'ai fait cela en appliquant délicatement de la poudre de graphite avec un pinceau, conférant ainsi une dimension subtile et atmosphérique à la scène.

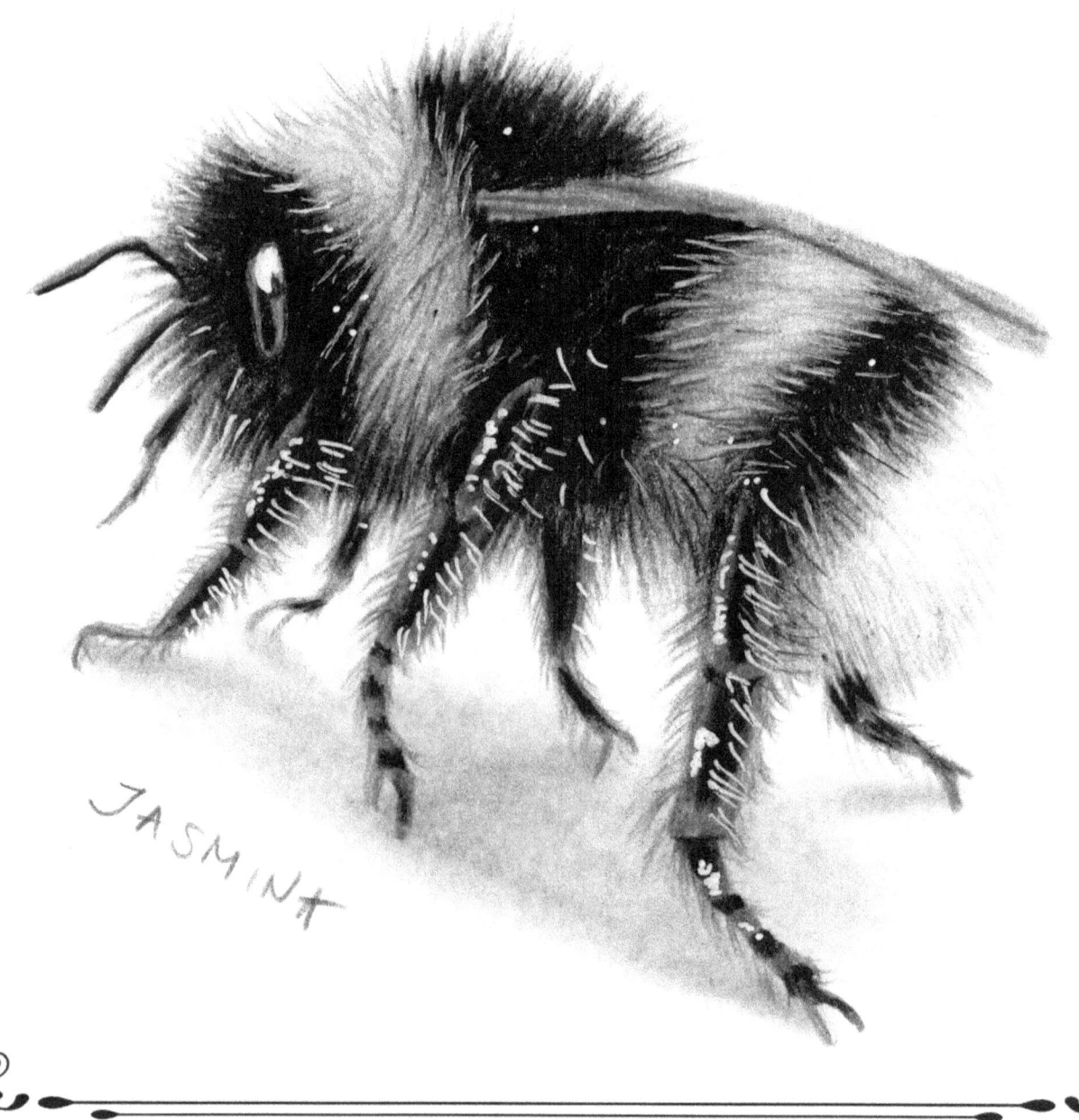

Dessins d'interlude

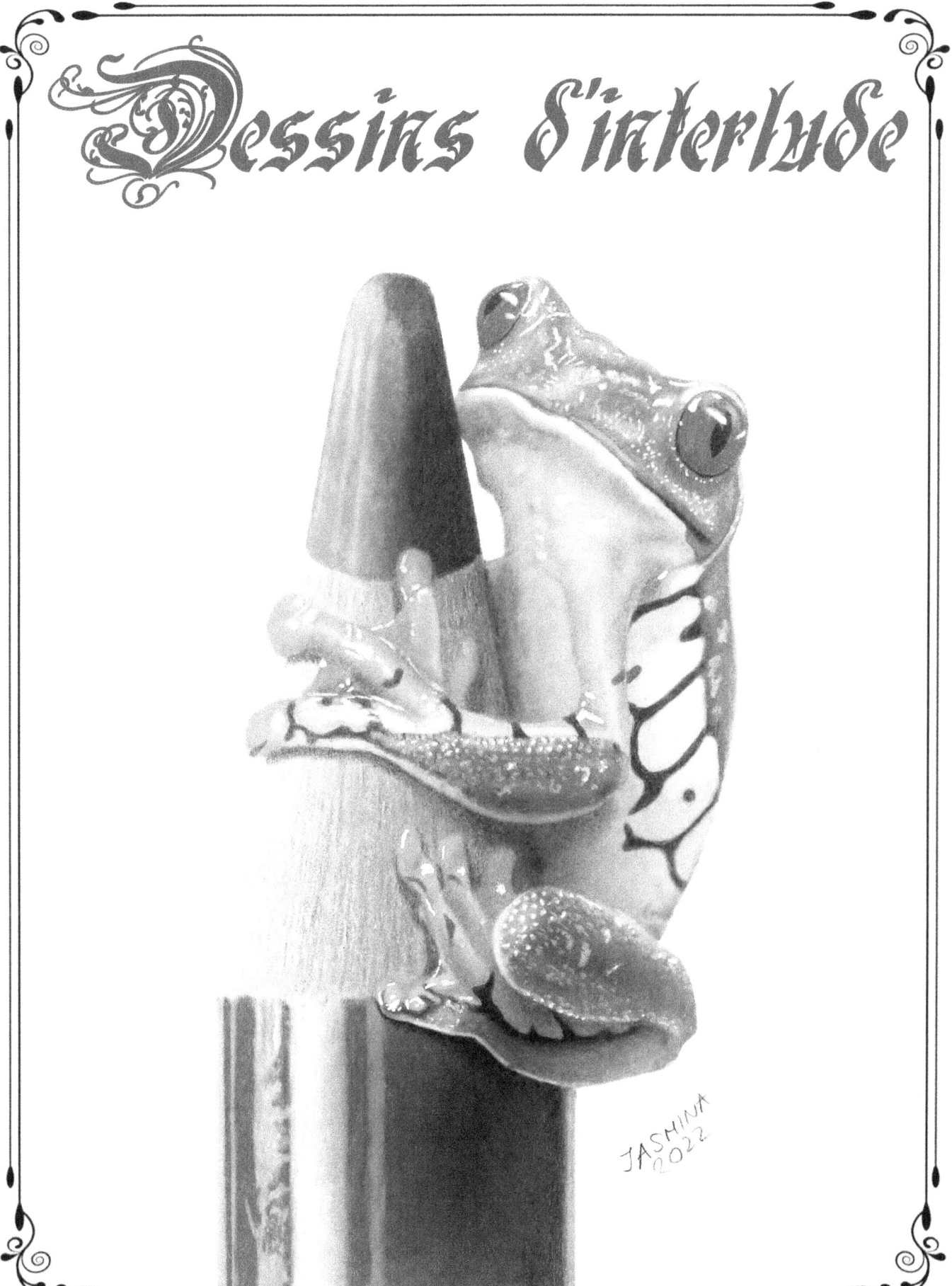

Comment dessiner un cygne noir

Dessiner un cygne noir nous offre une opportunité de pratiquer les textures, les nuances et les détails complexes, tout en explorant comment la lumière se reflète sur les plumes sombres, renforçant le réalisme et l'attrait de votre œuvre. Appréciez l'élégance de la nature et développez vos compétences artistiques en capturant la beauté du cygne noir. Donnons-lui vie dans notre dessin.

La photo de référence

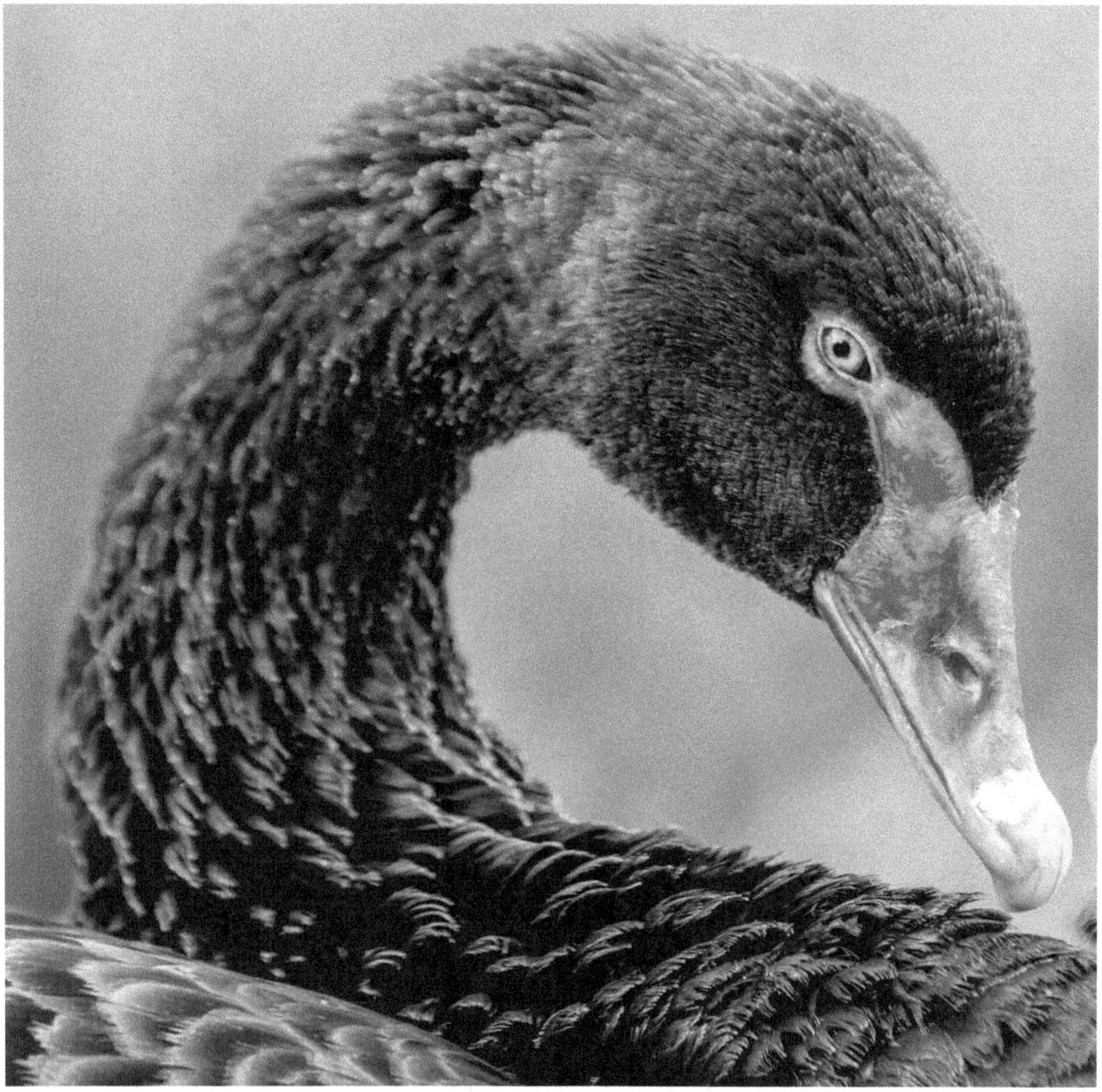

Esquisse et formes de base

Sur l'image ci-dessous, vous trouverez mon croquis au crayon, que j'ai numérisé. Prenez un moment pour étudier et analyser les lignes que j'ai considérées importantes et significatives dans mon dessin. Ces lignes ont été choisies avec soin pour capturer l'essence et le caractère du sujet. Observez les détails, les courbes et la précision dans chaque trait, car ils contribuent à l'ensemble de la composition globale.

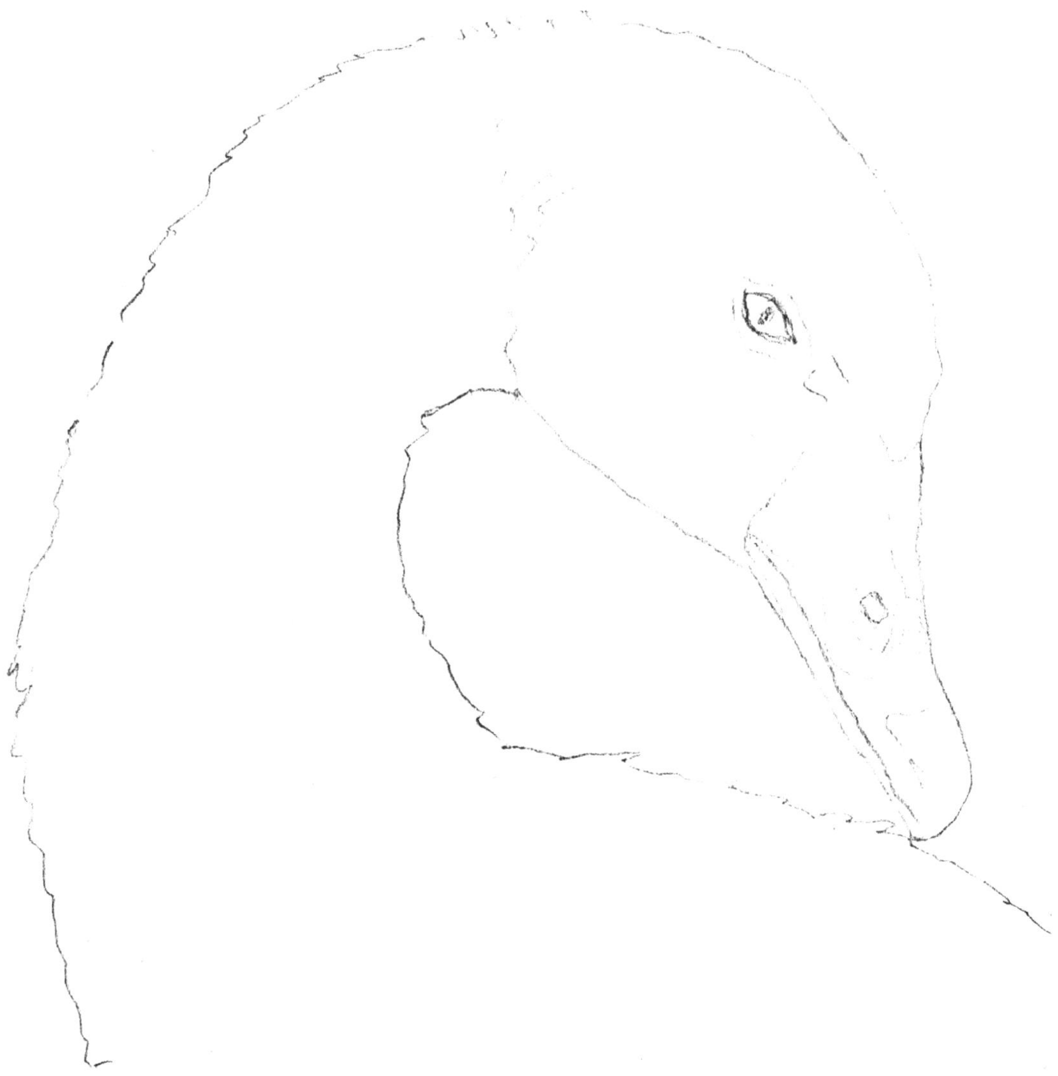

Analyse des valeurs du cygne noir

Commençons par analyser la photographie du magnifique cygne noir et la décomposer en différents niveaux de valeurs. Pour cela, vous pouvez utiliser n'importe quelle application de retouche d'images disposant d'un effet de posterisation. J'ai créé pour cela un outil gratuit appelé Posterize Image Online Free Tool, disponible sur le site Pencil Drawing Tutor www.pencildrawingtutor.com

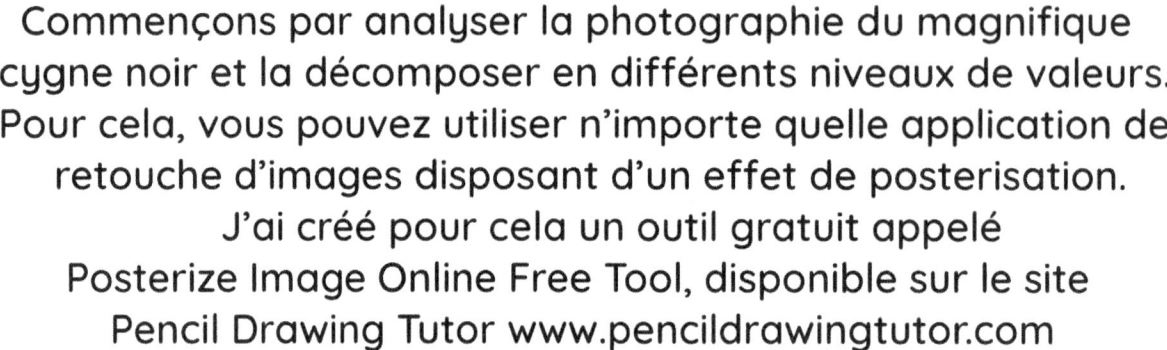

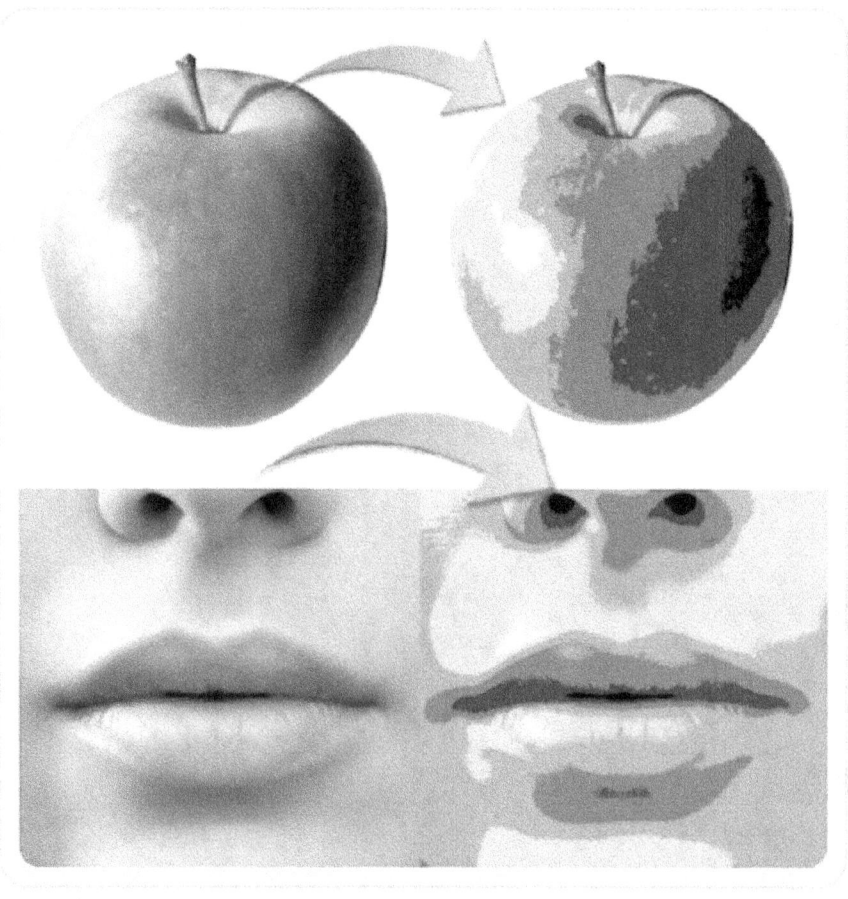

Lorsque vous téléchargez votre photo dans le Posterize Image Online Free Tool, déplacez le curseur situé sous l'image afin de sélectionner le nombre de niveaux de valeurs souhaité. Par exemple, si vous choisissez 2 niveaux, l'image n'affichera que le noir et le blanc. Avec 3 niveaux, une valeur de gris est ajoutée entre le noir et le blanc.

Dans la capture d'écran présentée, j'ai sélectionné 4 niveaux, ce qui donne du noir, du blanc ainsi que des gris plus clairs et plus foncés. Ces quatre valeurs sont suffisantes pour diviser la photo en zones distinctes destinées à l'ombrage. Bien qu'il soit possible d'expérimenter avec cinq niveaux ou plus, je trouve que commencer avec ces quatre valeurs offre une base solide, compte tenu du niveau de détail que nous ajouterons par la suite.

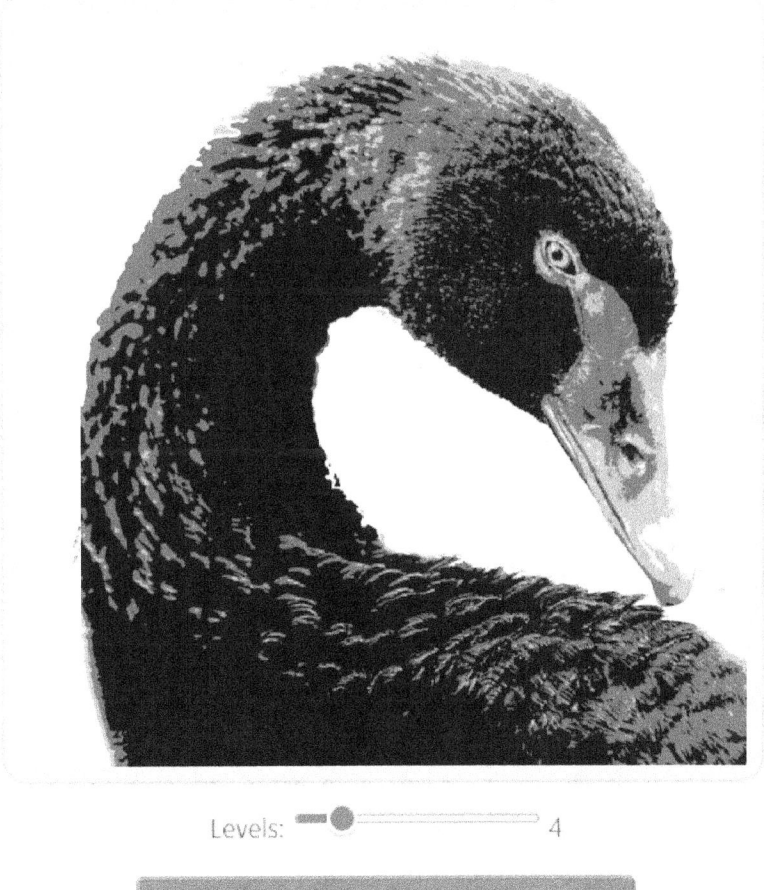

Levels: 4

Download posterized image

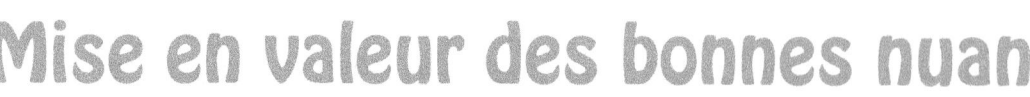

Mise en valeur des bonnes nuances

L'image ci-dessous est l'image "posterisée" que j'ai créée Elle montre le noir et deux nuances de gris que j'ai sélectionnées. J'ai relié chaque nuance avec une ligne à l'échantillon correspondant. Cette approche nous aide à identifier les valeurs clairement, sans distractions causées par les degrés environnants ou les détails complexes.

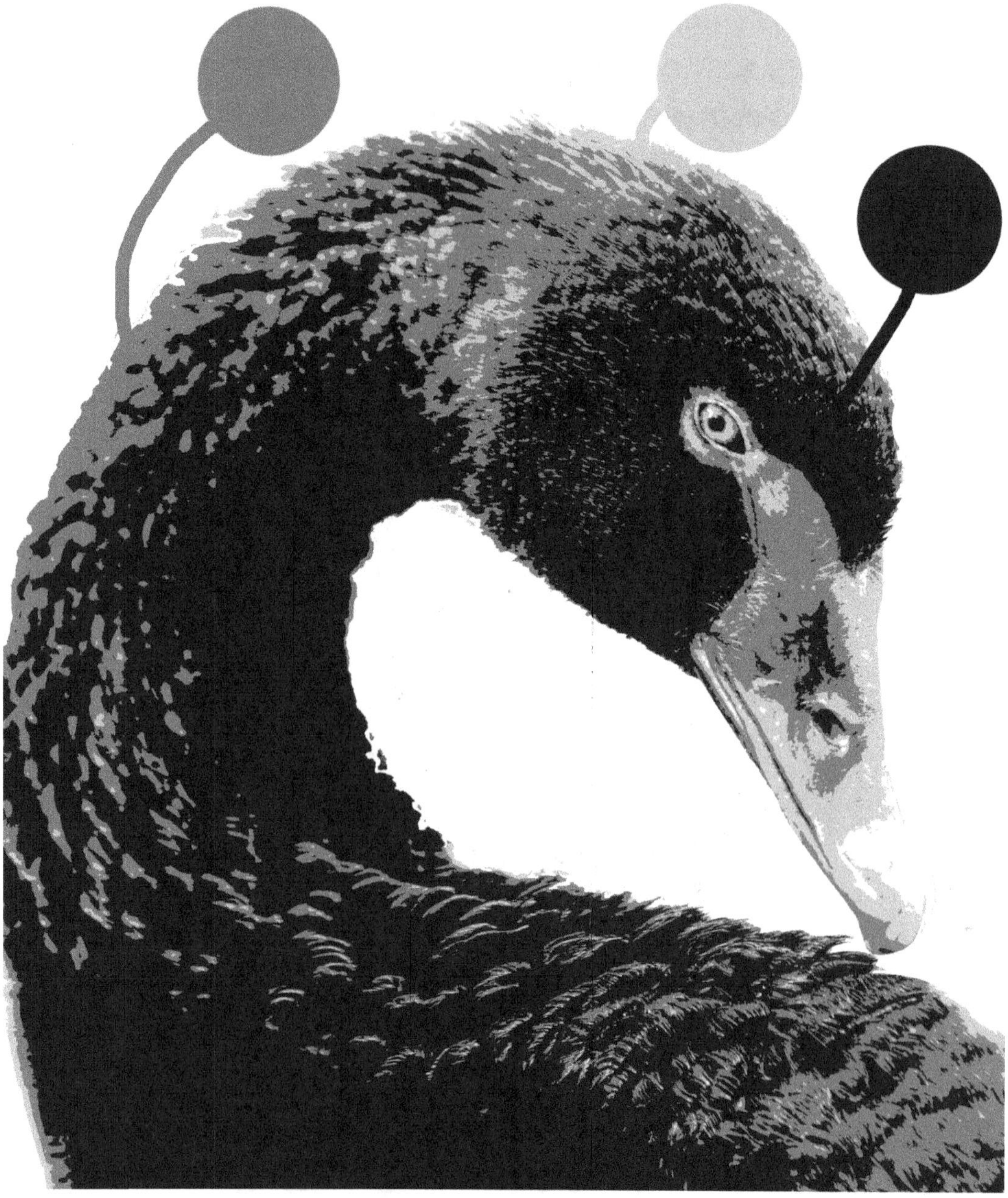

Sélection des Bons Crayons

En simplifiant ainsi l'image, nous pouvons facilement identifier les crayons idéaux pour notre dessin. À mon avis, ces trois crayons correspondent parfaitement aux différentes nuances. Cependant, des ajustements peuvent toujours être apportés pendant le processus d'ombrage. À cette étape, avoir les bons degrés de crayons est crucial pour poser les bases de notre œuvre.

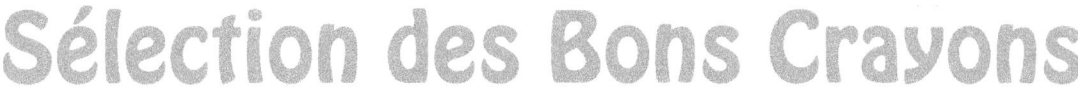

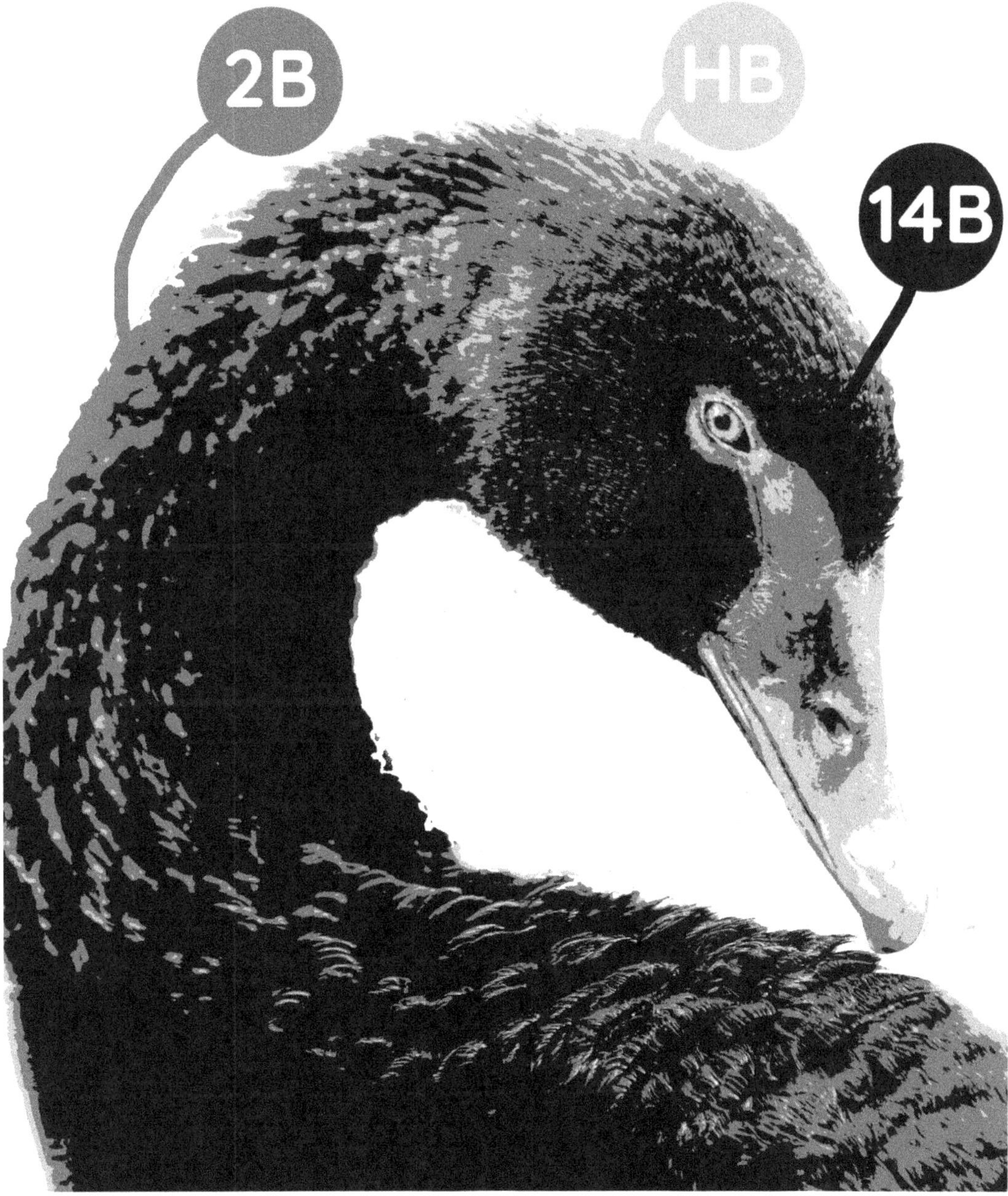

Pour simplifier le processus, nous nous concentrerons sur l'œil et le bec plus tard. Pour l'instant, colorons les plumes noires. Commençons par utiliser un crayon 14B pour ombrer les zones visibles dans l'image ci-dessous. Appliquez une pression ferme pendant l'ombrage pour obtenir une teinte riche et profonde. Rappelez-vous, nous n'avons pas besoin de dessiner chaque plume individuellement, comme on le voit sur les photos de référence. Au lieu de cela, concentrez-vous sur une approximation de l'ombrage pour capturer les teintes les plus profondes des plumes noires illuminées qui se chevauchent.

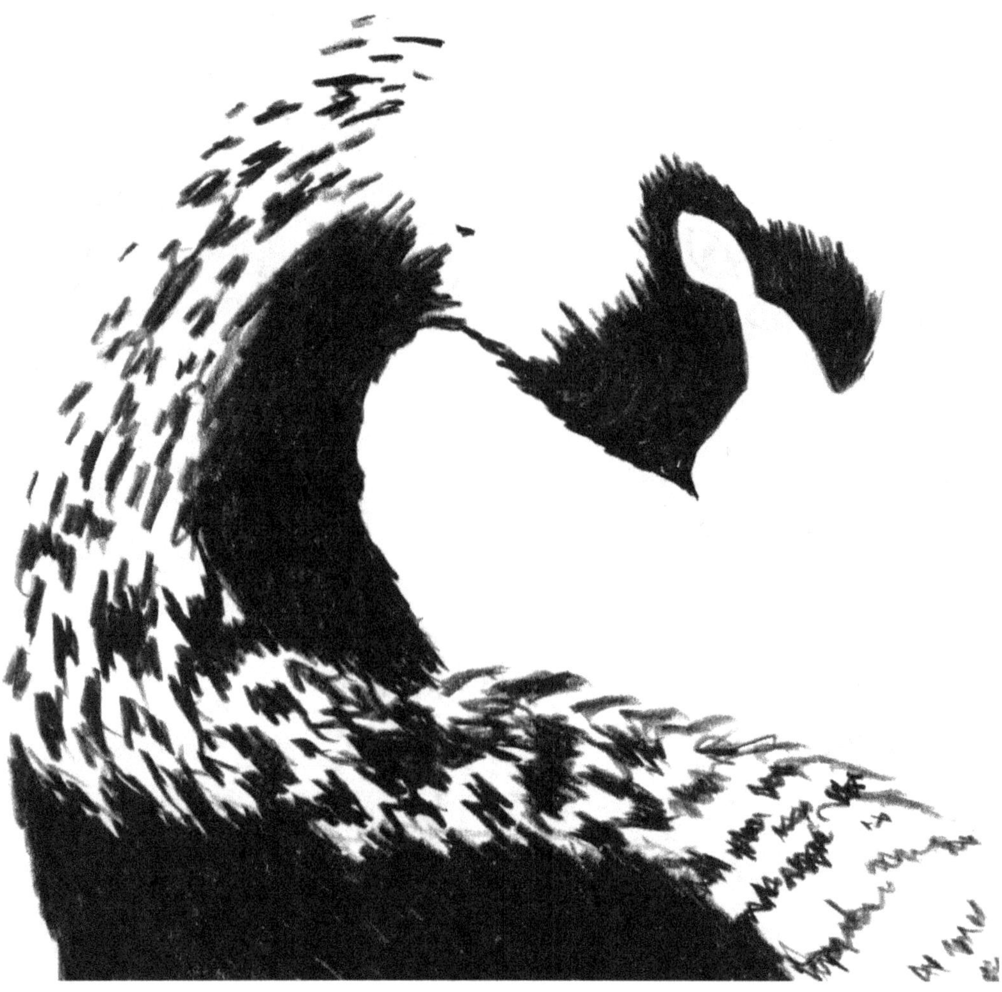

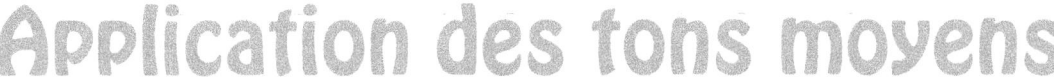

En suivant les valeurs indiquées sur l'image de l'étape "Sélection des bons crayons", passons à présent à l'utilisation d'un crayon 2B pour ombrer toutes les zones appropriées, en veillant à une application cohérente et uniforme. Réservez les sections destinées à la teinte la plus claire, que nous colorerons à l'aide d'un crayon HB. Dessinez toujours les traits dans le sens du flux et de la croissance de la plume. De plus, dessinez tout le long des bords extérieurs, de la silhouette, en particulier à côté des bords ombrés en 14B pour créer une lumière réfléchie, car le bord noir est souvent légèrement éclairé.

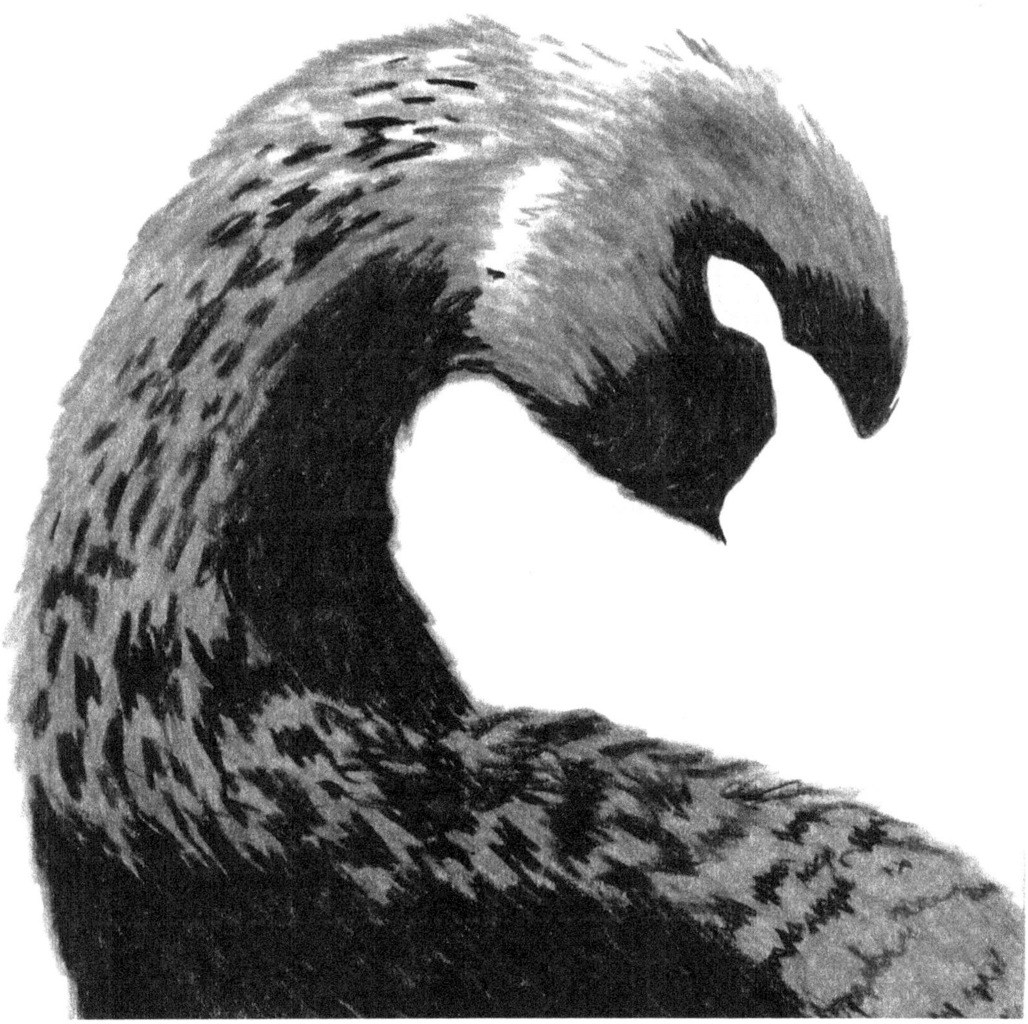

Application des tons les plus clairs

À cette étape, utilisons le crayon HB pour couvrir délicatement les petites zones restantes. Concentrons-nous sur la création des tons les plus clairs qui ajoutent de la profondeur et des dimensions aux plumes du cygne noir.
Après avoir appliqué les reflets, estompez soigneusement ces zones à l'aide d'une estompe.

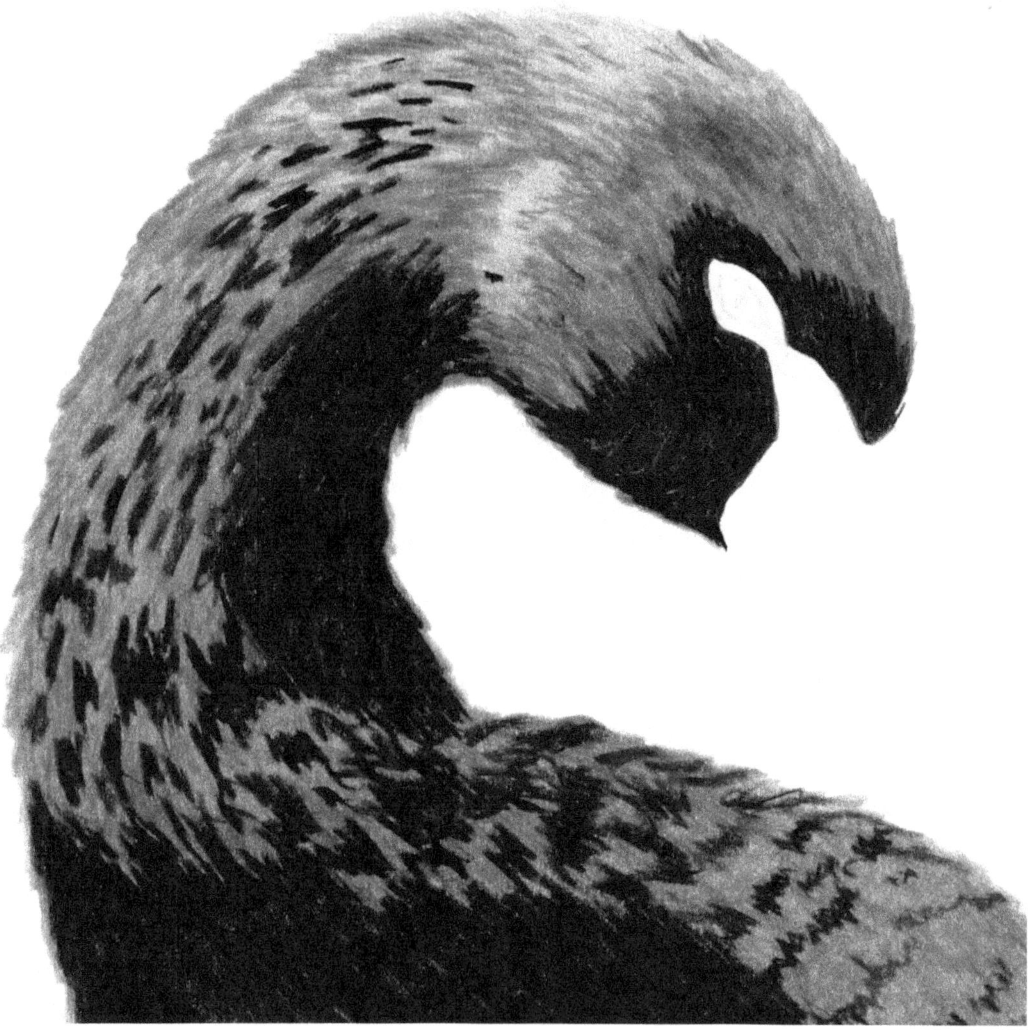

Lissage des transitions des tons

Ensuite, unissez les tons 14B et 2B de manière fluide à l'aide d'un crayon 6B, qui se situe entre les deux. Ajustez la pression pour créer une transition douce : allégez la pression en passant des zones 14B aux zones 2B, et vice versa. Cette technique élimine les bordures visibles et permet à ces tons de s'estomper l'un dans l'autre. Étant donné que nous avons commencé avec seulement 3 valeurs, nous pouvons maintenant créer des tons supplémentaires en ombrant habilement entre ces valeurs.

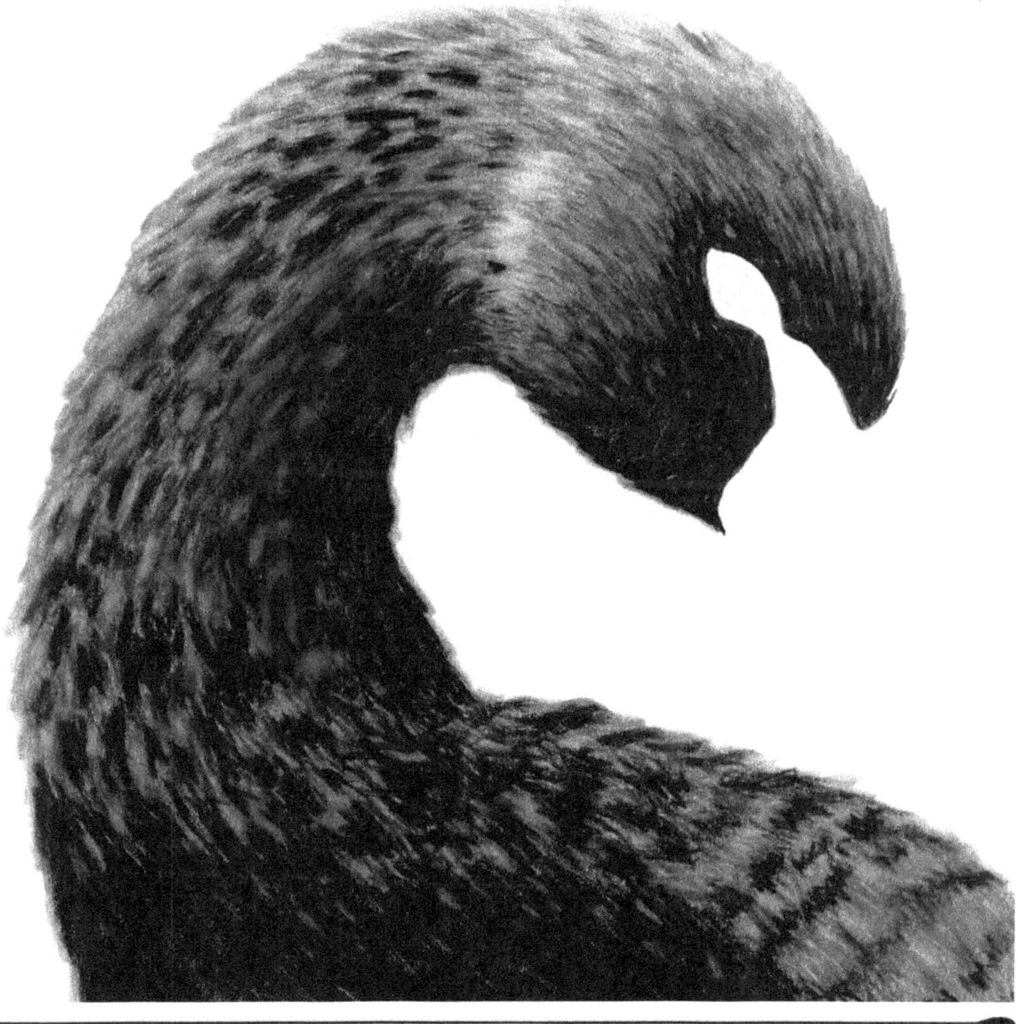

Création des reflets

À présent, améliorons notre dessin en ajoutant des points lumineux aux zones 2B à l'aide d'une gomme. Rappelez-vous, augmenter la gamme de valeurs rendra votre dessin plus réaliste. Prenez un moment pour comparer votre image actuelle à la précédente afin d'observer l'impact de ces points lumineux. Si la gomme malaxée n'est pas suffisante pour enlever assez de graphite, envisagez d'utiliser une gomme plastique ou en caoutchouc pour de meilleurs résultats. Pour obtenir un flux parfait entre les points lumineux et la teinte 2B, assombrissez légère ment leurs bords en effaçant moins sur les bords des points lumineux, ou ombragez ces bords avec n'importe quel crayon.

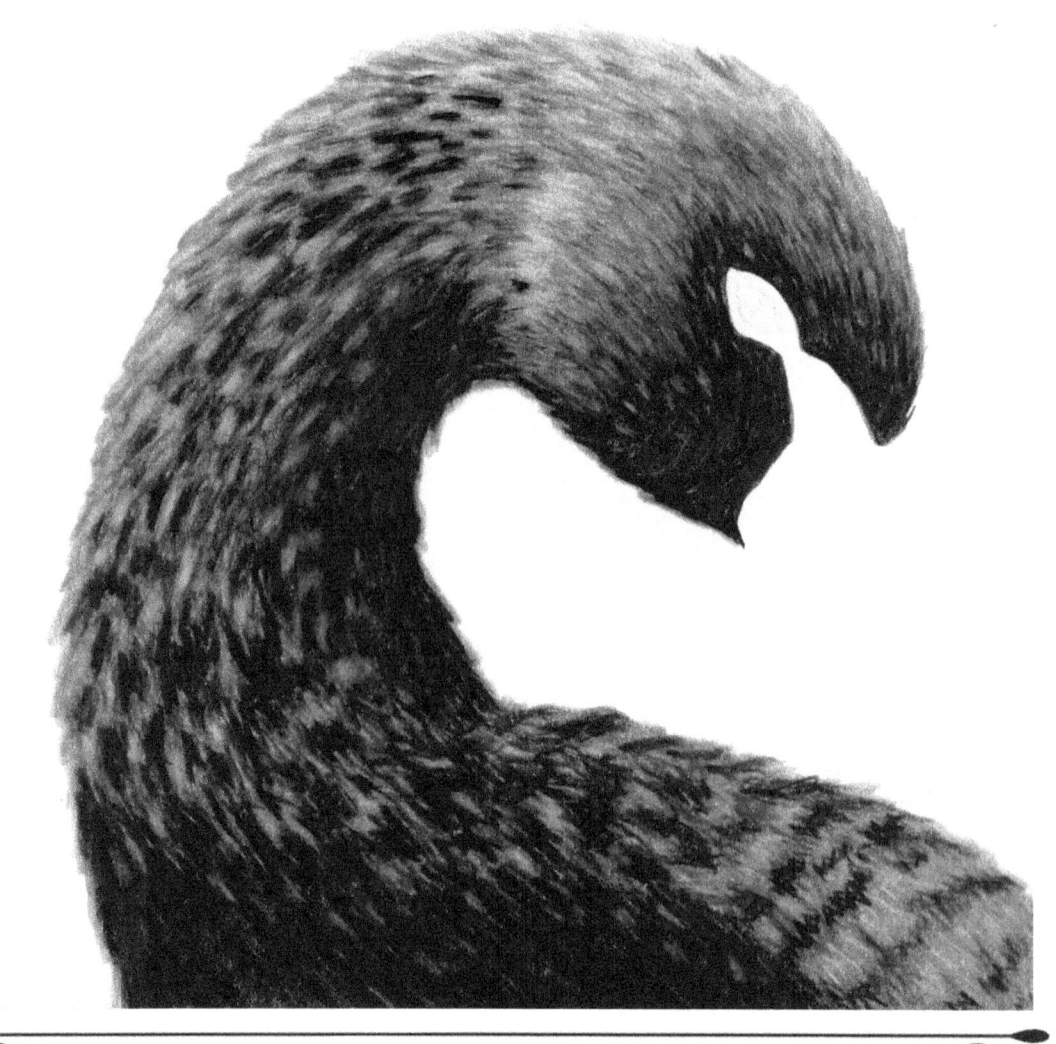

Dessin des zones les plus sombres du bec

Si vous êtes satisfait des plumes, concentrez-vous ensuite sur le bec. Pour commencer, utilisez un crayon 14B pour créer les parties les plus sombres, telles que la pupille, le contour de l'œil, la narine et la ligne entre le bec supérieur et le bec inférieur, comme indiqué dans l'image ci-dessous.

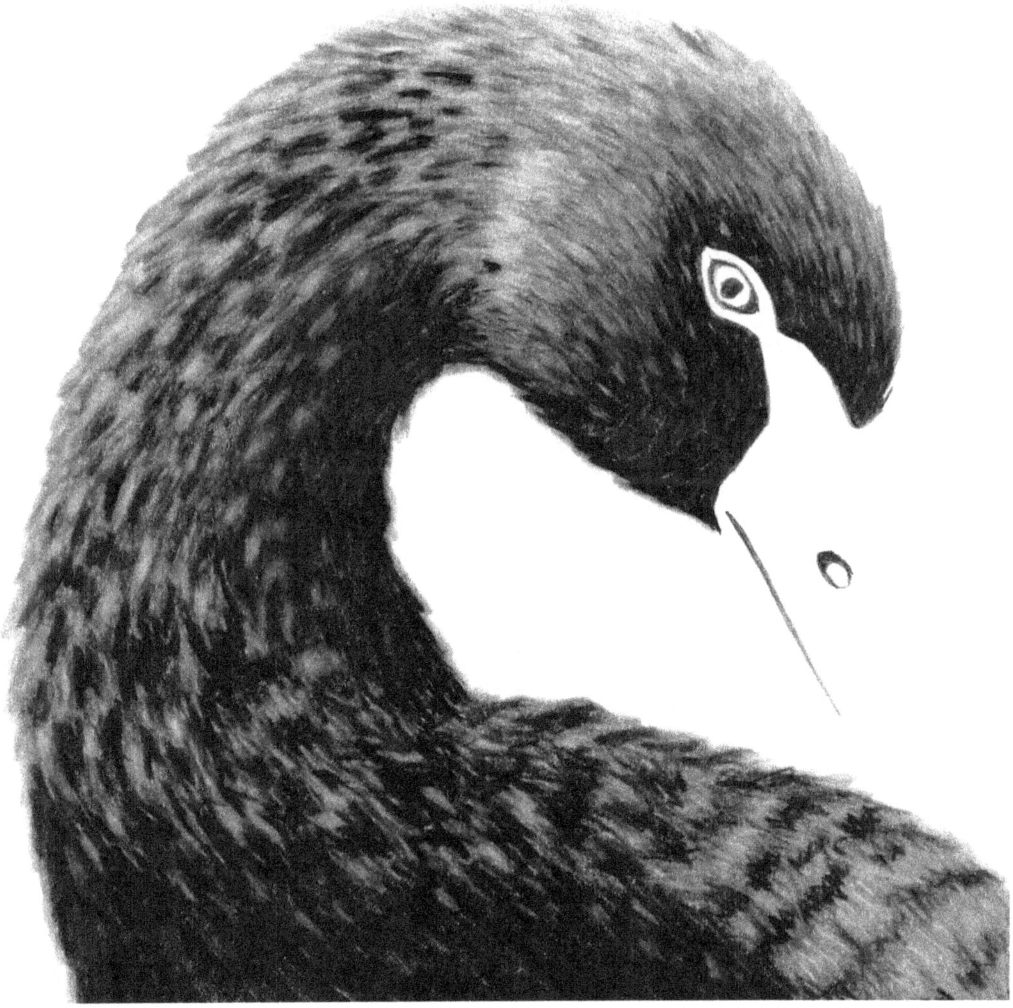

Dessin des mi-tons du bec

Commencez par superposer délicatement des traits de crayon 2B, en construisant progressivement les mi-tons pour obtenir une transition douce à partir des zones les plus sombres. Soyez attentif à la structure unique du bec, capturant ses courbes gracieuses et sa texture subtile avec chaque trait. À mesure que vous avancez, référez-vous constamment à l'image de référence pour vous guider, en analysant l'interaction de la lumière et de l'ombre à la surface du bec. N'oubliez pas d'utiliser une pression variable pour contrôler la valeur du crayon, ajoutant une touche de profondeur et de réalisme à votre dessin. Entraînez-vous aux techniques de mélange pour fusionner harmonieusement les tons moyens, ce qui donnera une apparence cohérente et harmonieuse.

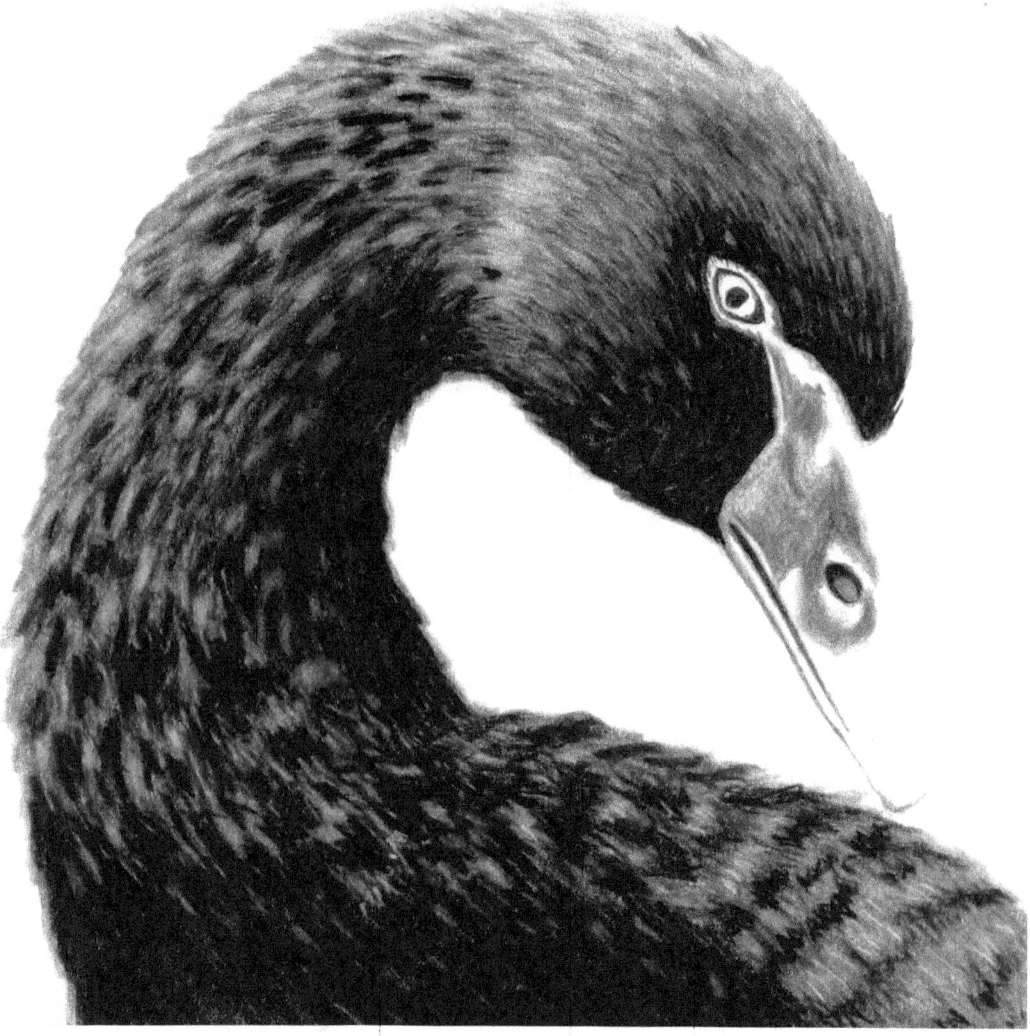

Dessin des reflets du bec

Pour terminer ce dessin, nous utiliserons un crayon HB pour ajouter des reflets aux parties les plus claires du bec. Appliquez une pression variable, car même parmi les zones éclairées, il y a différentes nuances à capturer. Pour un aspect homogène, utilisez une estompe pour estomper soigneusement ces zones, en veillant à ce qu'aucun trait ne soit visible. Si nécessaire, utilisez une gomme malaxée pour effacer doucement les reflets les plus éclatants. Si les reflets semblent trop intenses, vous pouvez facilement les ajuster en ombrant par-dessus avec un crayon, puis en mélangeant les nuances.

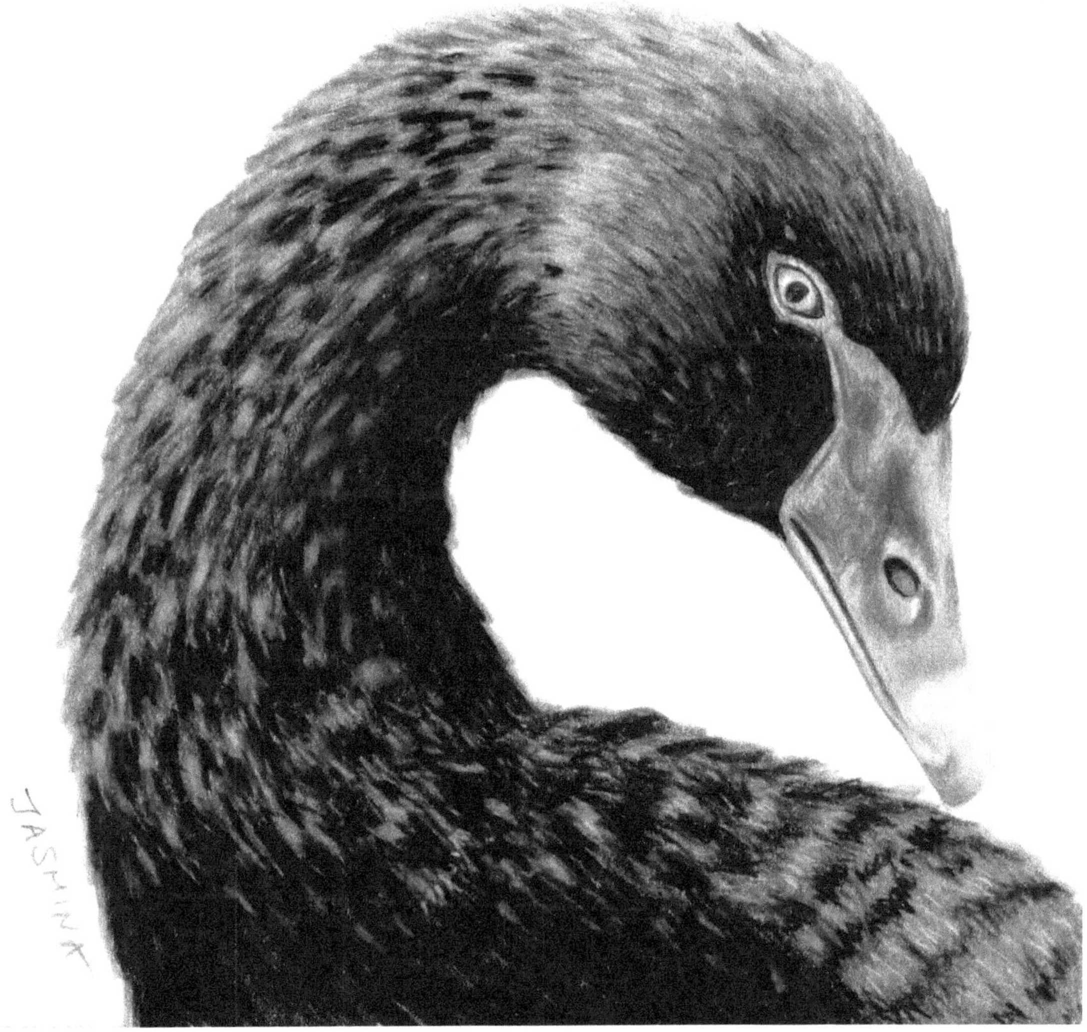

Comment Dessiner un Chat Ragdoll

Dessiner un chat Ragdoll, avec son pelage long et duveteux et ses yeux magnifiques et captivants, peut être une entreprise artistique prenante et gratifiante, offrant une excellente occasion de mettre en valeur la texture, la profondeur et la personnalité dans votre œuvre.

La photo de référence

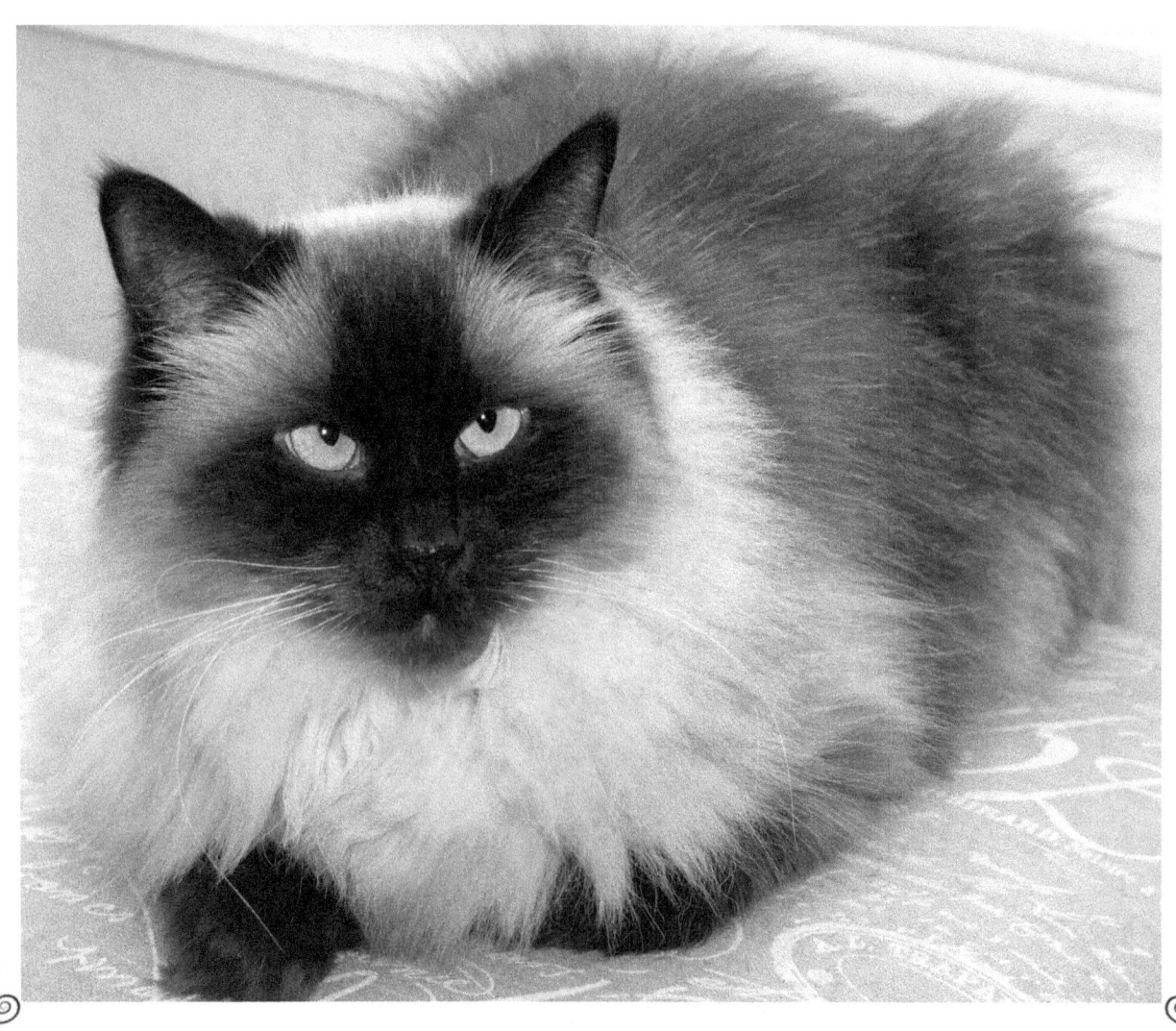

En travaillant avec cette photo de référence d'un chat Ragdoll, j'ai remarqué que le chat sur l'image loucheait, ce qui ne correspondait pas à l'expression que je voulais représenter. Je voulais également mettre l'accent sur des yeux plus grands et plus expressifs pour capturer vraiment le charme de cette race. Par conséquent, j'ai décidé de sélectionner et d'incorporer des yeux d'une autre photo de référence qui reflétaient mieux l'apparence des yeux que j'avais en tête.

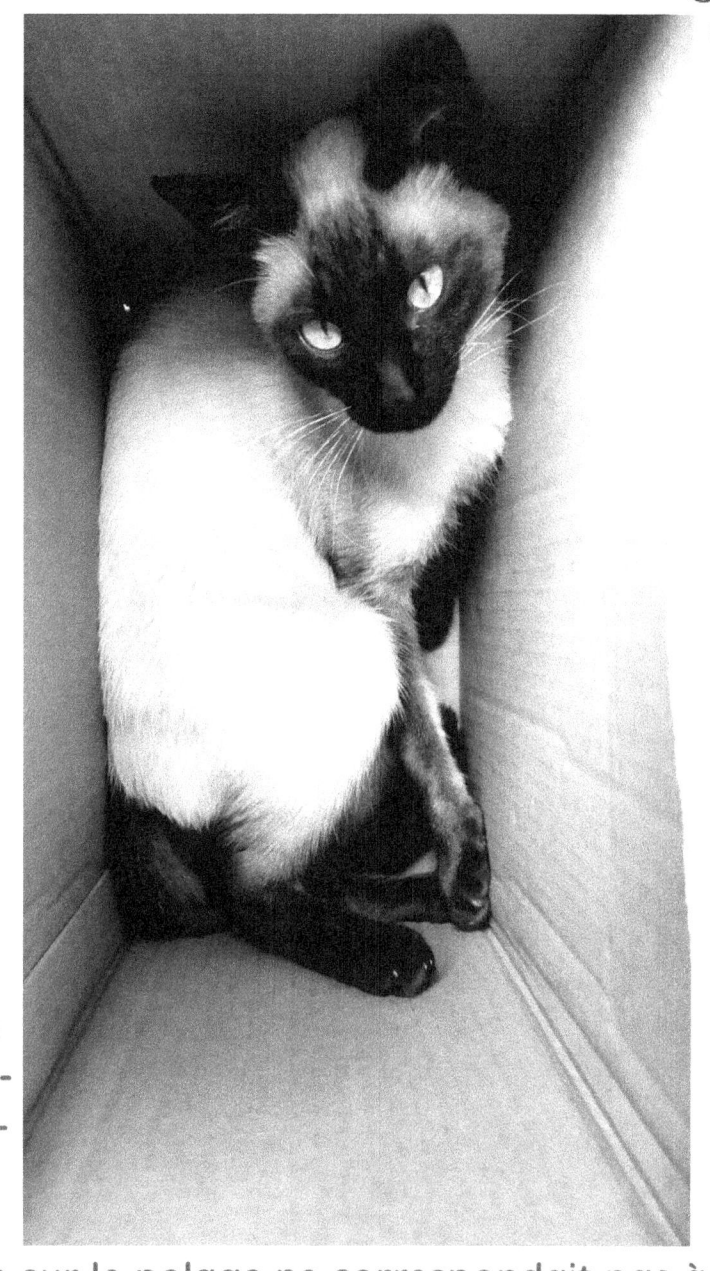

Cependant, j'ai décidé de ne pas utiliser l'intégralité de la photo ci-dessus comme référence car le chat était représenté dans une position peu naturelle à l'intérieur d'une boîte en carton et l'éclairage sur le pelage ne correspondait pas à ma vision pour le dessin. J'ai donc utilisé uniquement les yeux de cette photo. Le reste du dessin sera basé sur la première photo, qui montre le chat dans une position plus naturelle et qui fournit l'éclairage et les détails du pelage souhaités. J'encourage tout le monde à utiliser des photos de référence comme base, mais n'hésitez pas à modifier ou à combiner des éléments provenant de différentes sources selon vos besoins. Cette approche permet une représentation plus personnalisée du sujet.

Esquisse et formes de base

Dans l'esquisse ci-dessous, portez une attention particulière aux lignes essentielles que j'ai mises en évidence. Les positions précises des yeux, de la tête et des oreilles du chat sont des points focaux cruciaux. Au lieu d'une ligne droite, j'ai utilisé des lignes d'esquisse en zigzag pour marquer la bordure entre le pelage plus clair et plus foncé, mais celles-ci n'ont pas été tracées à leur position précise sur la photo, car leur emplacement peut varier d'un chat à l'autre. Nous avons ainsi une certaine liberté pour suivre notre créativité et apporter des variations selon nos préférences. L'emplacement exact des vibrisses n'est pas non plus crucial et peut être approximé à la fin du dessin.

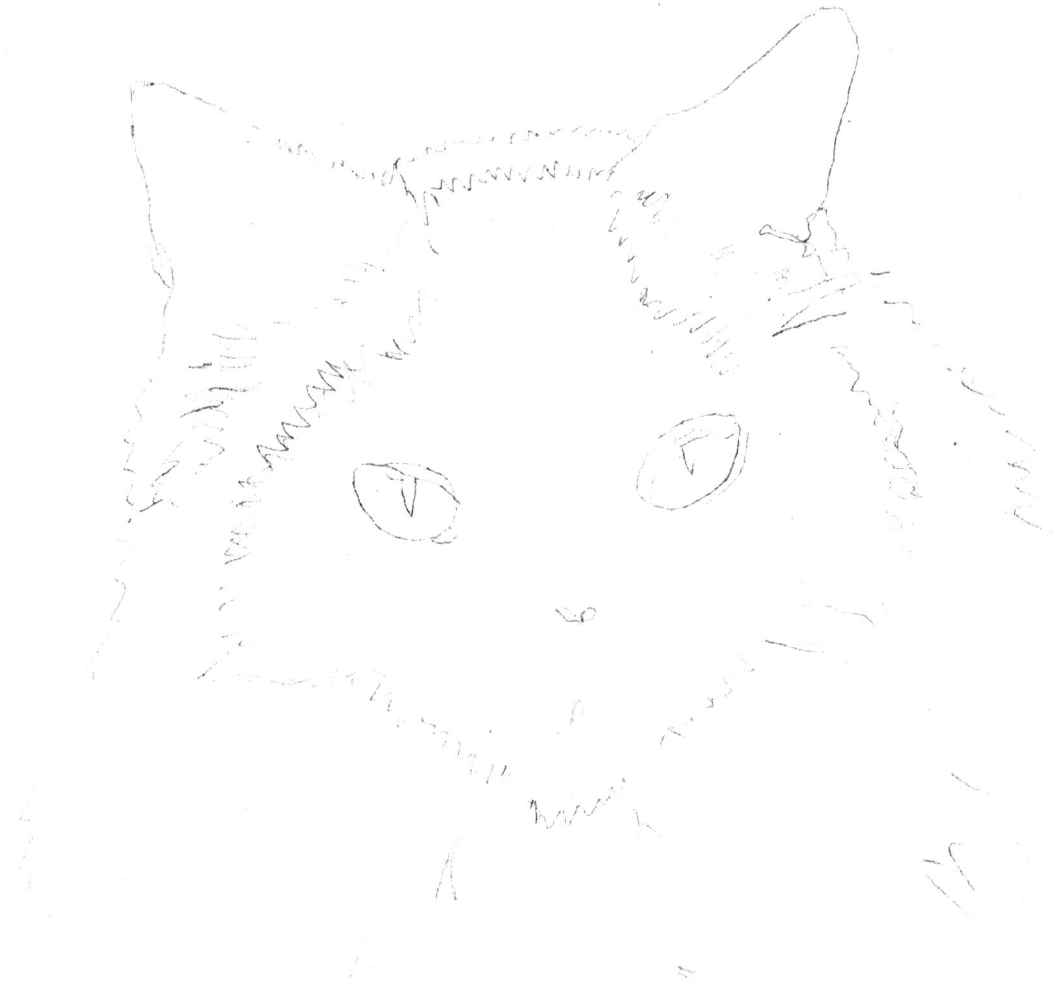

Création de la base des yeux

Commençons par les yeux, un élément crucial que je priorise non seulement quand je dessine des animaux, mais aussi dans mes portraits humains. Quand je suis satisfaite des yeux, cela donne le ton à l'ensemble de l'œuvre, me permettant d'attaquer avec confiance le reste du dessin, où une précision absolue n'est pas toujours nécessaire.

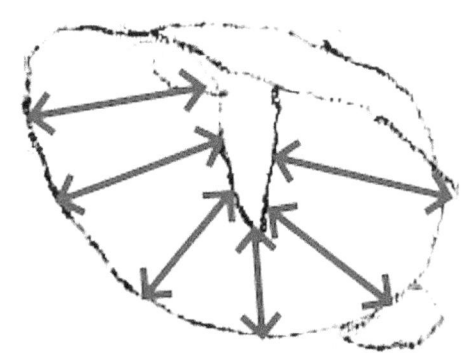

Maintenant, commençons par colorer les iris. La clé est de dessiner des rayons partant de la limite de l'iris et s'étendant vers le centre de la pupille, comme le montrent les flèches placées numériquement sur mon esquisse. Chaque rayon devrait partir du centre exact de l'œil pour un effet réaliste.

Pour ombrer les iris, je vous recommande d'utiliser un crayon HB. Pour l'ombre projetée par la paupière supérieure sur l'iris, utilisez un crayon plus foncé comme un 2B. Il existe deux approches que vous pouvez adopter : vous pouvez soit laisser blanches les zones de reflets et dessiner autour d'elles, soit colorer l'iris entier et créer ensuite les reflets à l'aide d'une gomme ou d'un stylo à encre gel blanc.

Estompage et détails des iris

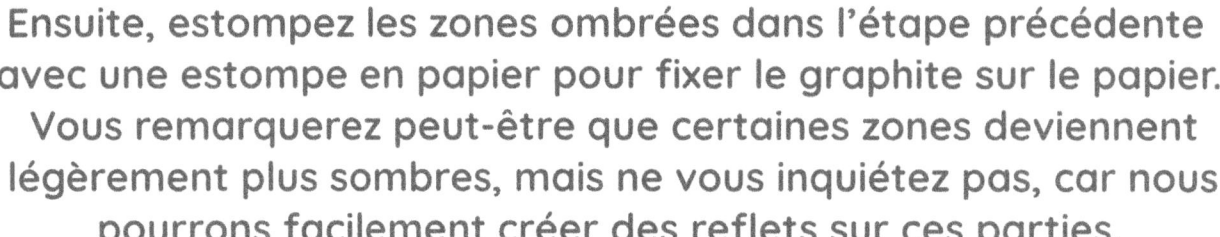

Ensuite, estompez les zones ombrées dans l'étape précédente avec une estompe en papier pour fixer le graphite sur le papier. Vous remarquerez peut-être que certaines zones deviennent légèrement plus sombres, mais ne vous inquiétez pas, car nous pourrons facilement créer des reflets sur ces parties.

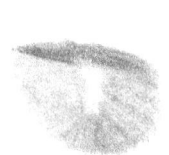 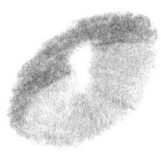

Mais commençons d'abord par dessiner d'abord les motifs plus sombres sur les iris. J'ai utilisé un crayon 2B pour cela, et je les ai placés approximativement aux mêmes endroits que sur la photo de référence. Sans ces motifs, les yeux peuvent paraître plats. Ajouter ces petits détails et "imperfections" peut rendre le dessin plus réaliste, créant une texture naturelle qui le distingue de l'art numérique.

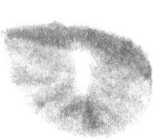

Ensuite, utilisez une gomme pour créer les reflets. Analysez la photo de référence pour identifier les zones les plus lumineuses sur les iris et effacez soigneusement pour reproduire ces reflets sur votre dessin. Cette attention aux détails donnera vie à votre œuvre et améliorera le réalisme des yeux.

 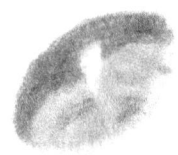

Introduction de la teinte la plus sombre

Soyons audacieux et ajoutons la teinte la plus sombre, 14B, tout autour des iris. Observez comme les valeurs des yeux interagissent avec les zones sombres environnantes. Cela nous aidera à déterminer si les iris nécessitent des ajustements en termes d'obscurité ou de clarté.

Ensuite, colorez les pupilles avec votre crayon le plus sombre, en appliquant une pression ferme pour obtenir une couleur noire riche, la teinte la plus sombre utilisée dans le dessin.

Estompez soigneusement les bords entre les nouvelles zones noires créées et les iris en utilisant un crayon 2B, corrigeant doucement toute zone où les démarcations sont trop nettes. La pointe du crayon est plus précise pour obtenir l'effet d'estompage souhaité que la pointe d'une estompe, qui pourrait être trop épaisse pour cette tâche.

Si vous n'avez plus rien à modifier au niveau des iris, vous pouvez commencer à dessiner la fourrure.

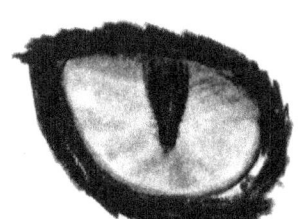
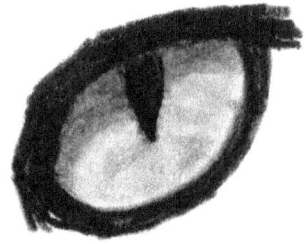

Analyse de la pousse et du flux de la fourrure

Observez attentivement un chat ou étudiez des images de chats, et vous remarquerez un schéma fascinant : tous les poils, qu'ils soient longs ou courts, semblent rayonner à partir du centre de leur visage, juste entre leurs yeux.

Dans l'image suivante, vous remarquerez un point placé sur le point crucial dont je parle, accompagné de flèches indiquant la direction de la pousse et du flux des poils. Ce guide sera inestimable tout au long du processus de dessin de la fourrure, vous aidant à diriger en toute confiance vos coups de crayon et à obtenir une texture réaliste et vivante dans votre œuvre.

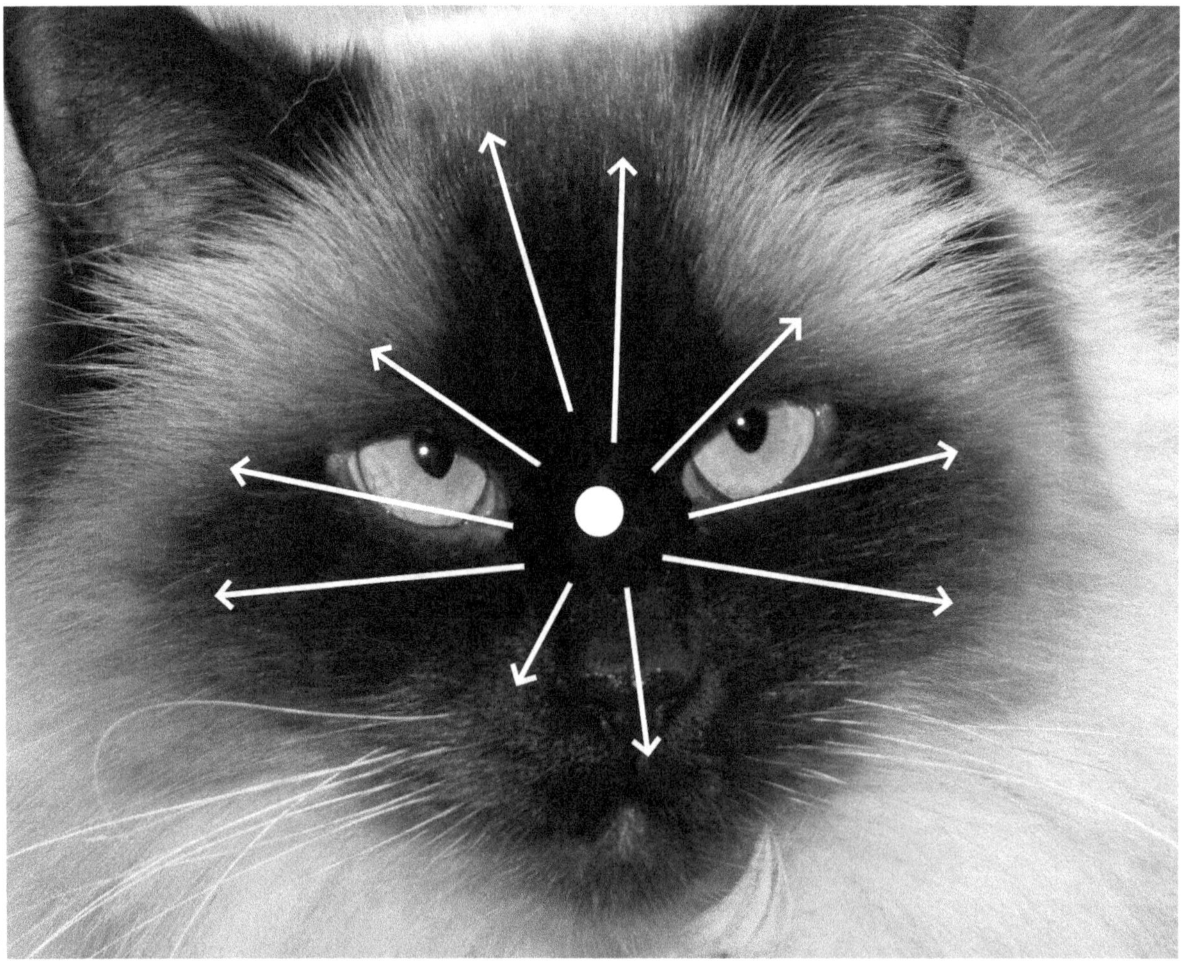

Dessin de la fourrure noire sur le visage

En suivant ces lignes directrices, dessinez avec confiance les lignes avec un crayon **14B**, en appuyant fermement et en les plaçant étroitement les unes à côté des autres pour couvrir complètement le papier et créer les zones noires, comme le montre l'image suivante. Créez des traits ressemblant à des poils le long du bord de la zone dessinée pour produire une texture réaliste. De plus, ne colorez pas la zone du reflet sur le nez et la zone éclairée sur le côté droit, car ces détails subtils renforceront le réalisme global de l'œuvre.

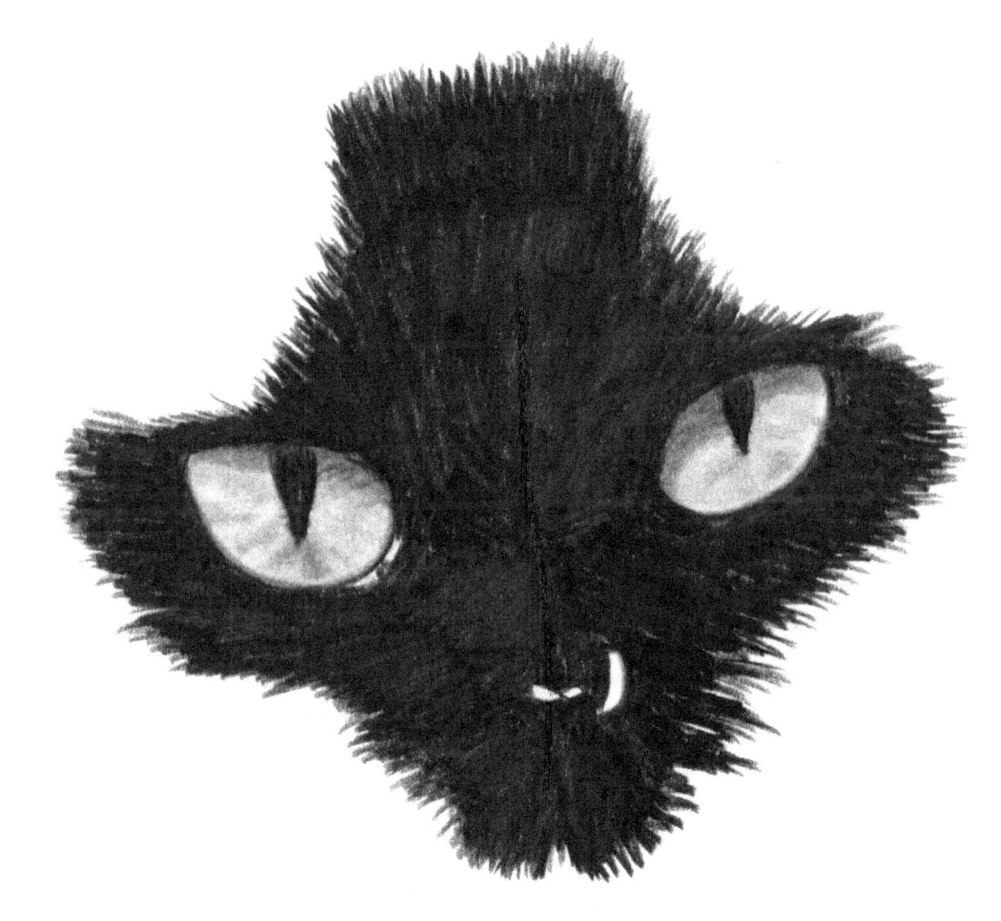

Estompage pour un effet de fourrure duveteuse

En continuant à utiliser des traits de crayon qui partent du centre du visage, commencez à estomper les bords de la zone sombre à l'aide d'un crayon estompe incolore de Prismacolor. Placez la pointe de l'outil dans la zone, légèrement éloignée du bord, pour qu'elle puisse absorber une quantité généreuse de graphite et créer des lignes longues et lisses quand vous estompez vers l'extérieur. En suivant ces instructions, vous ressentirez la satisfaction intense de donner un aspect doux à la fourrure, ce qui est un processus incroyablement gratifiant. Maîtriser cette technique fera passer vos dessins au niveau supérieur, donnant vie à votre œuvre avec un réalisme remarquable et une attention aux détails exceptionnelle.

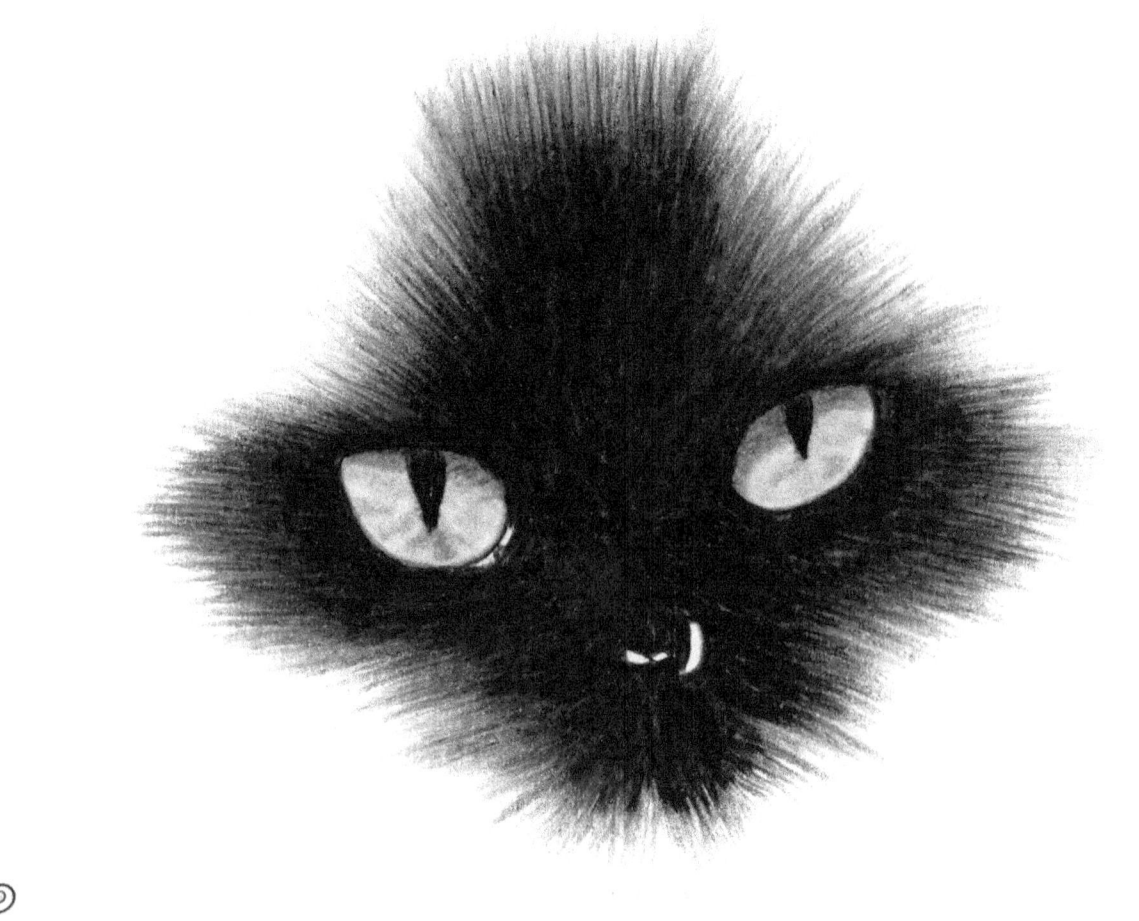

Reflets du visage et des yeux

Ensuite, effacez délicatement un peu de graphite pour créer des reflets autour du nez, visant une teinte gris foncé pour maintenir la profondeur. De même, créez des reflets sur les paupières inférieures jusqu'à obtenir une teinte légèrement plus claire que le noir, comme le montre l'image ci-dessous. Effacez également les lumières réfléchies au-dessus des iris et sur les pupilles, puis envisagez d'ajouter un point avec un stylo à encre gel blanche pour améliorer leur éclat. Observez comme les yeux et le visage du chat prennent vie avec ces lumières réfléchies, insufflant à votre dessin un niveau supplémentaire de photoréalisme et de détails captivants. Même si ces lumières réfléchies ne sont pas présentes dans la photo de référence, vous avez la liberté artistique d'infuser votre dessin d'une intense sensation de vie et d'âme en les incorporant habilement.

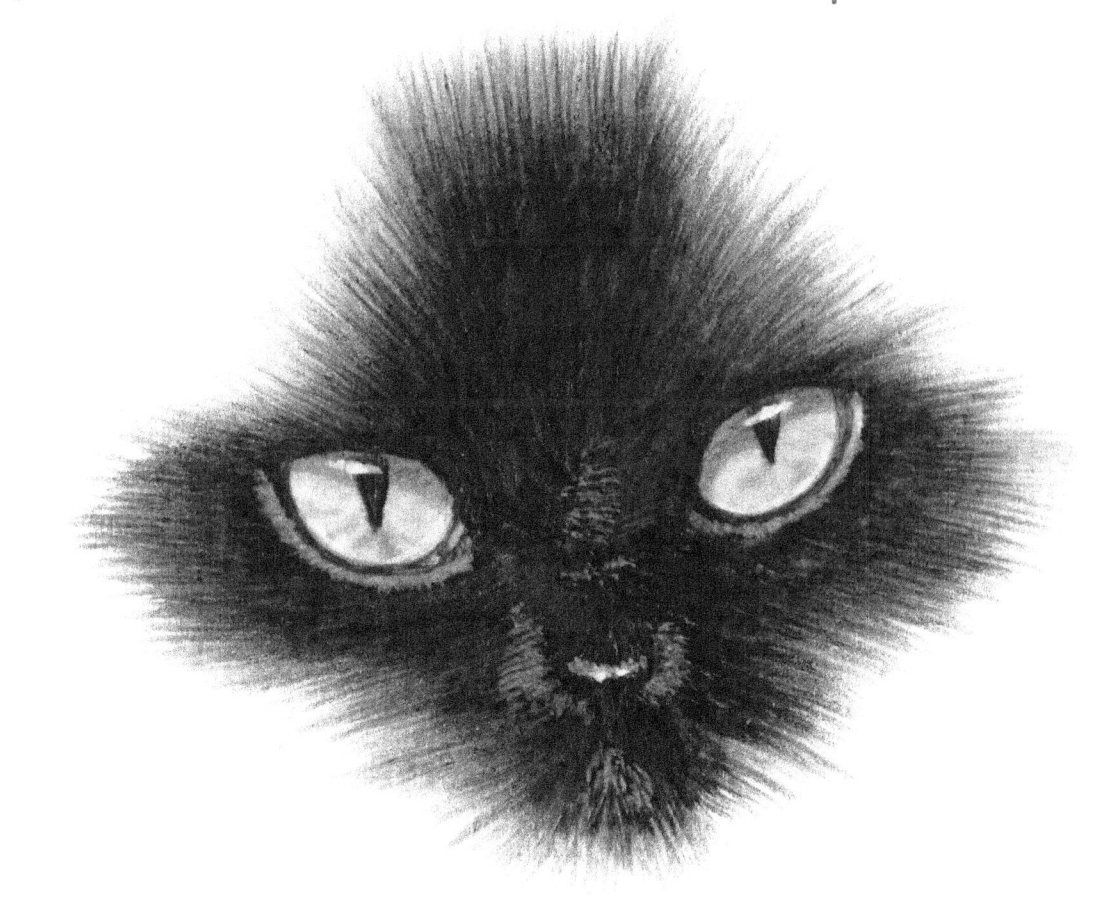

Dessin des zones les plus sombres des oreilles

À cette étape, nous travaillerons sur les oreilles pour finaliser la partie supérieure de la tête en reliant habilement les poils longs du haut du visage avec les oreilles. À l'aide d'un crayon 14B, reproduisez avec soin les parties les plus sombres des oreilles tout en observant attentivement la photo de référence pour comprendre la direction de la pousse des poils. Pour obtenir un aspect réaliste et texturé, assurez-vous de dessiner les bords de ces zones avec des traits ressemblant à des poils, créant ainsi une transition fluide entre les poils foncés et les poils plus clairs que nous dessinerons ensuite.

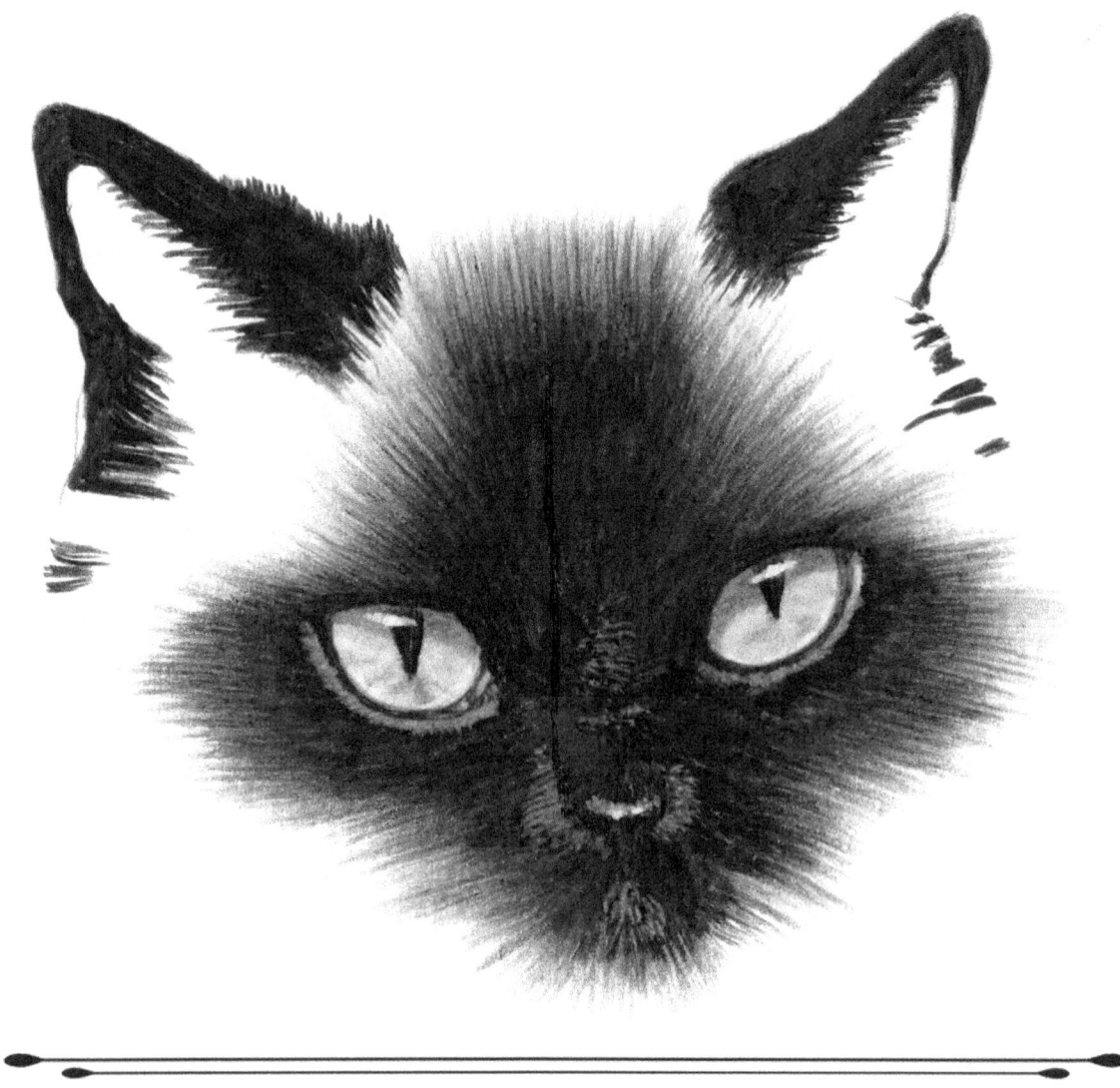

Ajout des tons moyens

À cette étape, nous nous concentrerons sur l'ombrage des parties internes des oreilles à l'aide d'un crayon HB, en capturant soigneusement les détails subtils qui ajoutent de la profondeur et des dimensions à notre dessin. De plus, nous ajouterons de minuscules poils sombres très détaillés des deux côtés du visage, insufflant à l'œuvre une apparence réaliste. Pour vous y retrouver, comparez cette image avec la précédente afin de suivre précisément les zones où ces traits de crayon ont été placés. Enfin, utilisez une estompe ou un coton-tige pour estomper habilement les parties internes des oreilles, créant ainsi une transition harmonieuse des tons.

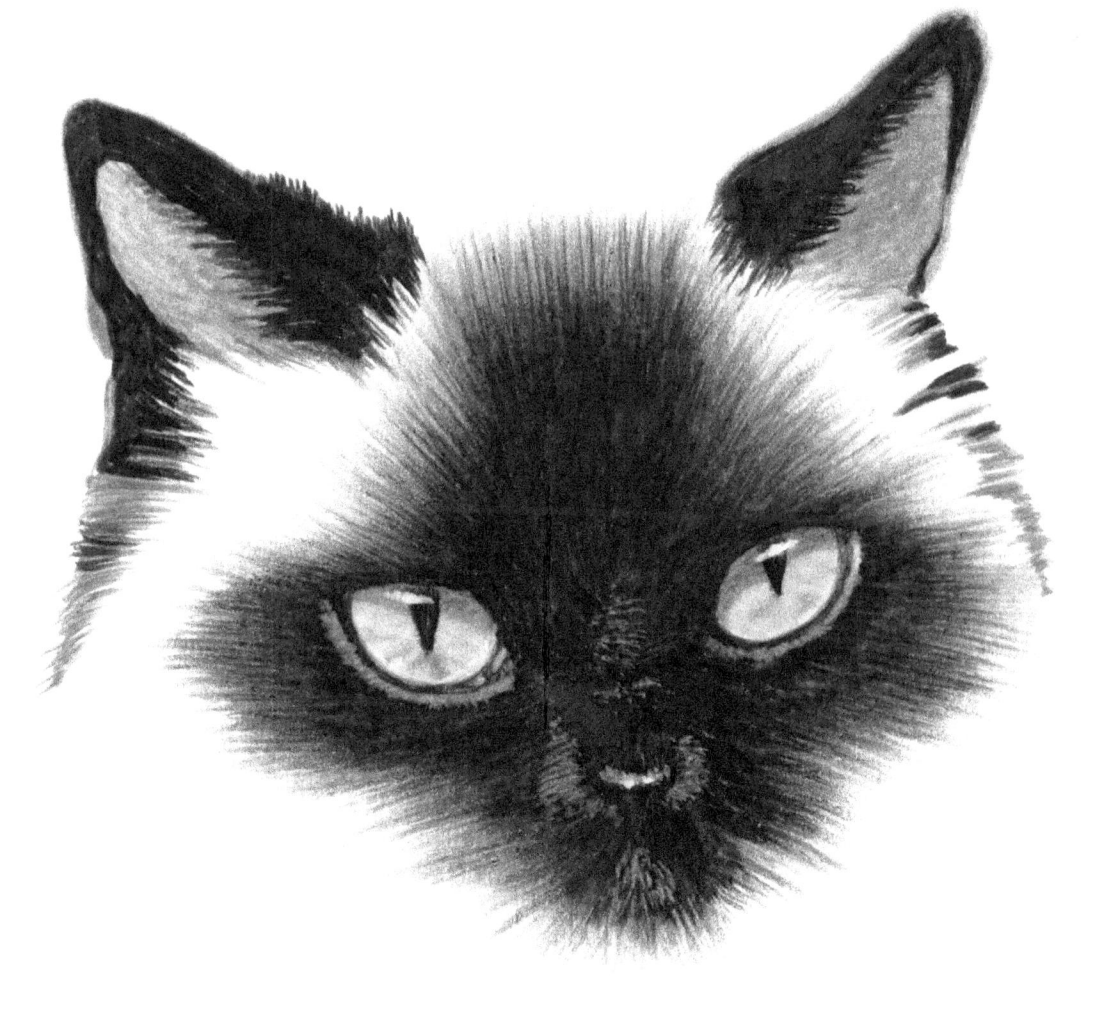

Petits détails des poils des oreilles

Recréons avec soin les poils complexes de la photo de référence à l'aide d'un crayon 14B, en commençant par les zones noires et les parties internes des oreilles déjà dessinées avec le crayon HB. Notez comme ces poils rendus avec art adoucissent subtilement les zones internes tout en maintenant leur visibilité comme un arrière-plan clair. Estompez ces poils à l'aide d'une estompe ou d'un crayon estompe incolore pour un aspect réaliste et harmonieux.

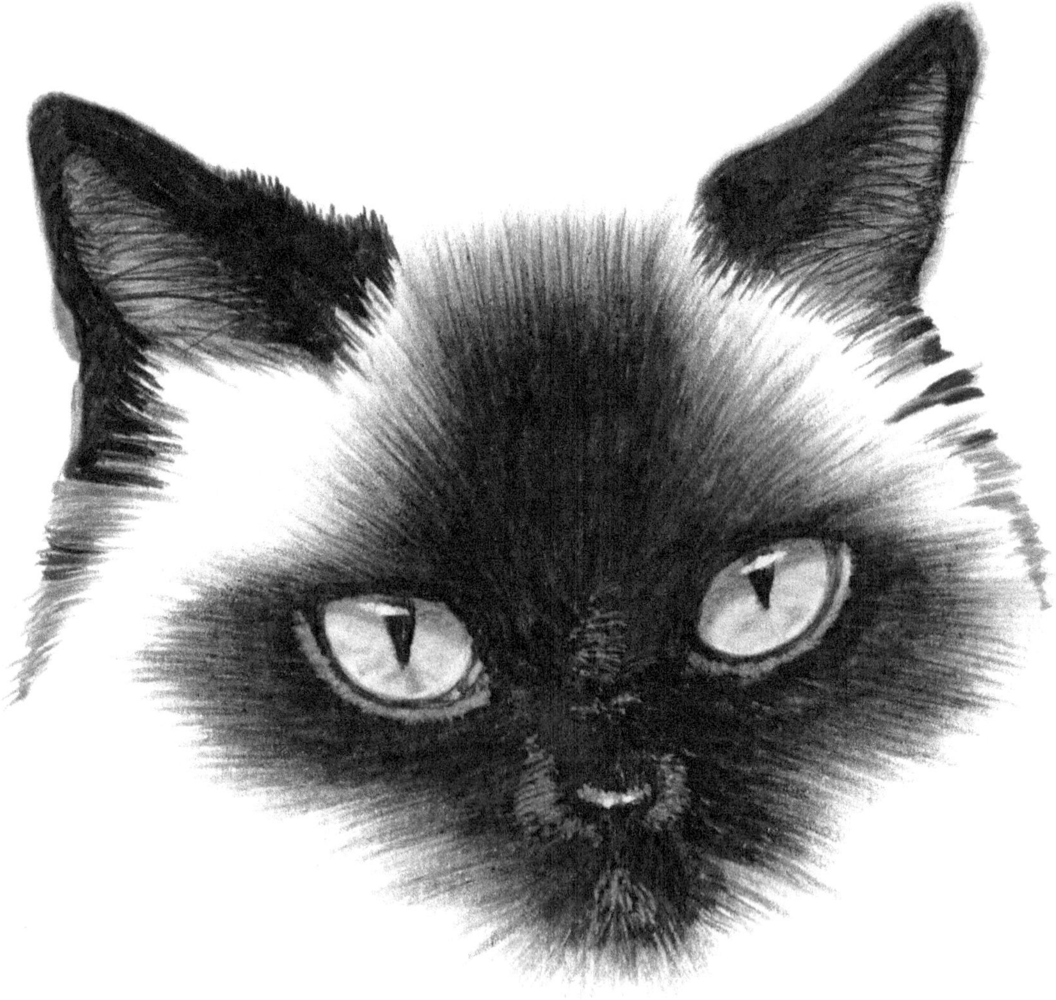

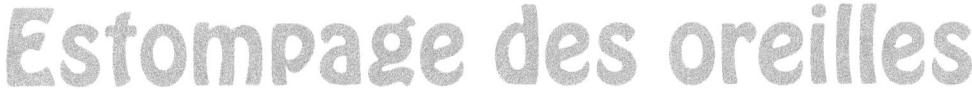

Estompage des oreilles

À cette étape, utilisez un crayon estompe incolore pour obtenir une texture duveteuse sur les bords extérieurs des oreilles. Placez la pointe de l'estompe sur les lignes tracées avec le crayon 14B et déplacez-la vers l'extérieur pour créer de courtes lignes, obtenant ainsi un effet réaliste. Observez la photo de référence pour comprendre la direction de ces poils et allongez légèrement les lignes sur le dessus des oreilles pour plus de précision, comme montré sur l'image suivante.

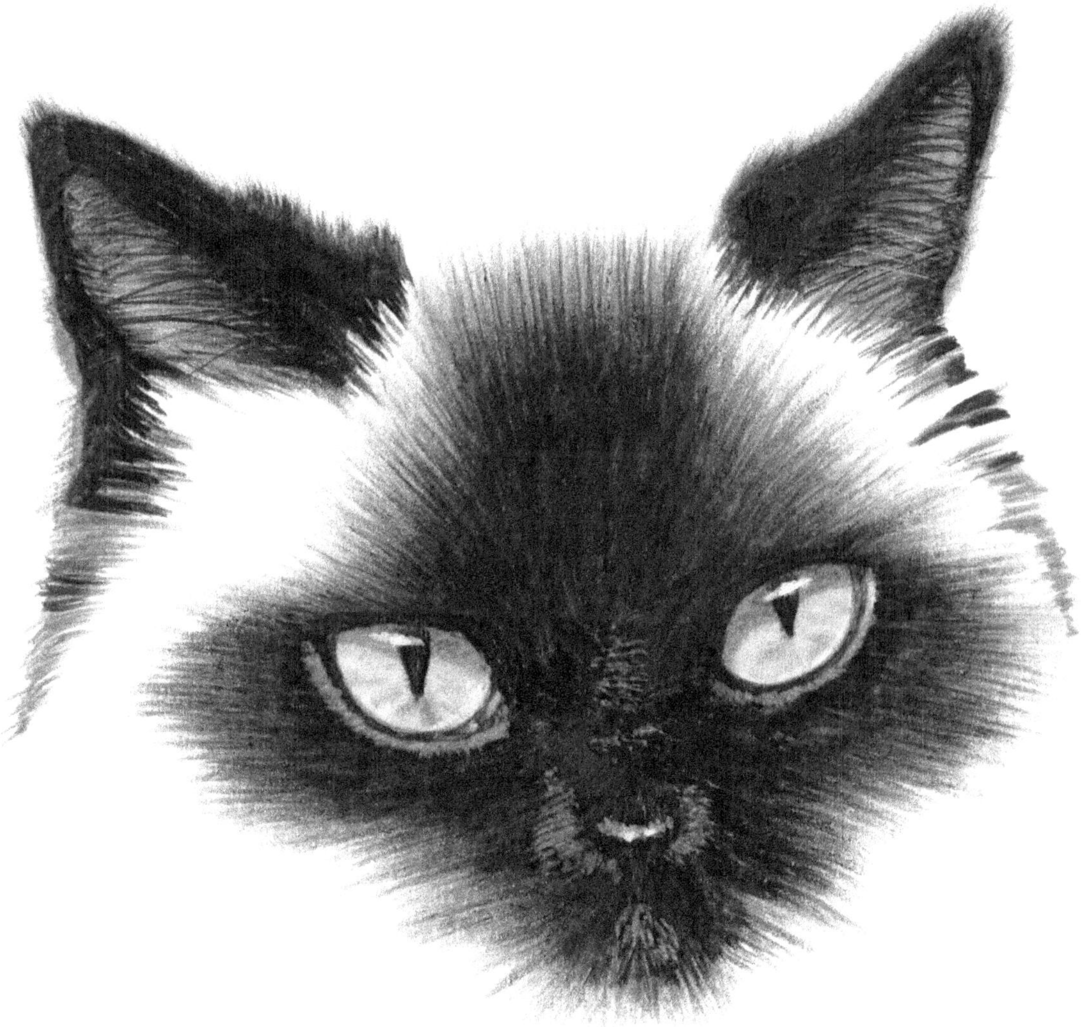

Analyse de la direction des poils

Il est maintenant temps de créer par estompage tous les poils clairs sur la partie supérieure de la tête, maintenant que nous avons terminé les zones environnantes. Pour ce processus d'estompage, j'utiliserai un crayon estompe incolore de Prismacolor. Avant de commencer l'estompage, il est crucial de prendre un moment pour étudier la direction des poils sur l'image. Pour vous aider dans ce processus, j'ai ajouté des lignes fléchées numériquement sur l'image de l'étape précédente, montrant la direction précise dans laquelle les traits ont été tracés. Examiner attentivement ce guide nous permettra de comprendre le flux et le mouvement des poils, ce qui est essentiel pour obtenir une texture réaliste et duveteuse. Une fois que nous aurons étudié et compris en profondeur la direction naturelle des poils, nous pourrons passer en toute confiance à l'étape de l'estompage.

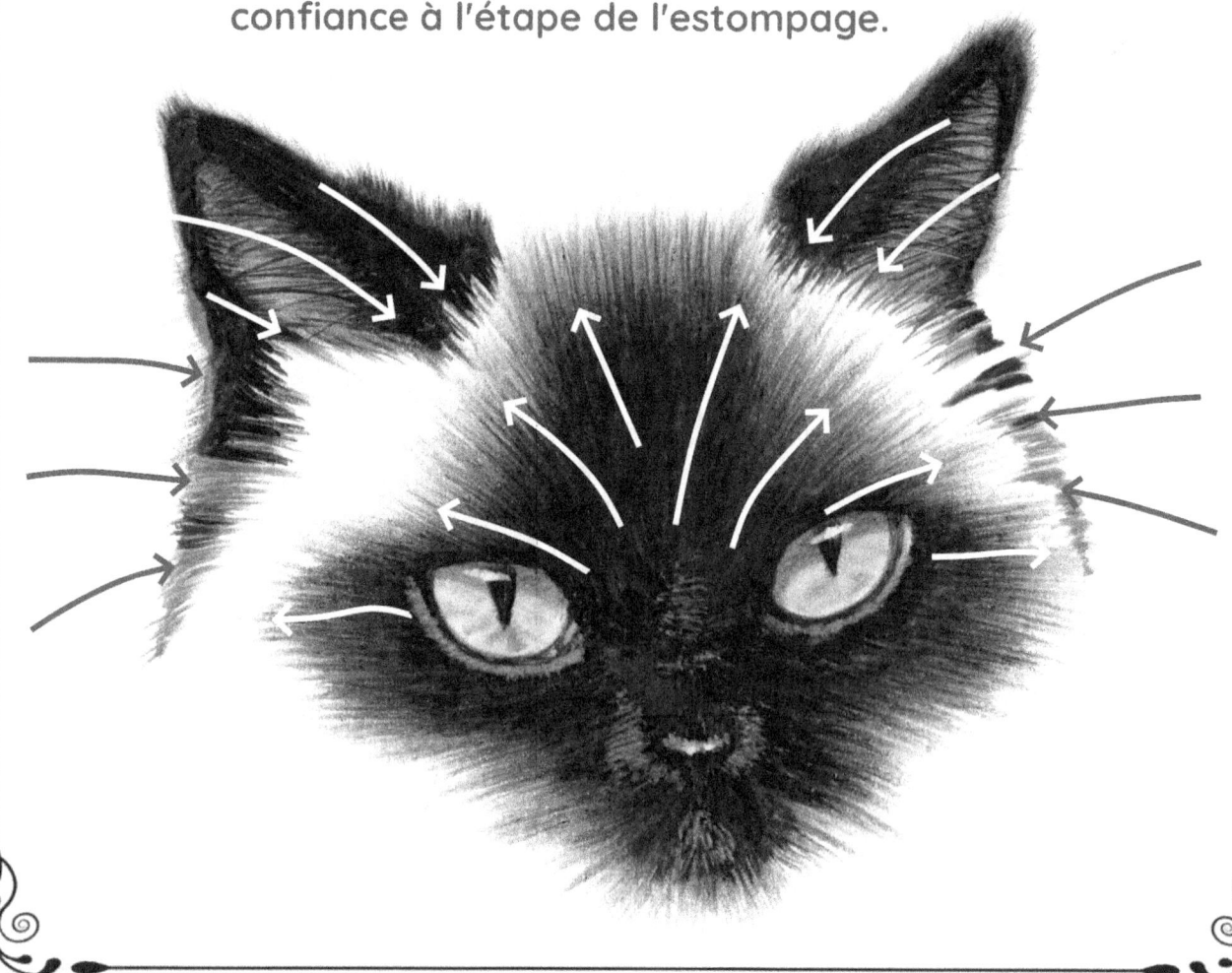

Création d'une fourrure lumineuse et duveteuse

Pour créer l'apparence duveteuse de la fourrure claire, estompez les lignes en ramassant habilement le graphite des zones sombres des deux côtés - du centre du visage vers les oreilles, et des oreilles vers l'intérieur, en suivant la direction indiquée par les flèches dans l'image précédente. Pour plus de facilité et de précision, n'hésitez pas à tourner le papier pour rendre plus confortable l'application des traits dans la direction requise. Gardez à l'esprit que chaque partie de la fourrure claire doit recevoir un peu de graphite, comme vous le constaterez en étudiant la photo de référence. Il n'y a pas de zones totalement blanches dans la fourrure, il est donc essentiel de couvrir complètement ces régions, en variant l'obscurité et la luminosité pour correspondre à la texture et à la profondeur naturelles de la fourrure dans l'image de référence.

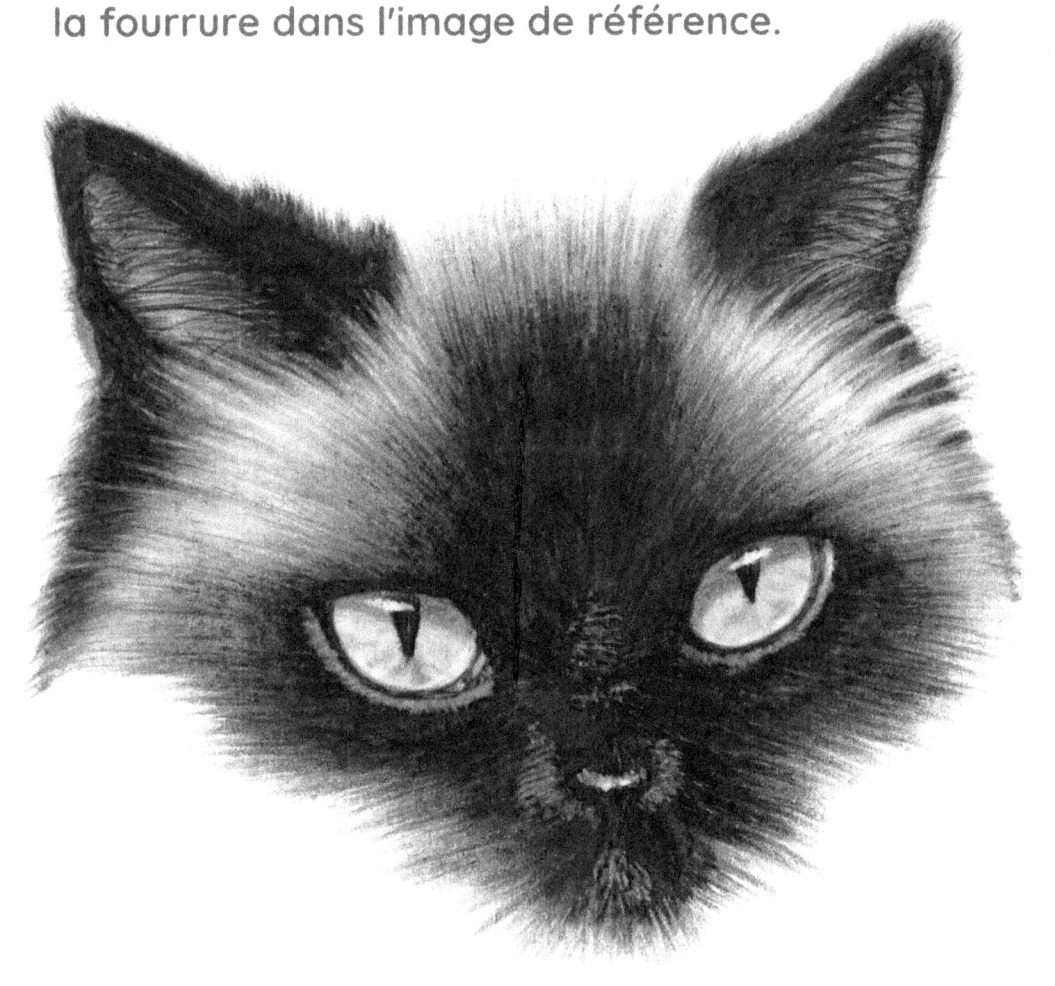

Affinage avec des détails délicats

Pour achever la partie supérieure de la tête, je vais dessiner quelques lignes sombres sur la fourrure claire et duveteuse à l'aide d'un crayon 14B bien taillé, en suivant les mêmes directions qu'auparavant. De plus, je vais créer quelques lignes plus claires à l'aide d'un stylo gel à encre blanche, qui s'est avéré très utile à cette fin. Dans l'image suivante, vous pouvez voir où j'ai ajouté ces poils. Si les lignes vous semblent trop blanches, il suffit d'attendre que l'encre sèche, puis de les parcourir délicatement avec une estompe. Cela rendra les lignes légèrement plus foncées tout en les laissant ressortir sur les zones sombres.

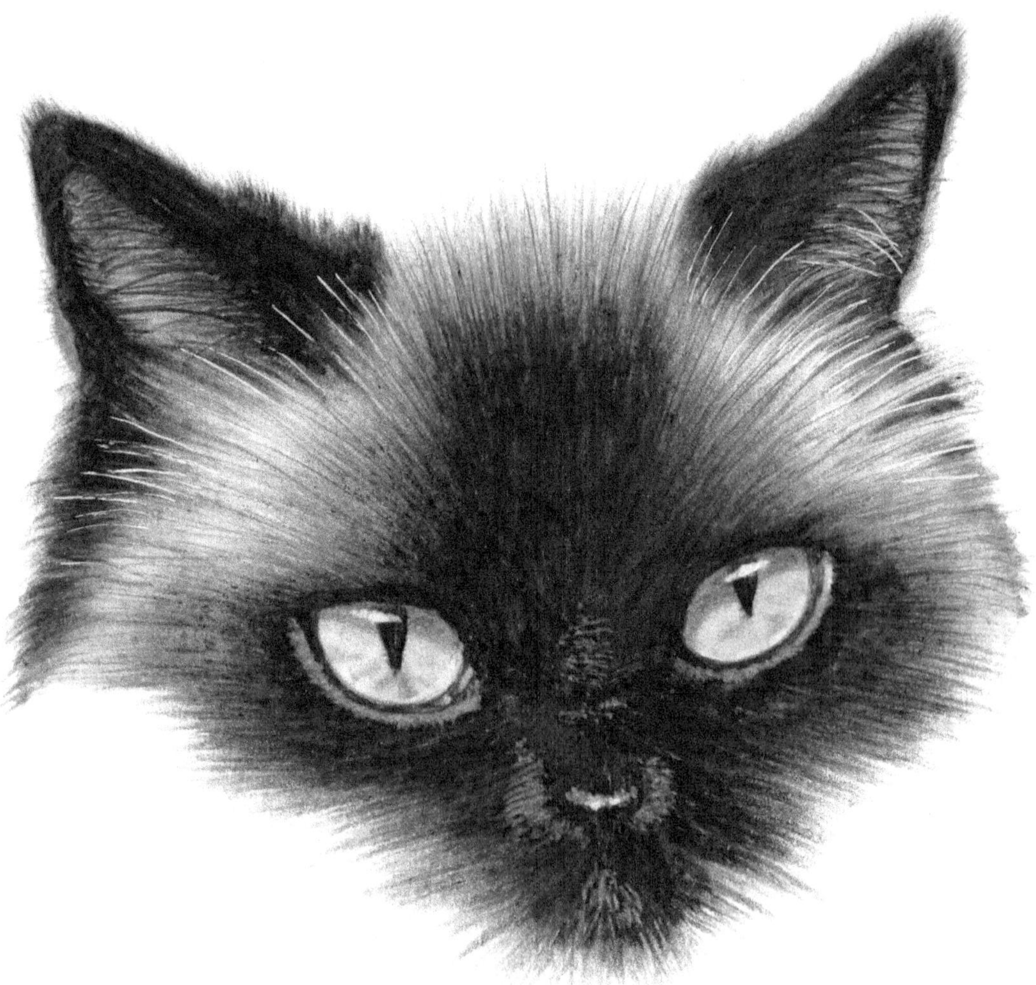

Création d'une Base Douce pour le Torse

Ensuite, concentrons-nous sur la partie inférieure de l'image, plus précisément le torse du chat. Les poils dans cette zone ont une apparence plus douce et délicate, créant une texture unique qui ne nécessite pas un dessin poil par poil. Malgré l'absence de poils blancs, cette région conserve une luminosité qui peut être obtenue en ombrant doucement de la poudre de graphite avec un mouchoir enroulé autour de notre doigt, en suivant le flux naturel des poils.

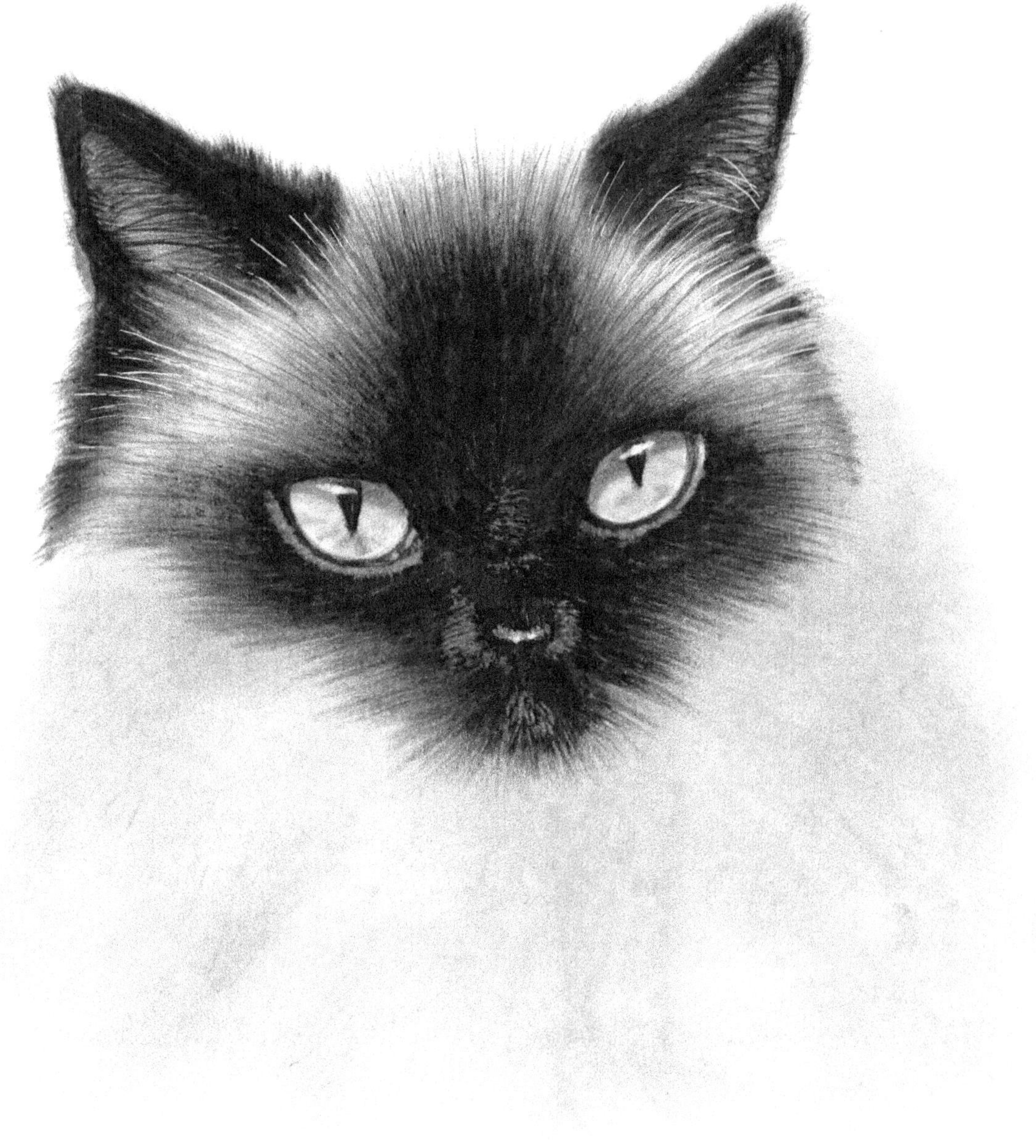

Ajout de Teintes Plus Sombres

Il est maintenant temps d'ajouter de la profondeur et de la dimension à notre dessin en nous concentrant sur des teintes plus sombres dans des zones spécifiques. Pour ce faire, prenez votre estompe et plongez délicatement sa pointe dans la poudre de graphite. Appliquez soigneusement la poudre sur les régions ciblées, créant ainsi des ombres riches et mettant en valeur les contours, comme le montre l'image suivante.

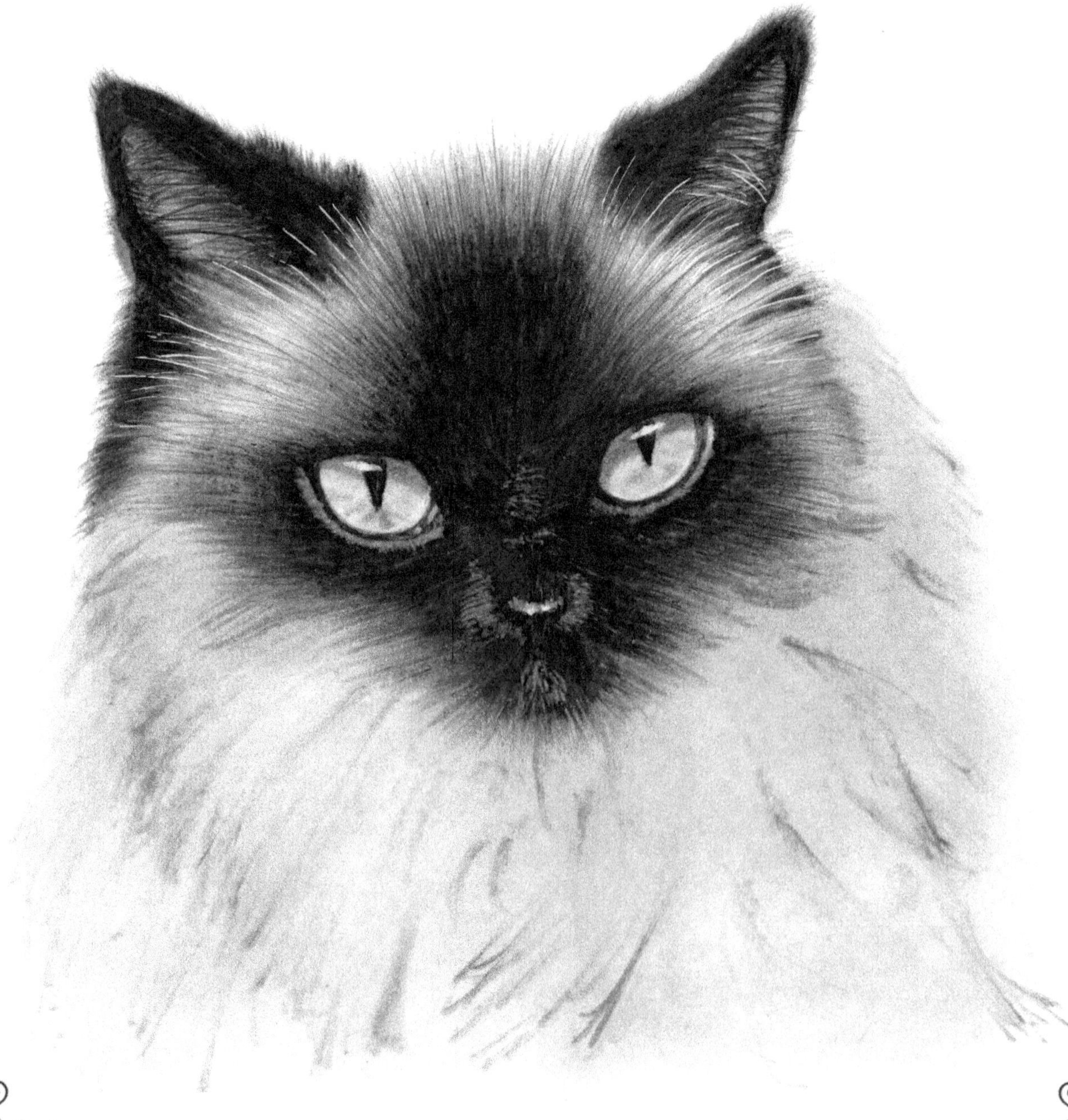

Reflets du pelage du torse

Maintenant que nous avons ajouté des teintes plus sombres pour plus de profondeur, il est temps de faire ressortir les reflets. Pour cette tâche délicate, je recommande vivement d'utiliser une gomme mie de pain, car elle permet un contrôle précis et garantit que la texture reste duveteuse et naturelle. Travaillez soigneusement avec la gomme mie de pain, en enlevant progressivement le graphite jusqu'à ce que vous obteniez les valeurs désirées, créant ainsi ces reflets lumineux et captivants.

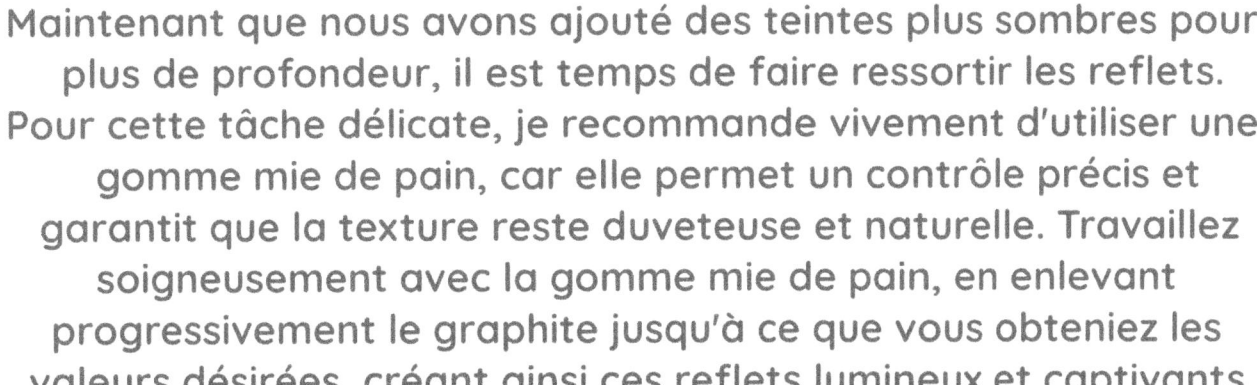

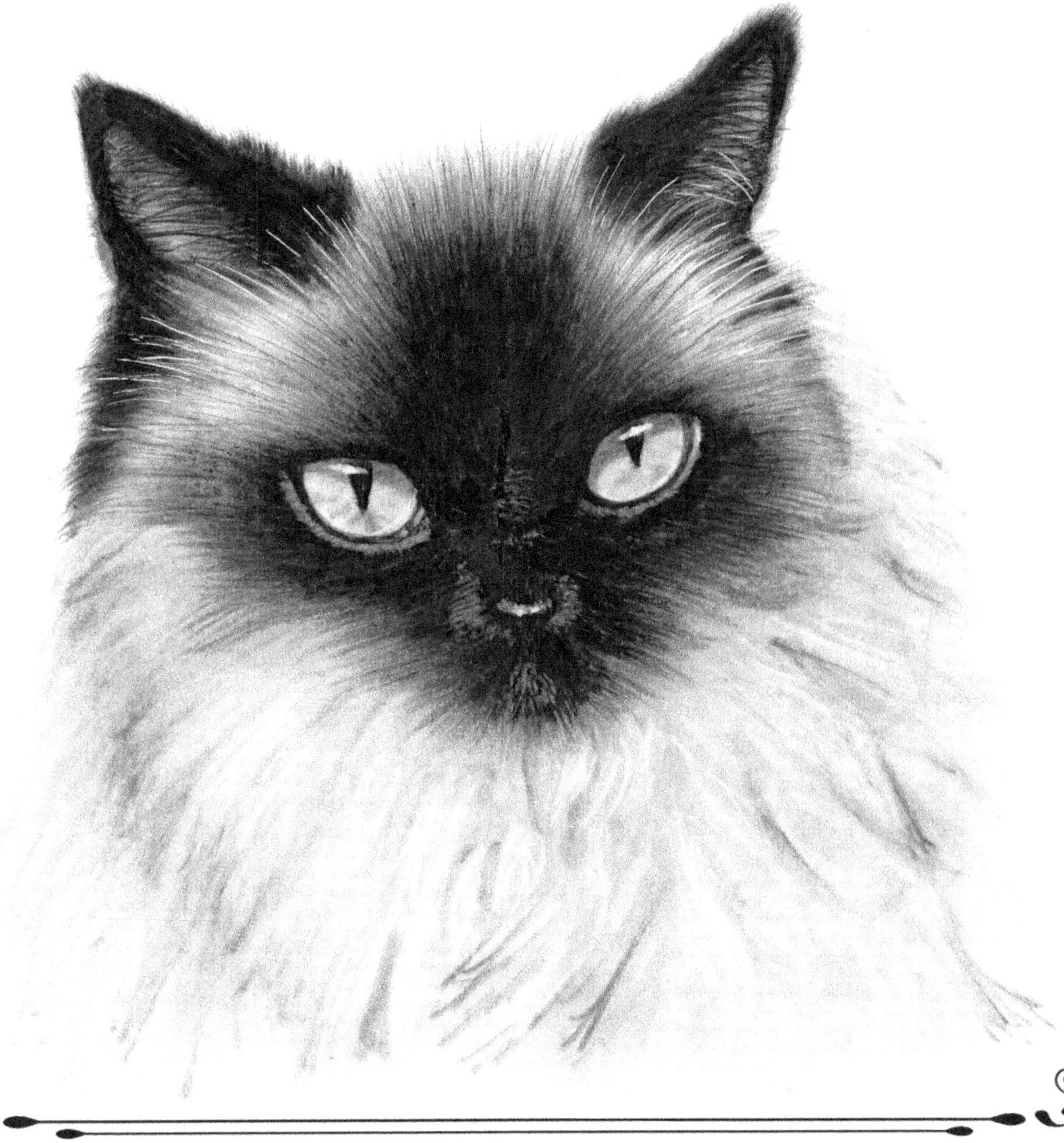

Estompage harmonieux de la tête et du torse

En ramassant soigneusement le graphite avec la pointe du crayon estompe incolore Prismacolor, j'estompe les poils foncés précédemment dessinés de la partie inférieure du visage vers le torse, les étendant sans heurt vers la texture duveteuse du pelage du torse. Cette technique assure que les zones sombres s'estompent naturellement.

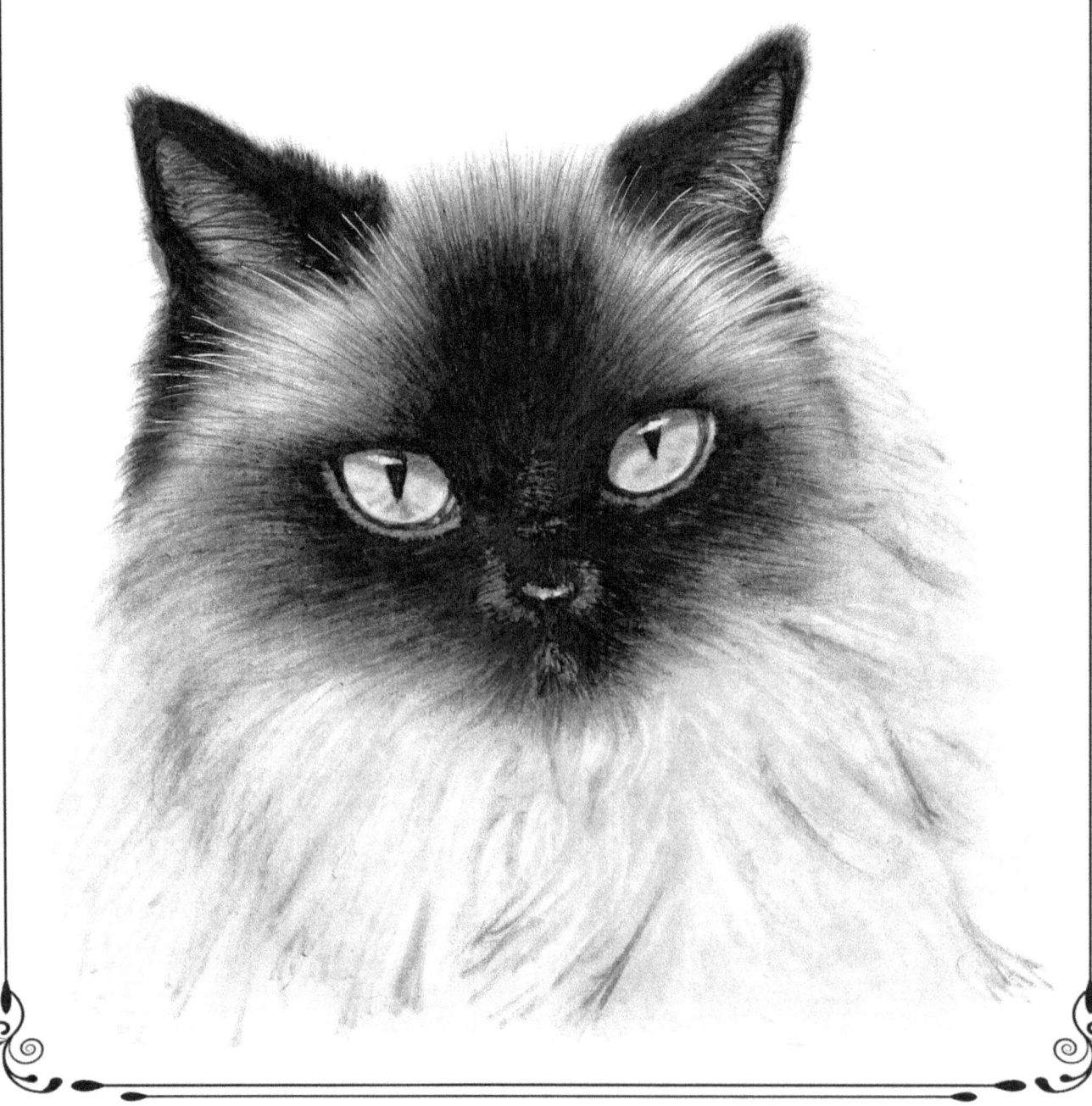

Ajout de poils individuels

Pour enrichir davantage la texture du torse, nous allons dessiner soigneusement de longs poils individuels à la surface, en suivant le flux naturel comme nous l'avons fait auparavant. En utilisant un crayon HB bien taillé, utilisez des coups rapides et confiants dans des directions aléatoires. Certains de ces coups peuvent provenir du pelage sombre de la partie inférieure du visage du chat, créant une transition fluide entre les deux zones.

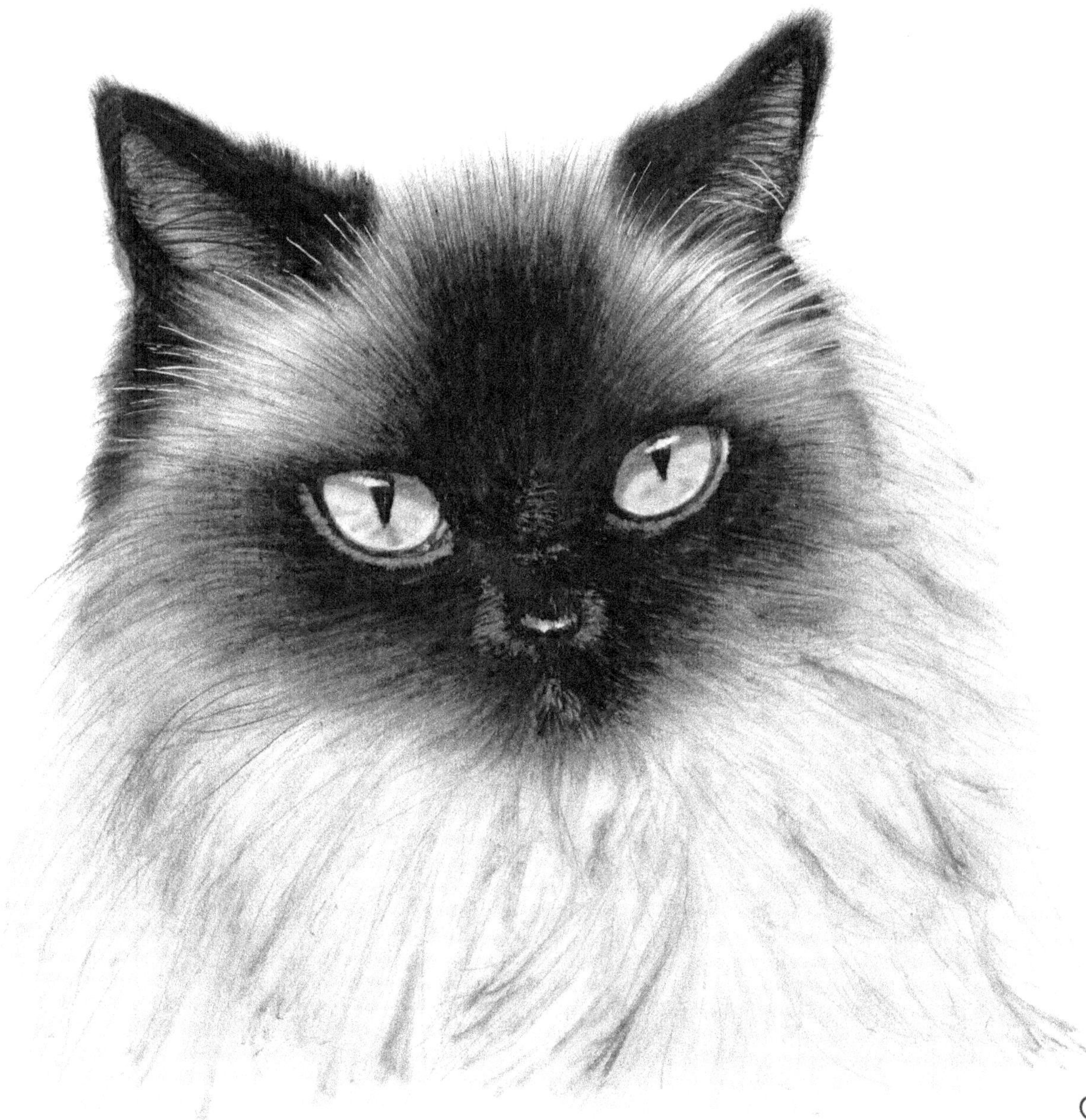

Dessin des moustaches

La célèbre citation de Léonard de Vinci, "L'art n'est jamais terminé, seulement abandonné", est vraie, mais j'ai atteint un point où je me sens satisfaite du dessin, et il n'y a rien de plus que j'aimerais changer ou ajouter. Cependant, n'hésitez pas à explorer davantage et à apporter les ajustements que vous jugez nécessaires dans votre propre œuvre. Donc, si tout vous semble bon, nous pouvons conclure le dessin en ajoutant les moustaches avec un stylo-gel blanc.

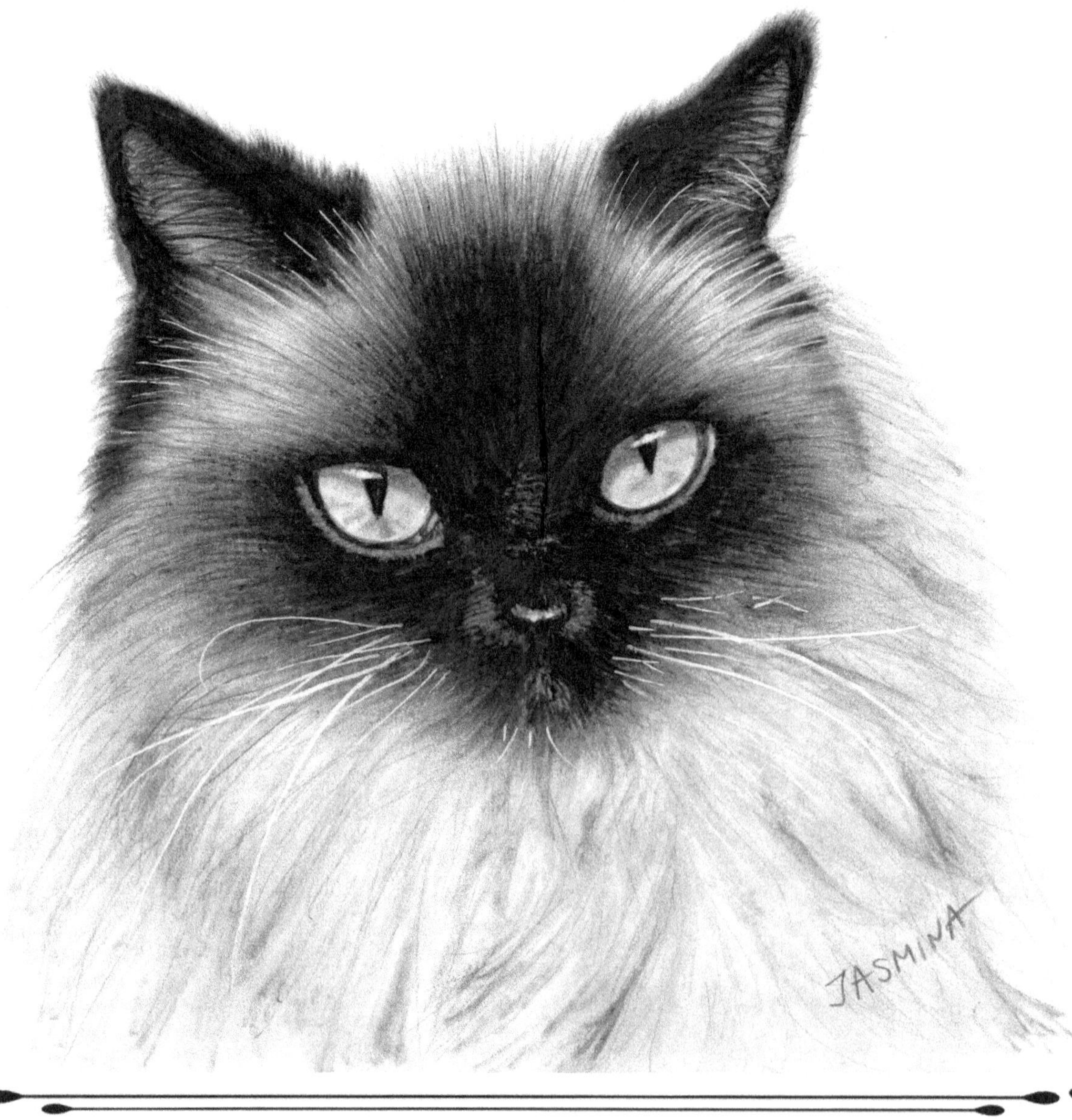

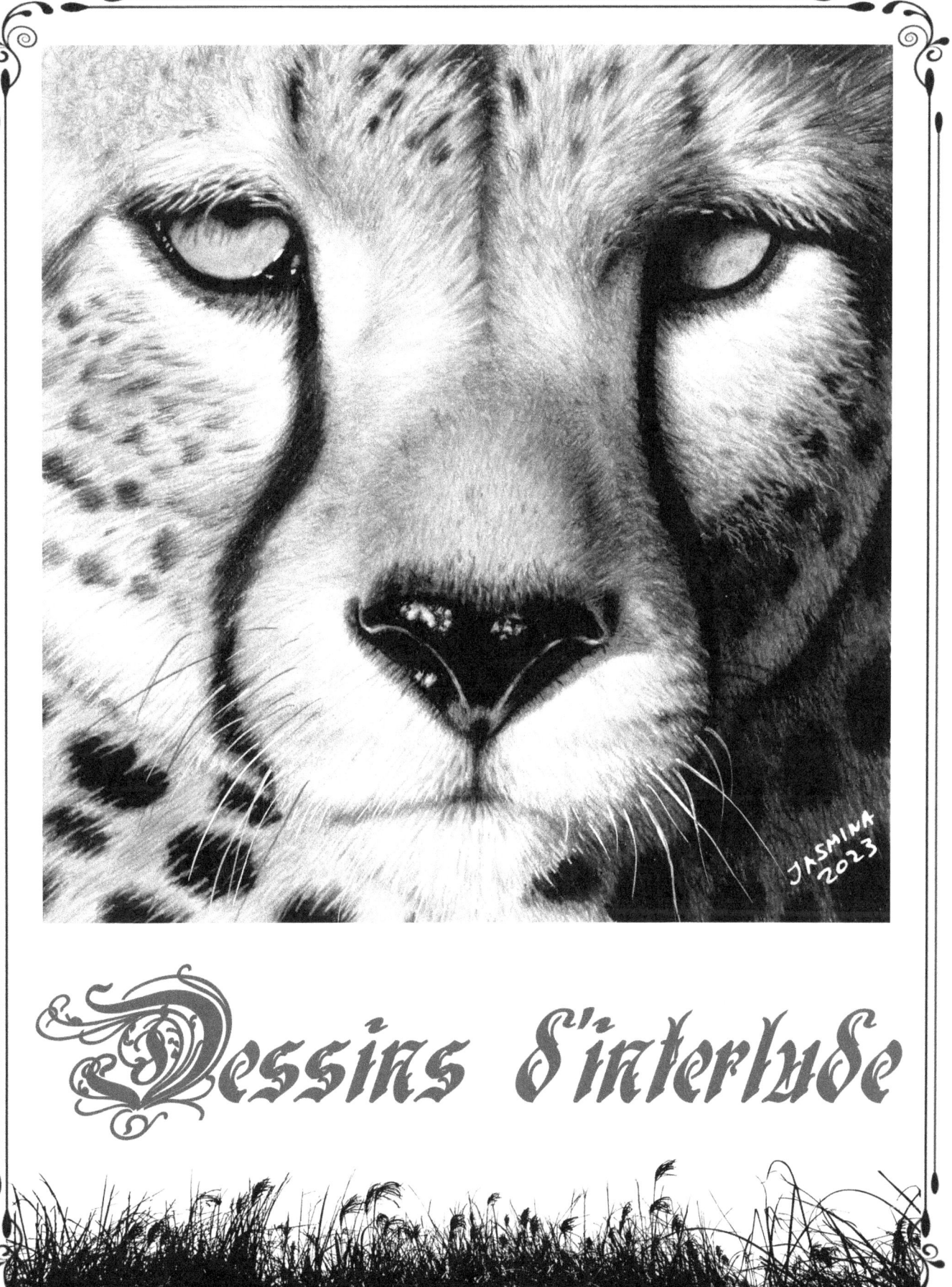

Dessins d'interlude

Comment Dessiner un Zèbre

Dessiner un zèbre offre une merveilleuse occasion de plonger dans le monde des motifs, du contraste et des textures uniques. Les rayures distinctives noires et blanches du zèbre offrent un sujet visuellement saisissant qui met à l'épreuve nos compétences d'observation et de dessin. En étudiant et en dessinant un zèbre, nous pouvons améliorer notre compréhension de la lumière et de l'ombre, développer notre attention aux détails et explorer l'interaction fascinante entre les espaces positifs et négatifs. Apprécions la beauté et la diversité du règne animal et capturons la beauté envoûtante du zèbre sur papier.

La Photo de Référence

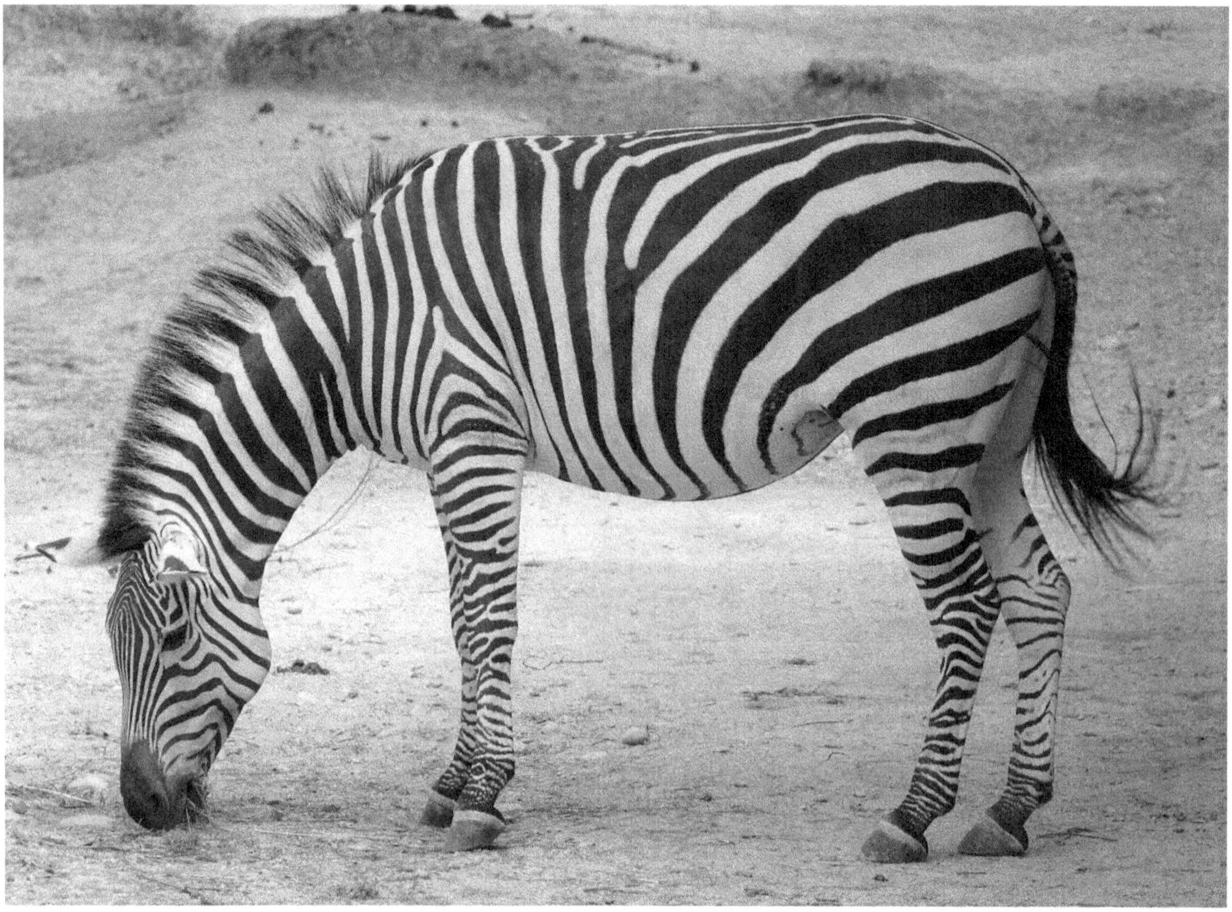

Esquisse et Formes de Base

Dans l'image suivante, j'ai mis en évidence les lignes que je considère importantes. En utilisant la méthode de la grille, vous pouvez créer le contour principal du zèbre. Lors de l'esquisse du zèbre, il n'est pas nécessaire de suivre strictement la méthode de la grille pour les rayures noires et blanches. Elles peuvent être créées de manière aléatoire. Cependant, ici, j'ai choisi de dessiner chaque détail tel qu'il est représenté sur la photo de référence pour fournir une comparaison claire entre mon dessin et l'image originale. Sur mon dessin, j'ai marqué les rayures noires avec de petits "x" pour les distinguer des rayures blanches. Cela m'aide à éviter toute confusion et à colorer avec précision les zones qui doivent être noires.

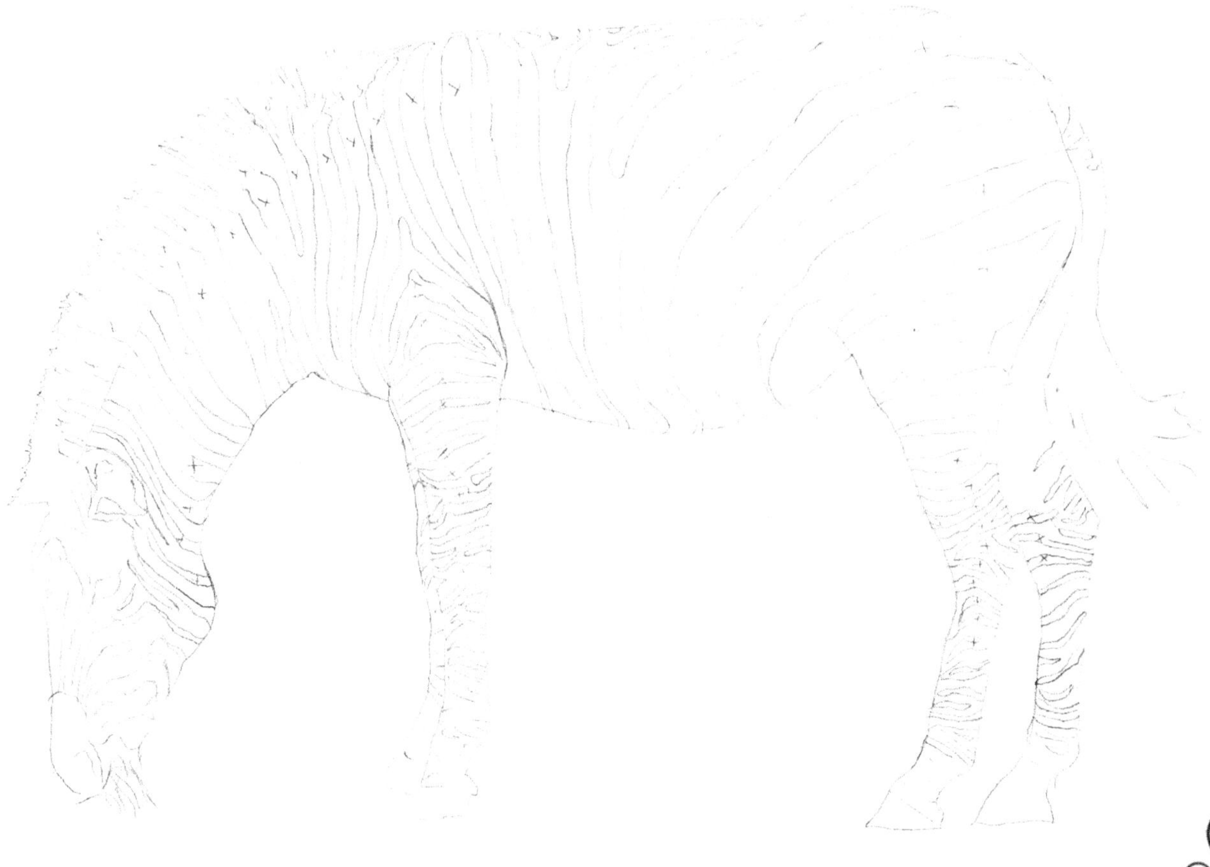

Dessin des Rayures Noires

Commencez par utiliser un crayon 14B pour recouvrir les zones qui sont complètement noires dans la photo de référence. À cette étape, laissez intentionnellement les parties supérieures des rayures noires intactes pour le moment, car elles nécessiteront une valeur plus claire pour représenter les zones éclairées. Cet éclairage n'est peut-être pas visible sur la photo de référence, mais nous voulons nous concentrer sur la création de contraste et de profondeur dans notre dessin. Appliquez le crayon avec une pression ferme et uniforme pour créer une tonalité sombre et riche. Si vous ne vous sentez pas sûr de vous ou si vous souhaitez apporter des ajustements, vous pouvez utiliser un crayon HB avec une pression plus légère pour remplir ces zones avant de commencer avec la valeur plus sombre. Une fois que vous êtes confiant dans le placement et l'apparence des zones noires, vous pouvez les repasser avec un crayon très foncé, comme un 8B ou plus foncé, pour encore accentuer la profondeur et la richesse des tons noirs. Cette étape est cruciale et demande une attention particulière. Rien que pour cette étape, il peut être nécessaire de consacrer un temps substantiel, environ 2,5 heures dans mon cas. Prenez donc votre temps, surtout lorsque vous travaillez sur les détails complexes tels que les fines rayures sur les pattes et la tête.

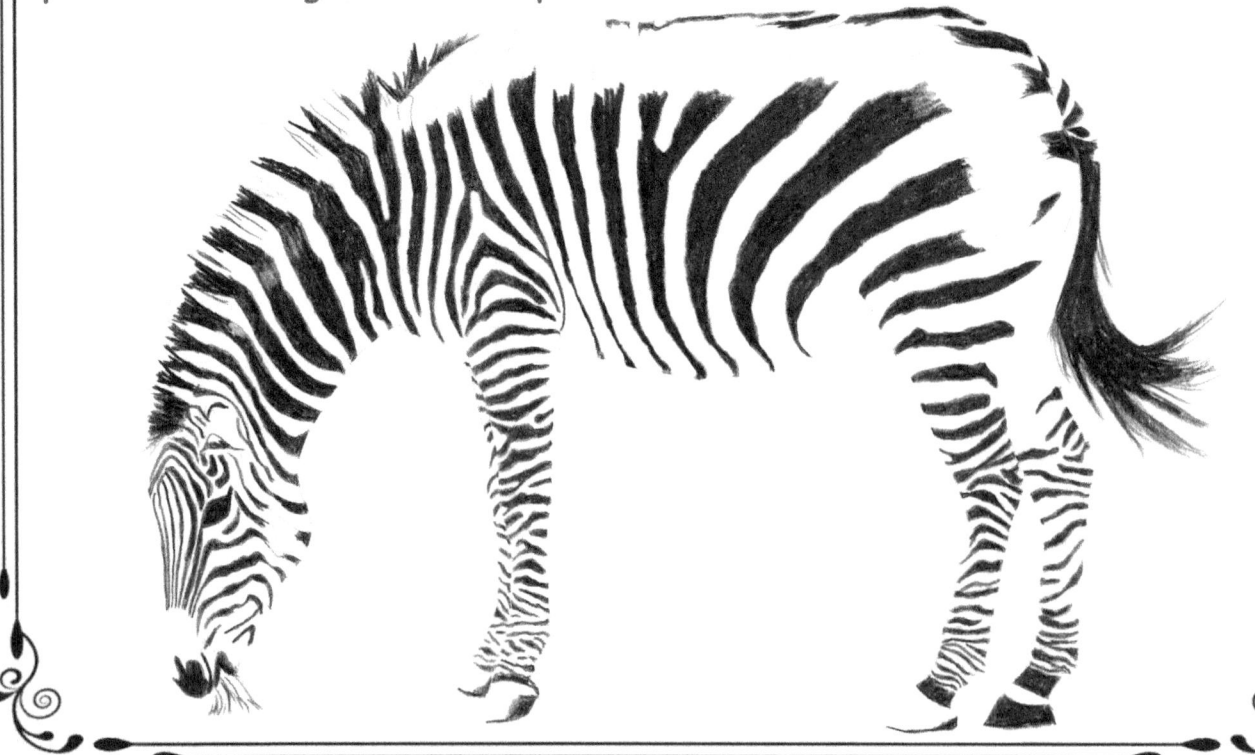

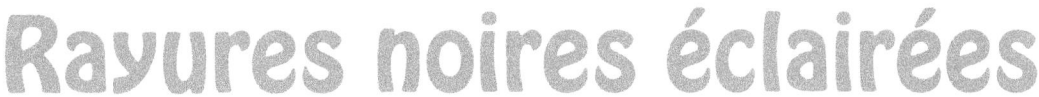

Rayures noires éclairées

À l'étape suivante, ombrez les rayures noires éclairées que nous avons précédemment laissées intactes dans l'image. Utilisez un crayon HB pour cette partie du processus. Éclaircissez également les parties supérieures des rayures noires sur le cou, spécifiquement sous les racines des poils de la crinière, car ces zones sont aussi légèrement éclairées. Vous pouvez obtenir cet effet en utilisant soigneusement une gomme.

Il est important de ne pas se précipiter et de dessiner avec précision pour obtenir l'effet souhaité. Chaque personne a son propre rythme, et consacrer suffisamment de temps à chaque étape garantit l'exactitude et l'attention aux détails.

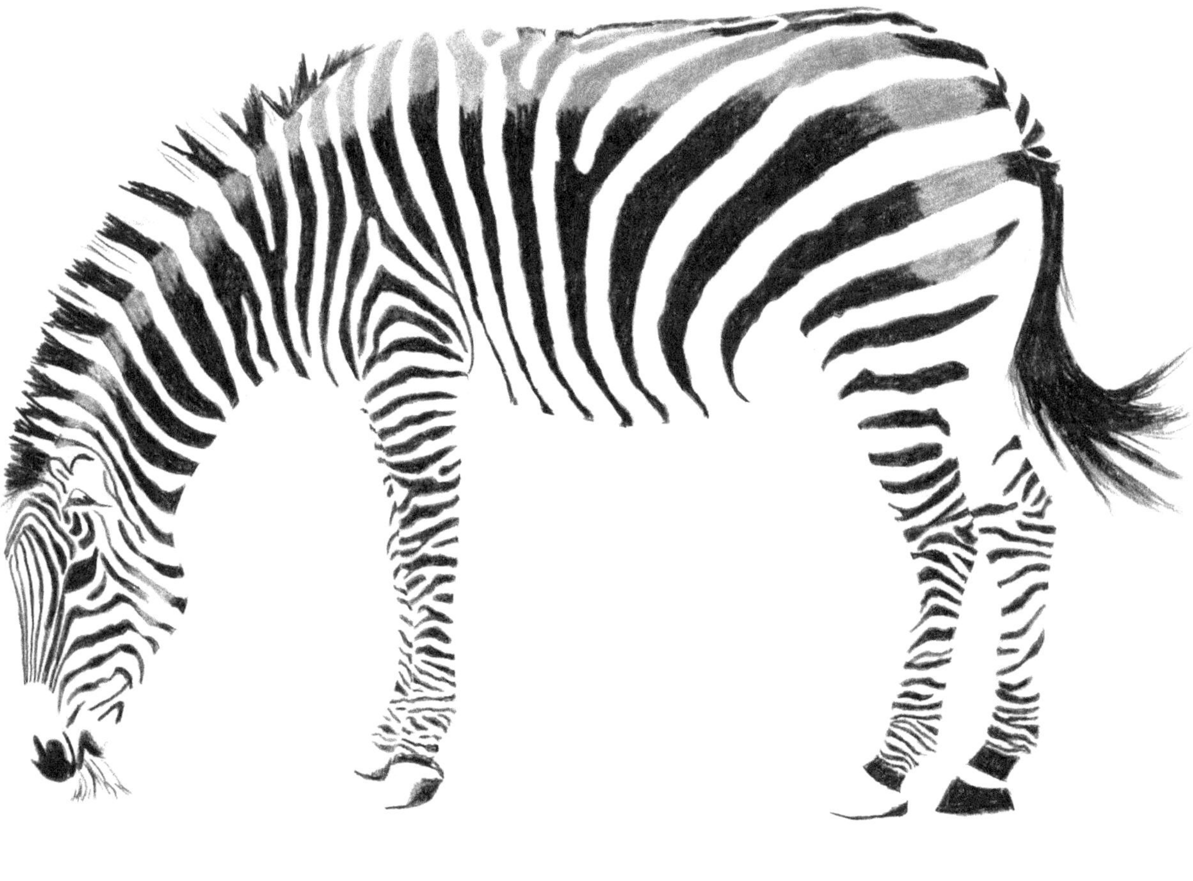

Lissage des Transitions de Tons

À l'étape suivante, notre objectif est de nous concentrer sur l'estompage des bordures entre les deux teintes que nous avons appliquées précédemment. Le but est de créer une transition douce où les teintes se fondent harmonieusement. Si vous avez pratiqué la technique discutée dans le chapitre "Dégradé fluide", c'est l'occasion parfaite de la mettre en application.

Pour commencer, je recommande d'utiliser un crayon 4B pour l'estompage. Pendant que vous estompez, vous pouvez progressivement augmenter la pression sur le crayon, en particulier à proximité des parties les plus sombres des rayures où vous avez utilisé le crayon 14B. Vous pouvez utiliser des mouvements circulaires doux ou des traits d'avant en arrière pour lisser la transition et créer un flux homogène entre les teintes. Cette technique d'estompage contribuera à donner au zèbre une apparence plus tridimensionnelle, ajoutant de la profondeur et réduisant l'aspect plat que le dessin avait jusqu'à présent.

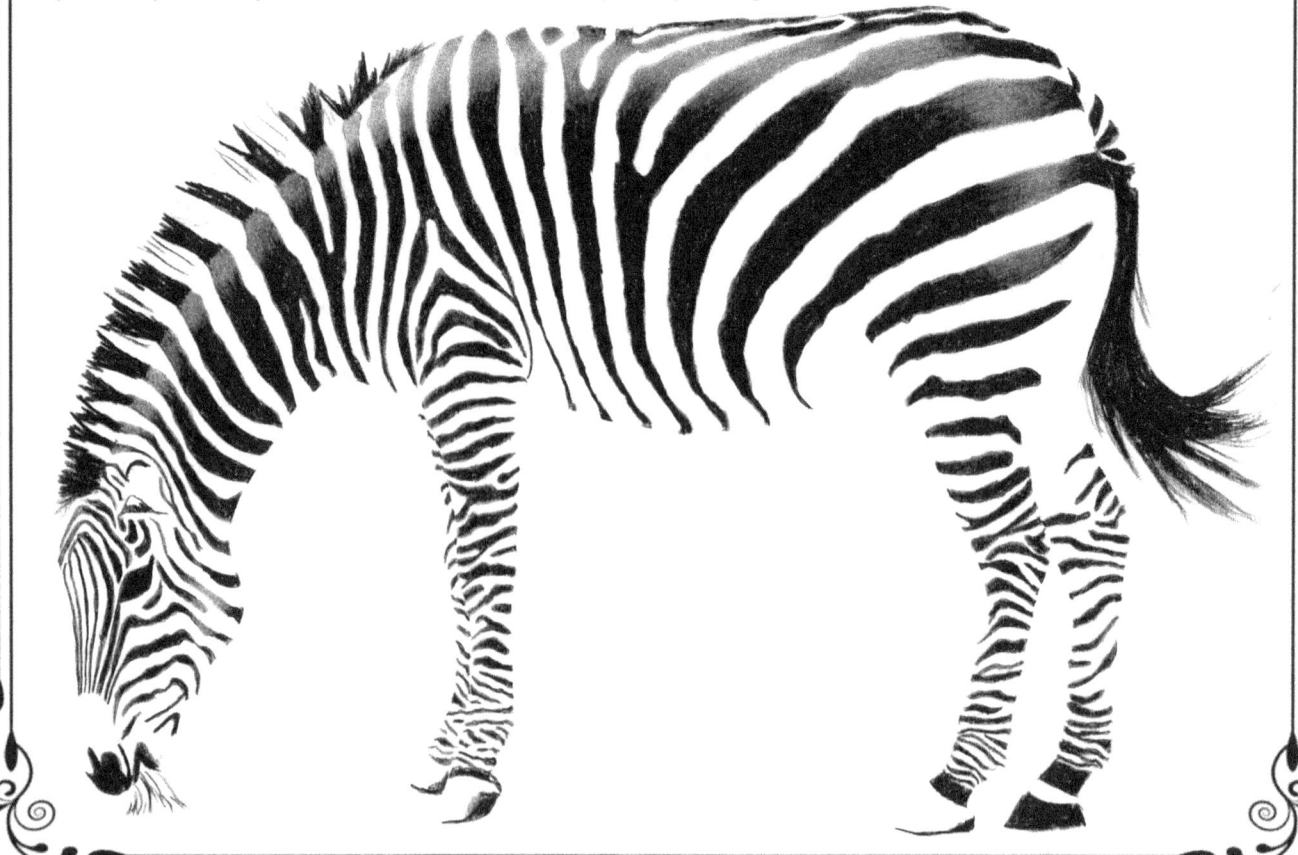

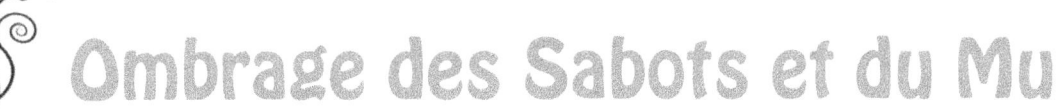

Ombrage des Sabots et du Museau

À l'étape suivante, nous allons nous concentrer sur l'ombrage des sabots et du museau du zèbre à l'aide d'un crayon HB.

Référez-vous à l'image ci-jointe pour identifier les zones spécifiques qui nécessitent de l'ombrage. Prenez note des ombres, des points lumineux et de la texture dans l'image de référence pour guider votre technique d'ombrage. Si nécessaire, vous pouvez utiliser une estompe tout en douceur pour adoucir les zones ombrées.

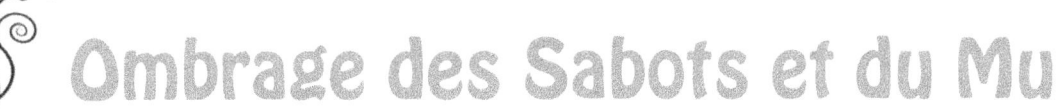

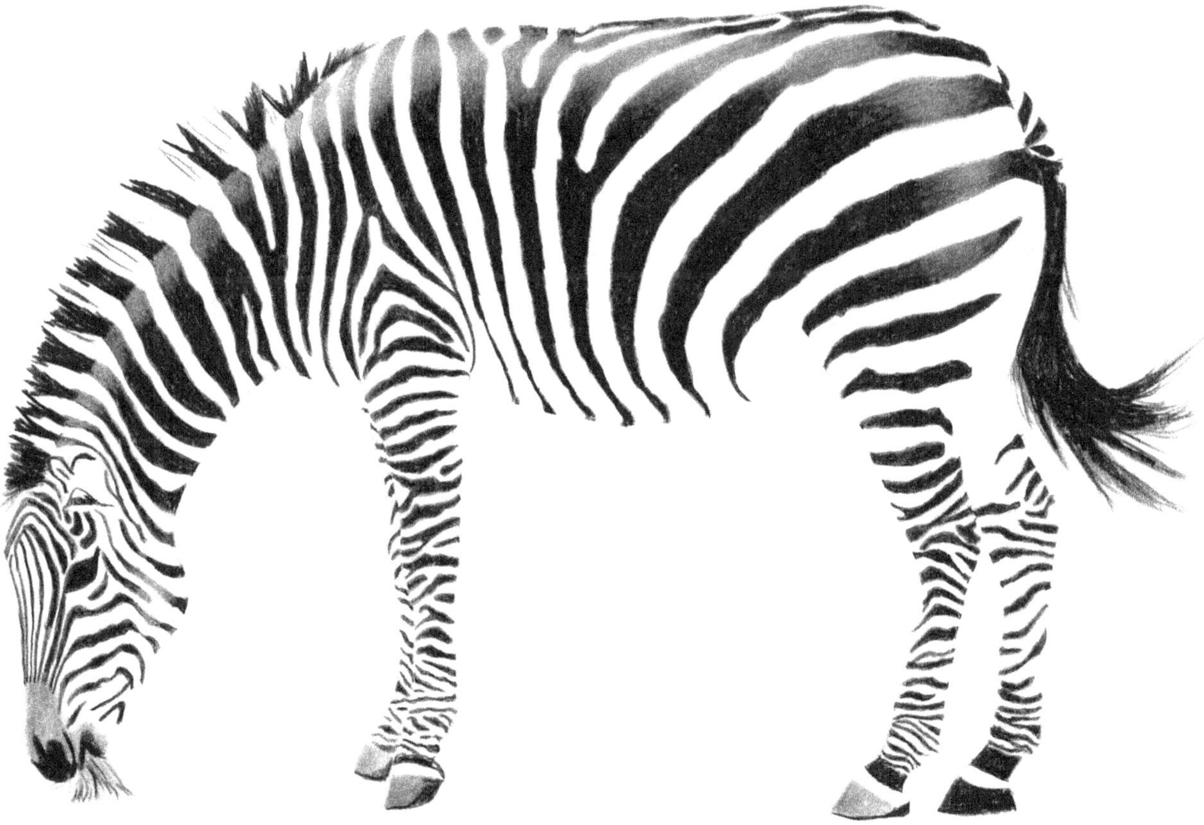

Estomper les Transitions de Tons

À cette étape, nous allons créer une transition en dégradé fluide entre les sabots et le museau ombrés précédemment et les sections dessinées avec le crayon 14B. Pour ce faire, nous allons utiliser un crayon 8B. En allant des ombres aux parties éclairées, nous réduisons progressivement la pression. Si une zone semble trop claire ou manque d'ombrage, ajoutez simplement des couches d'ombrage supplémentaires jusqu'à obtenir le ton souhaité. Utilisez votre crayon pour appliquer soigneusement l'ombrage supplémentaire, en l'ajoutant progressivement jusqu'à obtenir la teinte voulue. D'autre part, si certaines zones semblent trop sombres ou nécessitent d'être éclaircies, vous pouvez utiliser une gomme pour enlever délicatement un peu de graphite de ces zones spécifiques. Soyez doux et prudent lorsque vous utilisez la gomme, car vous ne voulez pas en enlever trop ou endommager le papier. Après avoir éclairci les zones plus sombres, vous pouvez ensuite lisser les transitions et les estomper avec les tons environnants.

Ombrer les Zones Blanches

Maintenant, concentrons-nous sur l'ombrage du pelage blanc. Bien qu'il puisse sembler au départ contre-intuitif d'ombrer un pelage blanc, nous pouvons obtenir l'effet désiré en utilisant une pression légère sur plusieurs couches. Cette technique demande de la patience et un travail continu jusqu'à ce que l'apparence souhaitée soit obtenue. Dans l'image suivante, observez les zones ombrées avec un crayon HB comme référence pour votre propre ombrage. Notez que j'ai appuyé fermement près des bords et ai progressivement allégé ma pression à mesure que j'approchais des zones éclairées. Vous pouvez utiliser soit un crayon HB avec une pression plus légère, soit passer à un crayon plus dur comme 2H pour un ombrage plus léger. Cette transition progressive permet aux tons les plus clairs de l'ombrage de s'estomper en douceur dans la luminosité des zones éclairées. N'oubliez pas de créer des lumières réfléchies dans les zones comme les quartiers arrière à côté de la queue. En appuyant légèrement sur le crayon près du contour de l'animal et en appliquant une pression légèrement plus foncée un peu plus loin du bord, vous pouvez créer un effet tridimensionnel. Même s'ils ne sont pas visibles sur la photo de référence, ces reflets de lumière renforcent la rondeur du sujet.

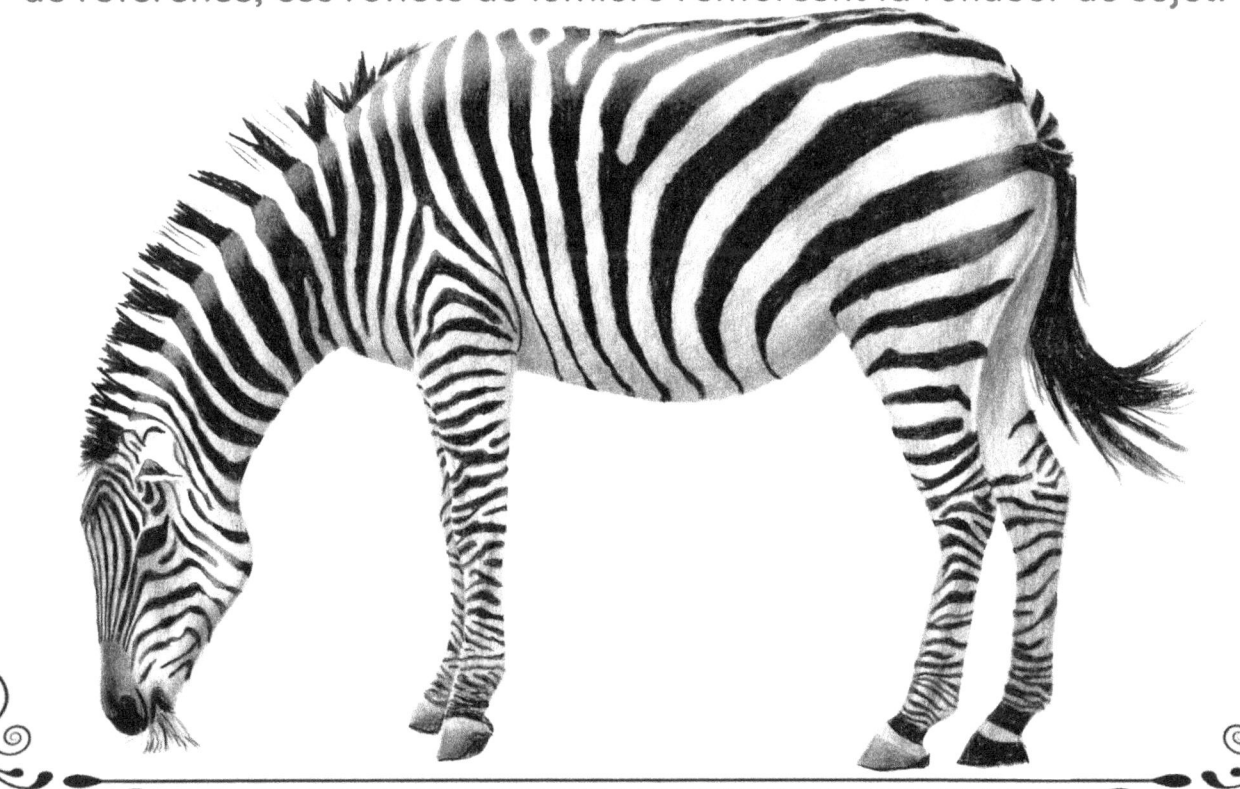

Intensifier les Ombrages

Voyons si un ombrage supplémentaire est nécessaire. Lors de mon observation de la photo de référence, j'ai remarqué que je n'ai pas assez accentué l'ombre sur le ventre du zèbre créée par son propre corps. Pour remédier à cela, je vous recommande de passer à un crayon 4B et d'appliquer une pression ferme le long des bords, en allégeant progressivement la pression lorsque vous vous éloignez. De plus, la partie supérieure du cou et la zone sous les yeux nécessite un ombrage supplémentaire. Il est aussi important de remarquer que la partie arrière du corps du zèbre, dans l'ombre de la queue, doit elle aussi être significativement plus sombre. Lorsque vous comparez cette image à la précédente, vous pouvez clairement observer la différence de valeurs. Pour obtenir l'effet souhaité, utilisez un crayon plus sombre, comme un 4B ou 6B, et appliquez une pression suffisante lors de l'ombrage. Cela créera un contraste plus fort et améliorera la zone ombragée, ajoutant profondeur et dimension au dessin. Il est crucial d'ombrer chaque partie qui n'est pas directement éclairée. Vous remarquerez qu'en ombrant l'épaule avec une pression plus légère par rapport aux ombres environnantes, elle paraîtra plus lumineuse et se détachera plus nettement sur le papier.

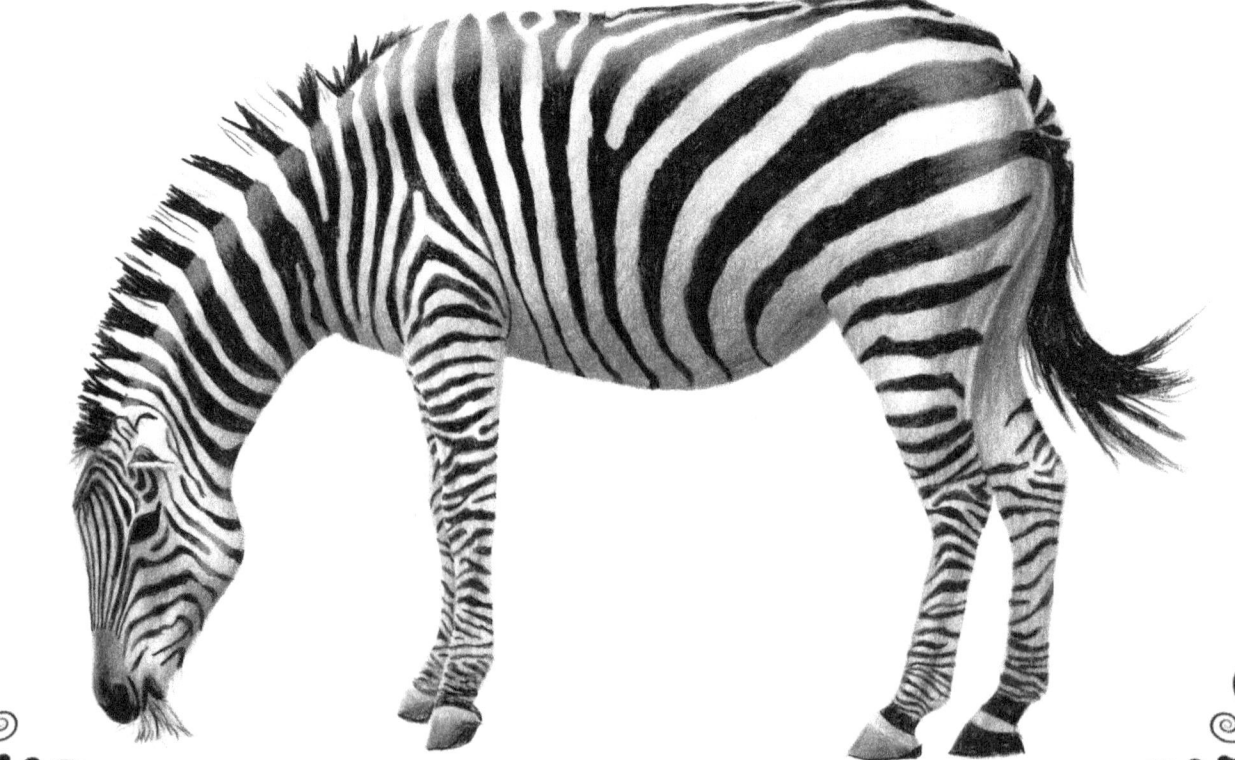

Estompage et Raffinement

Il est maintenant temps d'estomper soigneusement toutes ces zones à l'aide d'un tortillon ou d'un coton-tige. Commencez par utiliser une pointe propre de l'outil d'estompage au niveau des zones éclairées, et travaillez progressivement vers les zones plus sombres. Si la pointe devient saturée de graphite, il est conseillé de passer à un coton-tige ou un tortillon propre pour éviter de salir involontairement les zones éclairées. Rappelez-vous, le but n'est pas d'estomper complètement pour obtenir une douceur absolue. Préserver certaines "imperfections" telles que des poils individuels, des cicatrices, des taches ou des traces de saleté sur le pelage renforcera le réalisme de l'animal. Si le pelage blanc est parfaitement lisse, il peut sembler plus proche d'un dessin numérique ou d'une illustration vectorielle, ce qui peut paraître artificiel ou "faux". Ajouter de petits détails aléatoires contribuera à une représentation plus réaliste. En acceptant ces légères déviations et en incorporant des éléments subtils et inattendus, vous créerez un rendu plus authentique et naturel de l'animal.

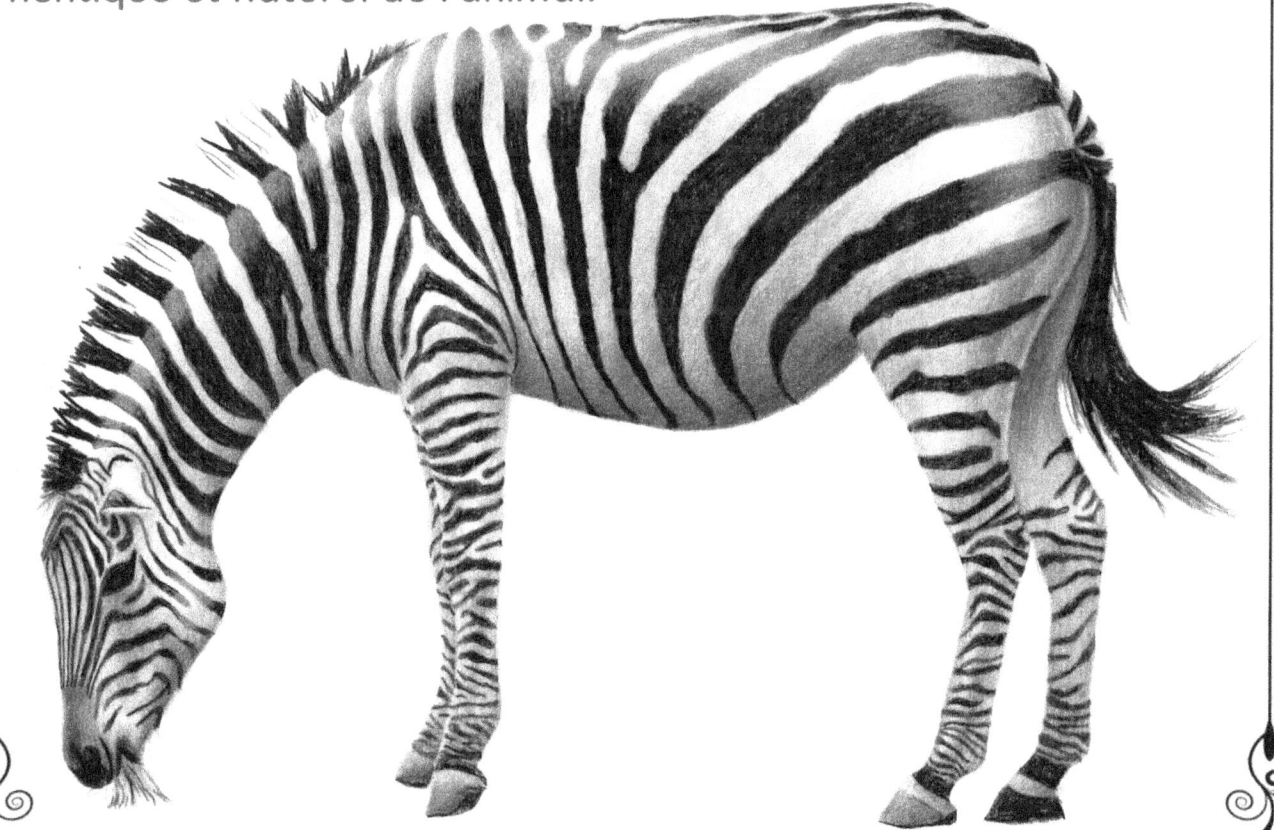

Plonger dans les petits détails

Il est maintenant temps d'incorporer certains détails complexes qui ne sont peut-être pas immédiatement visibles, mais qui contribuent au réalisme du dessin. Pour cela, j'utilise un crayon estompe incolore de Prismacolor pour créer de petits poils délicats le long des bords où les rayures noires et blanches se rencontrent. Ces poils imitent la texture fine que l'on trouve dans le pelage du zèbre et ajoutent un niveau supplémentaire d'hyper-réalisme à l'œuvre. Pour estomper ces bords, je positionne la pointe du crayon estompe incolore sur le bord des rayures noires et la fait glisser doucement vers l'extérieur, sur les rayures blanches. La pointe du crayon estompe capte sélectivement la quantité nécessaire de graphite, ce qui crée ces petits poils avec des extrémités duveteuses. Il est important de noter que cette étape nécessite une attention méticuleuse aux détails et peut prendre du temps. Bien qu'elle ne soit pas immédiatement visible sur une vue miniature, je vous recommande de profiter de chaque occasion pour faire preuve de patience et vous plonger dans ce processus. Cependant, si vous êtes limité par le temps, vous pouvez choisir de sauter cette étape sans compromettre l'impact global du dessin.

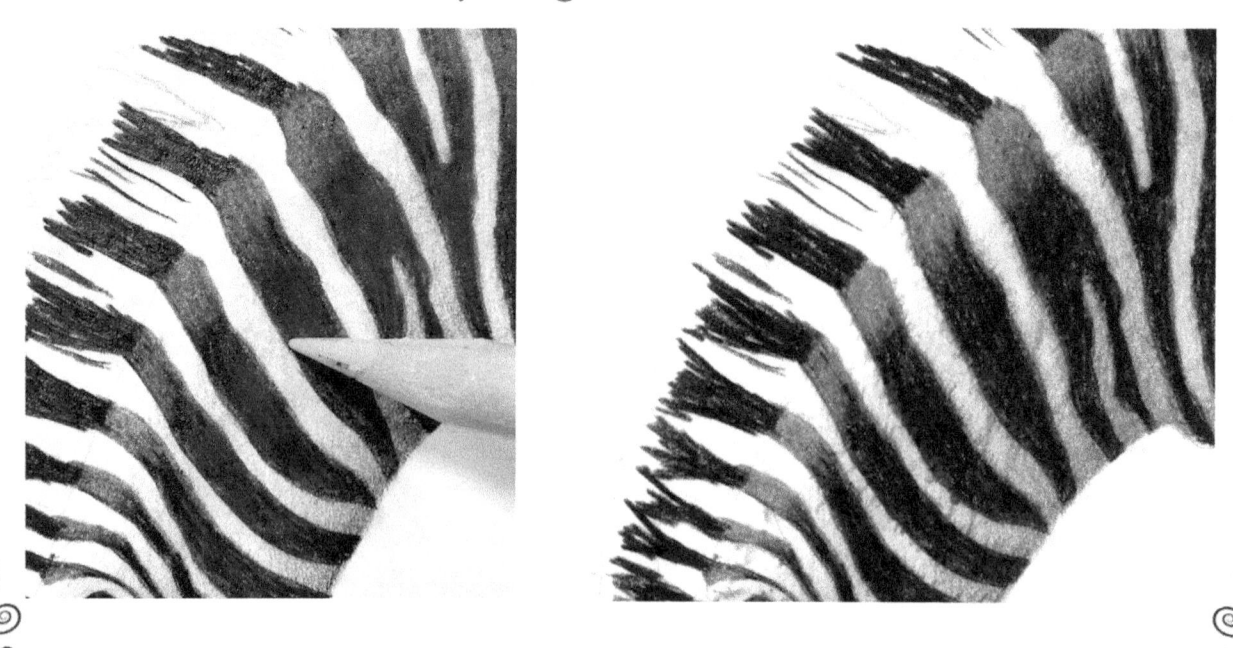

Ajout d'Éléments Subtils pour le Réalisme

Pour améliorer davantage les détails, incorporons quelques éléments visibles dans la photo de référence. Plus précisément, il y a des taches plus foncées entre les rayures noires au niveau des jambes. Pour obtenir cet effet, utilisez un crayon 2B et appliquez-le légèrement en couches, en construisant progressivement la valeur jusqu'à ce que l'obscurité souhaitée soit obtenue. Prenez votre temps avec ce processus, en vous assurant d'appliquer les couches de manière uniforme et régulière. Pour une comparaison claire, je recommande d'examiner l'image précédente à côté de l'image ci-dessous pour identifier les zones spécifiques où ces rayures ont été ajoutées. Notez les détails subtils et étudiez également la photo de référence.

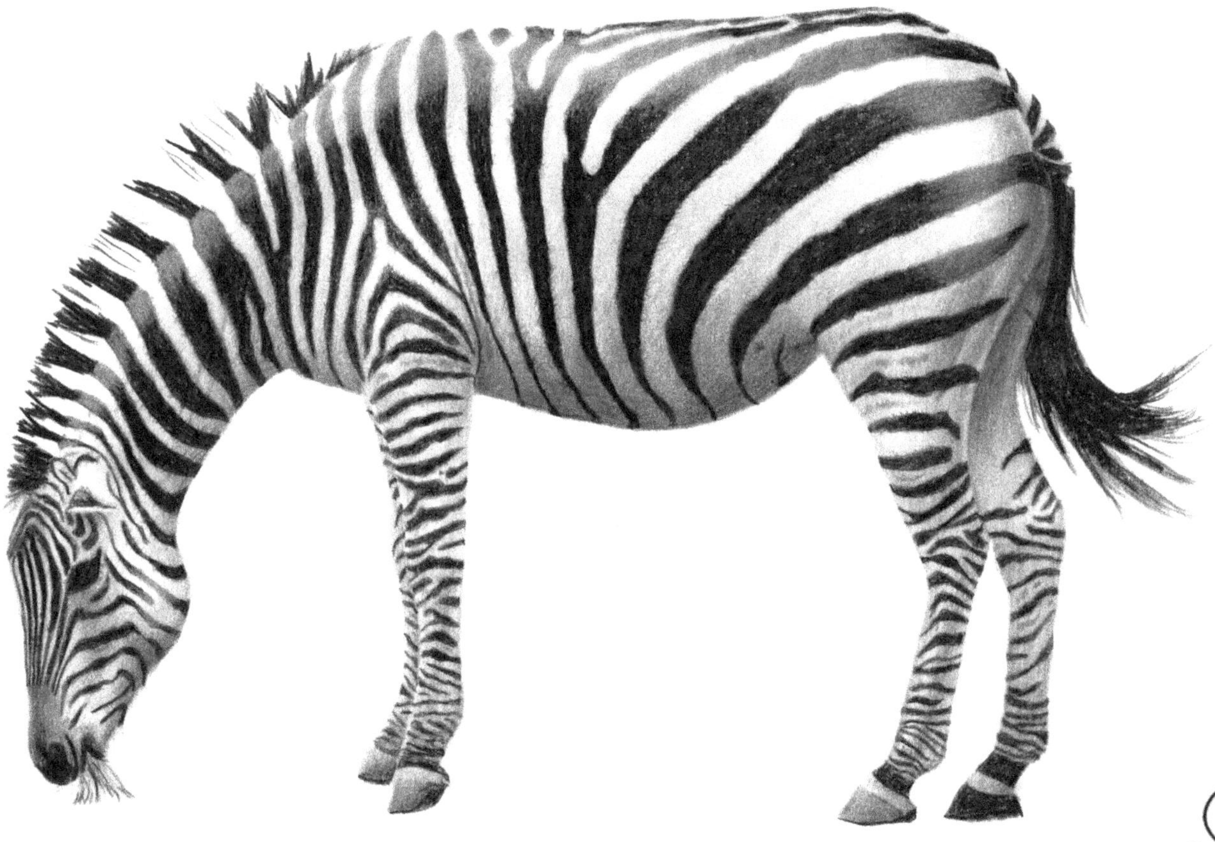

Adoucir les Poils Longs

Pour créer une texture douce et duveuteuse pour les extrémités de la queue et de la crinière, l'estompage est essentiel. Je recommande d'utiliser un crayon estompe incolore à base de cire de Prismacolor en conjonction avec une estompe. La pointe du crayon estompe attrapera la bonne quantité de graphite pour finir en douceur la ligne, la laissant progressivement disparaître dans l'arrière-plan. Quant à elle, l'estompe créera un effet légèrement flou le long des bords.

Pour atteindre cet effet, placez la pointe du crayon estompe sur la zone souhaitée et utilisez des traits rapides et confiants pour étaler le graphite vers l'extérieur. À mesure que vous approchez de l'arrière-plan, soulevez légèrement la pointe de votre crayon pour créer un effet de fondu. La différence de texture et d'estompage peut être observée dans l'image avant et après ci-dessous, mettant en évidence l'impact significatif de cette technique d'estompage.

Avant et après

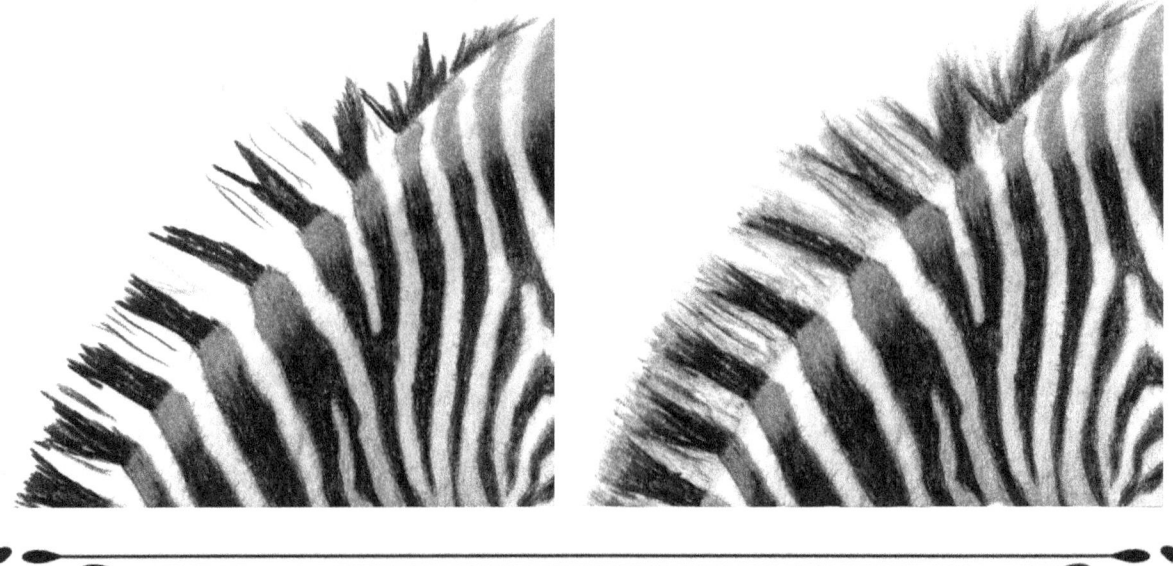

De plus, lors de l'estompage des extrémités de la crinière, il est important de créer des lignes suivant la direction du flux des poils sur les parties blanches de la crinière. Cette technique ajoute une touche réaliste au dessin, imitant le flux naturel des poils individuels de la crinière. Je dois dire que cette étape a été vraiment captivante et engageante. Elle a retenu mon intérêt tout au long du processus, et j'ai ressenti une grande satisfaction à créer des détails et des textures complexes. Je suis curieuse de savoir si vous avez eu une partie préférée du processus de dessin. Je serais ravi si vous pouviez partager vos pensées et expériences avec moi.

Une fois que vous avez terminé le processus d'estompage, vous pouvez encore améliorer l'effet en dessinant quelques poils individuels avec un crayon 8B ou une teinte plus sombre.

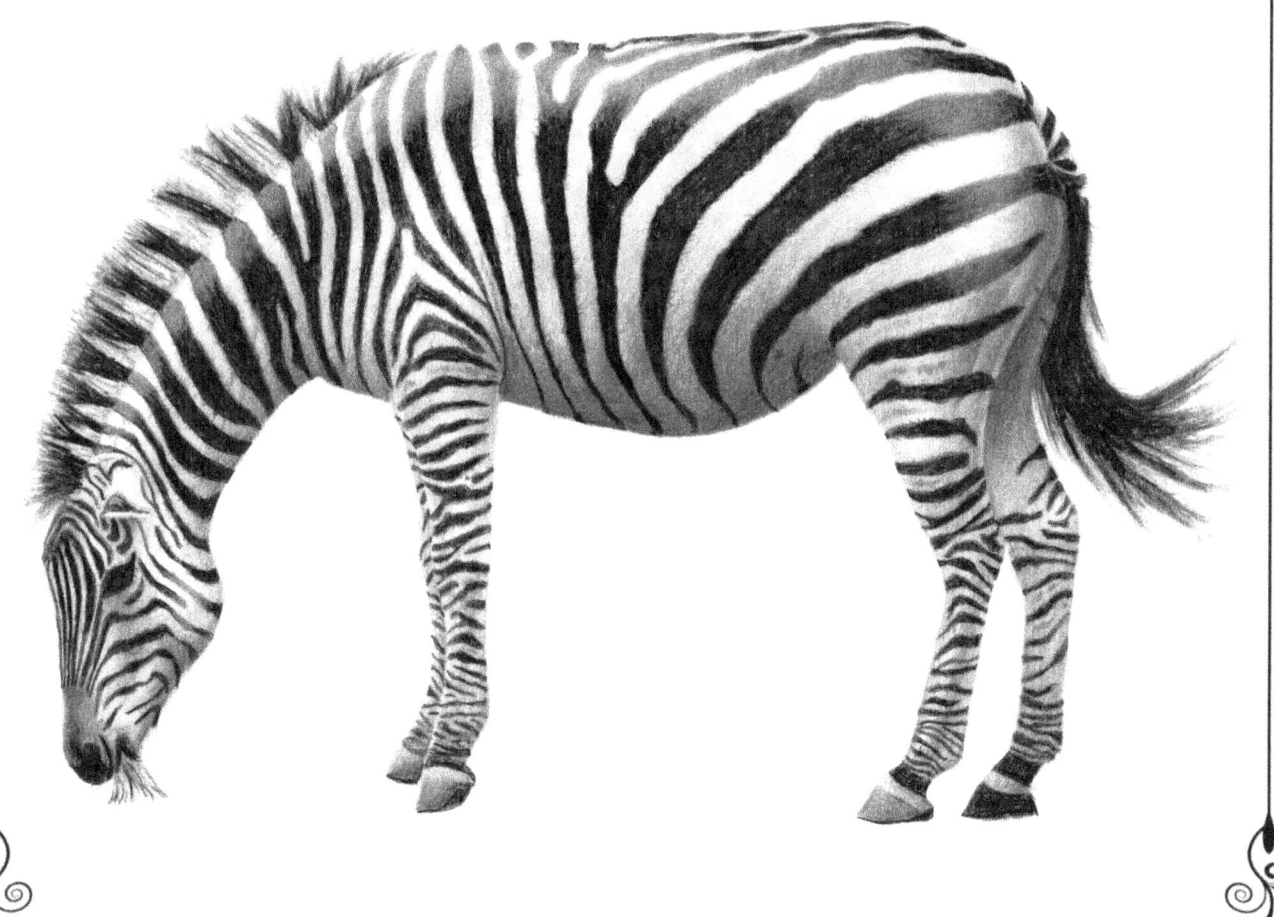

Créer l'Ombre Projetée du Zèbre

Pour achever ce dessin, si vous êtes satisfait du résultat global et estimez qu'aucune autre modification n'est nécessaire, vous pouvez maintenant envisager d'ajouter l'ombre projetée par le zèbre.

Dans la photo de référence, vous remarquerez que l'ombre projetée par la tête et les pattes du zèbre apparaît plus sombre à proximité de ces parties du corps, s'estompant progressivement dans la zone environnante. De plus, créez une ombre projetée plus grande au milieu, alignée horizontalement avec les sabots. Vous pouvez obtenir cet effet en utilisant de la poudre de graphite appliquée avec un simple pinceau de peinture ou en l'étalant doucement avec un mouchoir en utilisant des mouvements de va-et-vient. Cela contribuera à améliorer la profondeur et le réalisme global du dessin. Lorsque vous cherchez à représenter le zèbre en plein soleil, il est essentiel d'avoir des contours nets pour l'ombre projetée afin d'obtenir un effet réaliste. En revanche, si les conditions d'éclairage suggèrent une illumination plus douce, l'ombre de l'animal devrait apparaître floue.

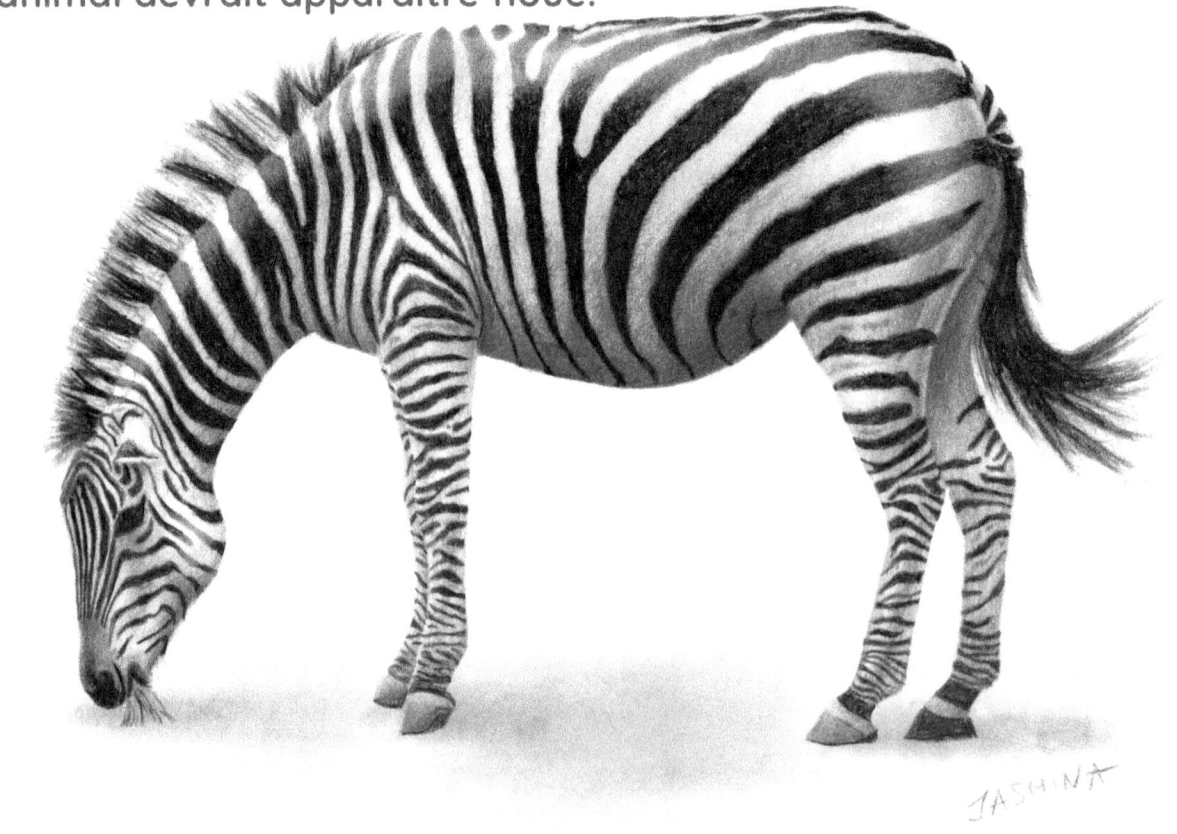

Dessins d'interlude

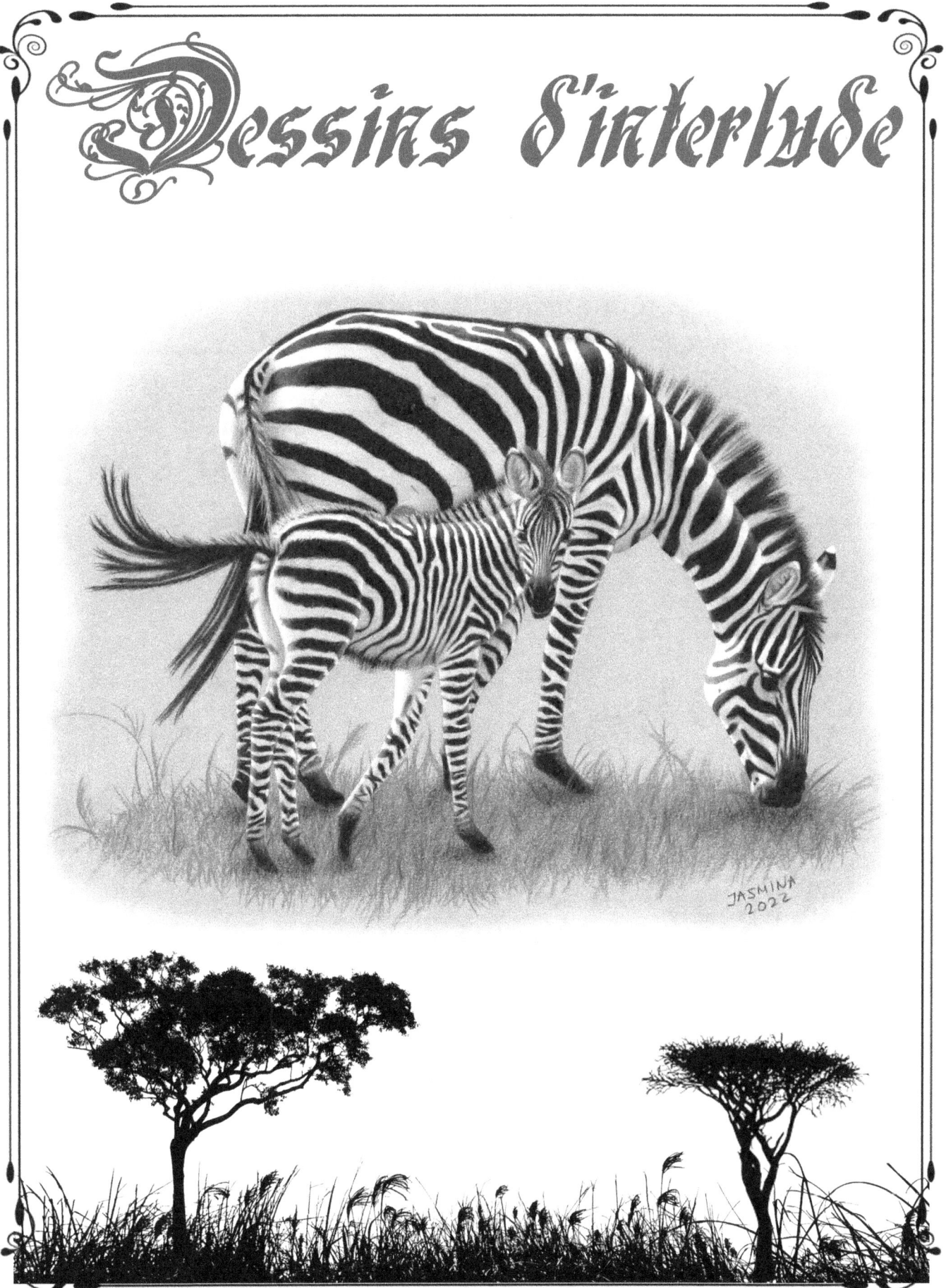

Comment dessiner un éléphant

Se lancer dans le dessin d'un éléphant offre une avenue passionnante : explorer l'art de créer des textures complexes au-delà de la fourrure. La peau unique de l'éléphant, marquée par des rides, des plis et des caractéristiques tactiles, permet aux artistes de maîtriser l'art du détail et du réalisme. Explorer les défis de la reproduction de cette texture remarquable renforce vos compétences en dessin et ouvre les portes à un monde de possibilités artistiques, en faisant un sujet fascinant et gratifiant pour tout artiste.

Photo de référence

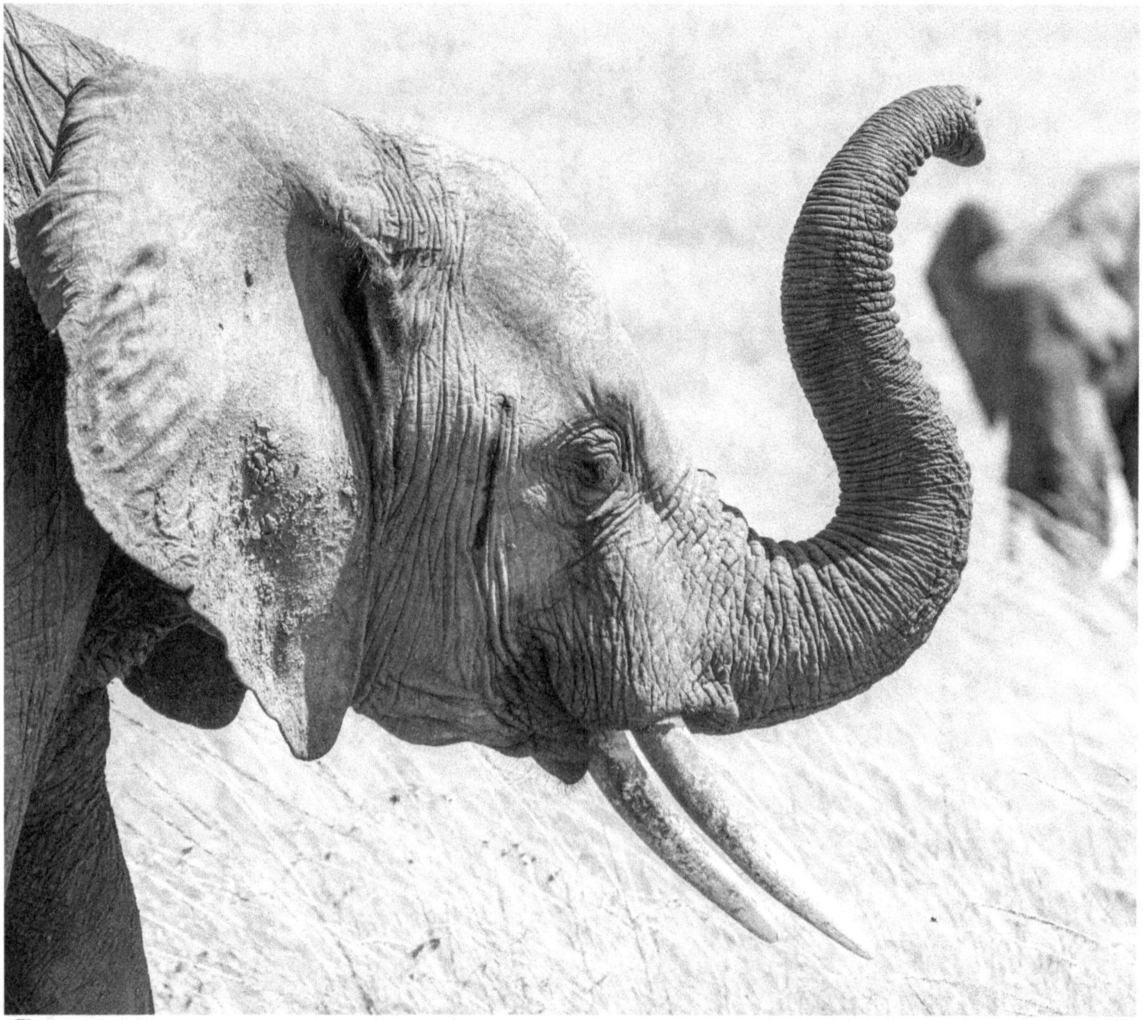

Esquisse et formes de base

Pour parvenir à représenter un éléphant de manière réaliste, le choix d'une photo de référence appropriée est essentiel. Cherchez des
images d'éléphants baignées dans la lumière directe du soleil, car
cet éclairage crée des ombres portées et des auto-ombres prononcées. En conséquence, l'uniformité de la texture de la peau de l'éléphant est rompue, et une variété de valeurs tonales apparaissent,
ajoutant profondeur et dimension à l'œuvre. En capturant le contraste captivant entre la lumière et l'obscurité, vos dessins devien-
dront véritablement accrocheurs, mettant en valeur la beauté ma-
jestueuse de ces créatures magnifiques. Dans l'image ci-dessous,
vous remarquerez que j'ai tracé le contour du corps de l'éléphant et
mis en évidence les limites entre les zones sombres et lumineuses
contrastées. De plus, j'ai ajouté quelques détails plus fins, comme
l'œil et les ridules subtiles.

Analyse des valeurs de la peau

Ensuite, il est important d'identifier les zones les plus lumineuses de l'éléphant, même s'il n'y a pas de blanc totalement pur. Pour cela, j'utilise le Highlight & Shadow Isolator Online Free Tool que j'ai créé sur le site Pencil Drawing Tutor www.pencildrawingtutor.com et que vous pouvez utiliser gratuitement pour repérer les zones les plus sombres et les hautes lumières de votre photo de référence. J'ai déplacé le curseur vers Highlights afin de voir les parties les plus lumineuses de l'éléphant.

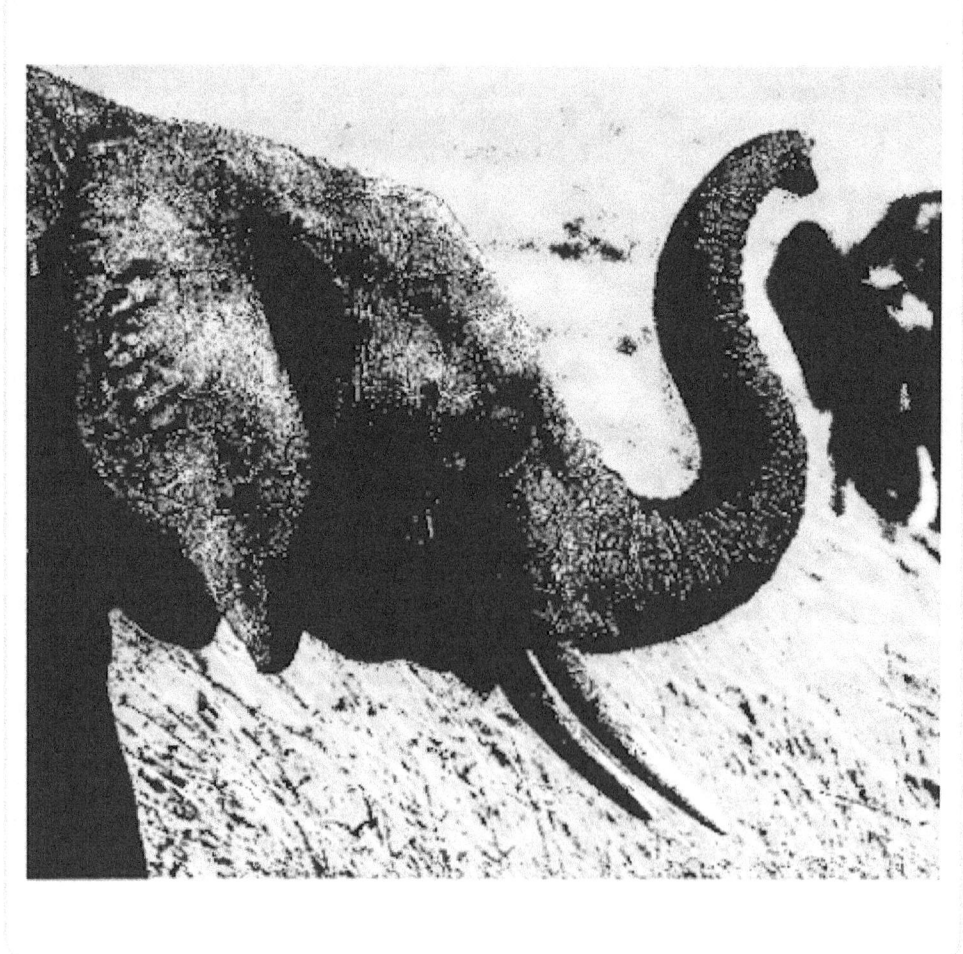

Shadows ◀ 0 ▶ Highlights

Ensuite, pour repérer les zones les plus sombres de la photo de référence, déplacez le curseur vers Shadows. Plus vous le déplacez vers la gauche, plus les zones noires pures apparaissent clairement, comme vous pouvez le voir sur la capture d'écran fournie. Cette technique vous aide à identifier précisément les valeurs les plus sombres, essentielles pour créer de la profondeur et du contraste dans votre dessin.

Je recommande vivement d'intégrer cette étape d'édition dans votre routine de dessin, que vous dessiniez des animaux à fourrure, des portraits humains ou tout autre sujet. Elle vous permettra de mieux comprendre les valeurs tonales et d'ajouter un nouveau niveau de réalisme à vos œuvres.

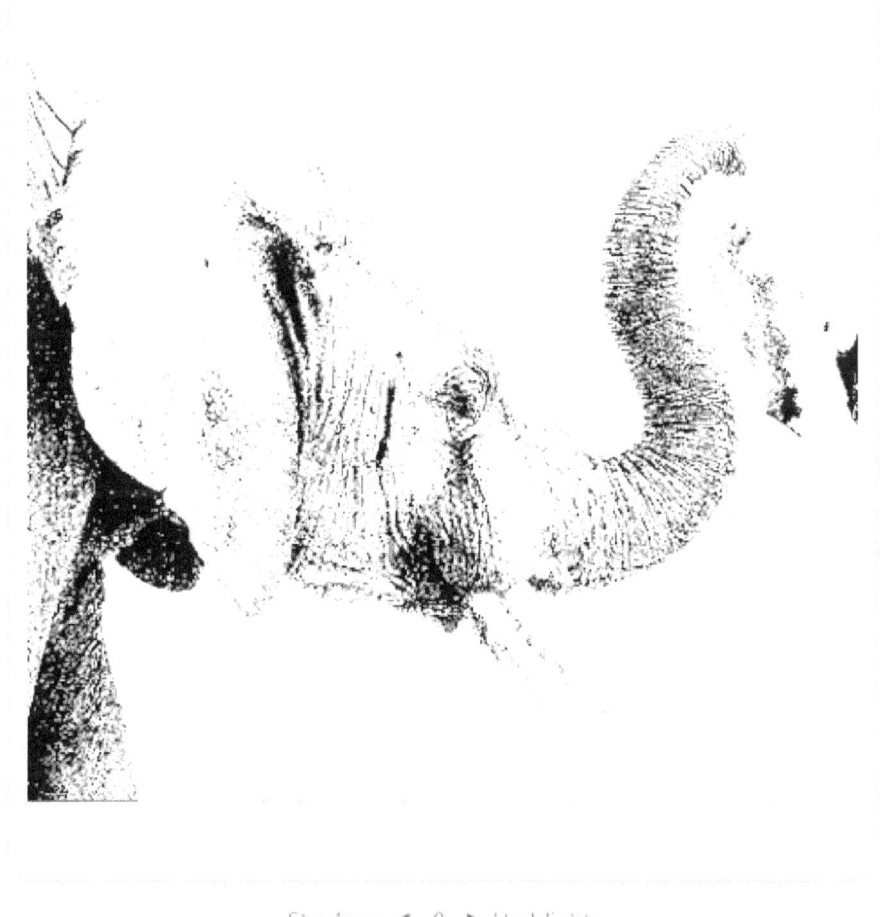

Shadows ◄ 0 ► Highlights

Dessin des ombres les plus sombres

Ainsi, en suivant les lignes directrices précédentes, concentrez-vous sur le dessin des parties les plus sombres de l'image. Pour cela, utilisez un crayon 12B pour ombrer les zones comme indiqué dans l'image ci-dessous. Appliquez une pression ferme pour créer des tons riches et profonds. Rappelez-vous que ces zones plus sombres ajouteront de la profondeur et de la dimension à votre dessin.

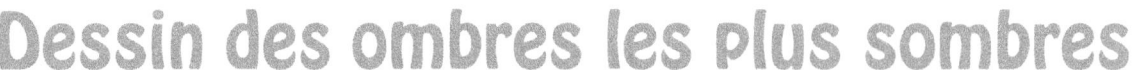

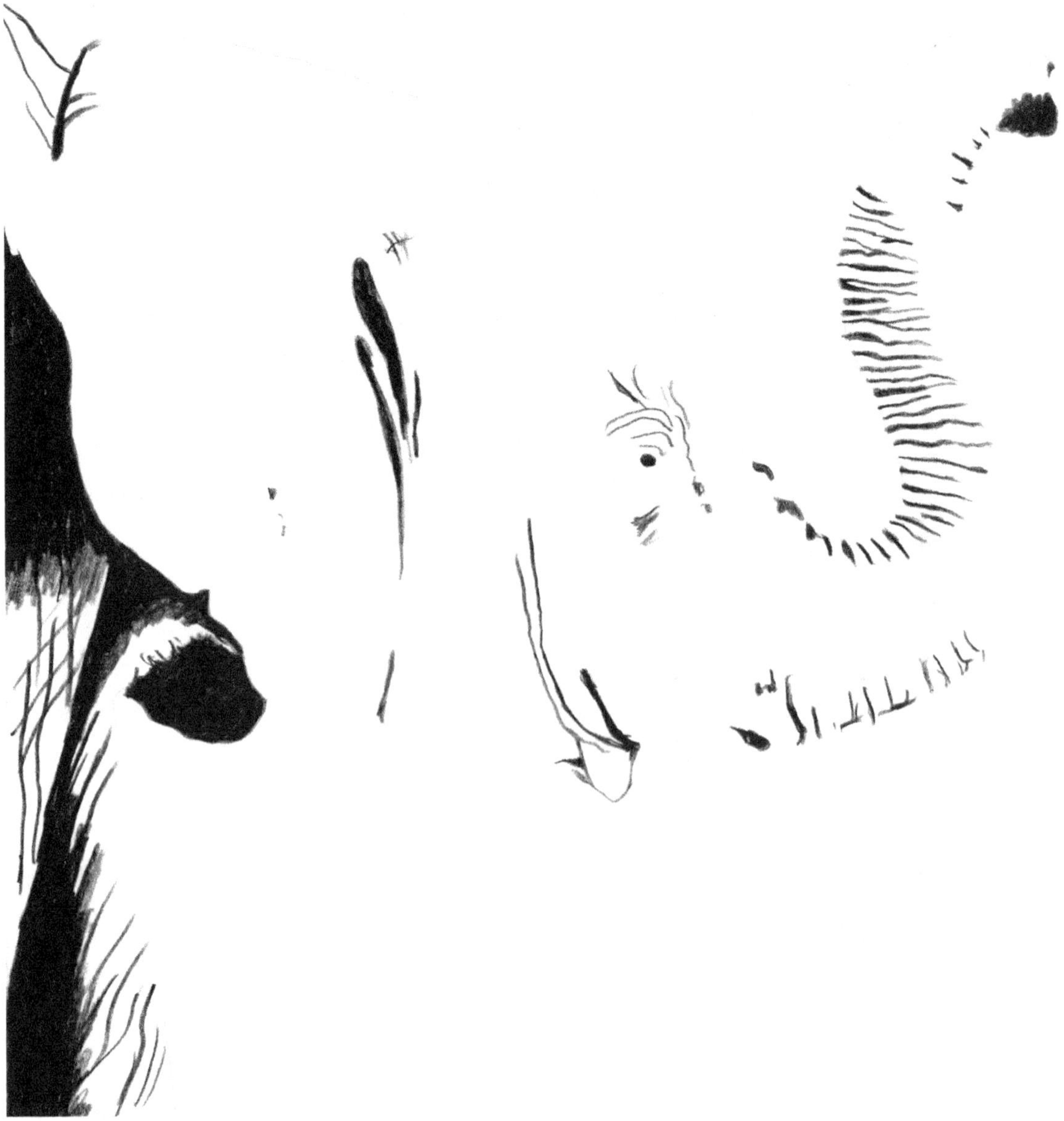

Création d'ombres plus douces

Ensuite, nous allons utiliser un crayon 2B pour ombrer les zones adjacentes à celles que nous avons précédemment dessinées. Ce crayon est excellent pour créer des zones sombres, bien qu'il ne soit pas aussi intense que le crayon 12B. Il sert de valeur sombre plus légère, nous permettant d'effectuer une transition en douceur vers les tons moyens. Assurez-vous de marquer soigneusement toutes les rides sur la trompe, la tête et l'oreille avec ce crayon. N'oubliez pas d'ombrer également les défenses, en appliquant une pression plus ferme sur les zones ombrées.

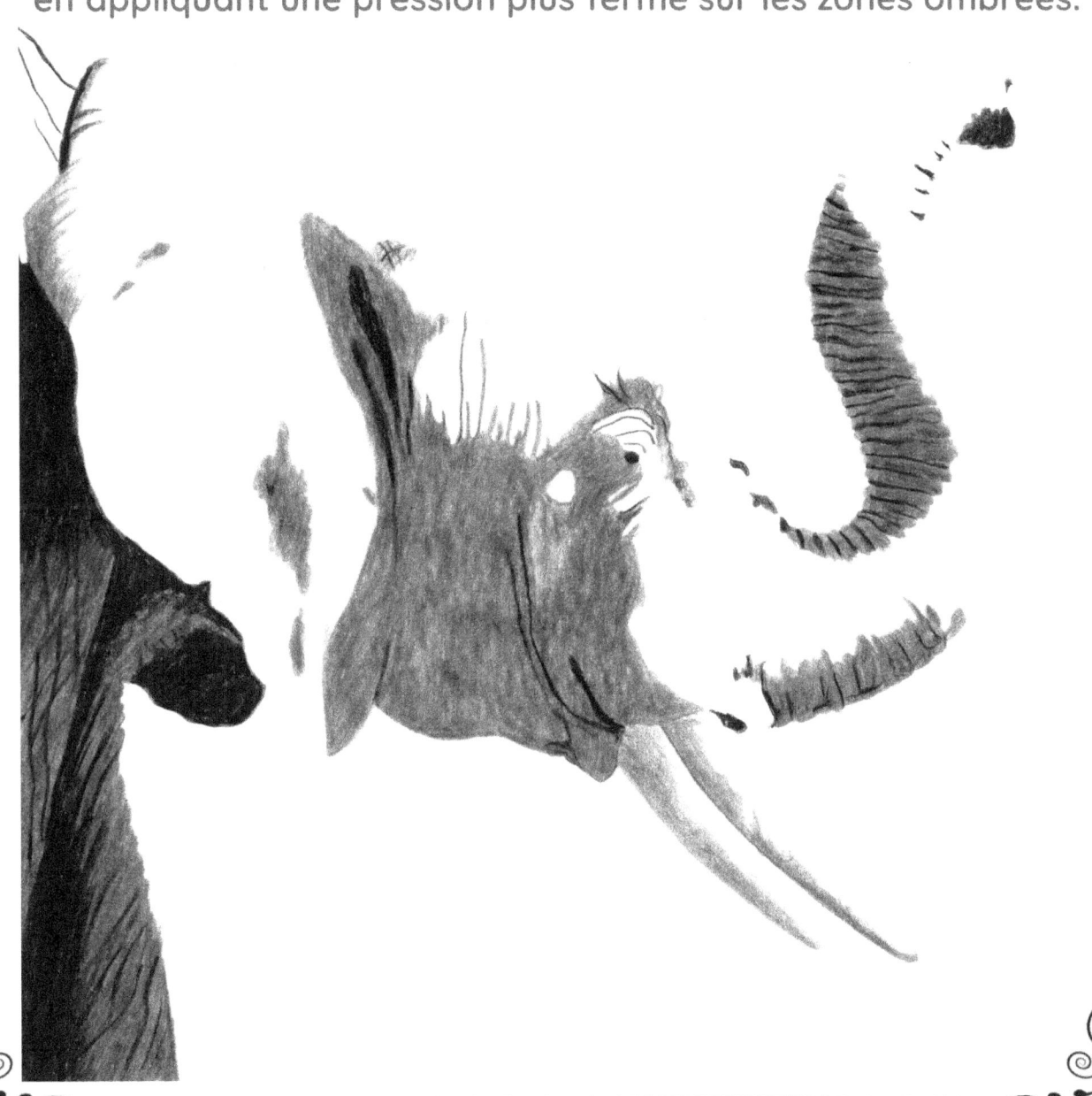

Application de tons moyens

Ensuite, utilisez un crayon HB pour ombrer toute la zone restante, en suivant la direction des rides et des textures. Soyez doux avec vos traits sur les zones éclairées, en appliquant une pression plus légère. Pour les zones qui nécessitent une touche légèrement plus sombre, comme les rides et certaines zones plus foncées qui n'étaient pas destinées à être ombrées avec un crayon 2B, appliquez un peu plus de pression sur le crayon.

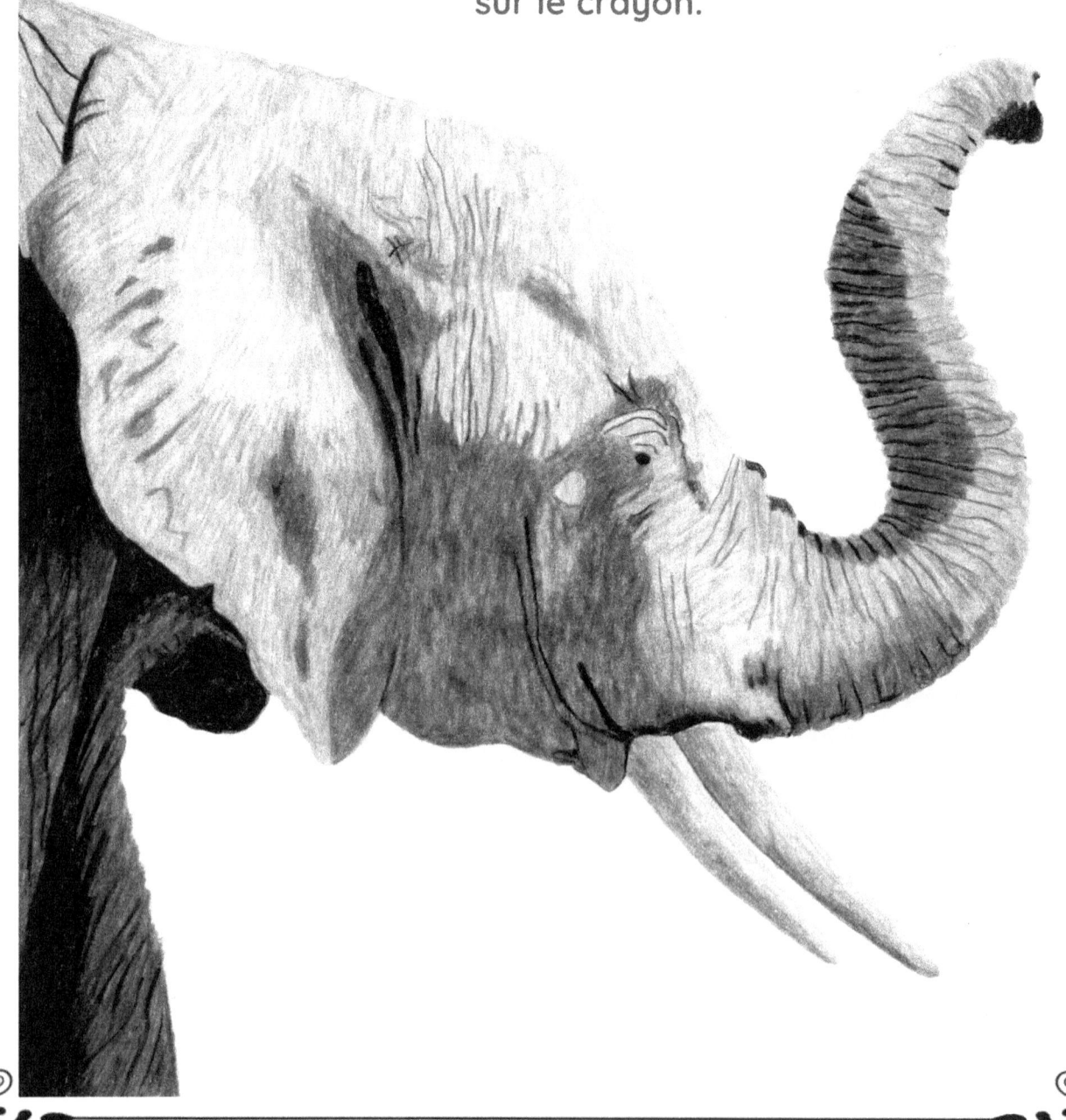

Estompage des tons moyens

À cette étape, prenez un mouchoir enroulé autour de votre doigt ou un tampon de coton et estompez toute la zone ombrée avec un crayon HB en appliquant une pression ferme. Cette technique d'estompage va imprimer le graphite dans les fibres du papier, donnant un aspect légèrement plus sombre et plus lisse. Pour les zones près des bords du dessin, utilisez une estompe. Si vous avez accidentellement appliqué du graphite au-delà du contour de l'éléphant et sur l'arrière-plan, utilisez une gomme pour retirer soigneusement ces marques indésirables.

Détail des zones ombrées

Maintenant, revenons sur les zones ombrées avec le crayon 2B et créons des plis complexes en utilisant un crayon plus sombre comme un 8B, 10B, voire même un 12B. Lorsque vous dessinez les plis, appliquez une pression ferme avec le crayon sombre pour mettre en valeur les parties les plus profondes des plis. Diminuez progressivement la pression à mesure que vous vous éloignez du point le plus profond, permettant une transition douce entre les parties les plus sombres du pli et l'ombrage de base de la zone environnante. Cette technique créera plusieurs nuances à l'intérieur des régions ombrées, ce qui est essentiel pour obtenir un effet photoréaliste.

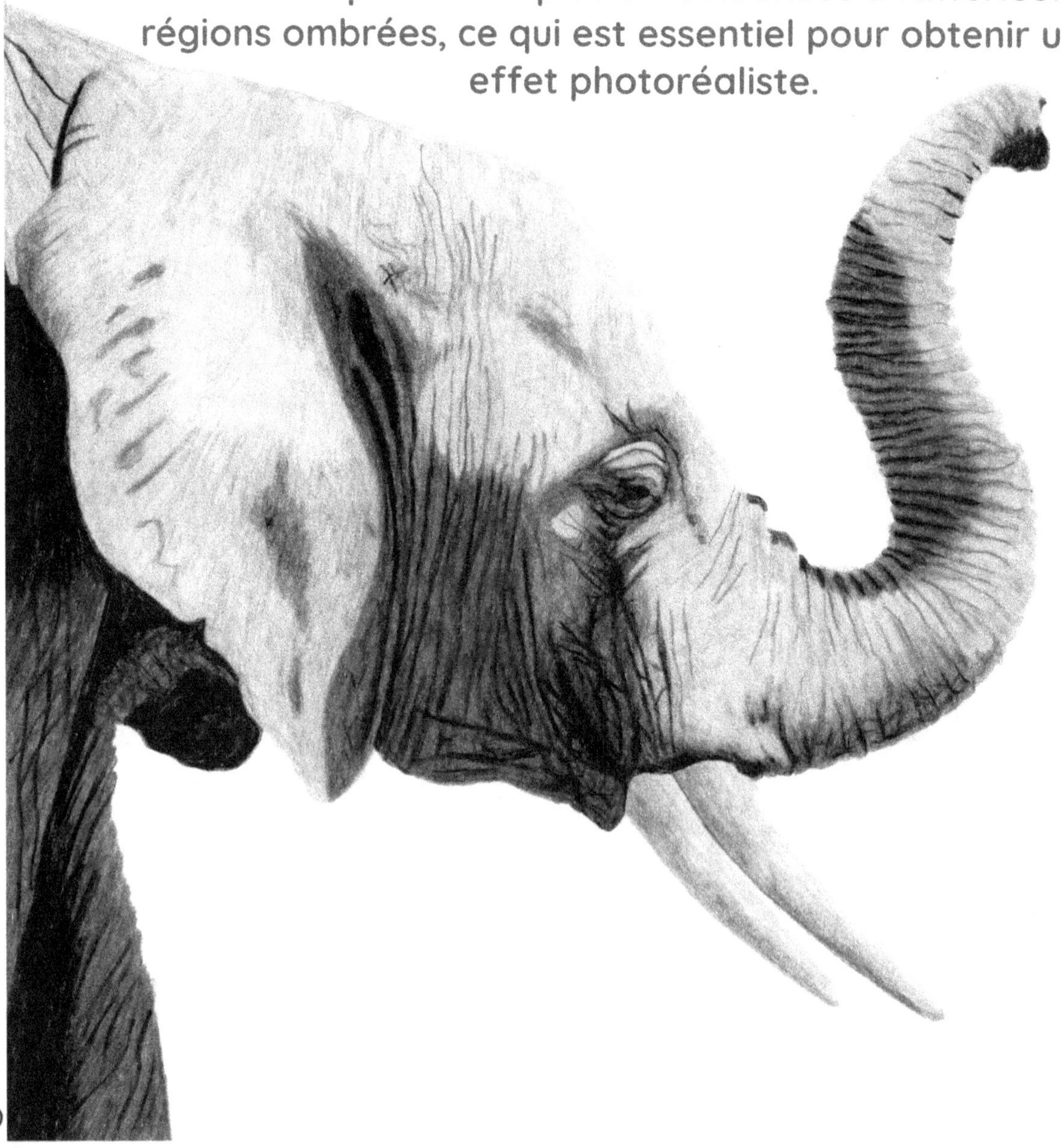

Création des valeurs de tons moyens

À l'aide d'un crayon HB, intensifiez les zones de tons moyens que vous avez précédemment colorées avec le crayon HB puis estompées. Assurez-vous que seules les touches les plus lumineuses restent intactes. Si vous souhaitez les faire ressortir sans les éclaircir, ajoutez simplement de l'ombre autour d'elles. Variez la pression du crayon pour générer une gamme de valeurs, facilitant une progression tonale fluide entre les tons moyens et les reflets. Observez les sections spécifiques de l'oreille où j'ai appliqué plus d'ombrage et celles que j'ai intentionnellement laissées sans ombrage.

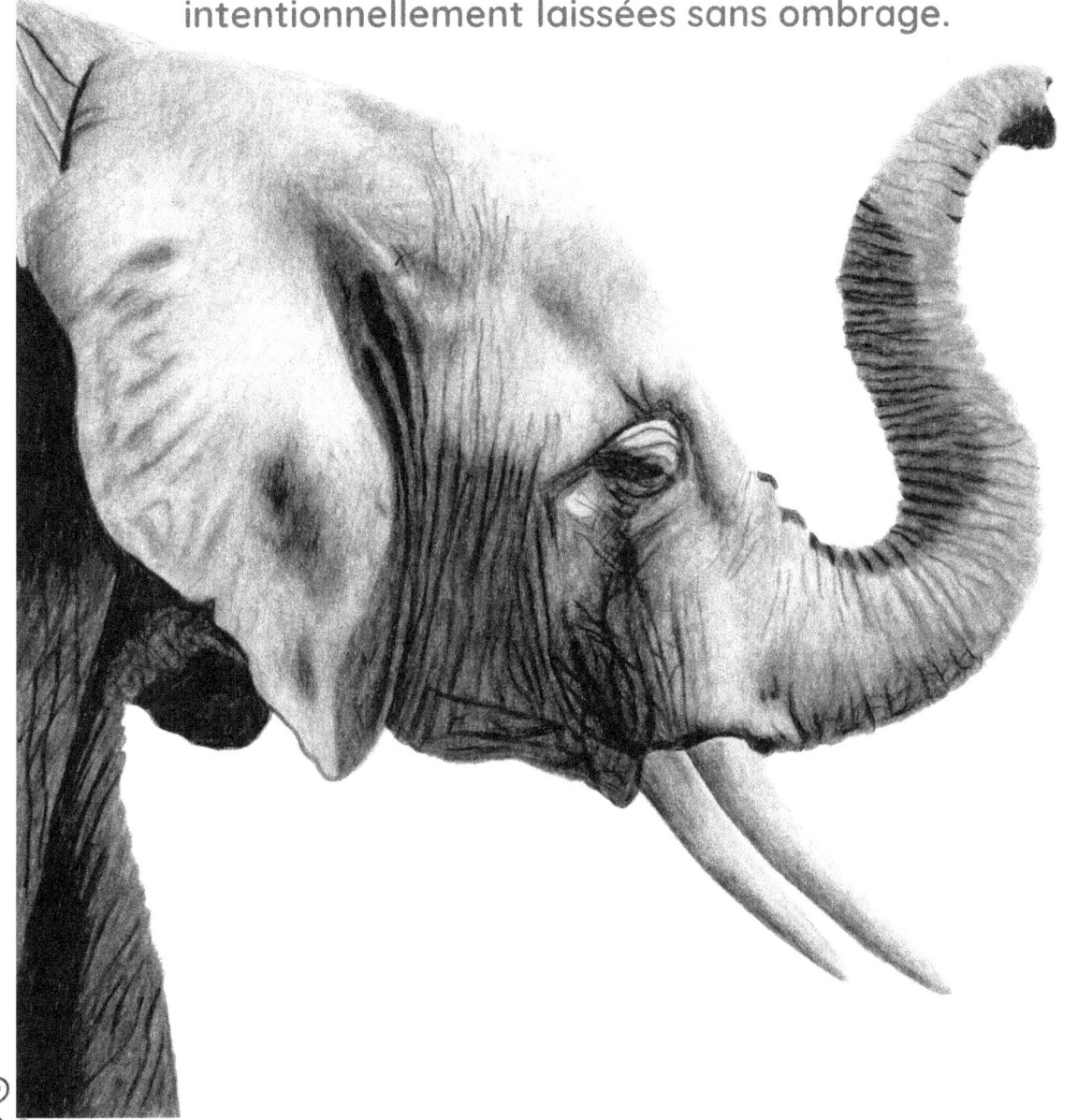

Ajout des rides

Avec un crayon 4B, esquissez des rides sur toute la région ombrée au crayon HB, y compris celles au-dessus et en dessous de l'œil, ainsi que tout le long de la trompe. Bien que vous n'ayez pas besoin de reproduire exactement les rides de la photo de référence, veillez à ce qu'elles suivent la direction de la trompe, contribuant ainsi à sa forme.

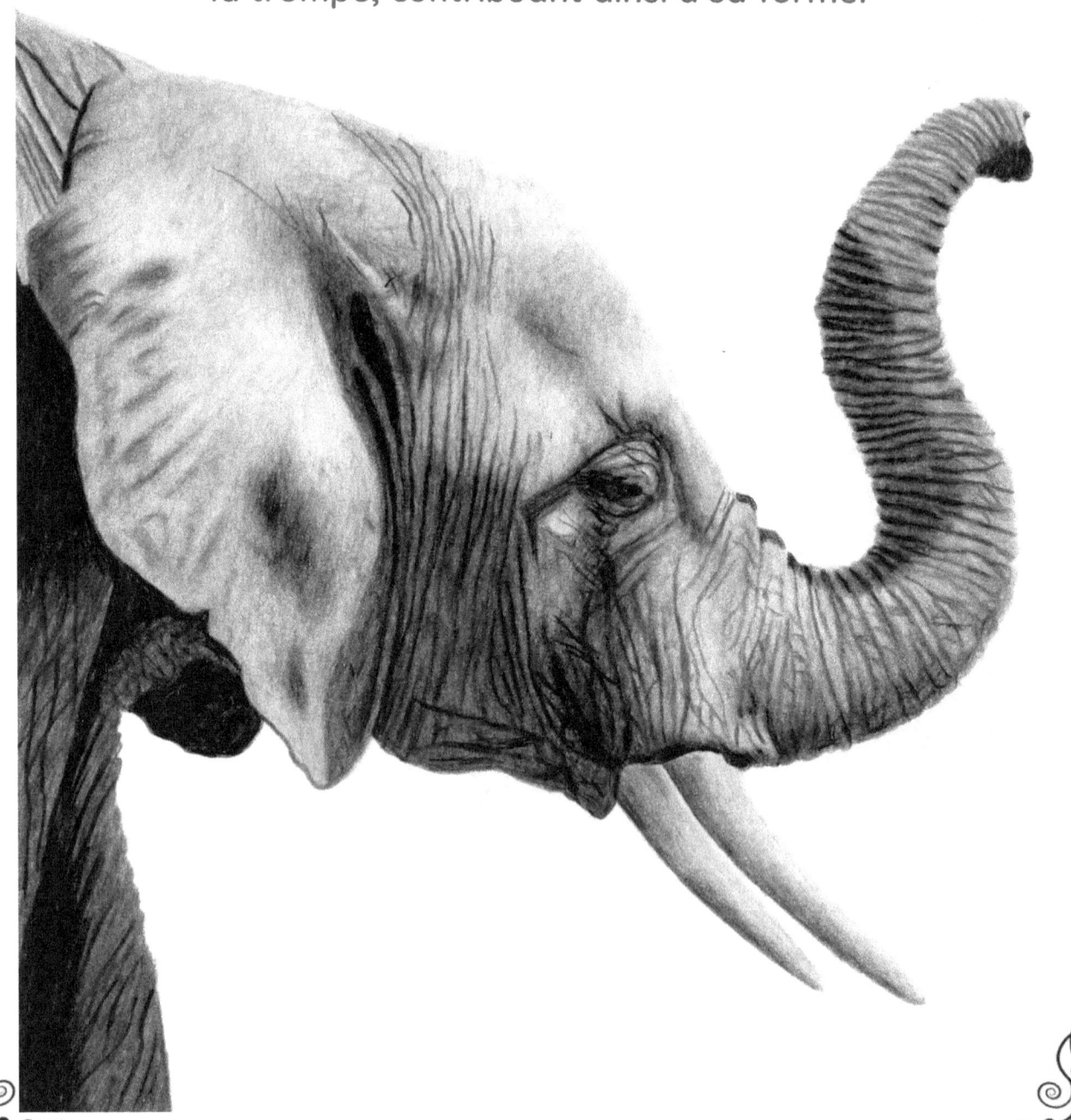

Adoucissement des rides

Étant donné que les rides semblent actuellement assez nettes et prononcées, il est nécessaire de les adoucir à l'aide d'un crayon plus clair comme le HB. Bien qu'une estompe ne permette pas à elle seule d'atteindre l'obscurité requise autour des rides, elle reste essentielle pour réaliser ces transitions en douceur.

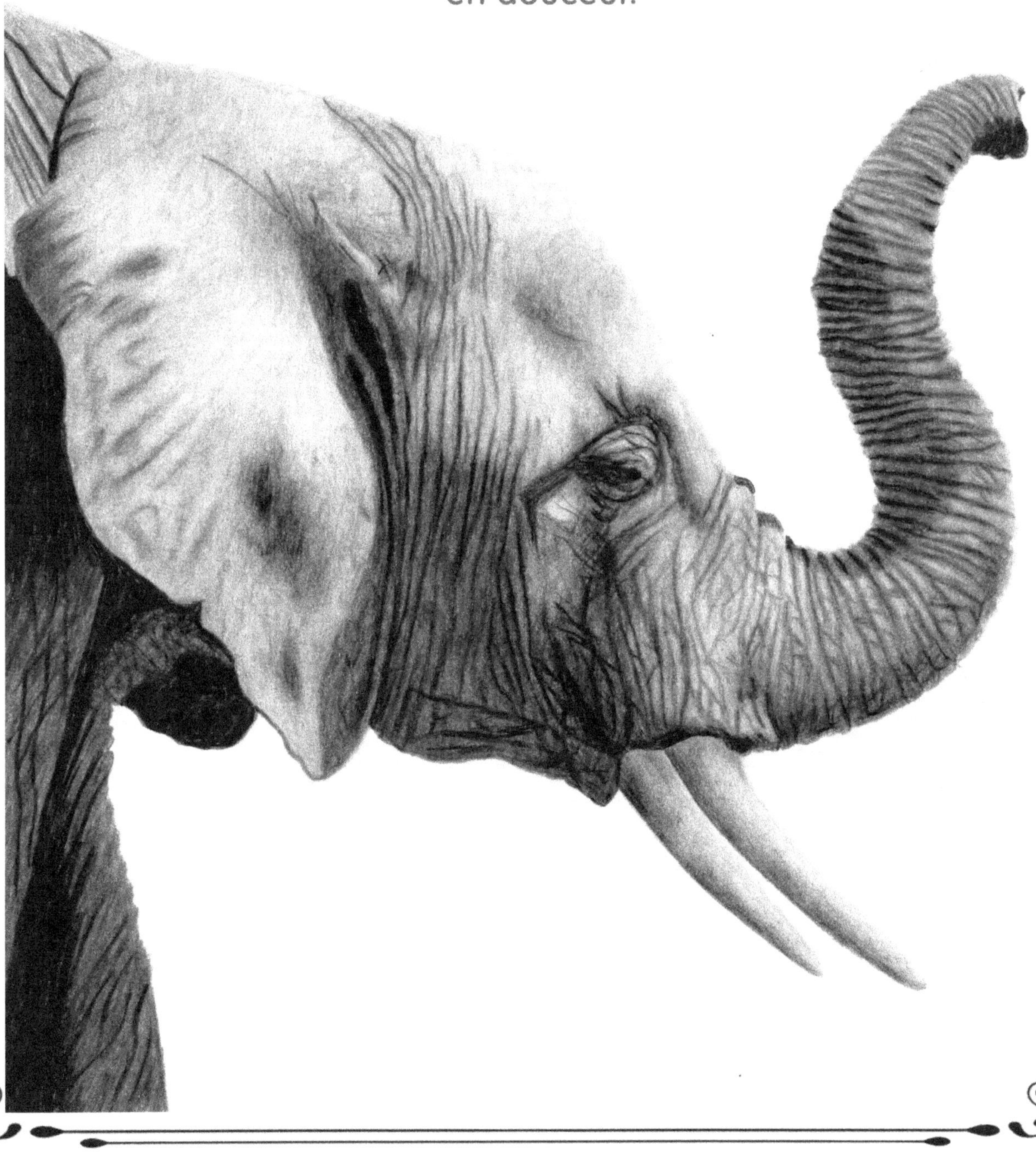

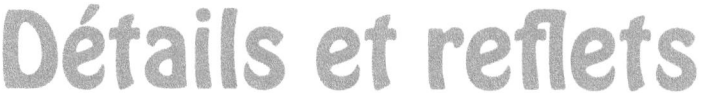

Détails et reflets

Terminez en incorporant les détails complexes souhaités, comme les imperfections subtiles et saletés présentes dans la photo de référence ou sur d'autres zones de votre choix. Utilisez une gomme pour créer des reflets sur les parties saillantes, achevant ainsi le dessin.

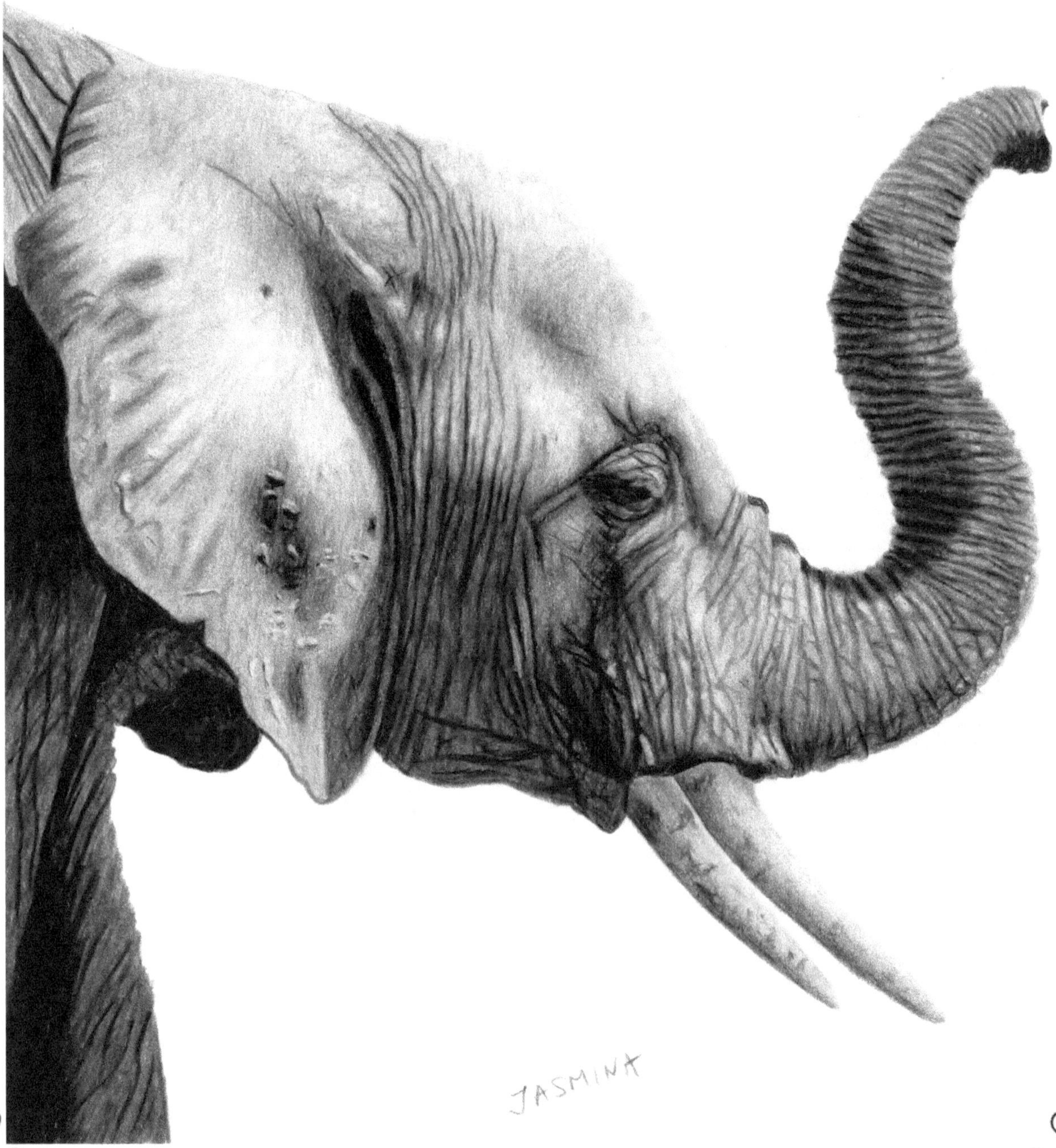

JASMINA

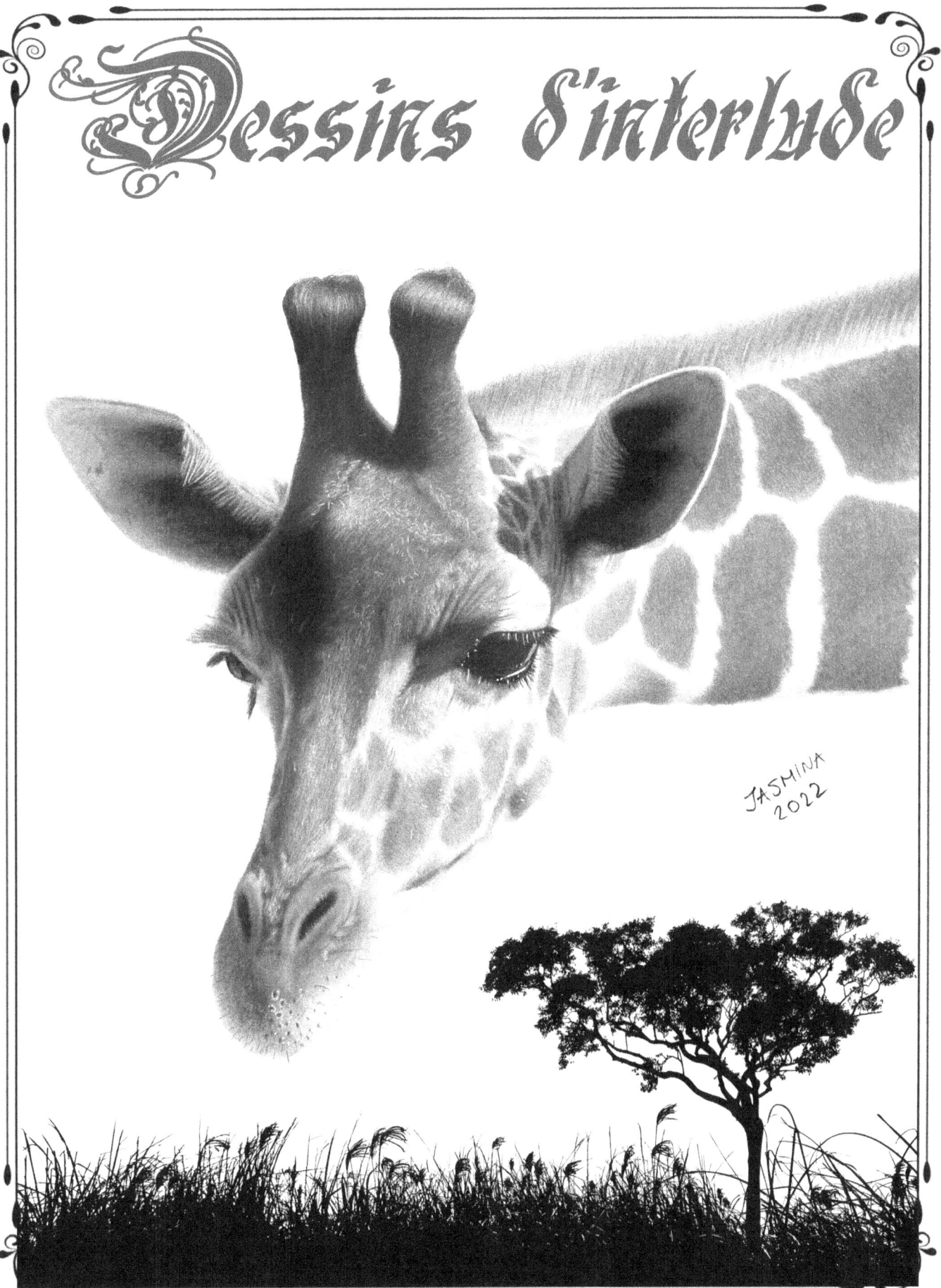

Dessins d'interlude

Comment Dessiner un Cheval

Les chevaux possèdent une grâce et une beauté qui en font des sujets captivants pour les artistes. Leurs formes musclées, leurs crinières ondoyantes et leurs yeux expressifs offrent une multitude de détails à capturer sur le papier. Les textures complexes de leurs robes, les jeux de lumière et d'ombre sur leurs corps, ainsi que les subtilités de leurs traits offrent des occasions précieuses pour pratiquer l'ombrage, le rendu et la capture de la profondeur.

La Photo de Référence

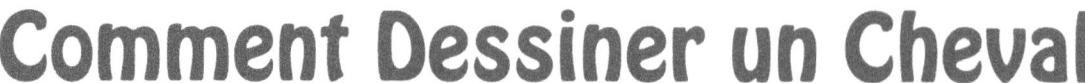

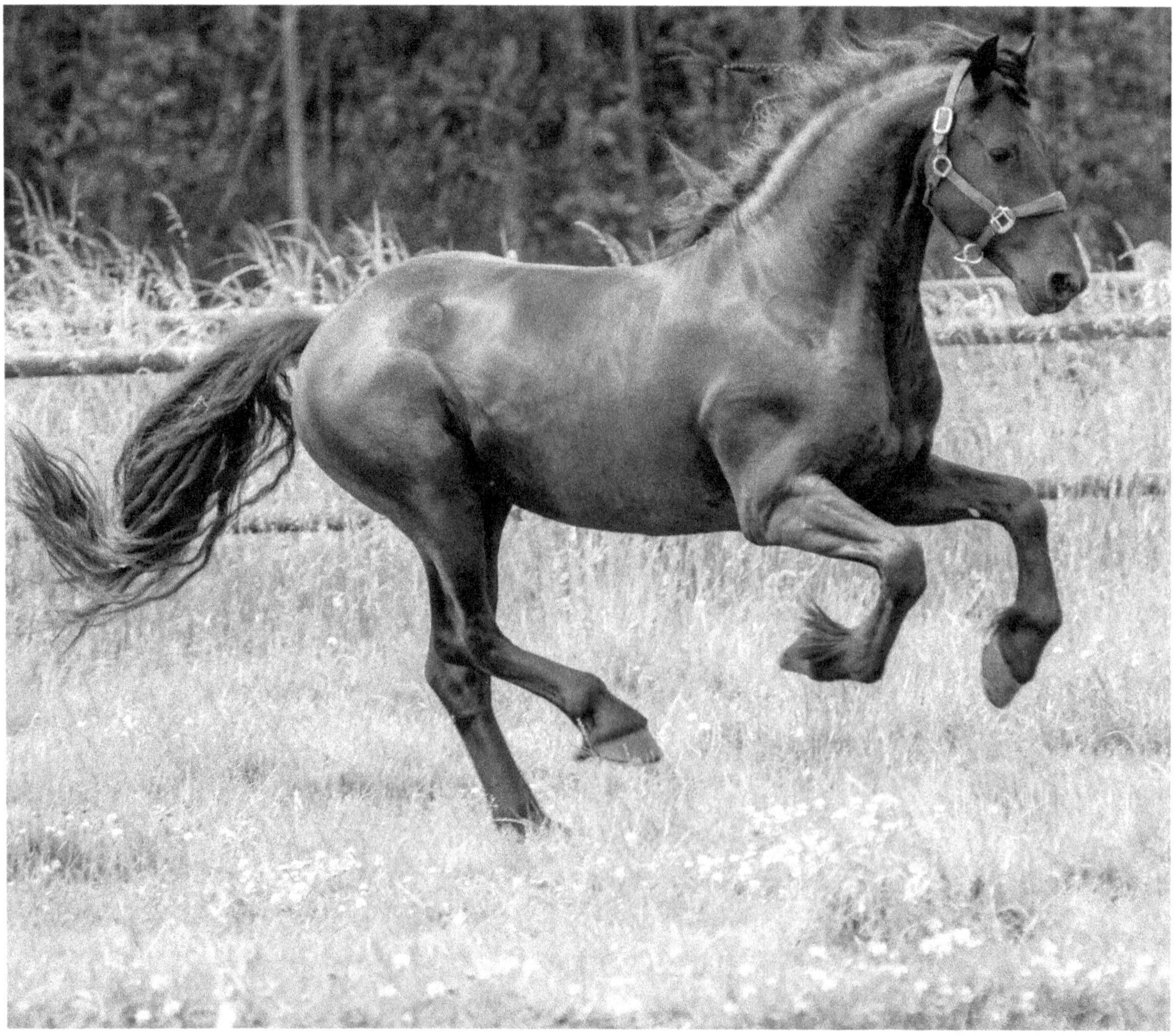

Esquisse et Formes de Base

Pour commencer, il est crucial de poser les bases de votre dessin. J'ai choisi de manière stratégique des lignes d'esquisse significatives qui jouent un rôle essentiel en soulignant les structures principales du corps, les marques distinctives, les yeux expressifs, la crinière fluide et les frontières subtiles qui séparent les parties dans l'ombre des parties éclairées. Il est important de noter que ces régions peuvent être affinées lors de l'ombrage et qu'elles n'ont pas besoin de correspondre précisément à la photo de référence. Par exemple, la crinière et la queue ondulées caractéristiques des chevaux de race Frison peuvent être représentées sans suivre la photo précisément, vous permettant d'insuffler votre vision artistique dans la représentation.

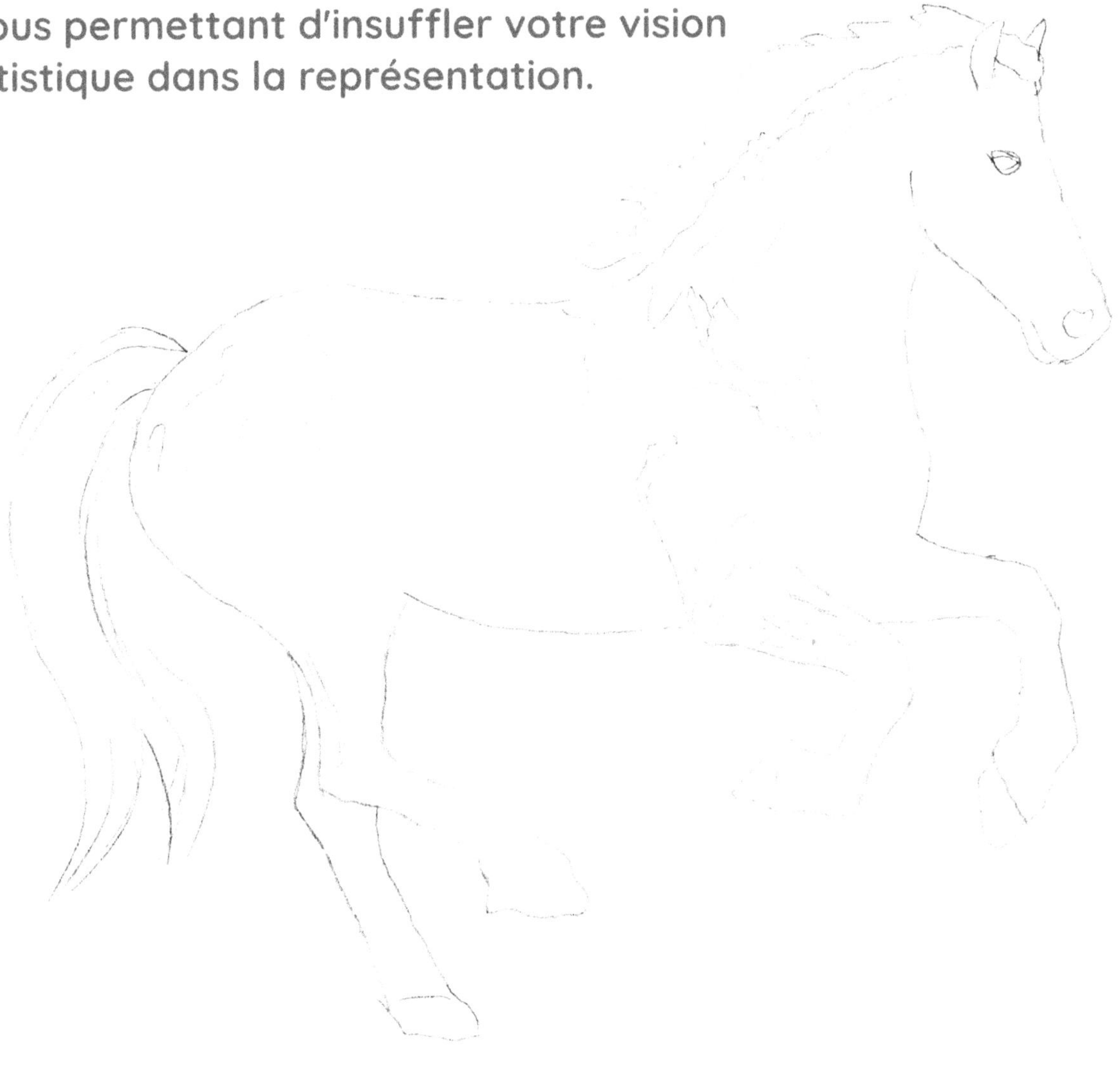

Application des Ombres Profondes

En utilisant un crayon 14B, j'ai méticuleusement coloré les zones enveloppées dans une obscurité totale - celles-ci comprennent entre autres le dessous du ventre, le cou, la hanche, les yeux et les oreilles. Suivez les indications visuelles fournies par l'image ci-dessous et souvenez-vous d'exercer une pression ferme avec le crayon pour capturer l'essence d'une ombre profonde et veloutée.

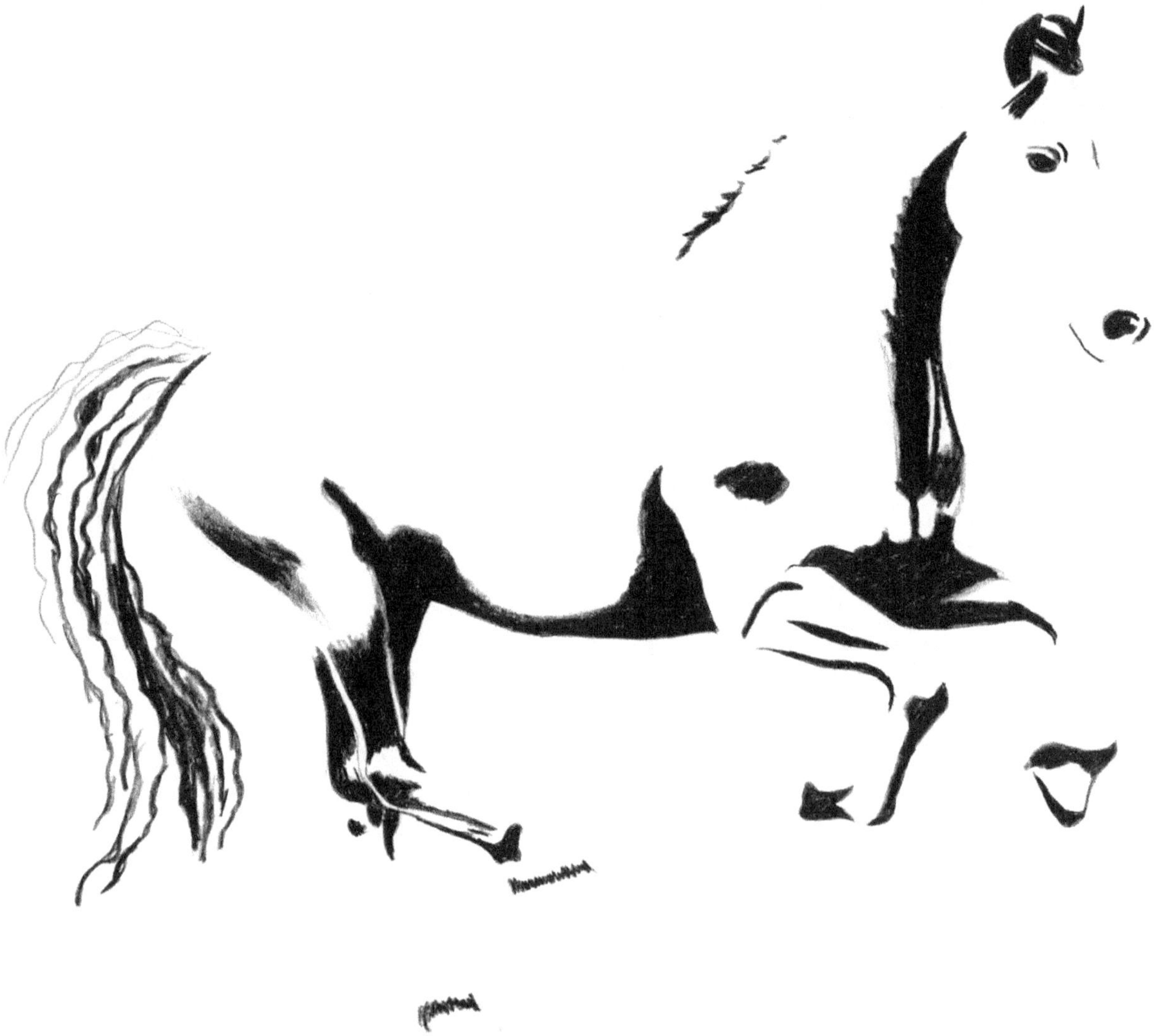

Masquage de l'arrière-plan

Lorsque vous cherchez à reproduire l'aspect brillant et soyeux de cette race de cheval, je vous recommande d'éviter les traits de crayon traditionnels. À la place, envisagez d'utiliser de la poudre de graphite pour obtenir une texture raffinée et veloutée. Pour ce faire, j'ai opté pour l'utilisation d'un film de masquage autoadhésif Frisket Masking Film, que j'ai fixé sur mon papier de dessin. Ensuite, j'ai tracé soigneusement le contour extérieur du cheval avec un cutter, puis j'ai retiré la partie de film couvrant le cheval. Ainsi, je peux ombrer exclusivement le corps, la tête et les jambes tout en laissant l'arrière-plan intact.

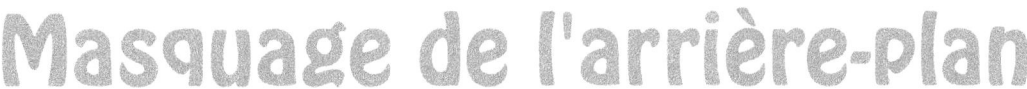

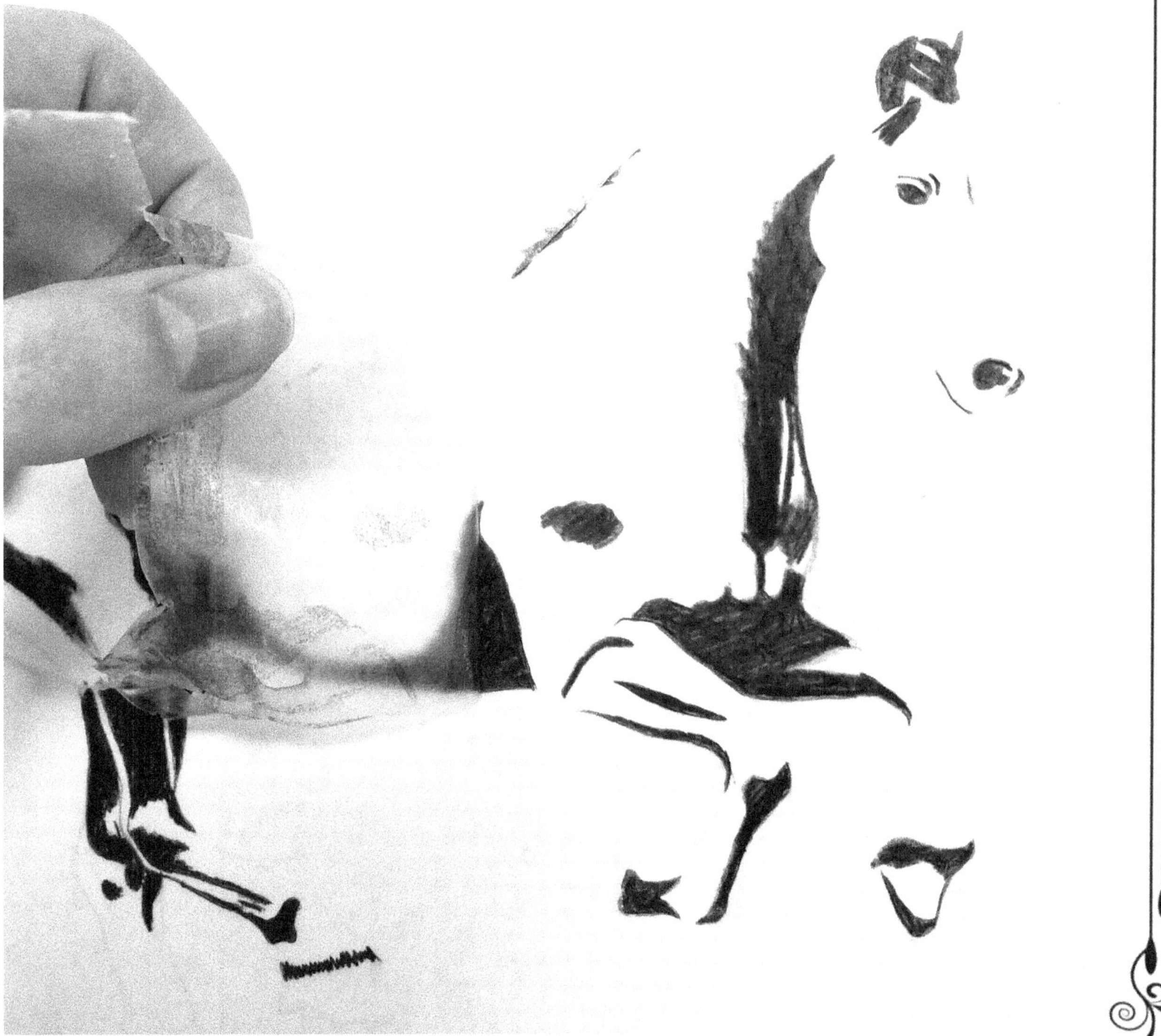

Utilisation de la Poudre de Graphite

Lançons-nous dans l'application de la poudre de graphite pour ombrer toute la zone non masquée. J'ai opté pour une poudre de graphite de qualité B. Je l'ai appliquée généreusement, insistant sur les sections ombrées adjacentes aux parties les plus sombres colorées avec le crayon 14B. Selon moi, réaliser de petits mouvements circulaires avec un mouchoir enroulé autour de mon doigt offre une meilleure maîtrise. Après avoir chargé votre mouchoir de poudre de graphite, commencez par cibler les zones les plus sombres. Déplacez progressivement votre attention vers les tons moyens et les zones claires à mesure que la poudre sur votre mouchoir diminue. Gardez à l'esprit que le tampon en coton ou le mouchoir peut devenir sombre et potentiellement étaler des tons plus foncés sur des zones plus claires. Pour éviter cela, envisagez de changer régulièrement de coton ou de mouchoir. En utilisant l'image fournie comme référence, vous pouvez observer les premières étapes de l'application de la poudre de graphite.

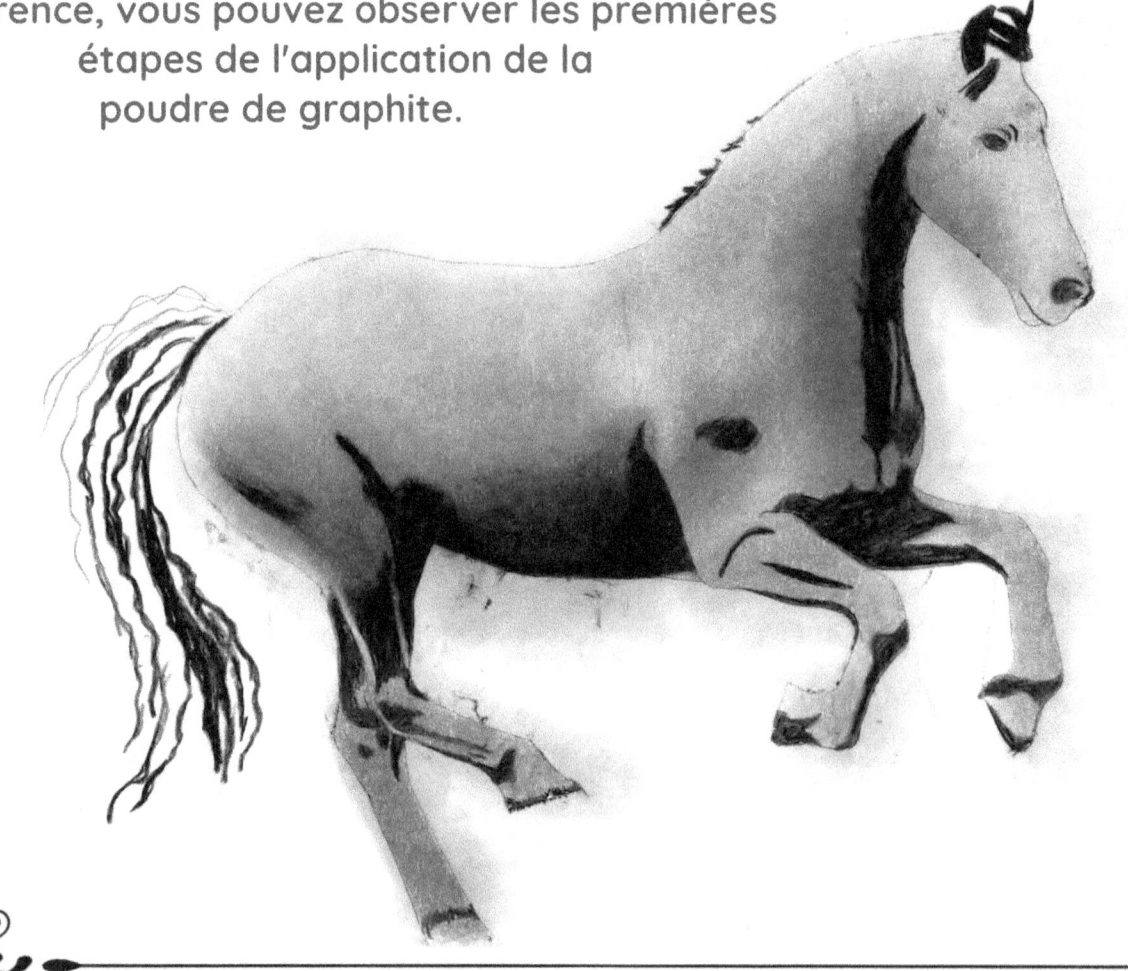

Passage à un Graphite Plus Foncé

Ensuite, utilisons de la poudre de graphite de teinte plus sombre, au moins 6B. J'ai créé ma poudre de graphite à partir d'un crayon 14B Pitt Graphite Matt car je n'ai pas réussi à trouver une telle poudre de graphite d où que ce soit. L'objectif était donc d'utiliser ce crayon graphite mat qui ne reflète pas et ne brille pas comme un graphite commun. J'ai donc frotté ce crayon sur du papier de verre pour obtenir cette poudre et l'ai appliquée avec un mouchoir sur les zones qui doivent être très sombres, comme on peut le voir sur mon image. Comparez mon image précédente à celle-ci pour noter les zones qui sont maintenant plus sombres. Ainsi, sous le ventre, le cou et 3 pattes qui sont à l'ombre, etc.

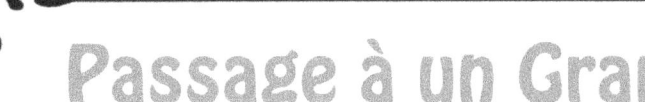

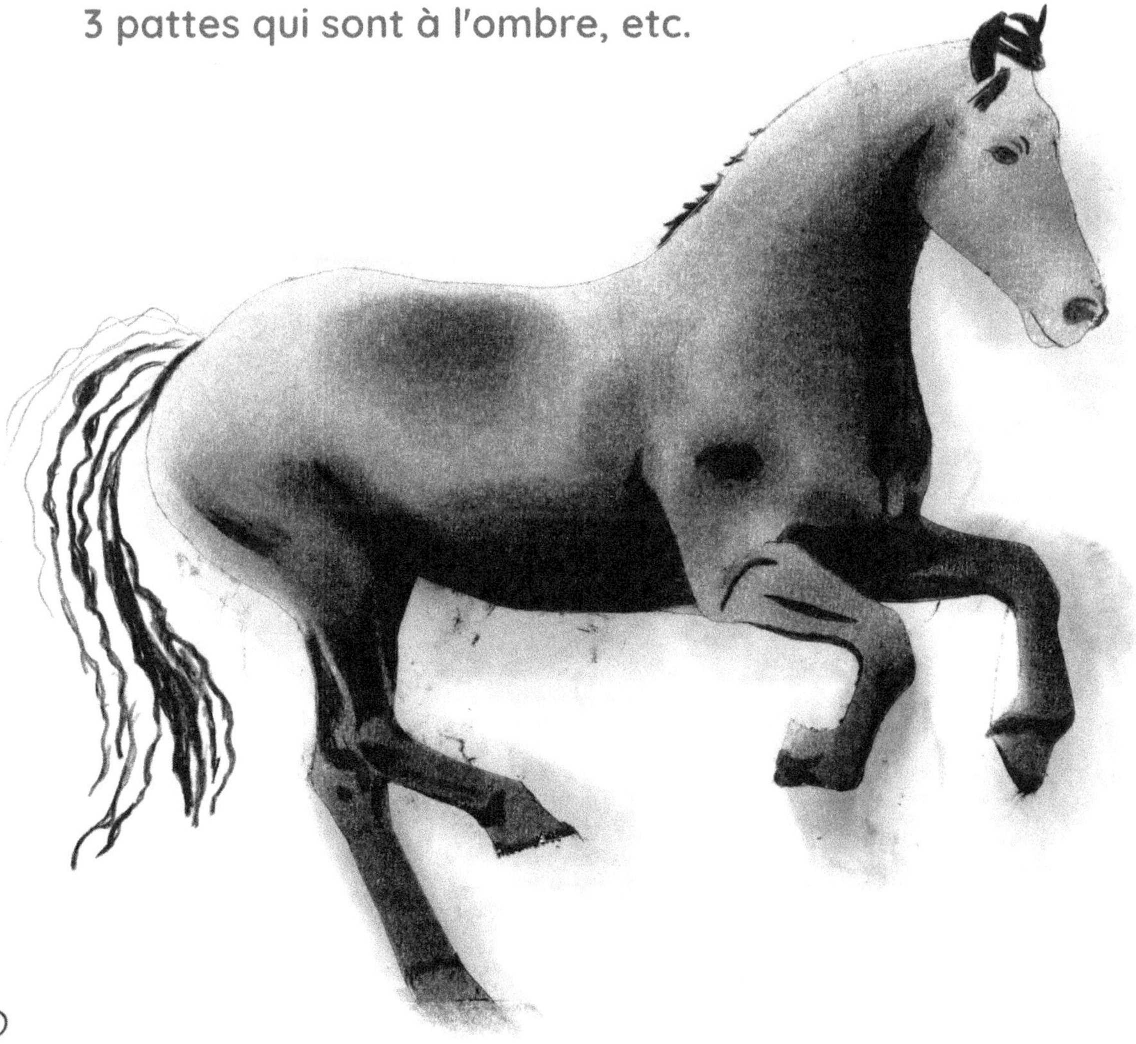

Affinage avec la Poudre de Graphite

Ensuite, comme je sais qu'un mouchoir est un peu maladroit pour les détails plus fins que je prévois d'ombrer avec du graphite plus sombre, j'ai opté pour un coton-tige et une estompe. Je trempe les extrémités de ces outils dans la poudre de graphite créée en frottant mon crayon 14B sur du papier de verre. J'applique ensuite avec soin le graphite en poudre pour introduire des ombres subtiles dans les détails complexes. Cette approche est essentielle pour garantir que ces détails restent lisses, car ils n'apparaîtraient pas aussi raffinés s'ils étaient dessinés au crayon. À cette étape, j'étends l'ombrage pour englober des parties de la tête et la zone juste en dessous du reflet en haut du cou. Comme vous pouvez le constater, j'ai pris un soin méticuleux pour obtenir un ombrage encore plus doux sur l'ensemble du corps. Pour renforcer l'effet, j'ai ajouté des couches supplémentaires d'ombrage et les ai minu-tieusement lissées, résultant en un dégradé d'ombrage harmonieux, évident d

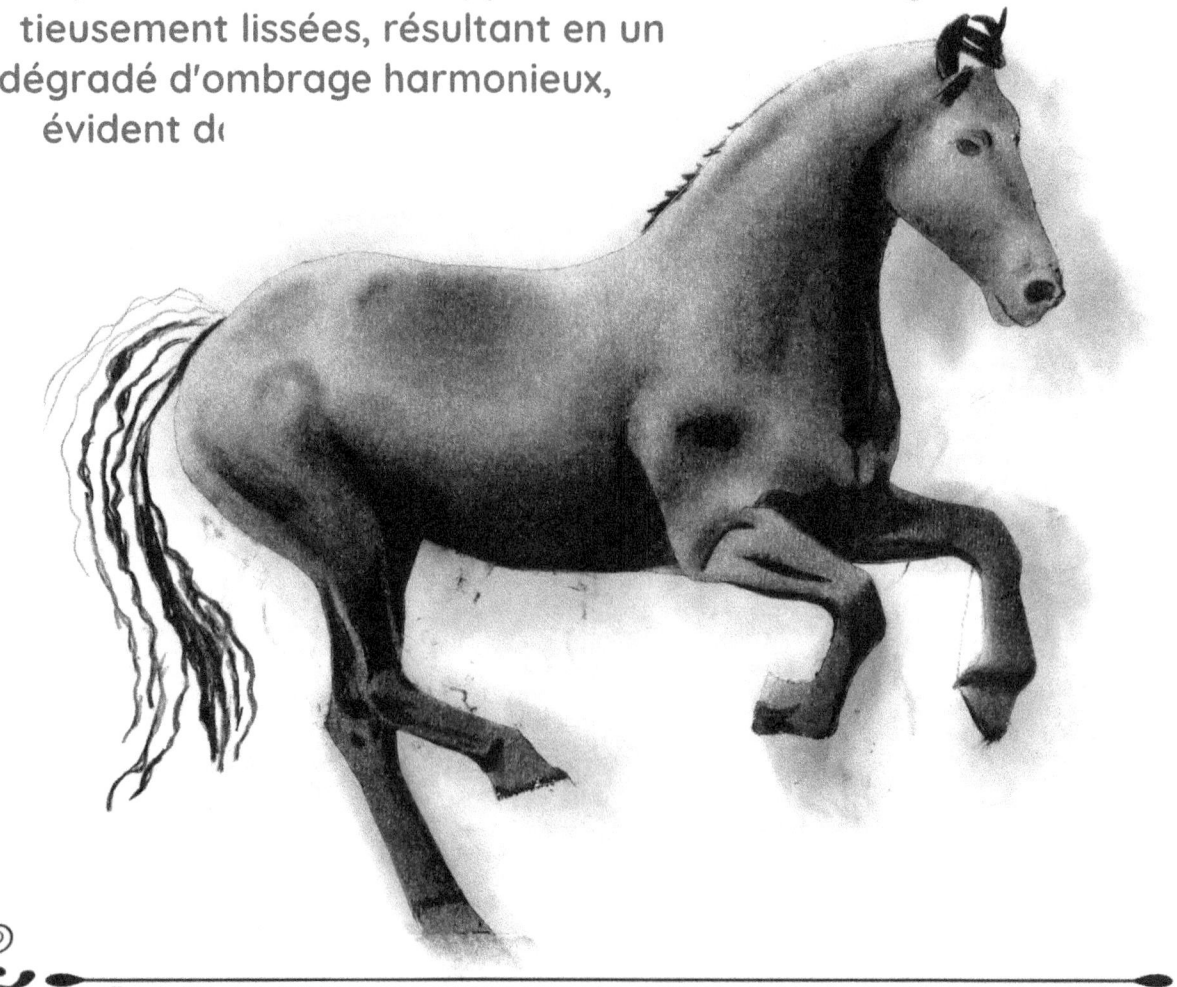

Création des Reflets

Les chevaux domestiques arborent une robe plutôt brillante, donc des reflets distincts ornent leur corps. Pour ce dessin, ces reflets se trouvent principalement sur les épaules, les hanches, sous la crinière au sommet du cou et sur une jambe qui n'est pas dans l'ombre. Utilisons une gomme pour créer les reflets nécessaires. Une gomme mie de pain peut s'avérer trop souple, mais l'utiliser pour soulever le graphite à plusieurs reprises peut permettre d'obtenir l'effet désiré. Une gomme électrique pourrait risquer de trop effacer, bien qu'il soit toujours possible de réintroduire du graphite pour assombrir les zones trop claires. Dans ce cas, j'ai opté pour une gomme mécanique, offrant un meilleur contrôle sur le processus de création des reflets. N'hésitez pas à expérimenter avec divers outils pour déterminer celui que vous préférez. Observez mon image pour voir comment ces zones lumineuses confèrent au cheval un aspect radieux et élégant.

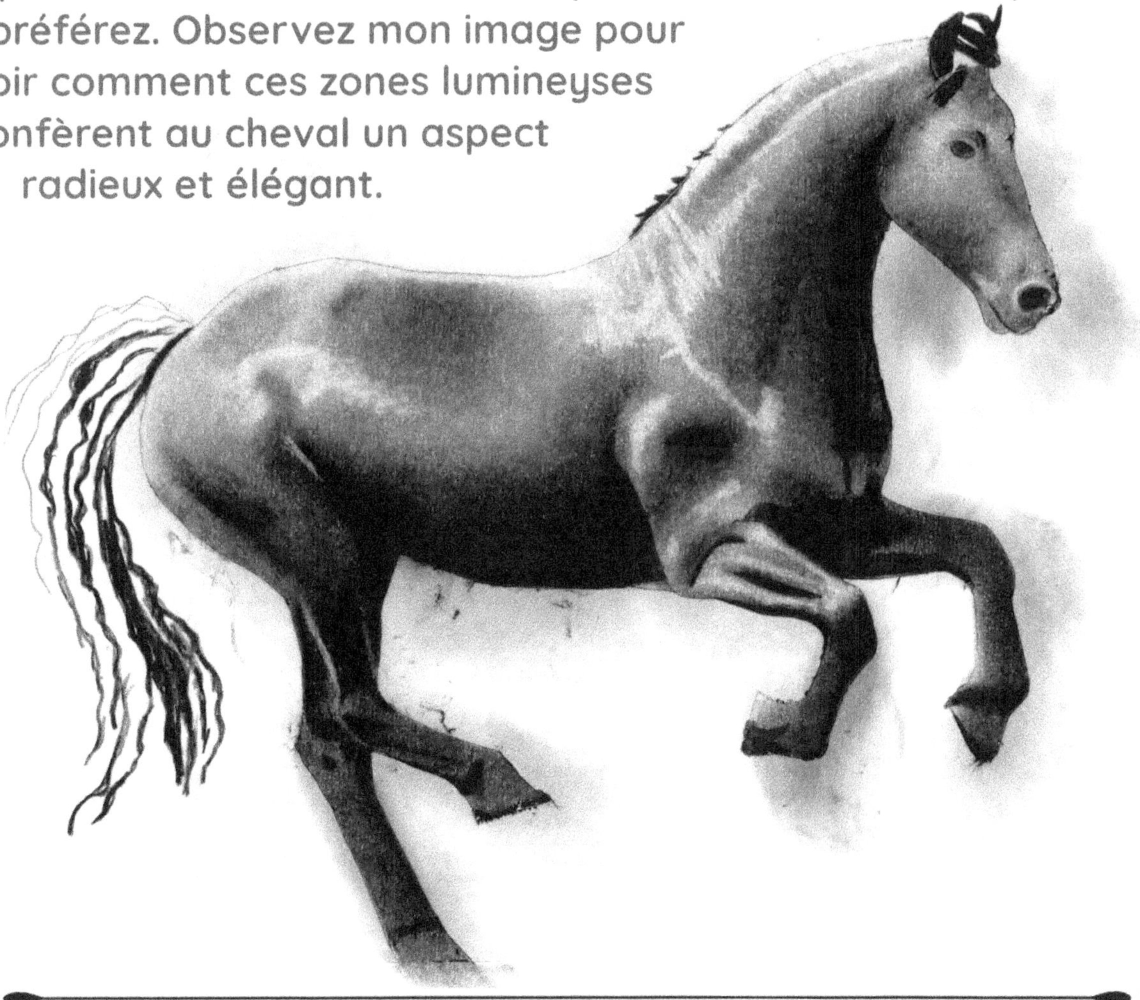

Affinement avec un Ombrage Subtil

Pour l'étape suivante, approfondissons les tons moyens autour des reflets pour introduire plus de détails complexes. J'ai utilisé à cette fin une estompe que j'ai trempée dans de la poudre de graphite de qualité B. Remarquez que j'ai également ombré la tête, lui donnant un aspect beaucoup plus sombre. Dans la photo de référence, la tête reste dans l'ombre ; il est donc difficile de distinguer la position exacte des yeux en raison de l'obscurité. Seule la bordure des naseaux devrait conserver une légère illumination. À cette étape, j'ai même utilisé un crayon aussi tendre que le 12B, pour ajouter des détails supplémentaires, que j'ai ensuite lissés à l'aide d'une estompe. Vous remarquerez également de fines lignes entre les reflets ; elles décrivent la texture de la peau ou du pelage plissé.

Ne négligez pas l'application de ces détails nuancés.

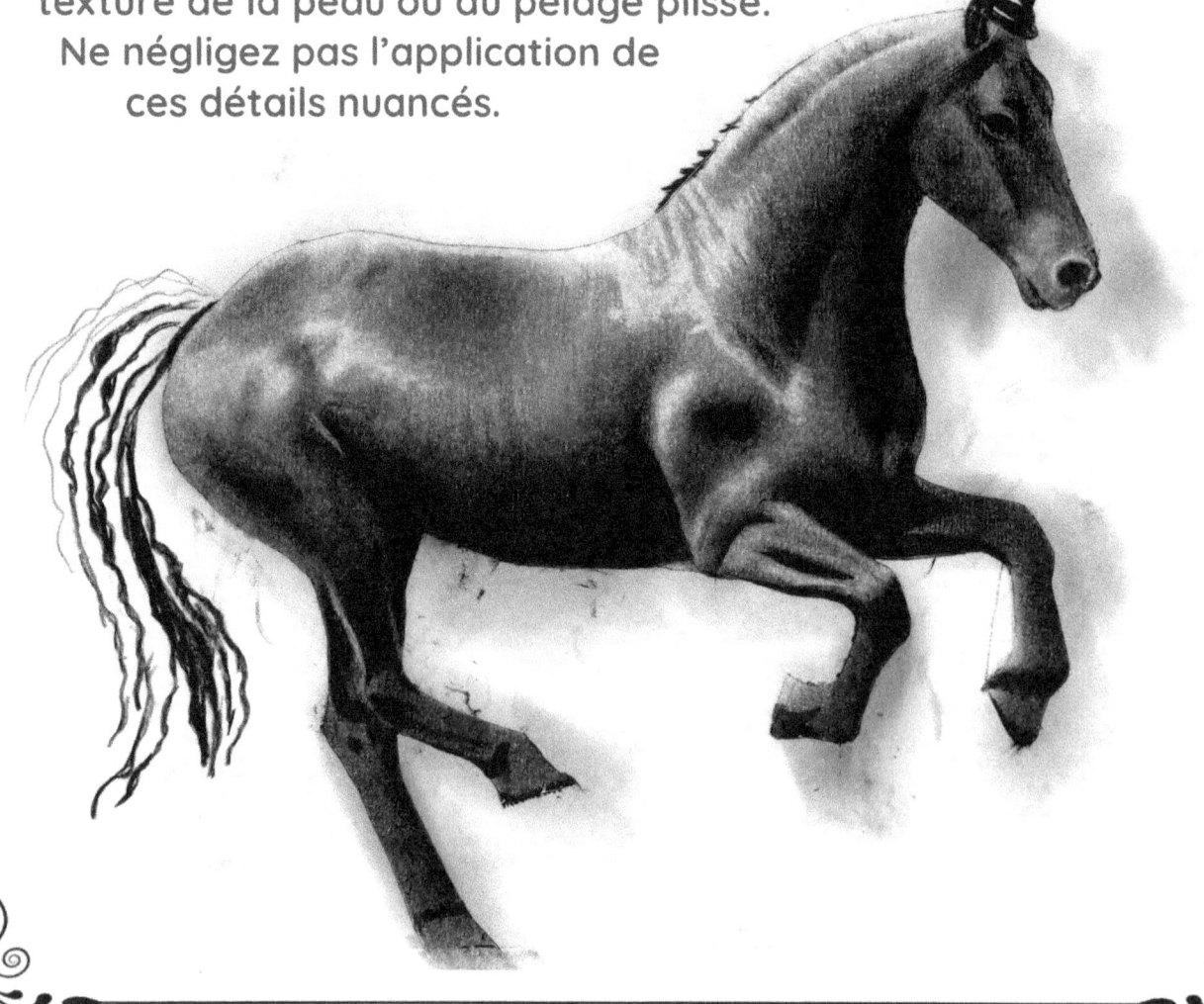

Retrait du Film de Masquage

Une fois que vous avez terminé l'application de la poudre de graphite, il est temps de retirer soigneusement le film de masquage Frisket (Frisket Masking Film) qui recouvrait l'arrière-plan. Cela ne signifie pas que l'ombrage est fini, mais la majeure partie est terminée et le revêtement protecteur peut être retiré en toute sécurité. Notez que des zones telles que la crinière et la queue avaient été délibérément couvertes, car nous allons maintenant nous concentrer sur les détails de ces parties.

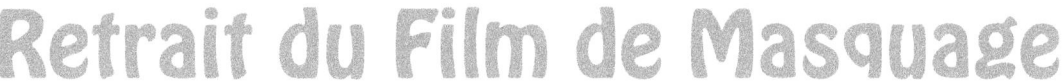

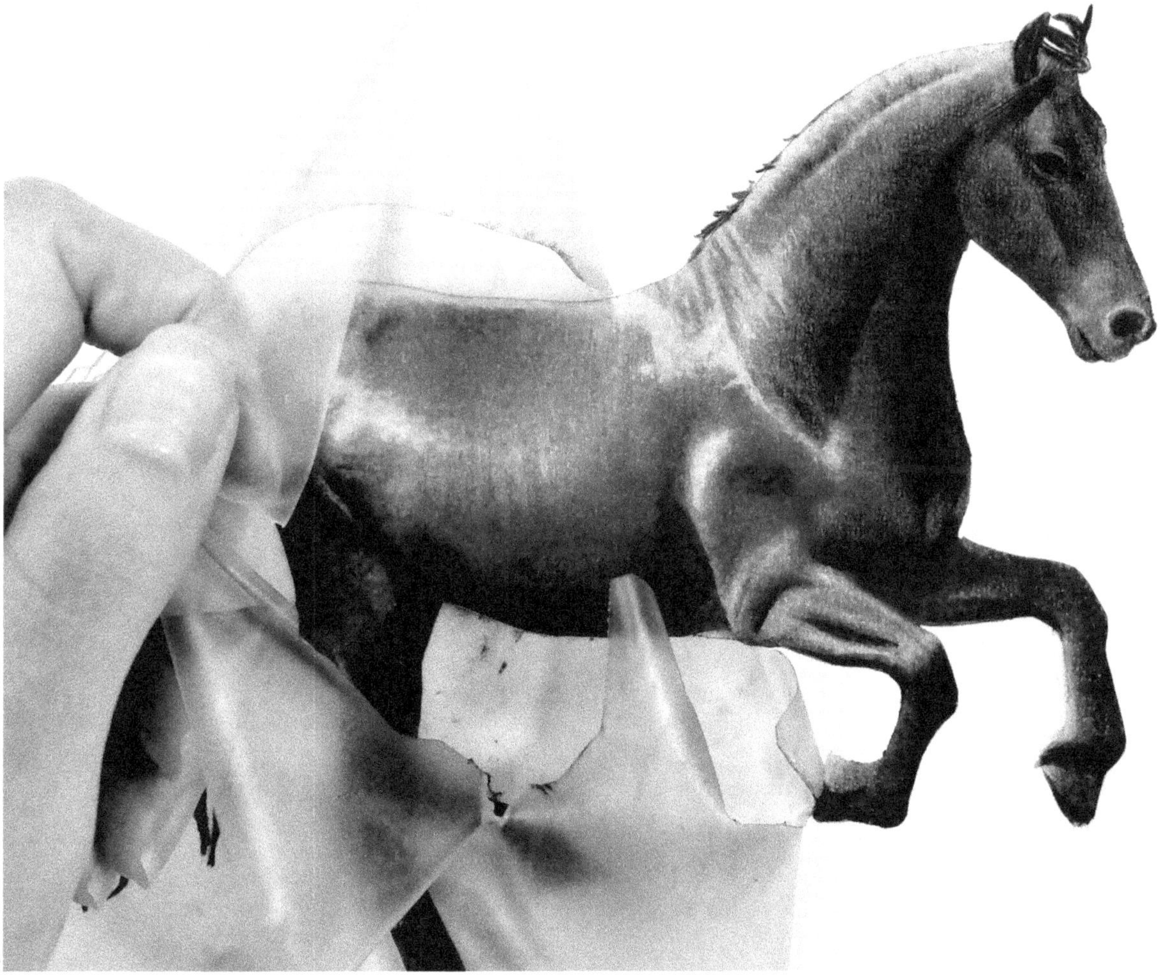

Révéler le Cheval Démasqué

À cette étape, je présente mon travail numérisé sans le film de masquage, révélant des contours nets et précis obtenus grâce à cette technique. Bien que le masquage ne soit pas toujours nécessaire, il m'a permis de me concentrer exclusivement sur le cheval, mettant en évidence la profondeur des nuances créées. Je vous encourage à envisager ce concept. Une fois le cheval terminé, expérimentez en le plaçant dans un environnement comme un champ d'herbe. Utilisez de la poudre de graphite pour ombrer le ciel, mais prenez des précautions pour éviter des marques indésirables sur le papier, comme les détectives qui révèlent des empreintes digitales. Gardez toujours votre main sur un mouchoir ou envisagez d'utiliser des gants.

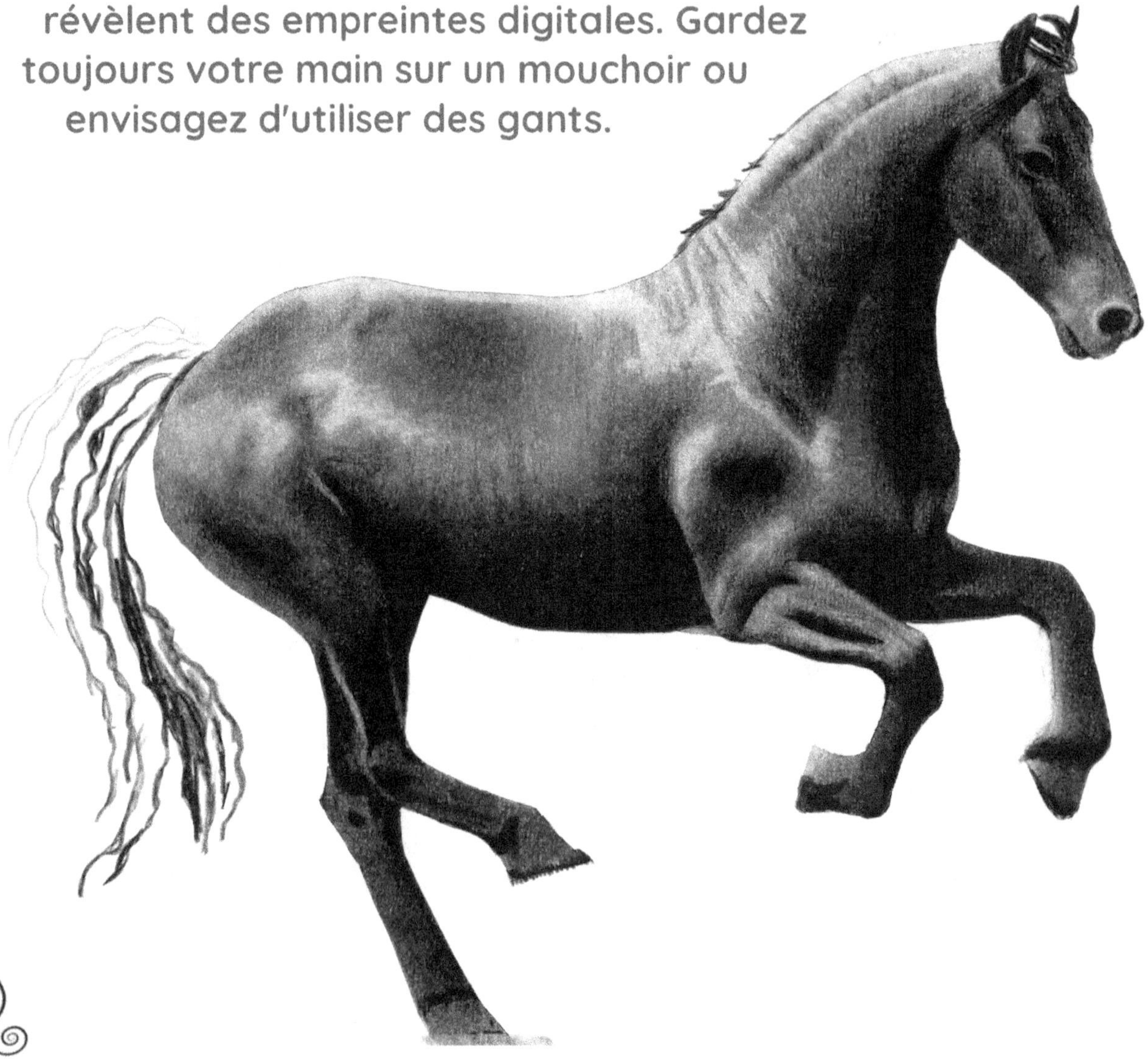

Façonnage de la Crinière et de la Queue

En utilisant un crayon 6B, j'ai soigneusement dessiné les brins des crins les plus foncés le long du cou du cheval. À mesure que je dessinais chaque trait, j'ai progressivement soulevé le crayon pour créer une transition douce vers les reflets. De l'autre côté de ces reflets, j'ai ajouté davantage de crins avec une touche d'aléatoire pour un aspect naturel. Pour l'ombrage de la queue, j'ai cherché à capturer sa texture fluide en formant soigneusement les crins avec des degrés variables de noirceur et de douceur. J'ai également ajouté une touche de spontanéité en créant des vagues et des boucles dans certains brins.

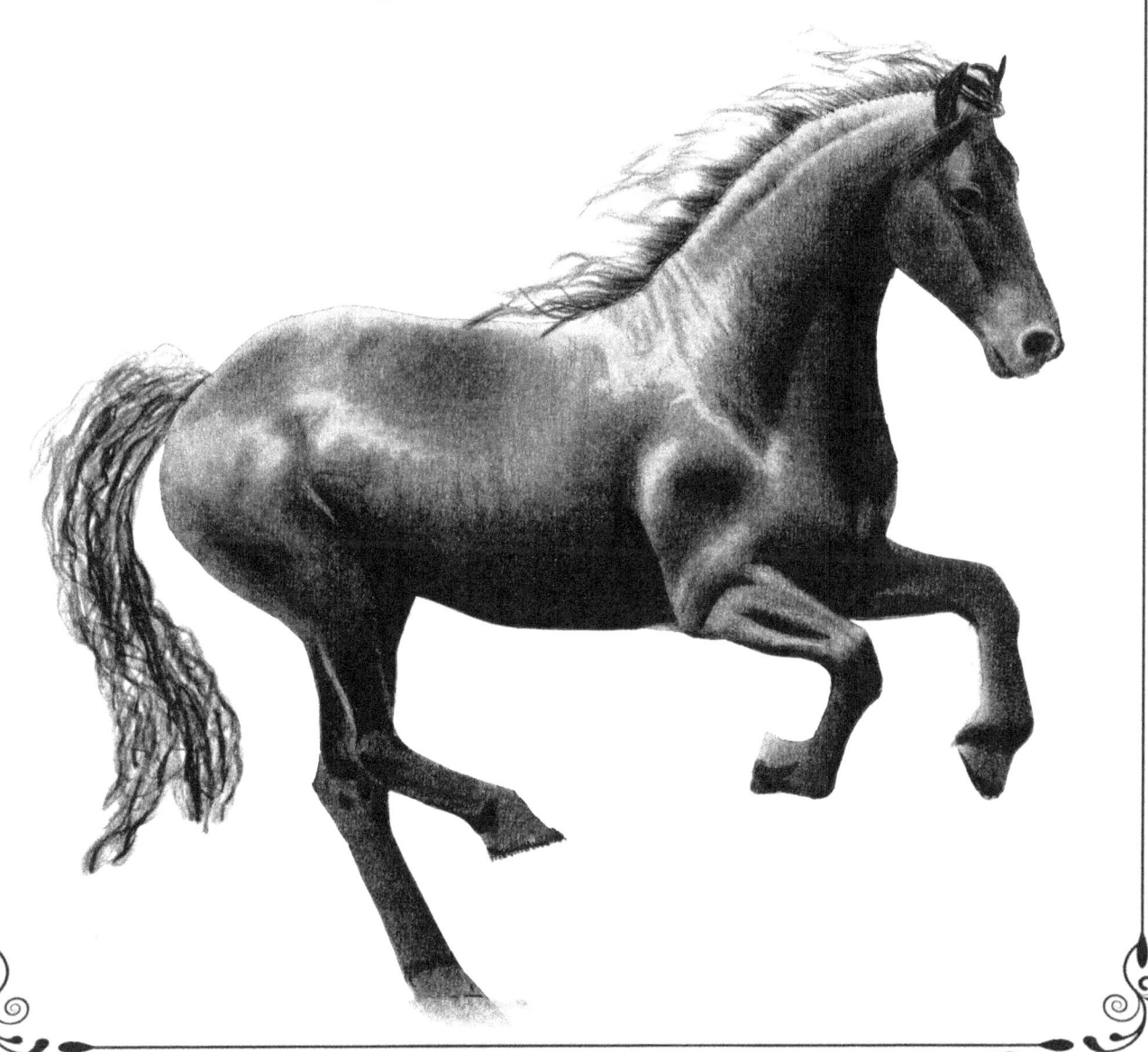

Affinage des Reflets et Estompage

Pour continuer avec la crinière, esquissez délicatement les zones éclairées à l'aide d'un crayon HB, en suivant attentivement le flux naturel des poils. En passant à la queue, ombrez avec le même crayon HB. Pour obtenir un mélange homogène entre les tons, utilisez doucement un coton-tige ou un estompe pour adoucir et mélanger les tons de graphite sur le papier. Ce processus donnera à la crinière et à la queue une apparence plus unifiée et soignée.

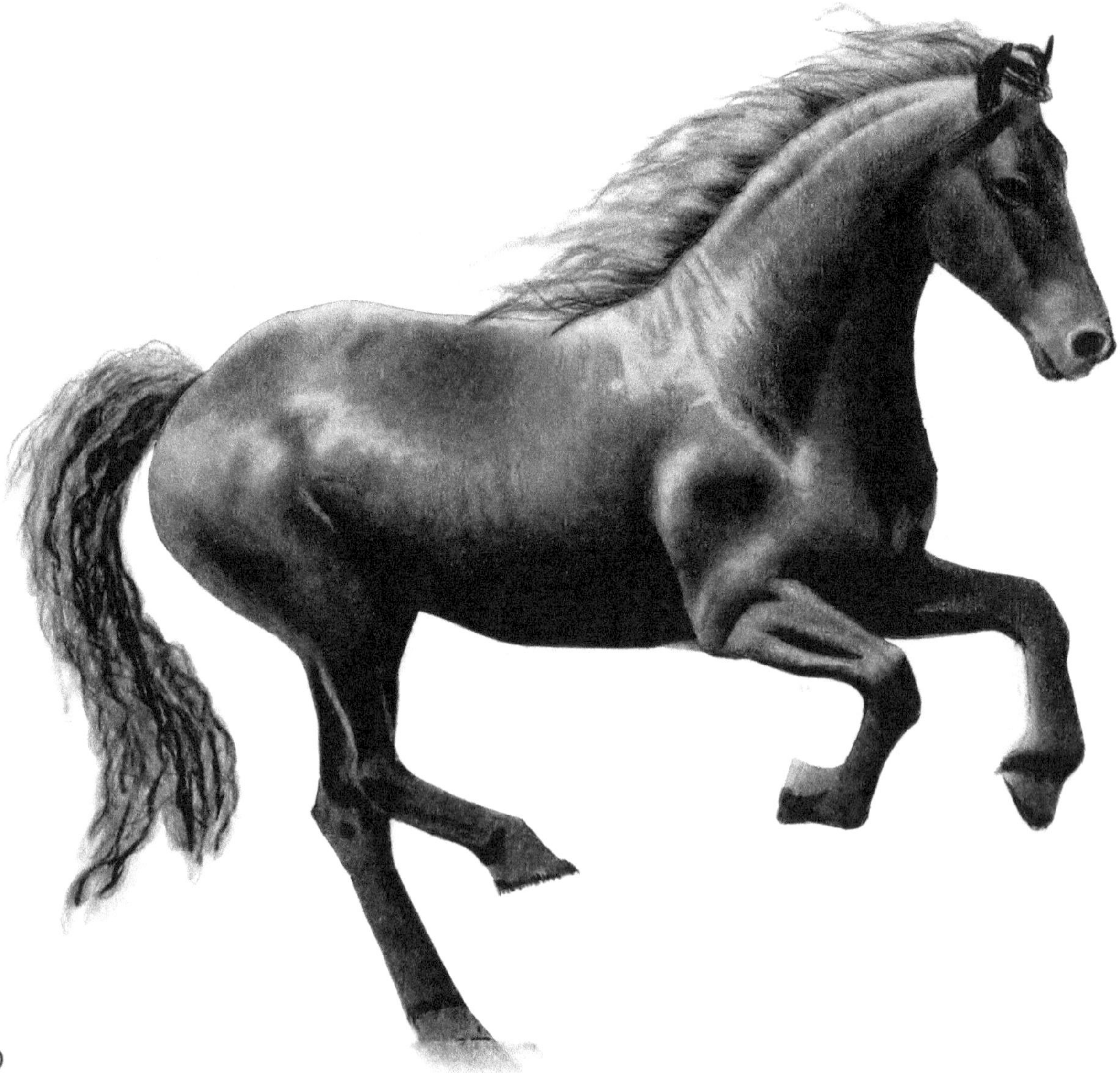

Ajout de Mèches Rebelles

Avec un crayon 10B finement taillé, ajoutez des traits aléatoires et confiants à la fois à la queue et à la crinière, leur donnant ainsi une apparence plus naturelle. N'hésitez pas à varier les traits, en introduisant occasionnellement des ondulations, puis estompez-les légèrement à l'aide d'une estompe.

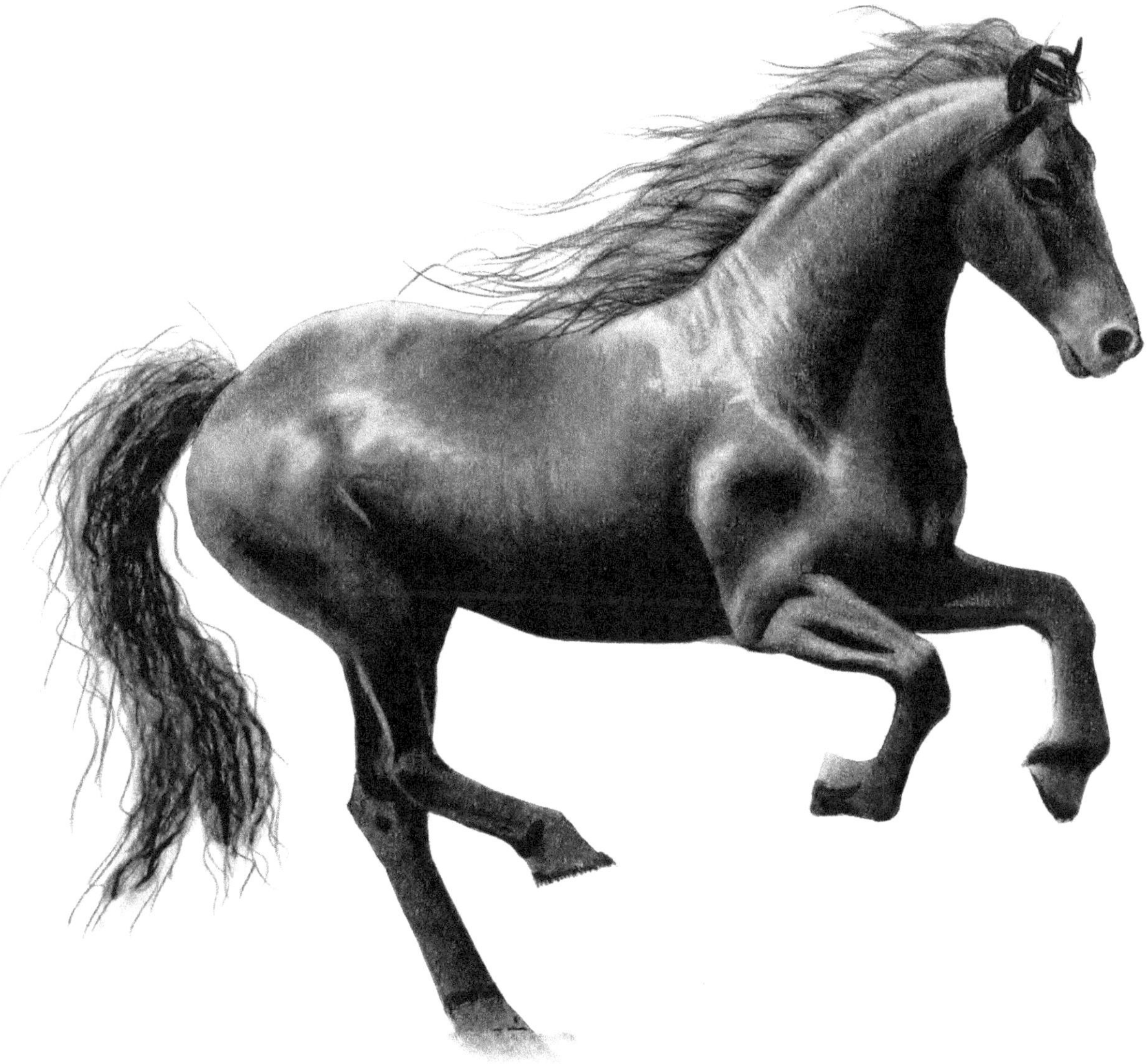

Dessin des Sabots

Avec un crayon 8B, ombrez les sabots. Utilisez un crayon 2B au centre pour leur donner une apparence arrondie.

Étudiez l'image ci-dessous pour bien comprendre cette technique. Ensuite, utilisez une estompe pour obtenir un mélange harmonieux entre les zones ombrées.

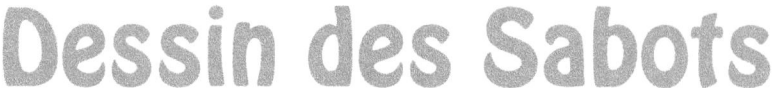

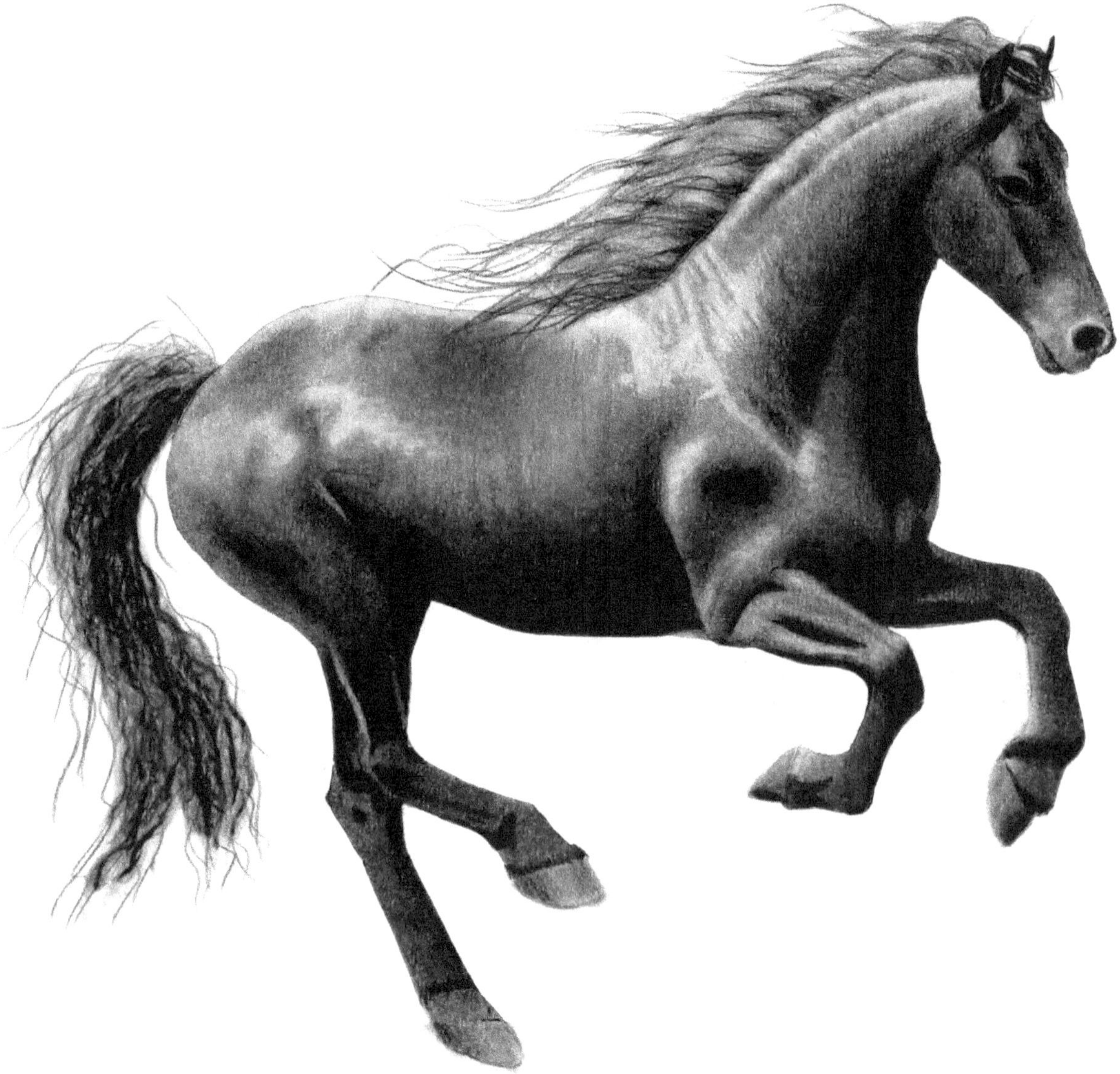

Amélioration de la Texture des Fanons

L'étape suivante consiste à utiliser un crayon 12B pour dessiner de courtes et rapides hachures qui suivent le flux des fanons, comme indiqué sur la photo de référence. Une fois ces traits en place, estompez-les avec un crayon mélangeur incolore comme le Prismacolor Premier. Pour obtenir une apparence plus duveuteuse, placez la pointe du crayon mélangeur sur les extrémités des traits et déplacez-la vers l'extérieur de manière continue. Si vous n'avez pas de crayon mélangeur incolore, vous pouvez utiliser un crayon HB, car sa teinte plus claire peut créer un effet similaire.

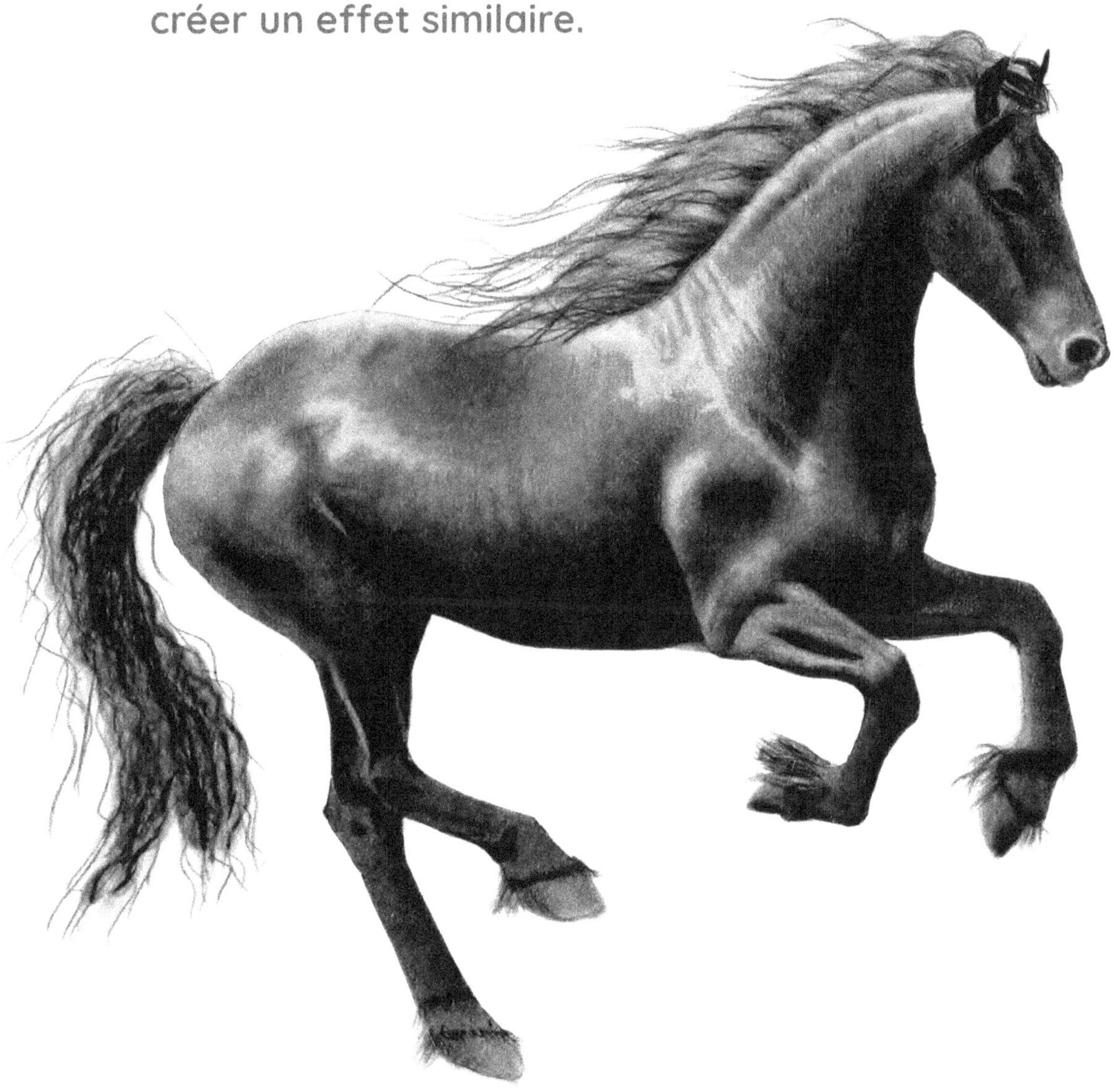

Création de l'ombre du Cheval

Une fois que vous êtes satisfait de la représentation de votre cheval, envisagez d'introduire son ombre sur la surface en dessous de lui. Pour obtenir cet effet, j'ai utilisé de la poudre de graphite appliquée avec un pinceau dans un mouvement de va-et-vient. J'ai appliqué davantage de graphite à côté de la patte qui repose sur le sol, permettant à l'ombre de se fondre naturellement dans l'arrière-plan à mesure qu'elle s'estompe. Veuillez noter que mon cheval est devenu plus sombre que celui dans notre photo de référence, et cela est parfaitement acceptable.

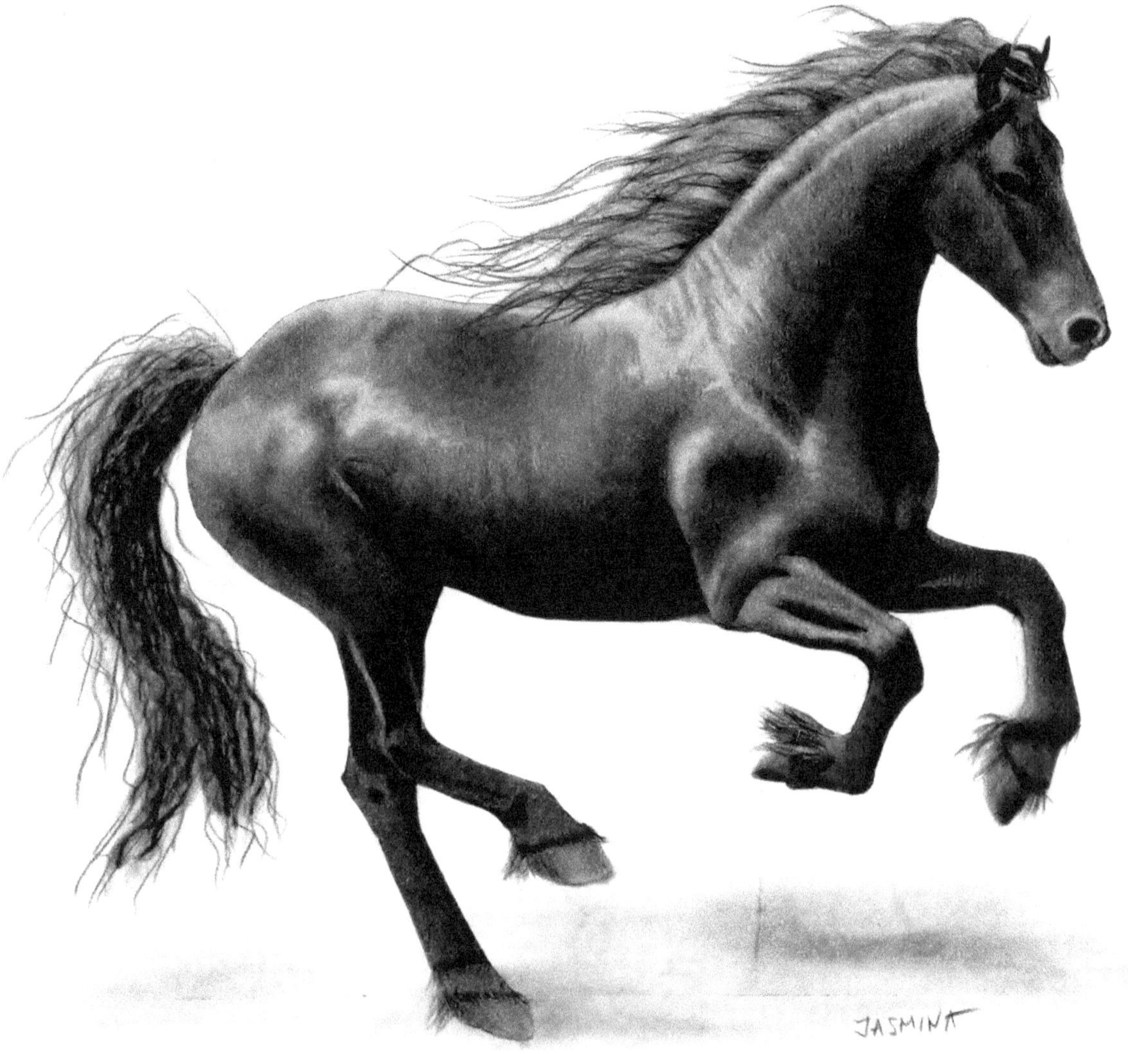

JASMINA

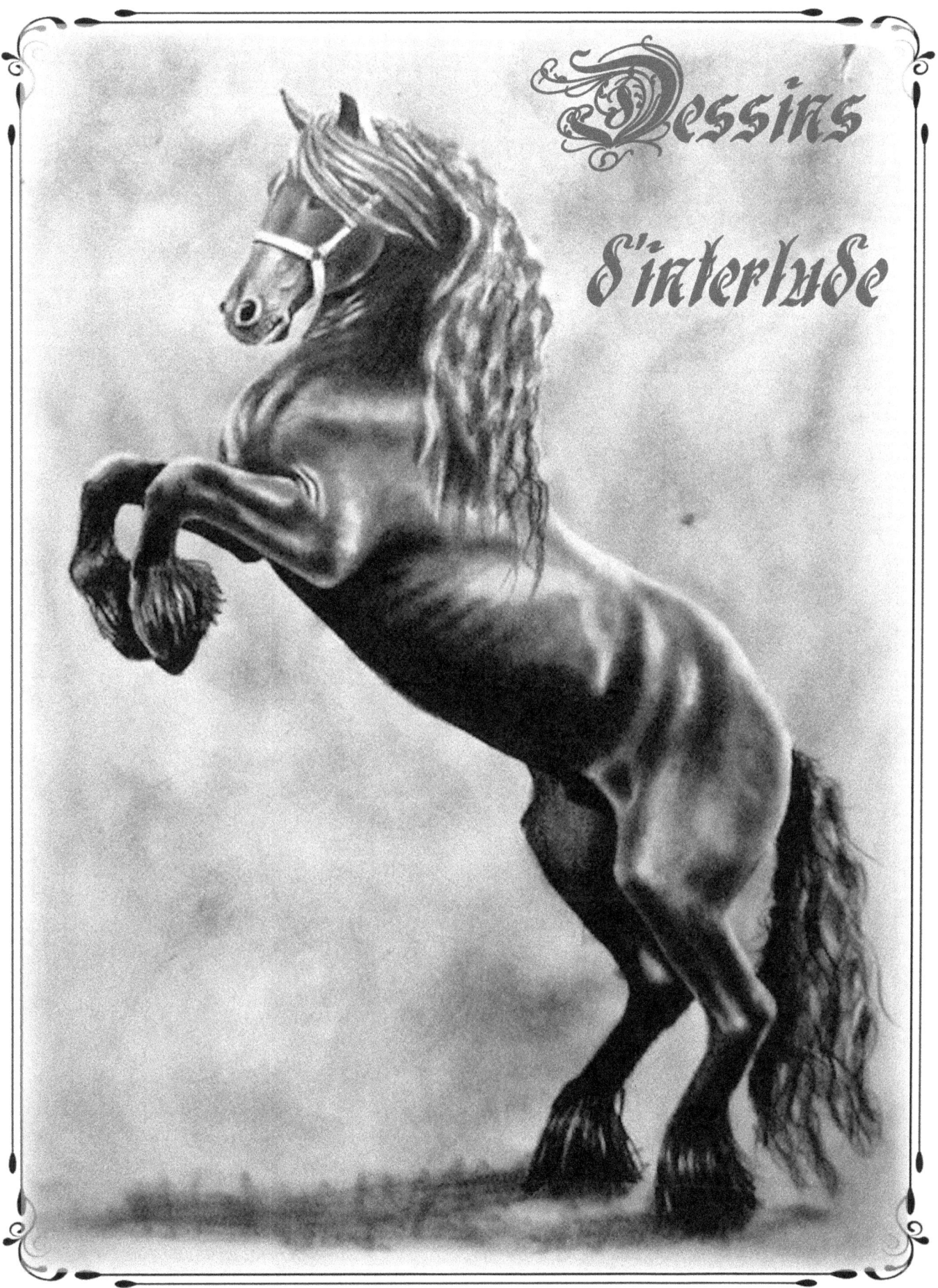

Dessins
d'interlude

Comment Dessiner un Husky

Dessiner un husky offre une expérience artistique enrichissante. Ces animaux, réputés pour les motifs uniques de leur fourrure et pour leurs yeux captivants, constituent un sujet fascinant pour les artistes. Capturer les caractéristiques complexes des huskies, telles que la texture de la fourrure et les marques faciales, représente une opportunité d'améliorer ses compétences.

La Photo de Référence

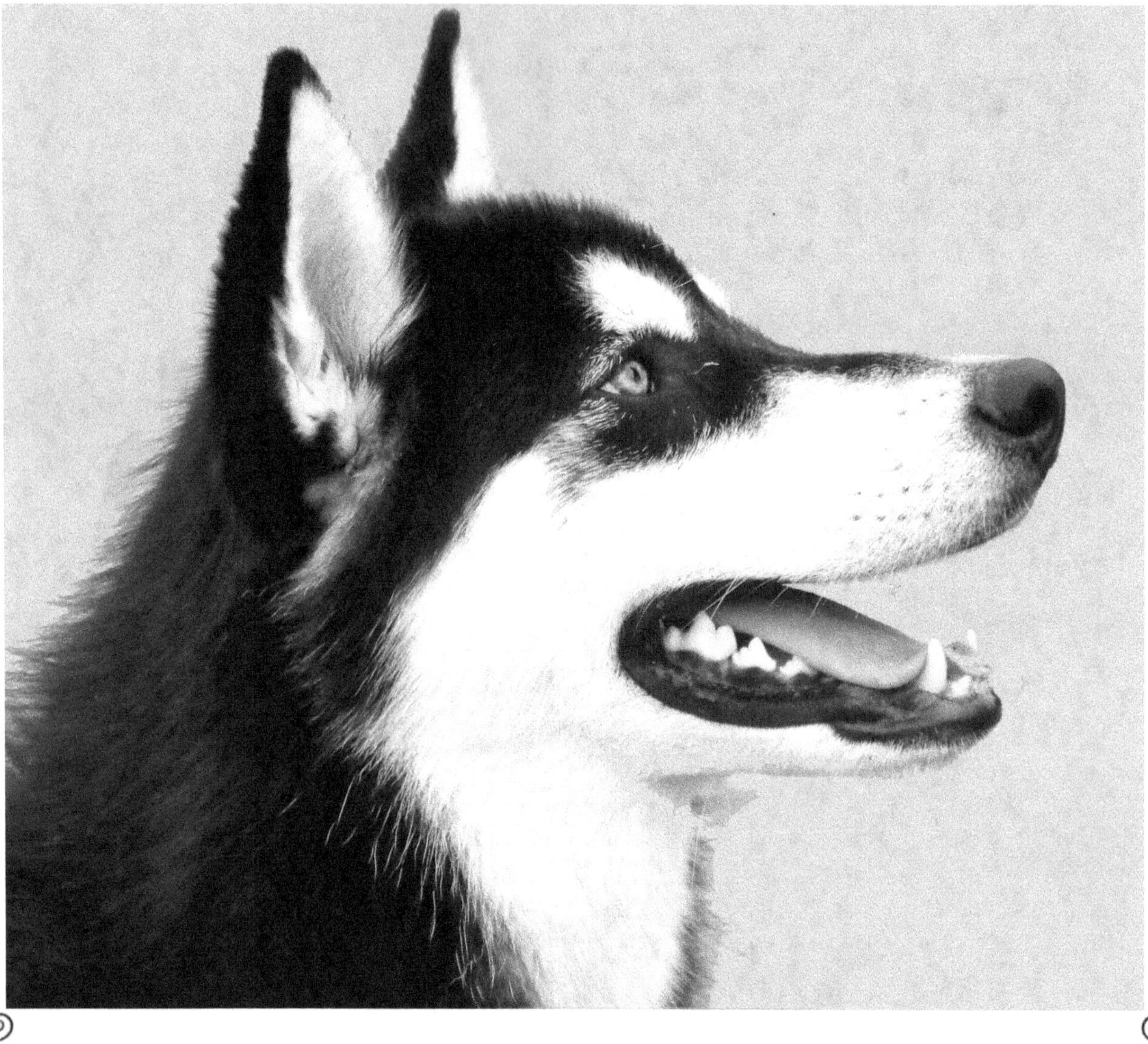

Esquisse et Formes de Base

Représentons ce husky sur du papier gris en utilisant des crayons graphite, du fusain blanc et des marqueurs opaques blancs pour amplifier le contraste entre le fond gris et sa fourrure blanche. J'ai opté pour le papier Clay de Fabriano, mais des alternatives comme le Strathmore Toned Gray ou des options similaires peuvent donner des résultats tout aussi impressionnants.

Sur l'image ci-dessous, observez mes lignes de croquis au crayon, mettant en évidence des contours cruciaux tels que la frontière entre la fourrure noire et blanche, le contour principal de la tête et les traits du visage. Notamment, j'ai visé à légèrement agrandir l'œil pour l'accentuer et le rendre plus expressif.

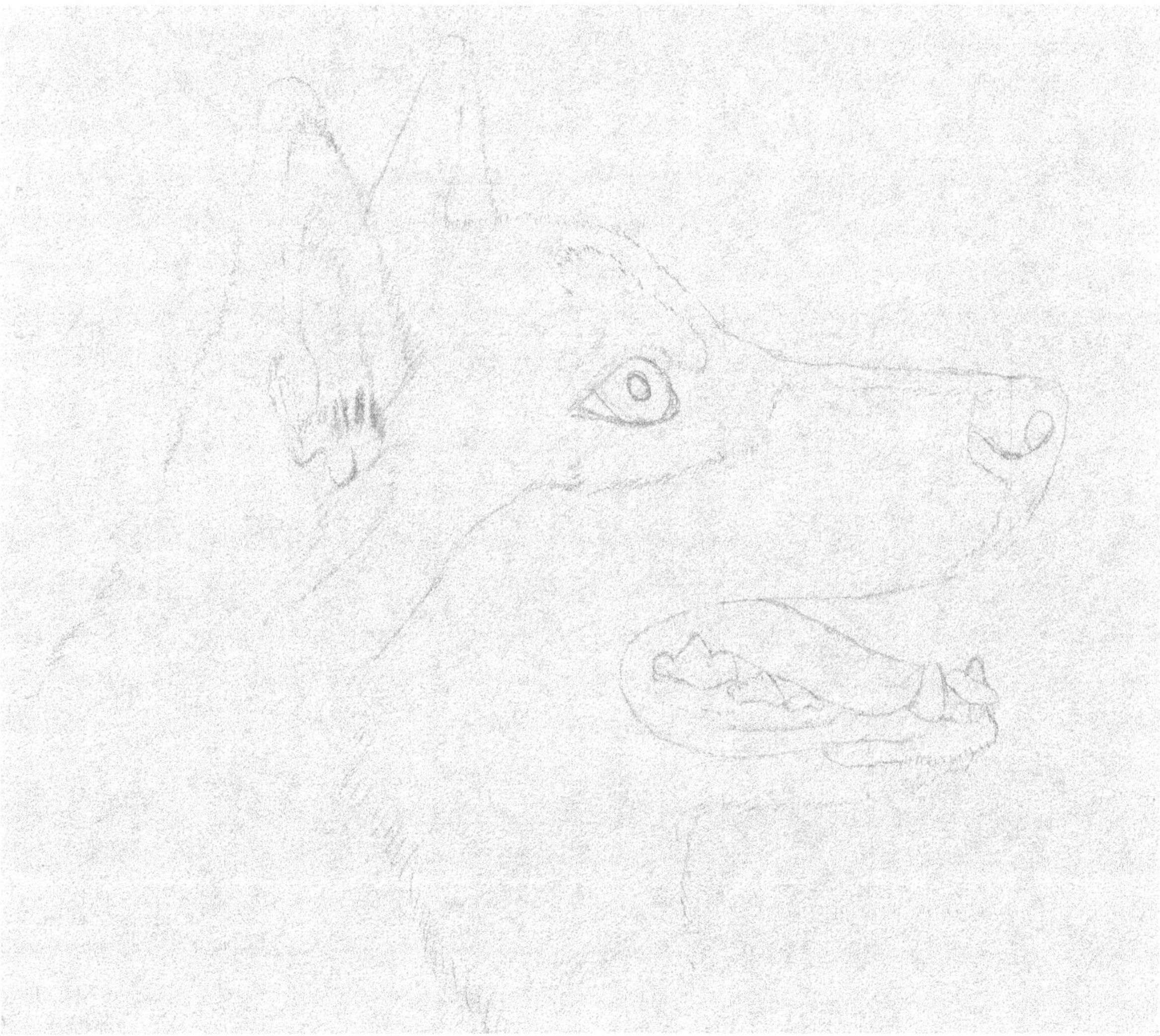

Ombrage de l'iris

Maintenant, passons à l'ombrage, et je recommande de commencer par les yeux. Dans ce cas, nous n'avons qu'un œil à dessiner. Je suggère d'utiliser un crayon HB pour l'iris, en privilégiant son rendu détaillé. Commencez en utilisant le crayon HB près de la limite de l'iris, créant des traits qui rayonnent depuis le centre de la pupille. Appliquez plus de pression au début de chaque trait et relâchez progressivement la pression vers la pupille, permettant une transition naturelle et une profondeur dans l'ombrage.

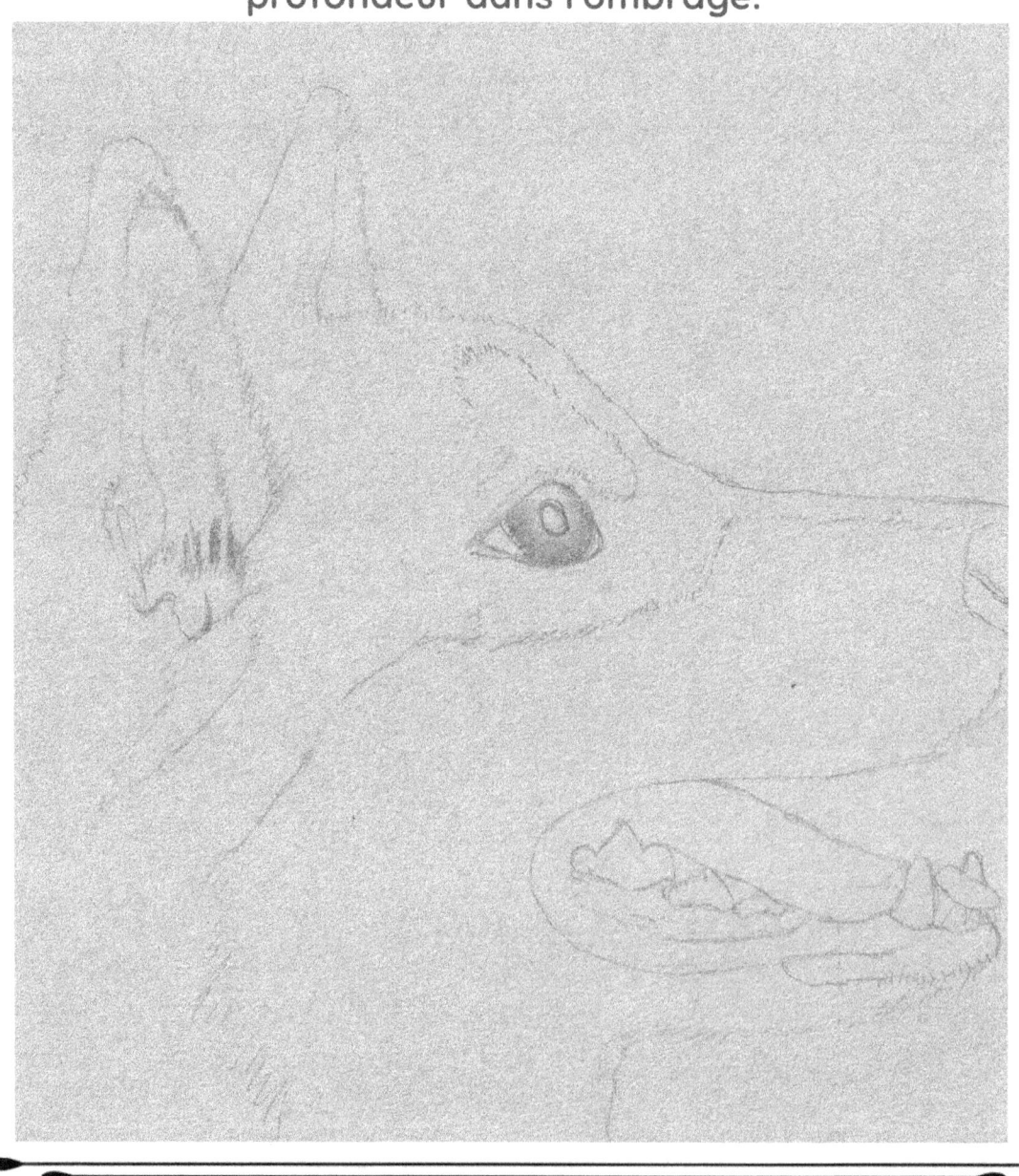

Détails de la Sclère

Ensuite, introduisons du fusain blanc ou un marqueur opaque blanc pour représenter le blanc visible de l'œil, appelé la sclère.

Consultez l'image ci-dessous pour voir comment l'application de la couleur blanche sur du papier gris crée un contraste frappant, attirant l'attention sur cette zone.

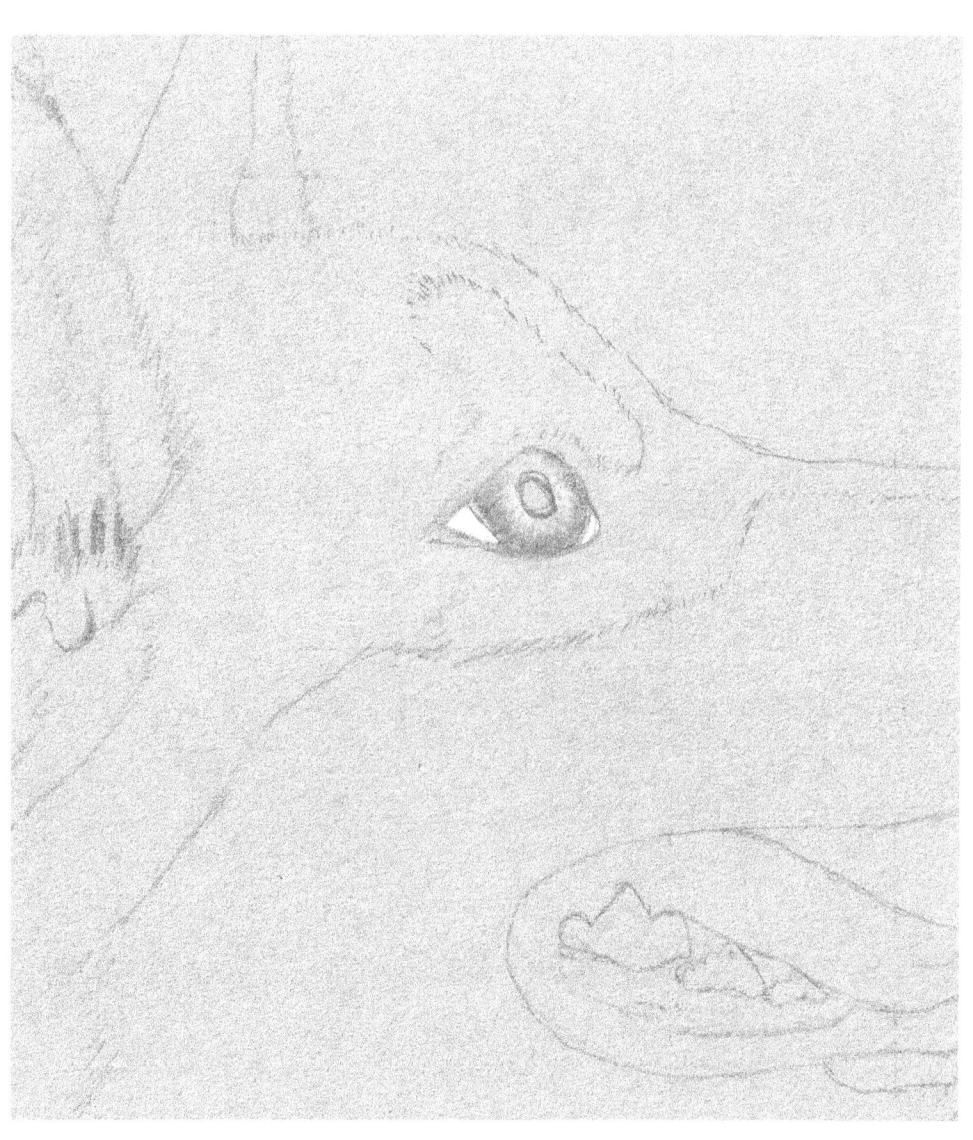

Accentuation du Contraste

Pour renforcer davantage le contraste, utilisez un crayon 14B pour ombrer tout autour des iris, comme illustré dans l'image suivante. Appliquez une pression ferme quand vous ombrez la limite entre l'iris et la pupille, dans le but de créer l'ombre la plus profonde et d'atteindre la valeur la plus noire possible.

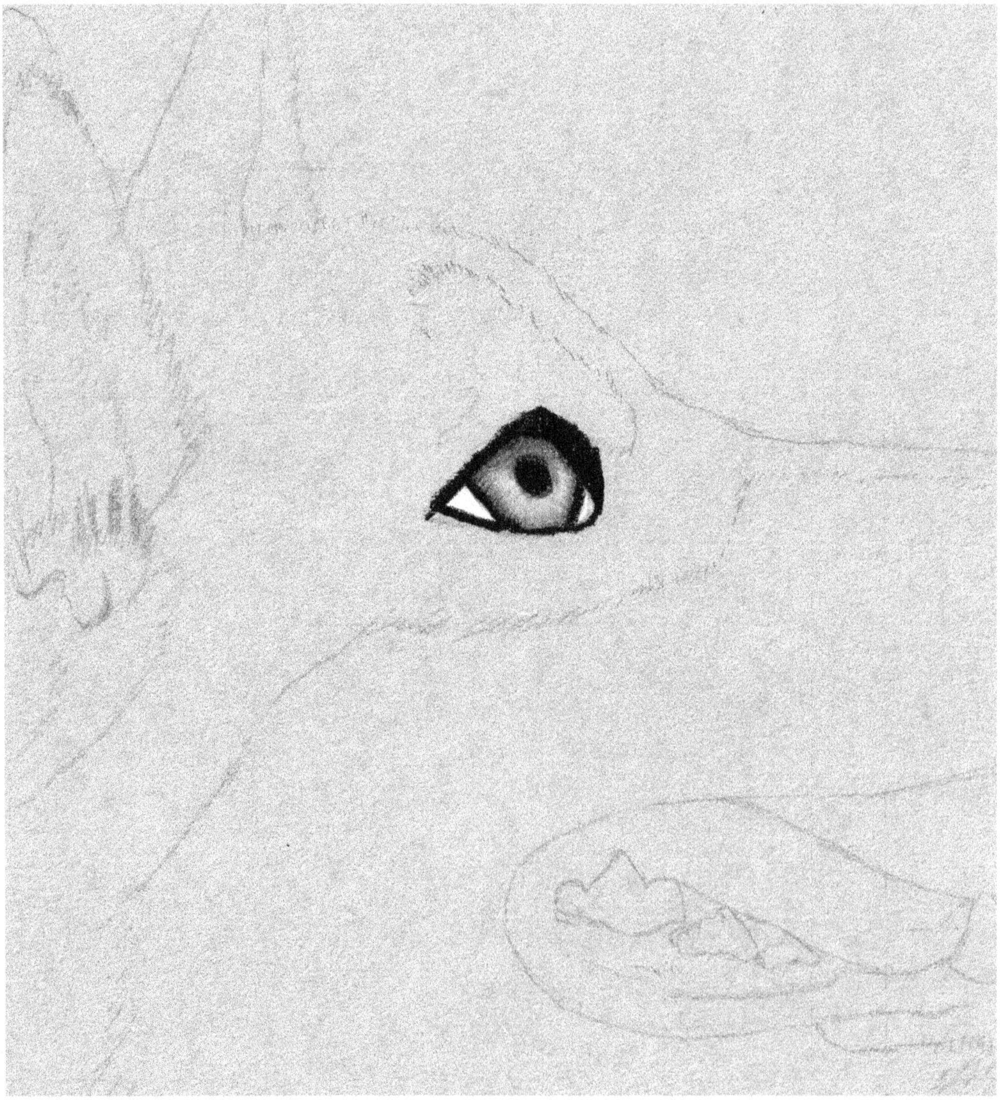

Création de Lumière Réfléchie

Pour donner vie à l'œil et le rendre moins plat, utilisez une gomme pour créer délicatement un effet de lumière réfléchie sur la partie supérieure du globe oculaire.

Notez comment ce léger détail ajoute de la profondeur et du réalisme à la représentation.

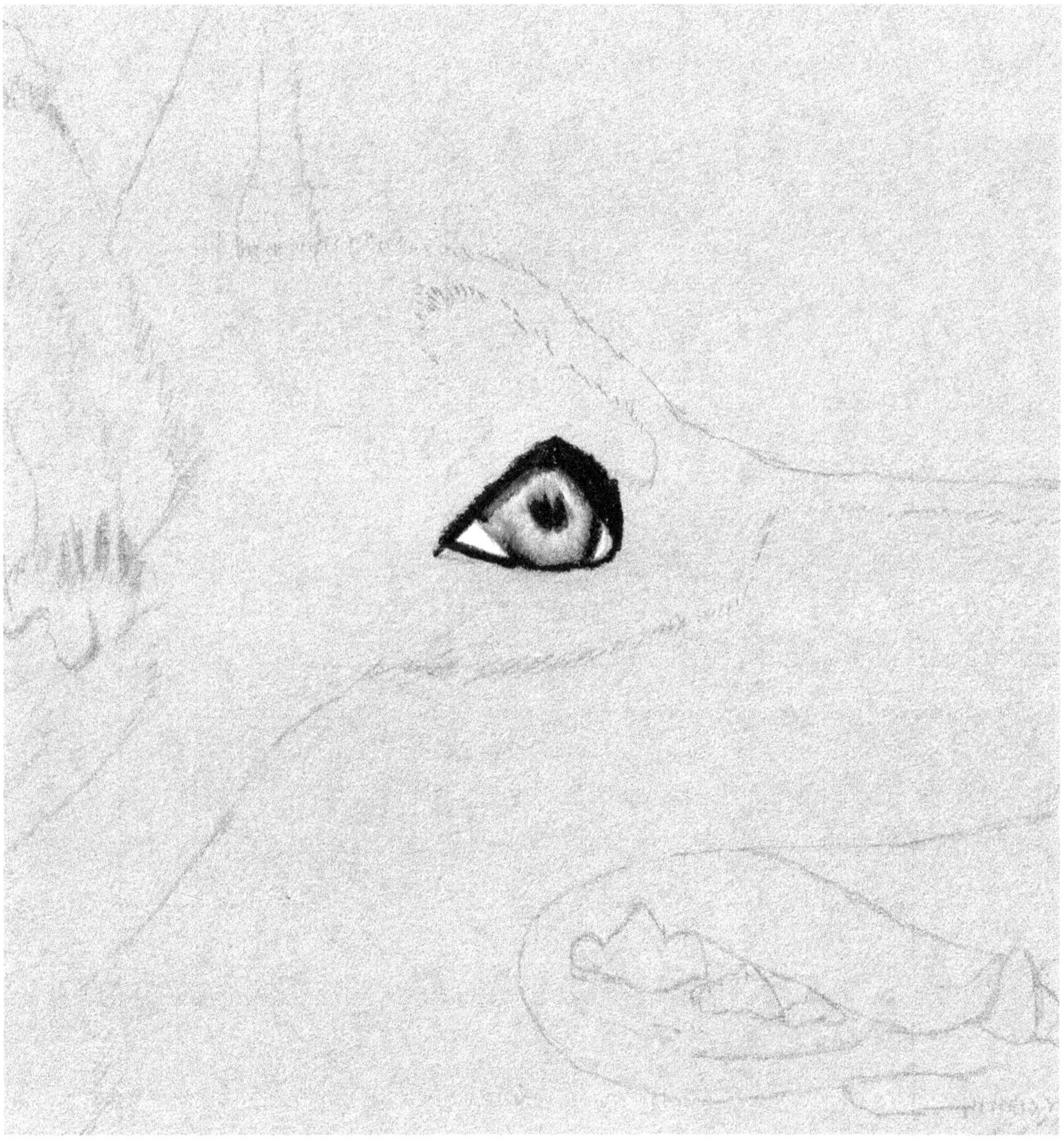

Commencer par le Clair

Pour simplifier le processus de dessin, je propose de le diviser en trois phases. Tout d'abord, nous nous concentrerons sur le dessin et l'ombrage de la fourrure blanche. Ensuite, nous aborderons la fourrure noire. Enfin, nous affinerons les contours là où la fourrure blanche et noire se chevauchent. Cette approche segmentée nous permettra de nous concentrer sur une zone à la fois pour plus de clarté et de facilité d'explication. Commençons par une étape audacieuse en colorant toute la fourrure blanche avec soit du fusain blanc, soit un marqueur opaque blanc.

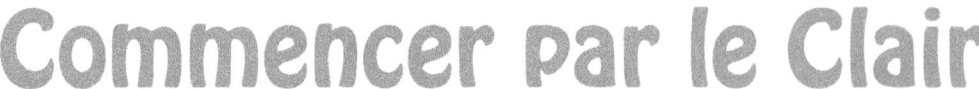

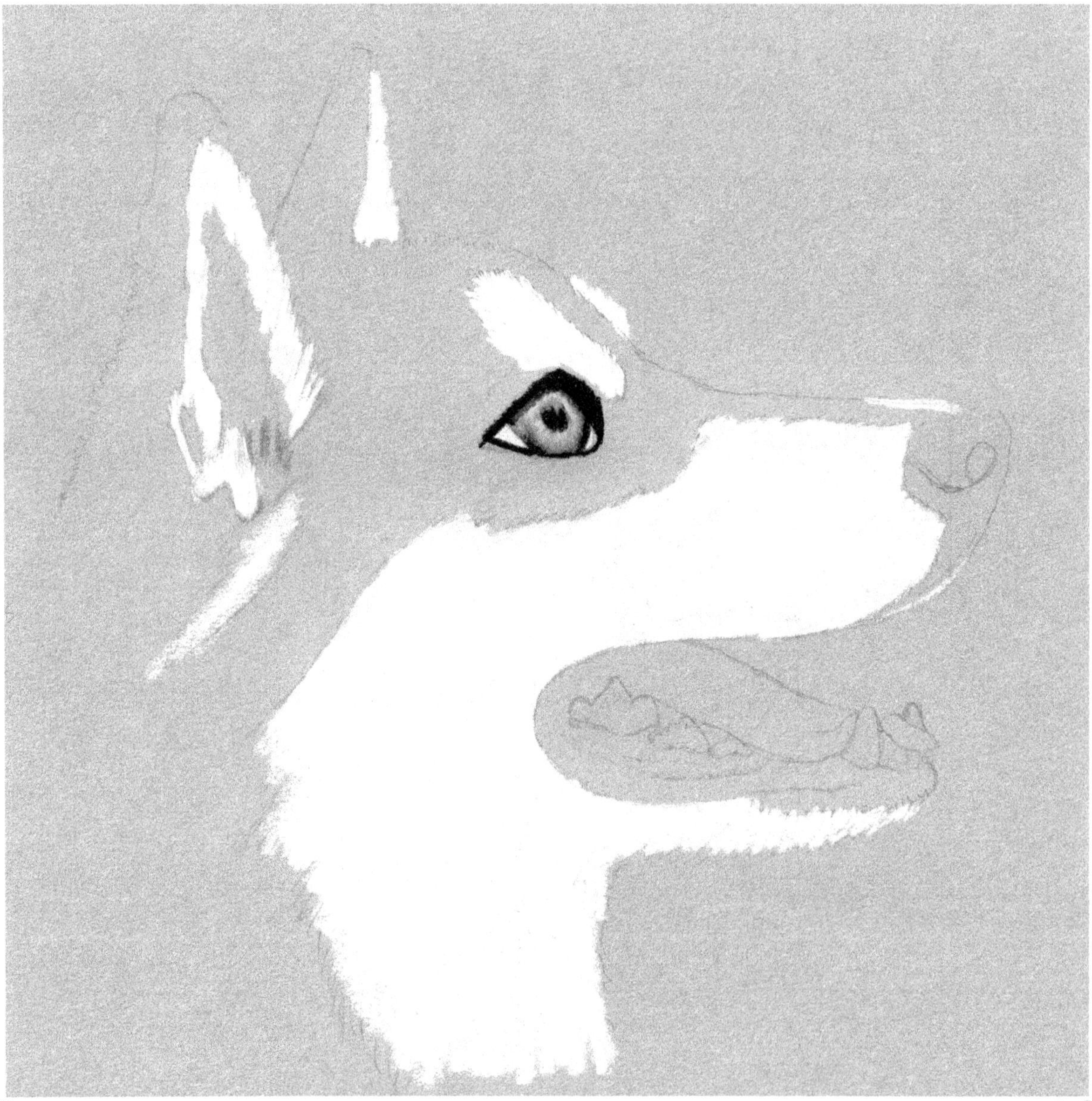

Même si l'ensemble de la fourrure blanche peut sembler uniformément blanche, nos yeux peuvent être trompeurs. Pour déterminer quelles zones sont réellement d'un blanc pur et lesquelles nécessitent une ombre, il est essentiel de réduire la luminosité dans un éditeur d'images. Dans ma capture d'écran, je montre ce processus à l'aide du Highlight & Shadow Isolator Online Free Tool que j'ai créé et que je propose gratuitement sur mon site Pencil Drawing Tutor www.pencildrawingtutor.com Après avoir déplacé le curseur vers Highlights, il devient évident que seules les zones au-dessus des yeux, le haut du visage et le museau sont véritablement d'un blanc pur. Tout le reste nécessite différents degrés d'ombrage au crayon graphite.

Dessiner à partir de photos de référence simplifie le processus, car cela nous évite d'avoir à imaginer la forme du crâne et d'autres détails sous-jacents. Il est fortement recommandé d'imprimer l'image de référence plutôt que de la regarder sur un écran, car la lumière de l'écran peut exagérer la luminosité des zones blanches et conduire à des ombrages trop clairs là où des tons plus subtils sont nécessaires.

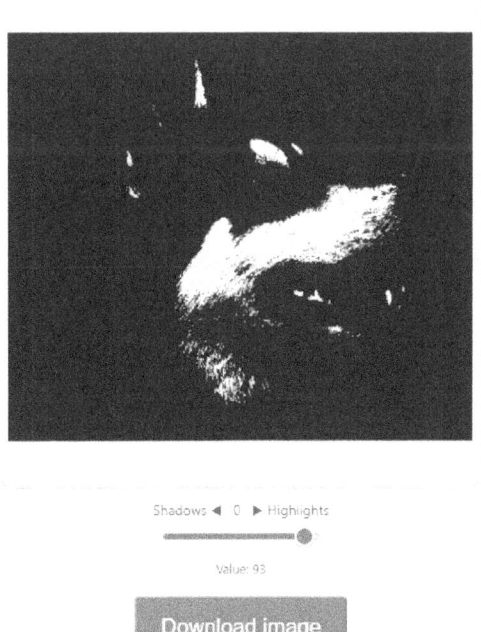

Shadows ◄ 0 ► Highlights

Value: 93

Download image

Ombrage de la Fourrure Blanche

Commençons à ombrer la fourrure blanche, en particulier sous et à côté du nez, en utilisant un crayon HB pour introduire une tonalité légèrement plus sombre. Cette étape nous permet également de créer les racines des vibrisses. Assurez-vous de toujours suivre la direction de la croissance des poils. Ombrez les zones où la peau se plie en dessous de la fourrure, en mettant l'accent sur les parties les moins éclairées. Consultez la photo de référence et l'image qui l'accompagne pour mieux saisir les nuances de cette étape.

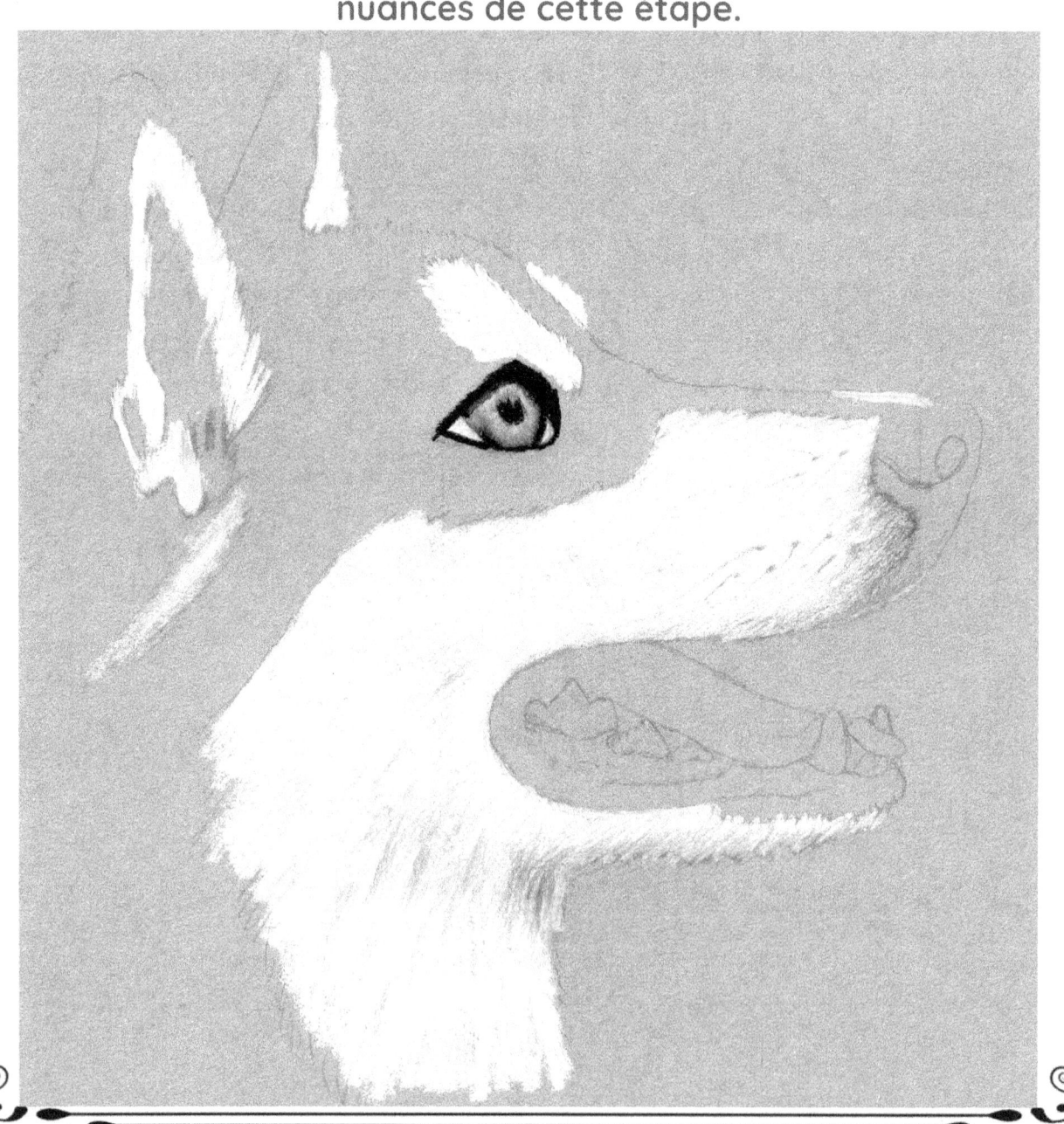

Détails de l'intérieur de l'oreille

Dessinez ensuite la zone interne de l'oreille, en utilisant un crayon HB pour la partie plus sombre et en le mélangeant légèrement avec du fusain blanc. Obtenez une finition homogène en utilisant un crayon mélangeur incolore en cire. Cela conclut notre travail sur la fourrure blanche ; d'autres ajustements pourront être apportés au besoin dans les étapes ultérieures.

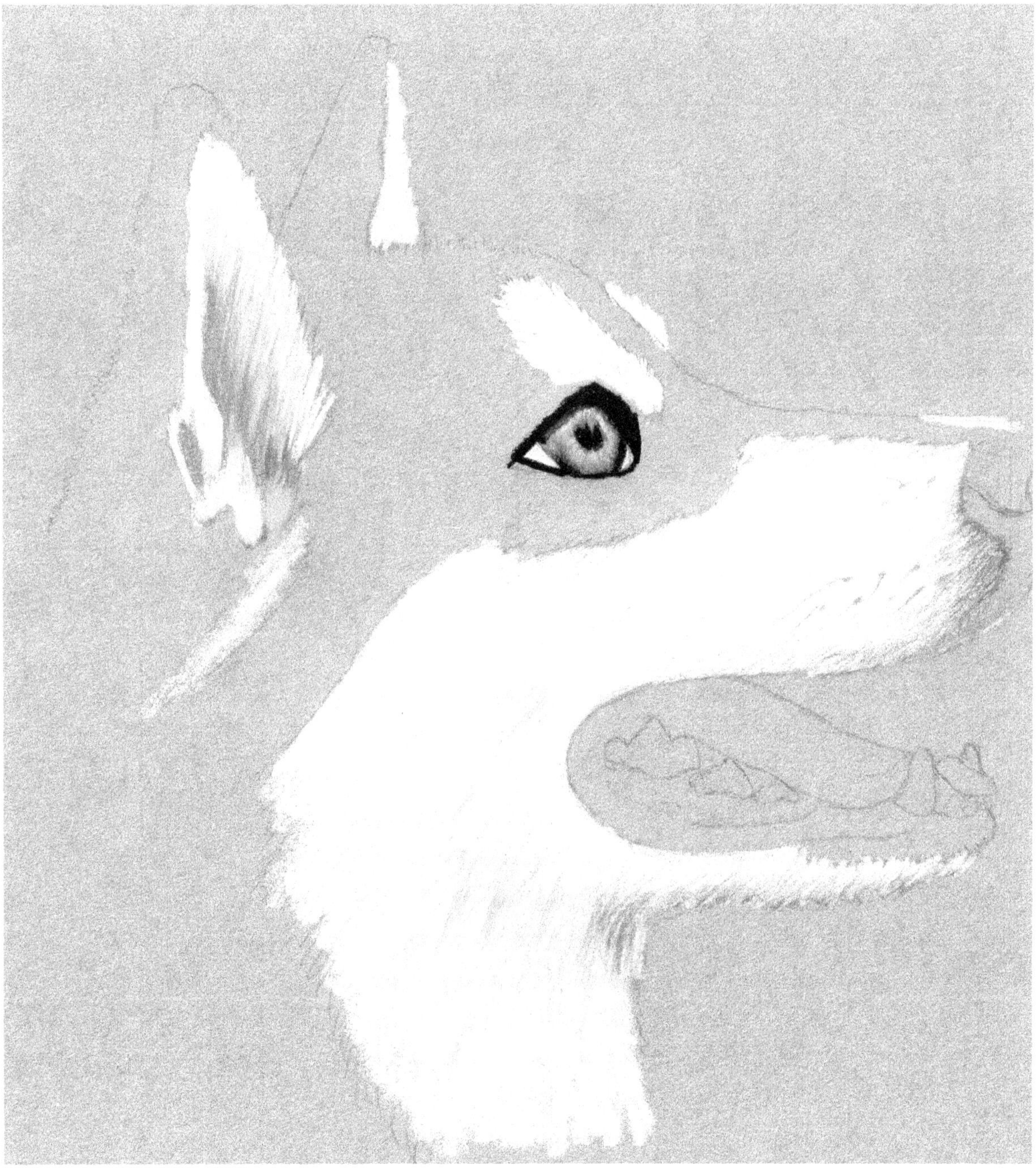

Définition des Ombres de la Truffe

Avant de vous attaquer à la fourrure noire, concentrons-nous sur le dessin de la truffe. Commencez en utilisant un crayon 14B pour accentuer les zones noires, colorant la narine et une petite saillie sur le côté de la truffe, comme illustré dans l'image suivante. Appliquez une pression ferme, veillant à ce que ces zones soient intensément sombres. Il est important de noter que même la peau noire, lorsqu'elle est éclairée, se transforme en nuances de gris, elle ne reste pas totalement noire.

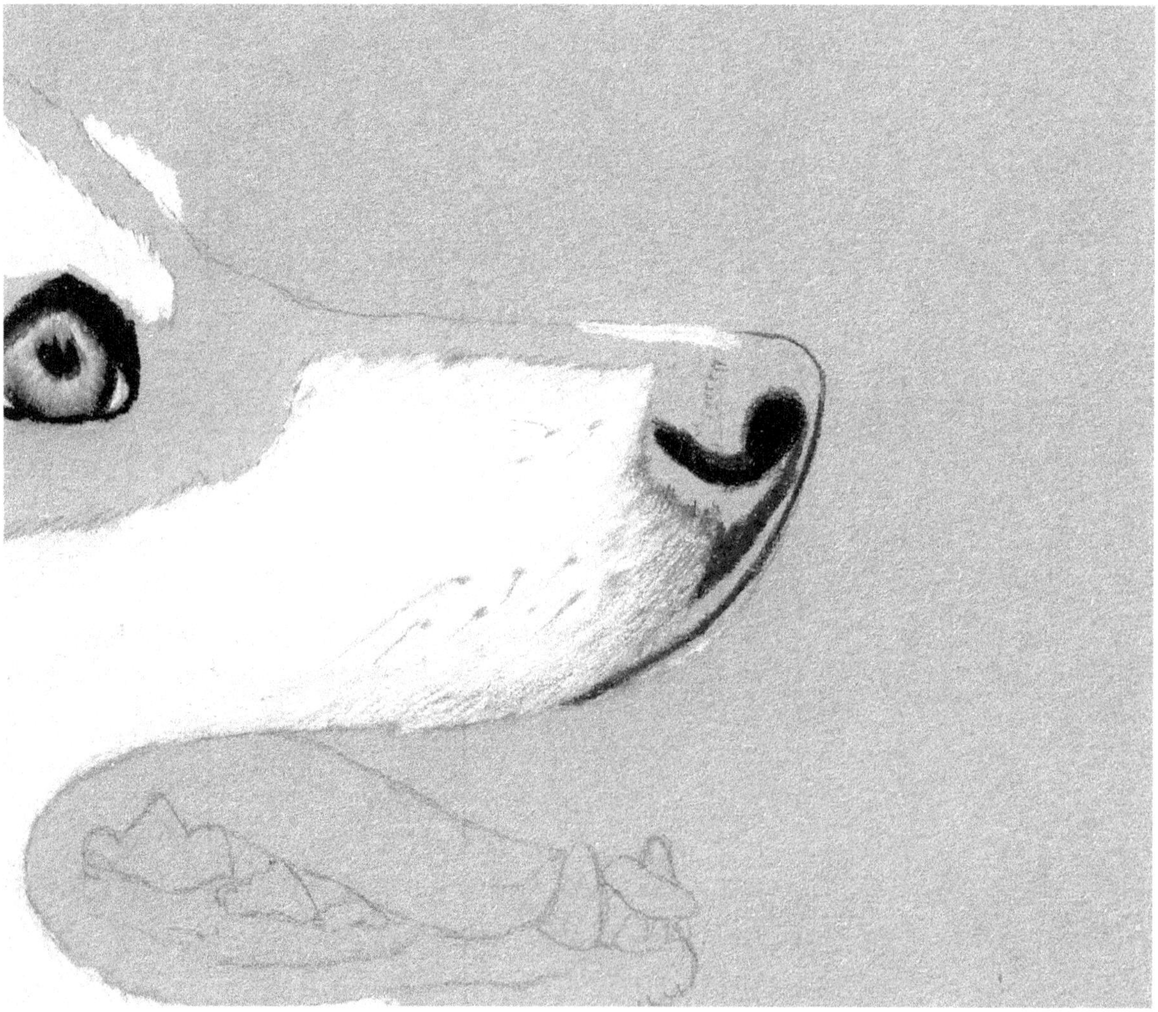

Application de la Teinte de Base

Maintenant, commencez à colorer le reste de la truffe avec un crayon HB. Appliquez la technique du circulisme plutôt que du hachurage pour obtenir une texture uniforme. Le circulisme consiste à dessiner de petits cercles qui se chevauchent jusqu'à ce que toute la zone soit ombrée de manière uniforme.

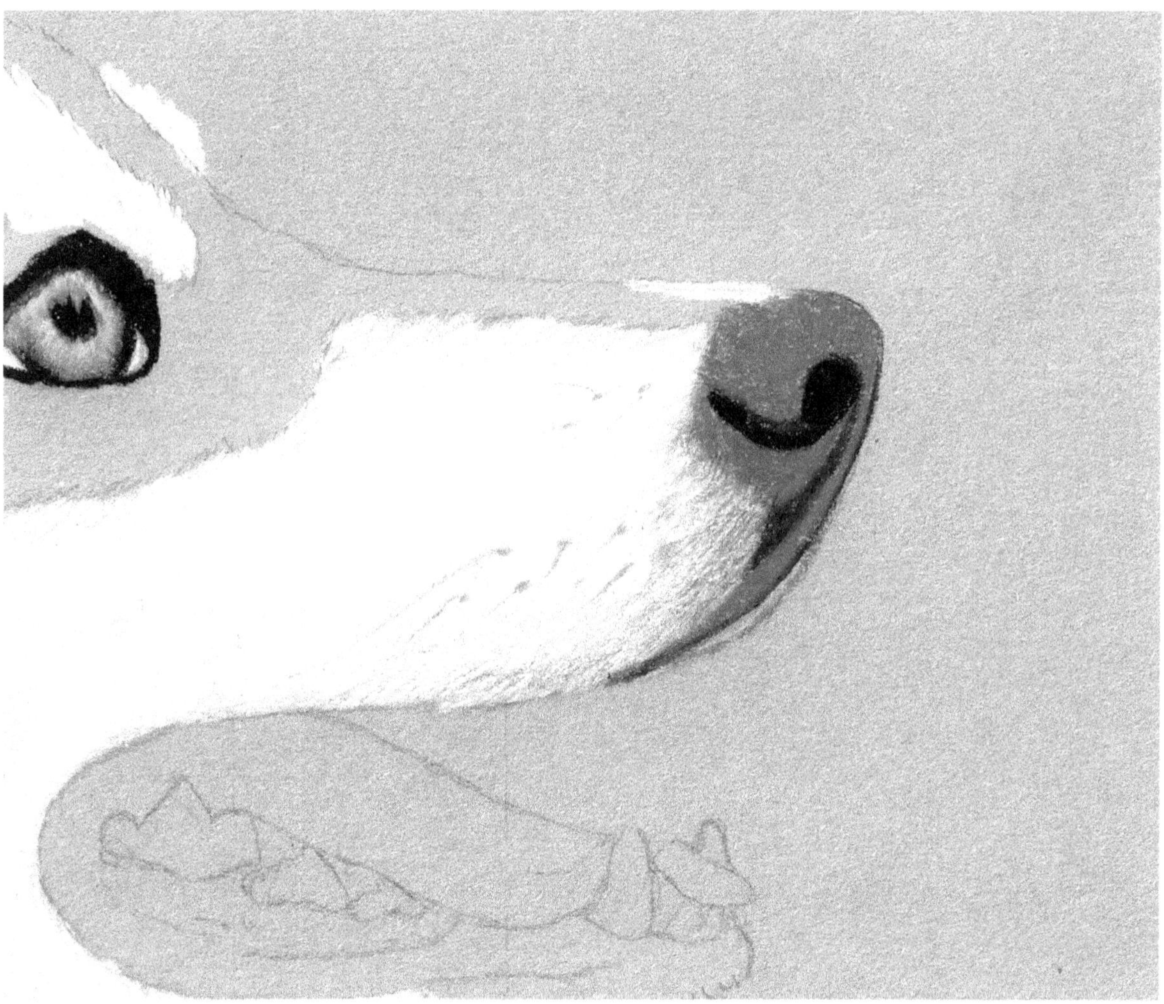

Création de Tansitions Harmonieuses

Pour mélanger harmonieusement les contours entre les zones 14B et HB du nez, utilisez un crayon 4B. Appliquez une pression plus ferme à côté des régions 14B et relâchez progressivement la pression lorsque vous vous en éloignez. Cherchez à obtenir un dégradé lisse pour donner une forme arrondie à la truffe.

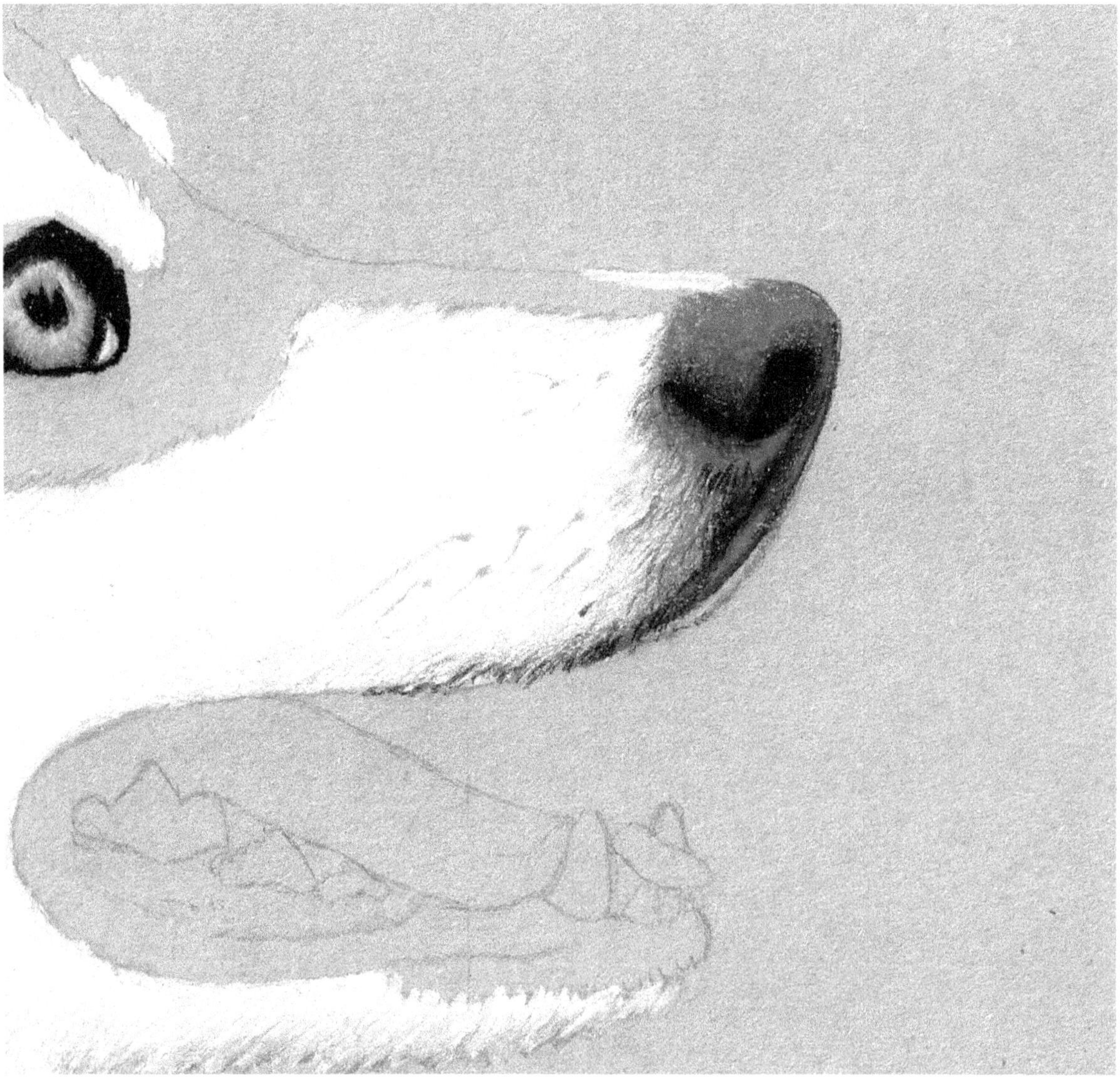

Renforcement des Reflets sur la Truffe

Enfin, pour améliorer l'effet global, retirez délicatement du graphite des parties sélectionnées à l'aide d'une gomme mie de pain pour créer des reflets subtils sur le haut de la truffe.

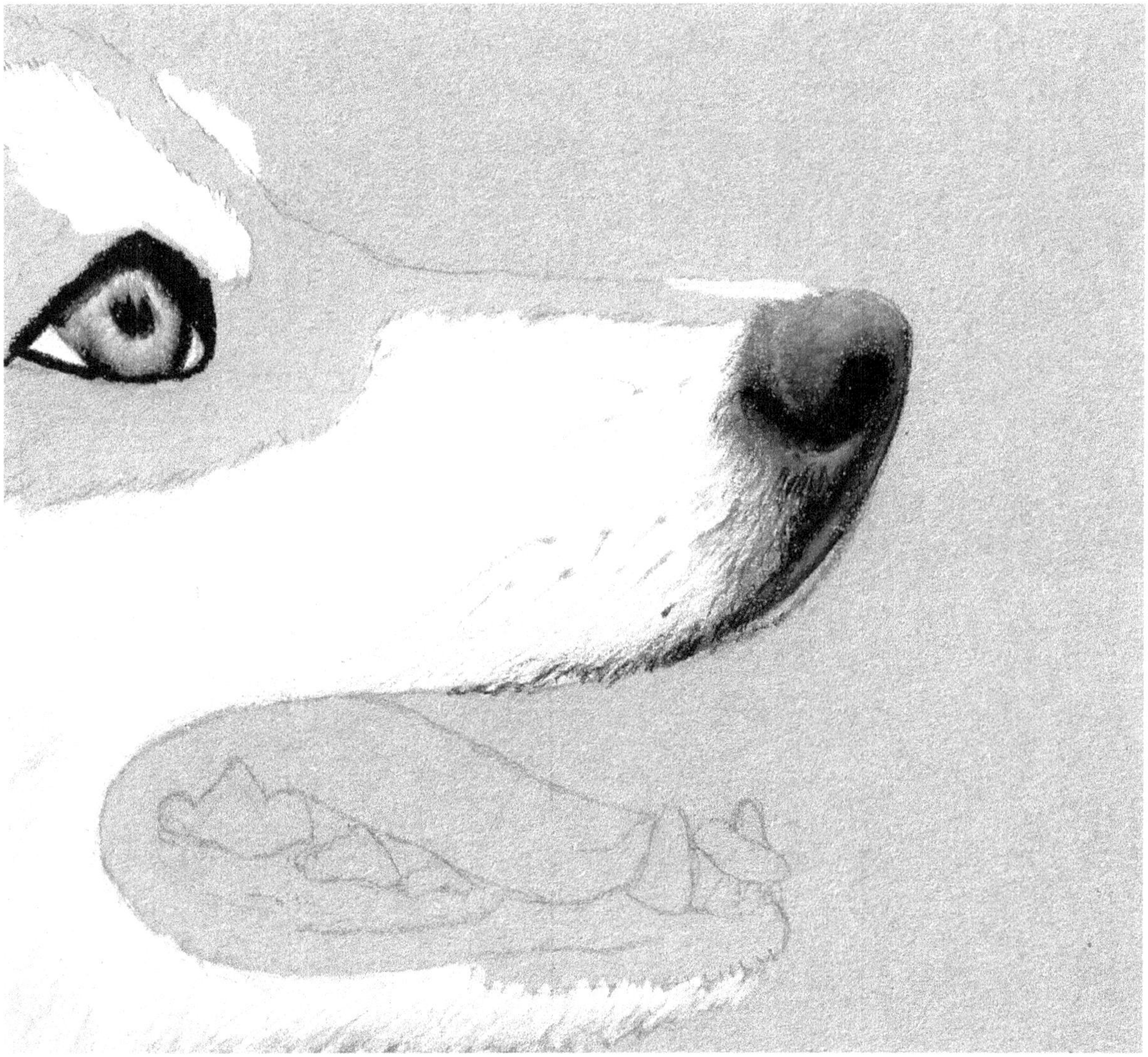

Identification des Reflets des Zones Noires

Passons maintenant au dessin des parties noires de la fourrure. Vous vous souvenez lorsque nous avons déplacé le curseur vers Highlights dans le Highlight & Shadow Isolator Online Free Tool afin d'identifier les zones totalement blanches de la fourrure blanche ? Nous devons maintenant faire l'inverse et déplacer le curseur vers Shadows pour voir quelles parties sont complètement noires et lesquelles sont grises.

Sur la capture d'écran, vous pouvez constater que cet outil m'a montré que seules quelques zones de la fourrure sont réellement noires.

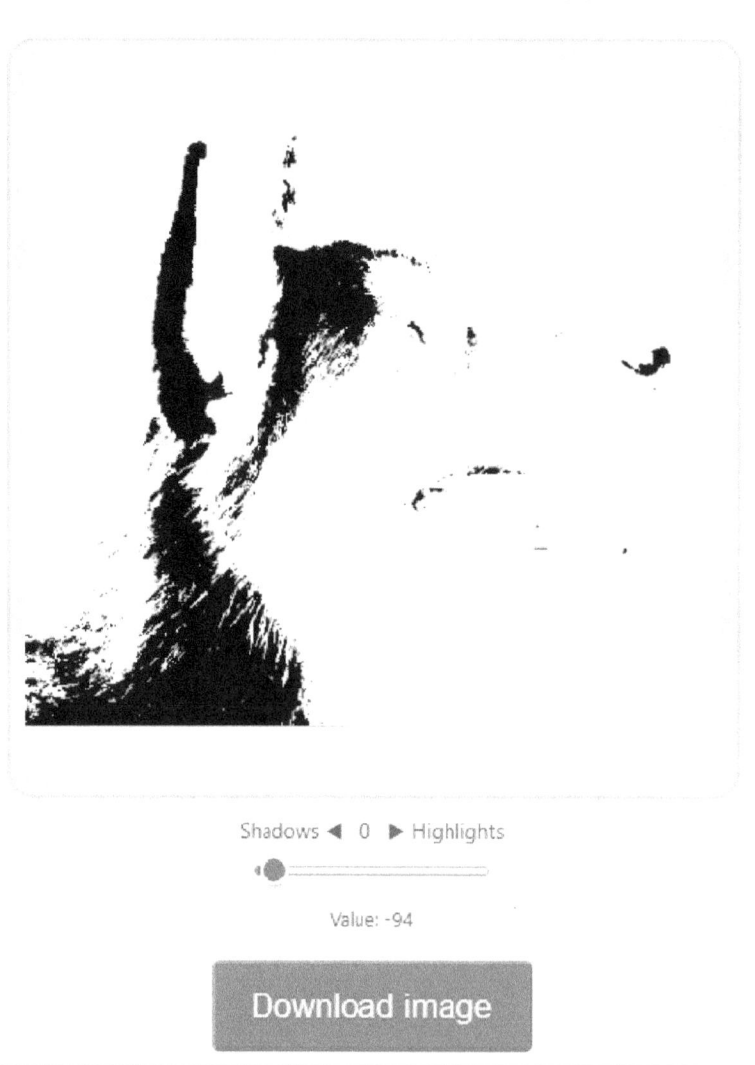

Shadows ◄ 0 ► Highlights

Value: -94

Download image

Dessin de la Fourrure la Plus Sombre

Maintenant, utilisez un crayon 14B pour esquisser les parties les plus sombres, en suivant la direction du flux des poils.

Consultez l'image suivante pour identifier les zones spécifiques que j'ai ombrées avec ce crayon.

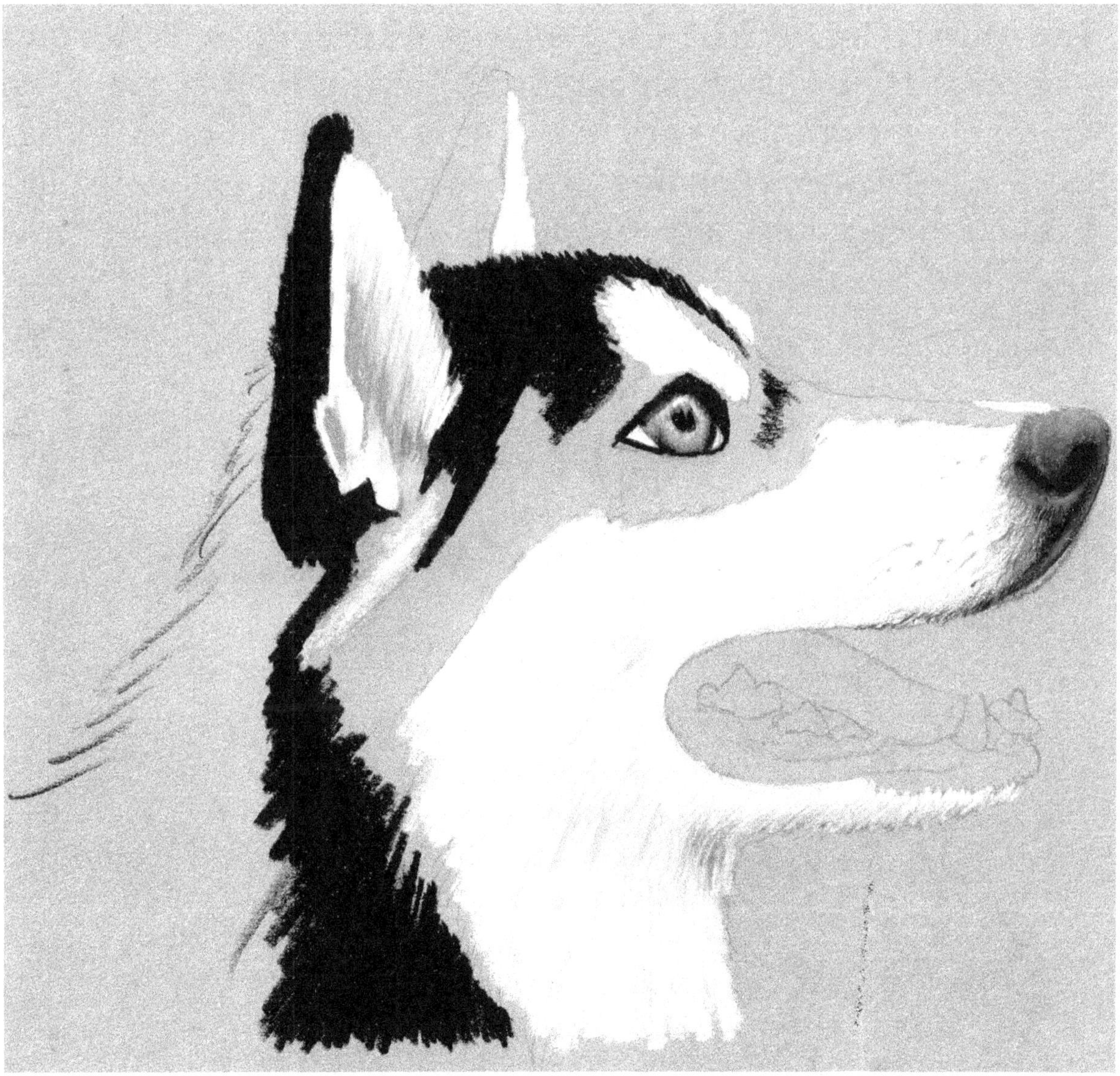

Ombrage avec un Crayon 6B

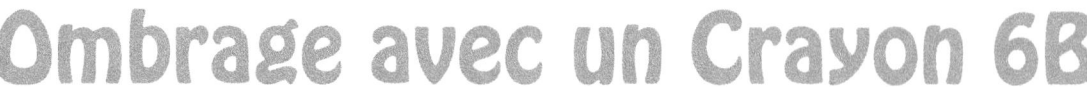

Ensuite, commencez à ombrer le reste de la fourrure avec un crayon 6B, qui, bien que toujours sombre, est légèrement plus clair que le 14B. Maintenez la pratique constante de suivre la direction naturelle de la croissance des poils. Étendez l'ombrage pour couvrir même les zones où de petits poils blancs peuvent être présents, comme au-dessus de l'œil. Il est essentiel de noter que la simple présence de quelques poils blancs ne catégorise pas toute la section comme blanche. Par conséquent, appliquez généreusement le crayon plus foncé et prévoyez d'incorporer ces quelques poils blancs plus tard à l'aide d'un marqueur blanc. Bien que la différence entre le 14B et le 6B ne soit peut-être pas évidente dans mon dessin scanné, vous remarquerez la distinction de manière plus marquée dans votre propre œuvre.

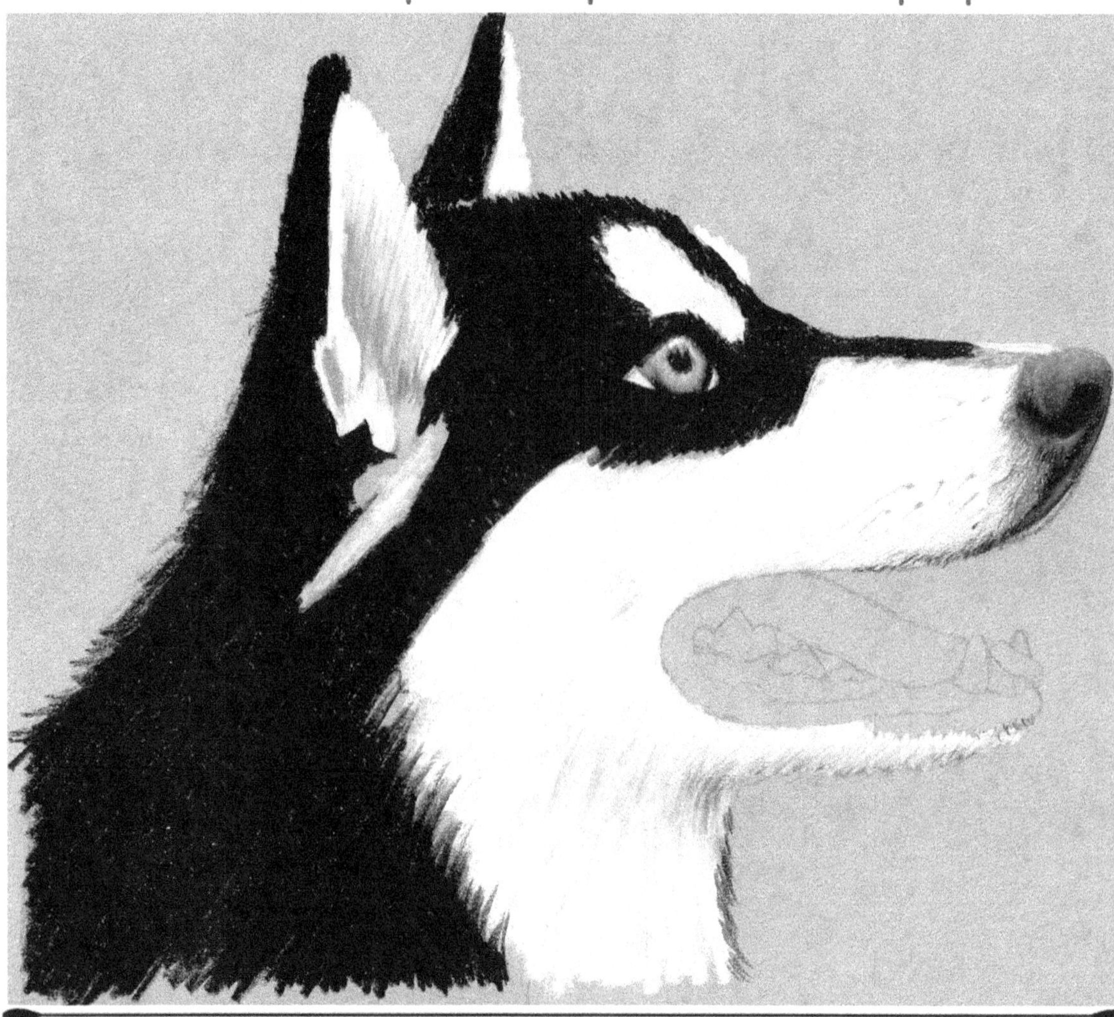

Mise en Lumière de la Fourrure Sombre

Il est temps de créer des reflets avec une gomme sur la fourrure sombre et au niveau de zones telles que le dessous de l'œil, le sommet du museau, le sommet de la tête et le dos.

Essentiellement, les zones saillantes qui reçoivent plus de lumière doivent être éclaircies en éliminant une partie du graphite.

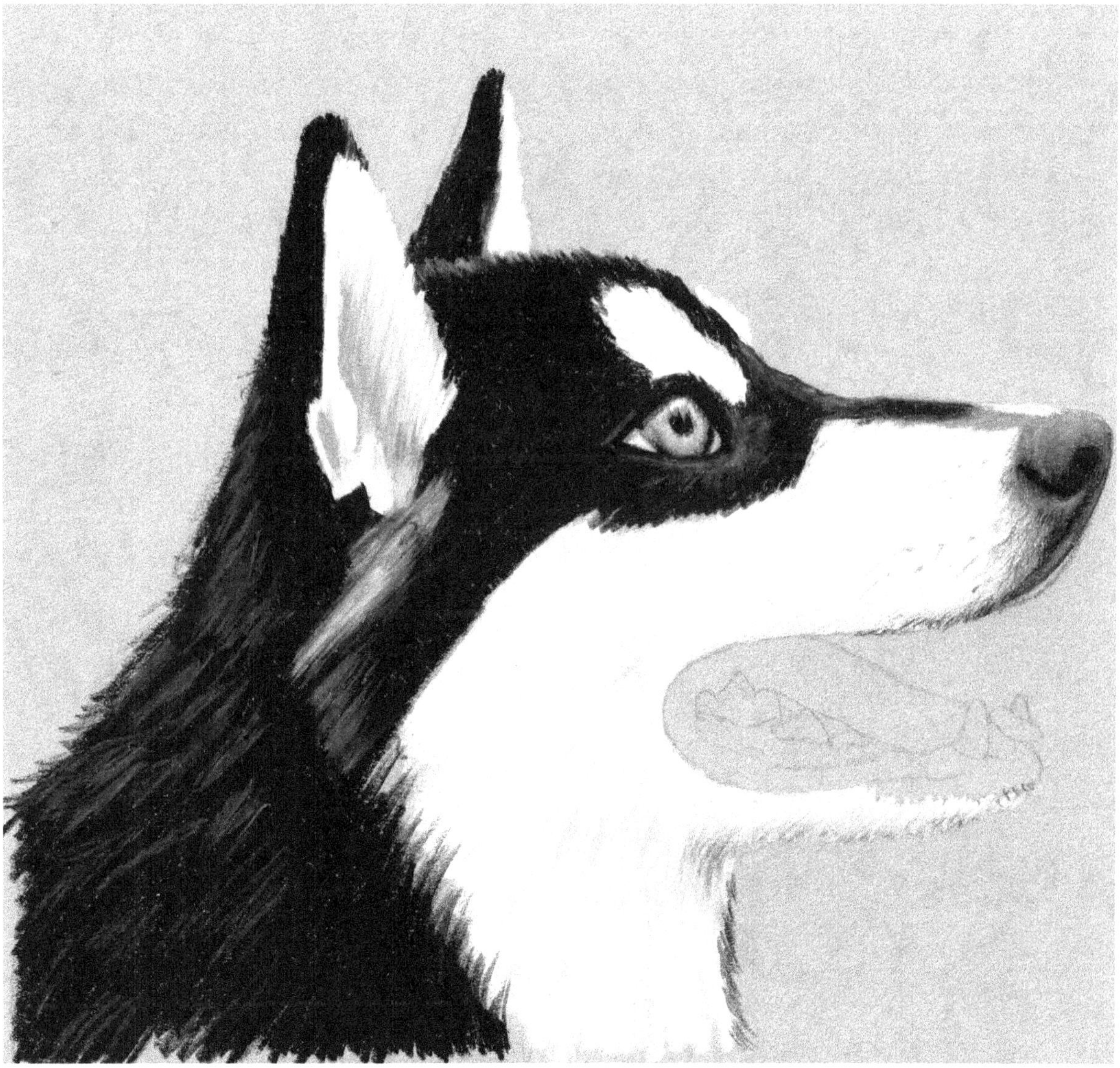

Adoucir l'apparence

Pour cette prochaine étape, adoucissons le contour extérieur de la fourrure noire. Initialement, je me suis concentré uniquement sur l'application de la couleur principale de la fourrure sombre, négligeant la partie extérieure. Maintenant, la ligne entre la fourrure et l'arrière--plan est trop nette. Nous devons l'adoucir en ajoutant des petits poils qui dépassent de la fourrure, et pour cela, j'utilise un crayon mélangeur incolore en cire de Prismacolor. Prenez la pointe effilée du crayon mélangeur incolore en cire et faites-la glisser le long du bord de la fourrure noire, en la déplaçant vers l'extérieur avec des traits rapides et assurés. Consultez l'image ci-dessous pour voir comment j'ai adouci les contours extérieurs. Cette étape donnera aux bords extérieurs de la fourrure un aspect doux et duveteux. Certains poils doivent être plus courts, notamment autour de l'oreille et du front, et certains doivent être plus longs, surtout sur le dos. Vous pouvez voir que le contour extérieur a maintenant l'air beaucoup plus naturel.

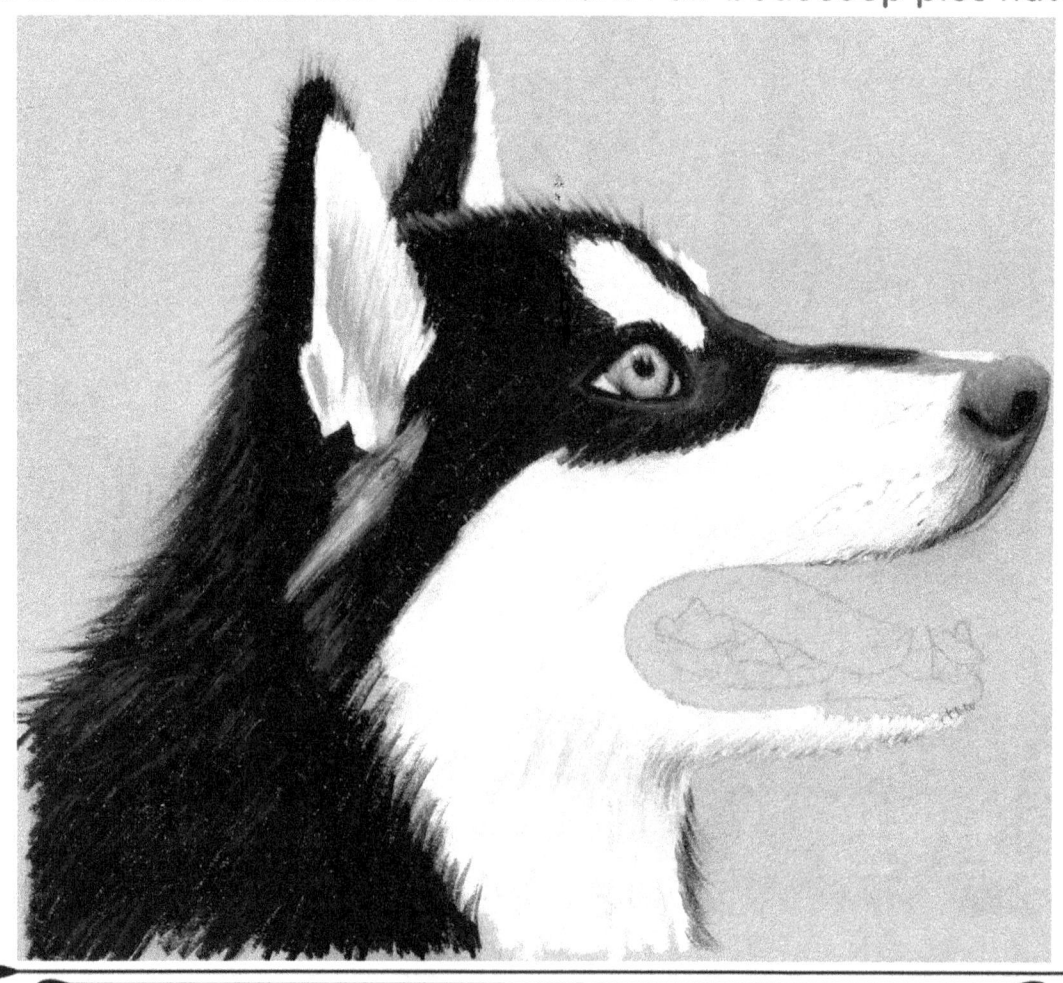

Transition du Noir au Blanc

À présent, attaquons la transition entre la fourrure noire et blanche nous nous avions parlé. De manière similaire à notre approche dans l'étape précédente, nous devons adoucir la frontière entre ces deux couleurs. Placez la pointe de votre crayon mélangeur incolore en cire sur la fourrure noire et, avec des traits dirigés vers l'intérieur, mélangez-la avec la fourrure blanche. Soyez attentif à la direction de la croissance des poils pour un aspect naturel. Pour plus de profondeur, envisagez d'utiliser un crayon sombre comme le 4B pour dessiner quelques poils sur le bord, puis mélangez-les de manière homogène. En particulier près de l'oreille, placez la pointe du crayon mélangeur incolore en sur la zone noire. Dessinez des lignes vers l'intérieur vers la fourrure blanche de l'oreille, créant ainsi un mélange harmonieux entre ces deux couleurs contrastées.

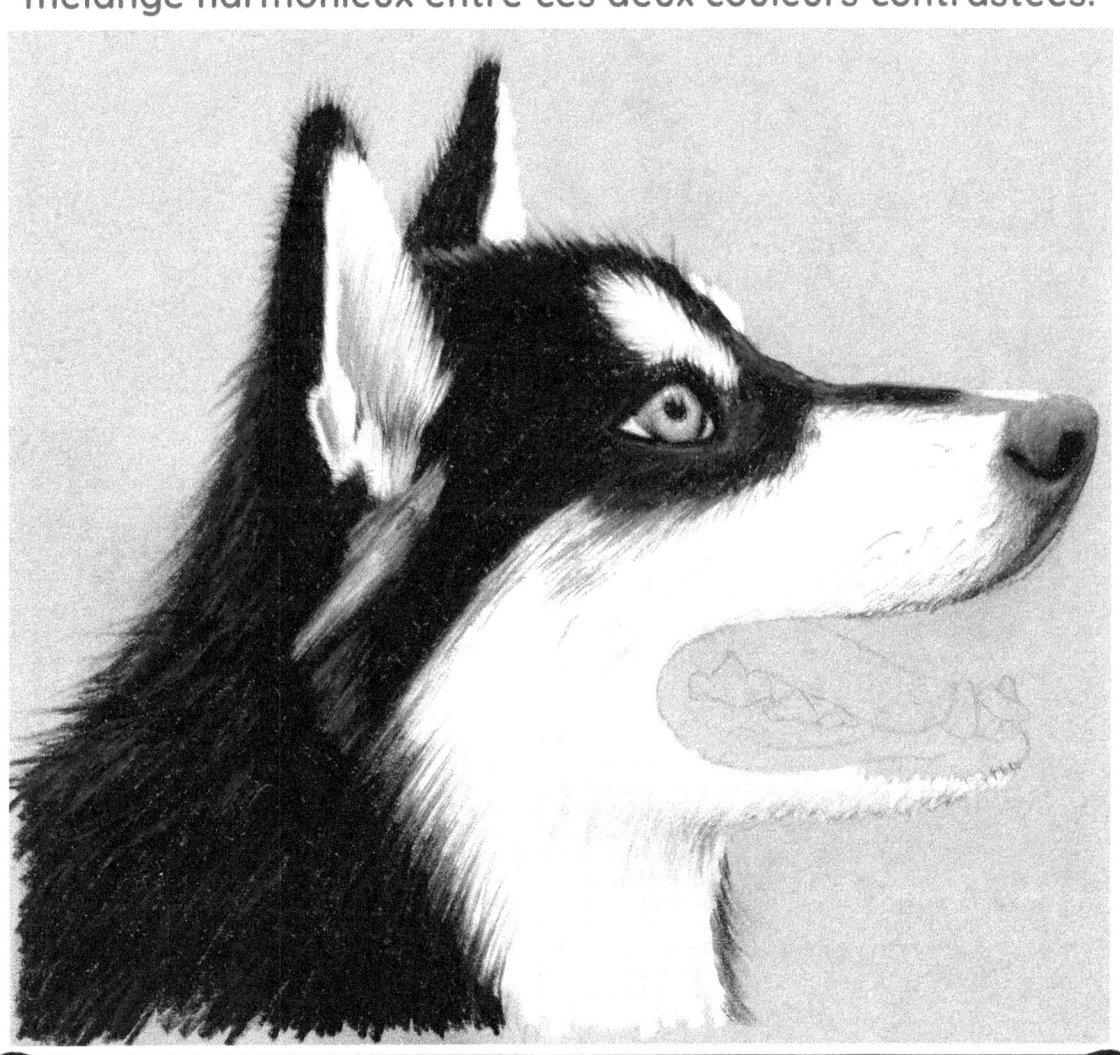

189

Poils Blancs sur la Fourrure Sombre

Adoucissez les contours de la fourrure blanche de manière similaire à ceux de la fourrure noire, en utilisant un fusain blanc bien affûté pour de meilleurs résultats. Concentrez-vous sur les zones au-dessus de l'œil et du côté droit des oreilles. Ensuite, dessinez des poils blancs sur la fourrure noire près de la transition de couleur à l'aide d'un marqueur blanc opaque ou d'un stylo gel à encre blanche. Nettoyez régulièrement la pointe du stylo sur une autre feuille pour éviter qu'elle ne ramasse des résidus noirs. Pour contrôler la luminosité, tapotez doucement les poils fraîchement dessinés avec votre doigt pendant qu'ils sont encore humides. Si des poils blancs indésirables apparaissent, vous pouvez les éliminer facilement avec votre ongle ou un cutter. Nous dessinerons les vibrisses blanches après avoir terminé la bouche, en dernière étape.

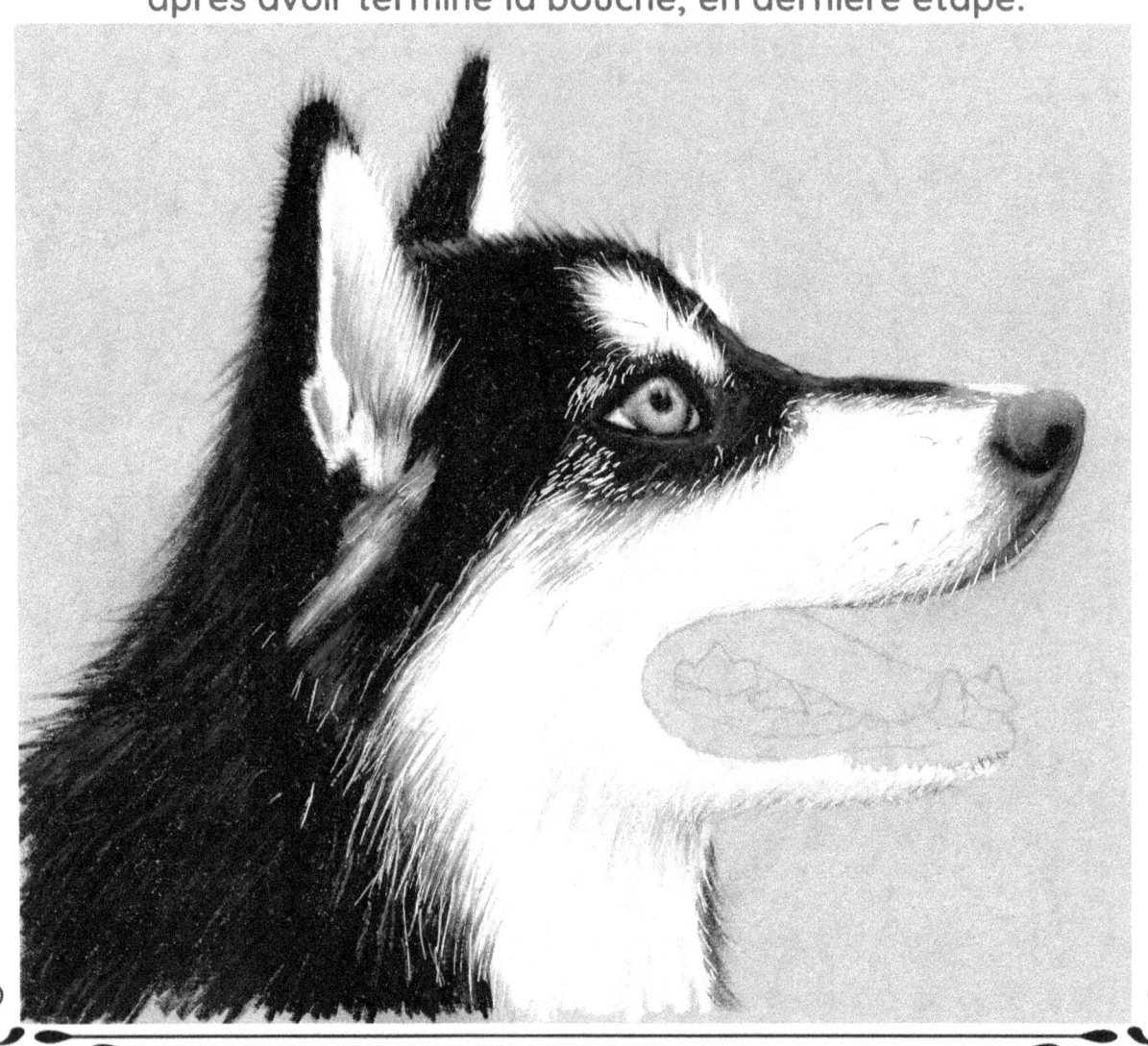

Coloriage des Dents

Maintenant, concentrons-nous sur la touche finale – la bouche. Commencez par colorer soigneusement les dents avec un crayon fusain blanc ou un marqueur blanc opaque. Ensuite, passez délicatement sur les parties ombrées des dents avec un crayon HB, appliquant une légère pression pour un ombrage subtil. Cette étape apporte plus de précision aux détails, complétant le raffinement global de votre dessin.

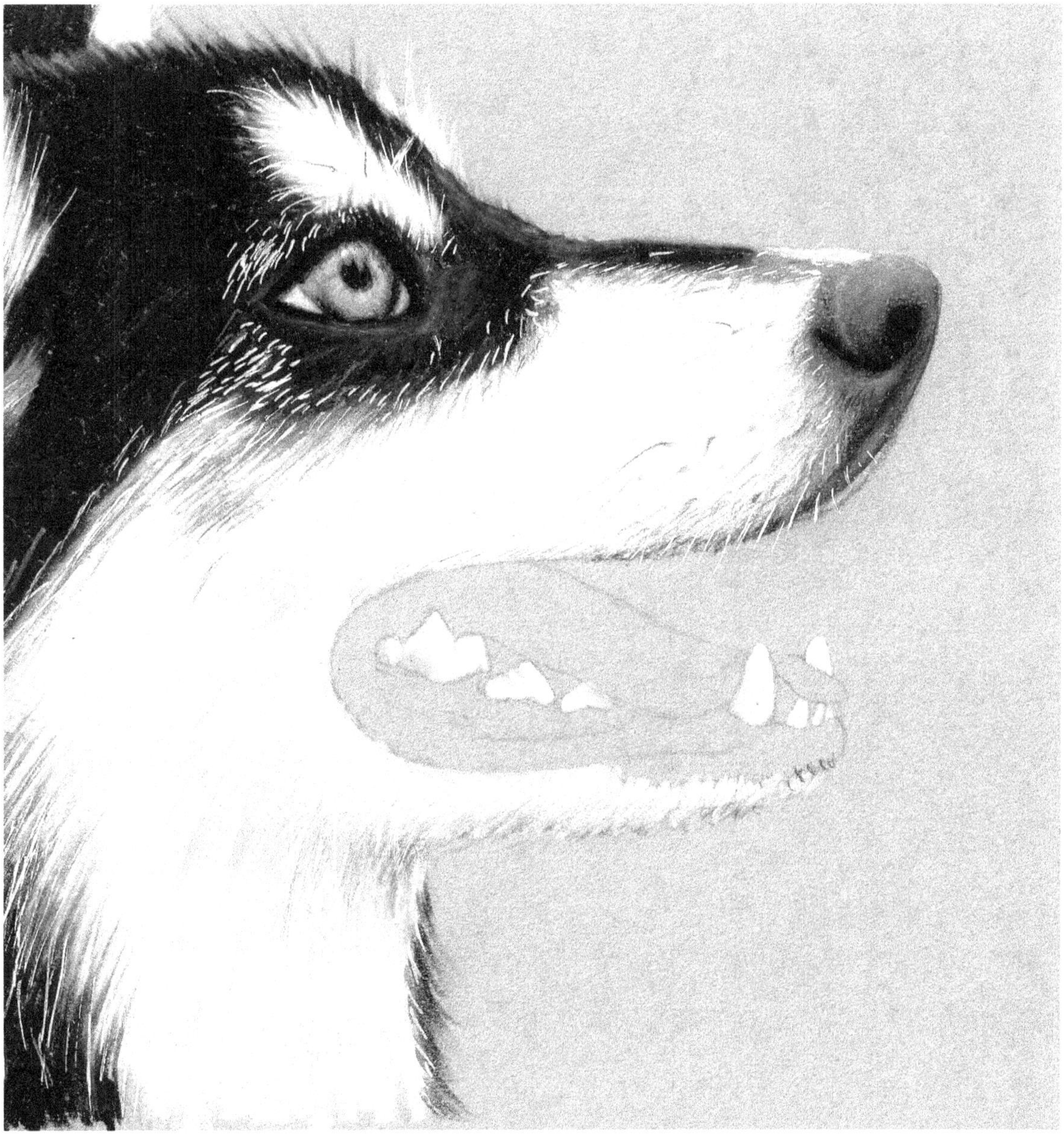

Ombrage de la Langue

Poursuivez en ombrant la langue, en suivant le guide visuel dans l'image suivante. Utilisez un crayon HB pour une profondeur nuancée et un réalisme accru. Le choix vous appartient – ajoutez davantage de détails ou maintenez la simplicité actuelle. Gardez à l'esprit qu'un dessin de qualité n'est pas nécessairement le plus complexe. Votre œuvre préférée est généralement celle qui résonne le plus avec vous. Efforcez-vous de créer une œuvre qui satisfait vraiment votre vision artistique.

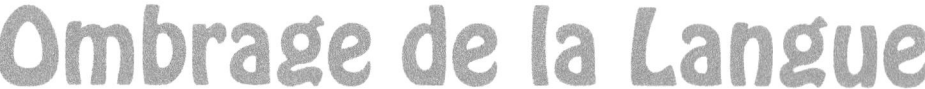

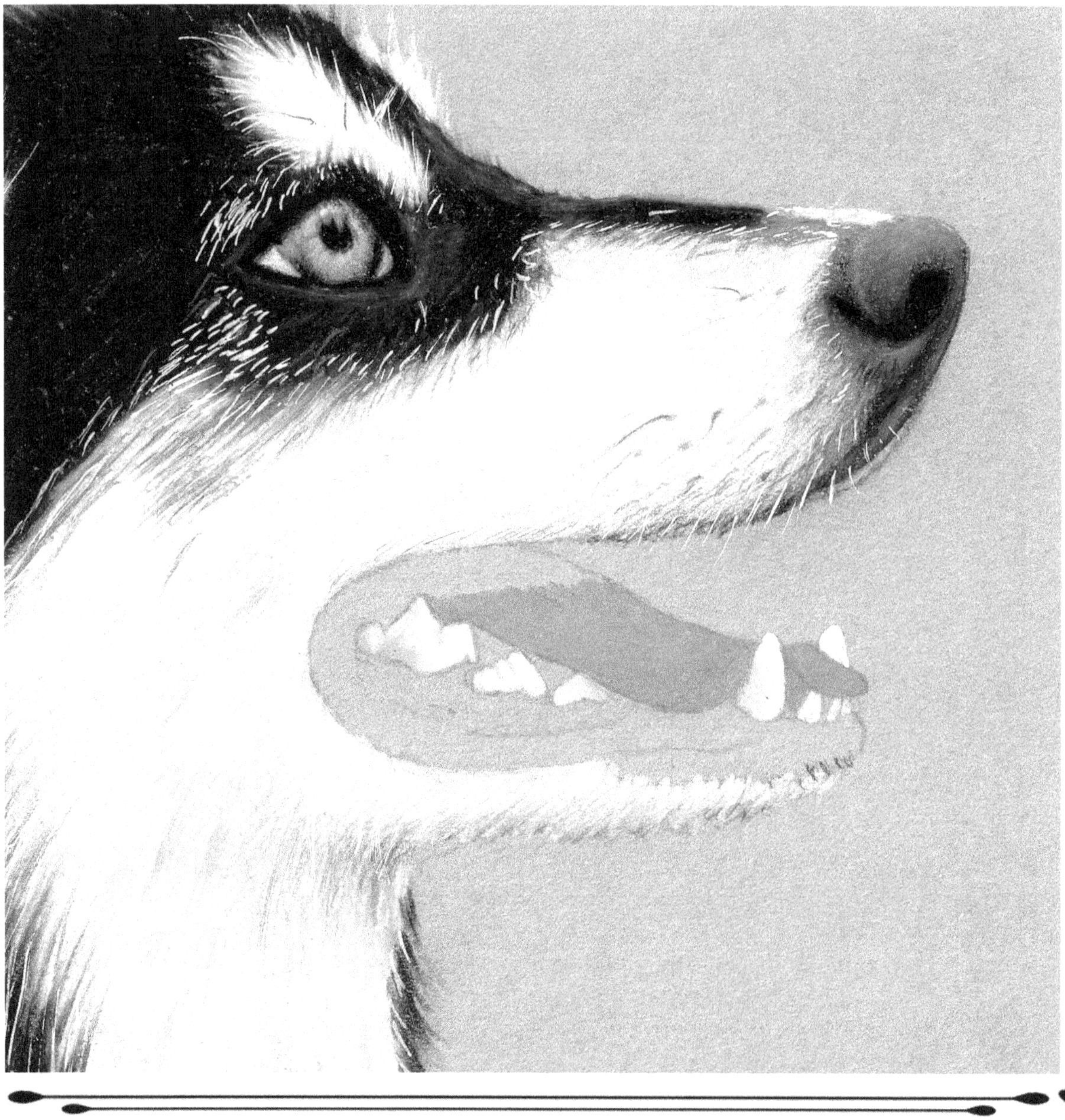

Ombrage Précis de la Bouche

Ombrez les zones restantes de la bouche, de la peau environnante et de la gencive noire autour des dents, à l'exception de la section à côté de la langue. Prenez un crayon 14B et appliquez une pression ferme pour des ombres intenses.

Pour maintenir la forme originale des dents et de la langue, faites preuve de précision et contournez-les soigneusement, en utilisant un crayon bien affûté.

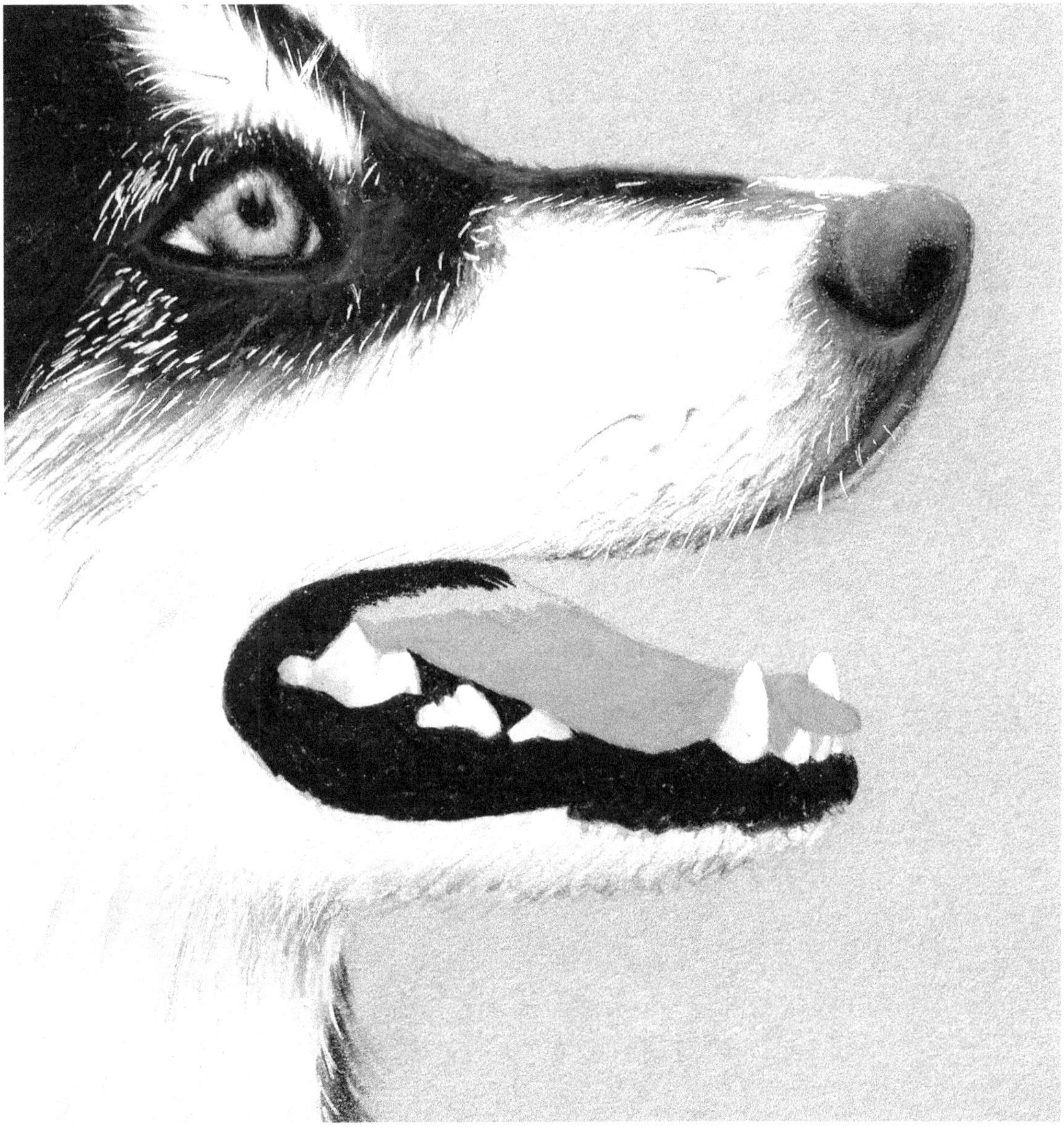

Estompage de la Langue

Faites en sorte d'obtenir une transition fluide à mesure que la zone HB de la langue se fond progressivement dans la zone 14B ombrée précédemment. Utilisez un crayon 4B pour relier les zones HB et noire, en appliquant une pression ferme sur la section noire et en relâchant progressivement en atteignant le bord de la zone HB. Cette technique crée un dégradé fluide entre les deux, améliorant le réalisme global. Étendez votre ombrage à la partie inférieure de la langue, en traitant l'ombre projetée par les canines. Intensifiez progressivement l'ombre dans la partie inférieure tout en la maintenant plus légère à côté de l'ombrage initial en HB. Cette technique améliore la rondeur des bords de la langue, contribuant à une représentation plus réaliste.

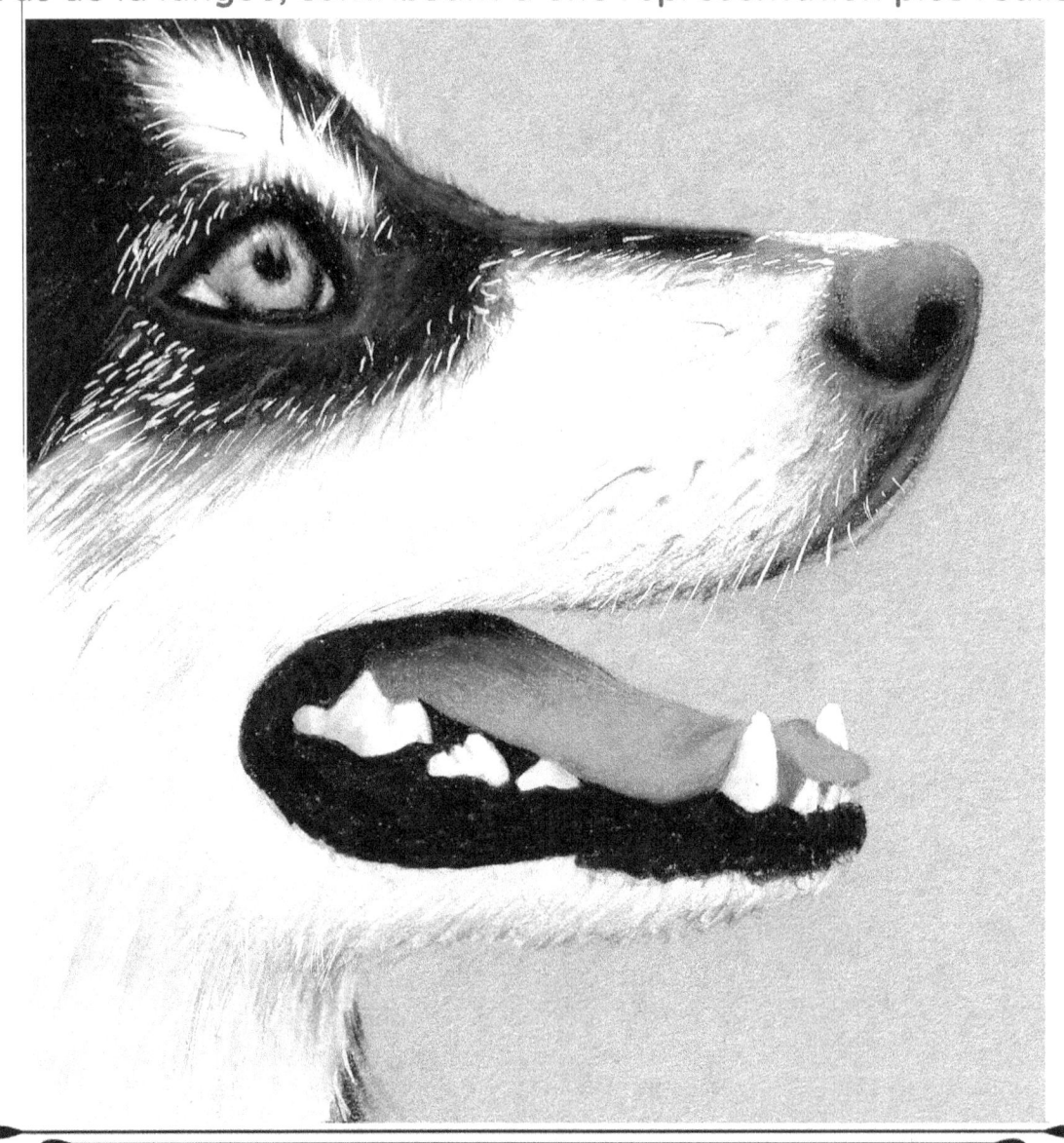

Ajout de Reflets et des Vibrisses

Terminez votre dessin en ajoutant des reflets aux gencives, à la langue et aux zones ombrées en utilisant un effaceur avec une pression ferme. Appuyez pour faire ressortir ces points.

Pour la touche finale, dessinez les vibrisses au-dessus de la bouche et dessinez le contour de la zone de la bouche ouverte, en suivant la photo de référence. Utilisez un marqueur blanc ou un stylo gel à encre blanche pour cette étape afin de lui donner ce petit quelque chose en plus et de rendre votre dessin complet.

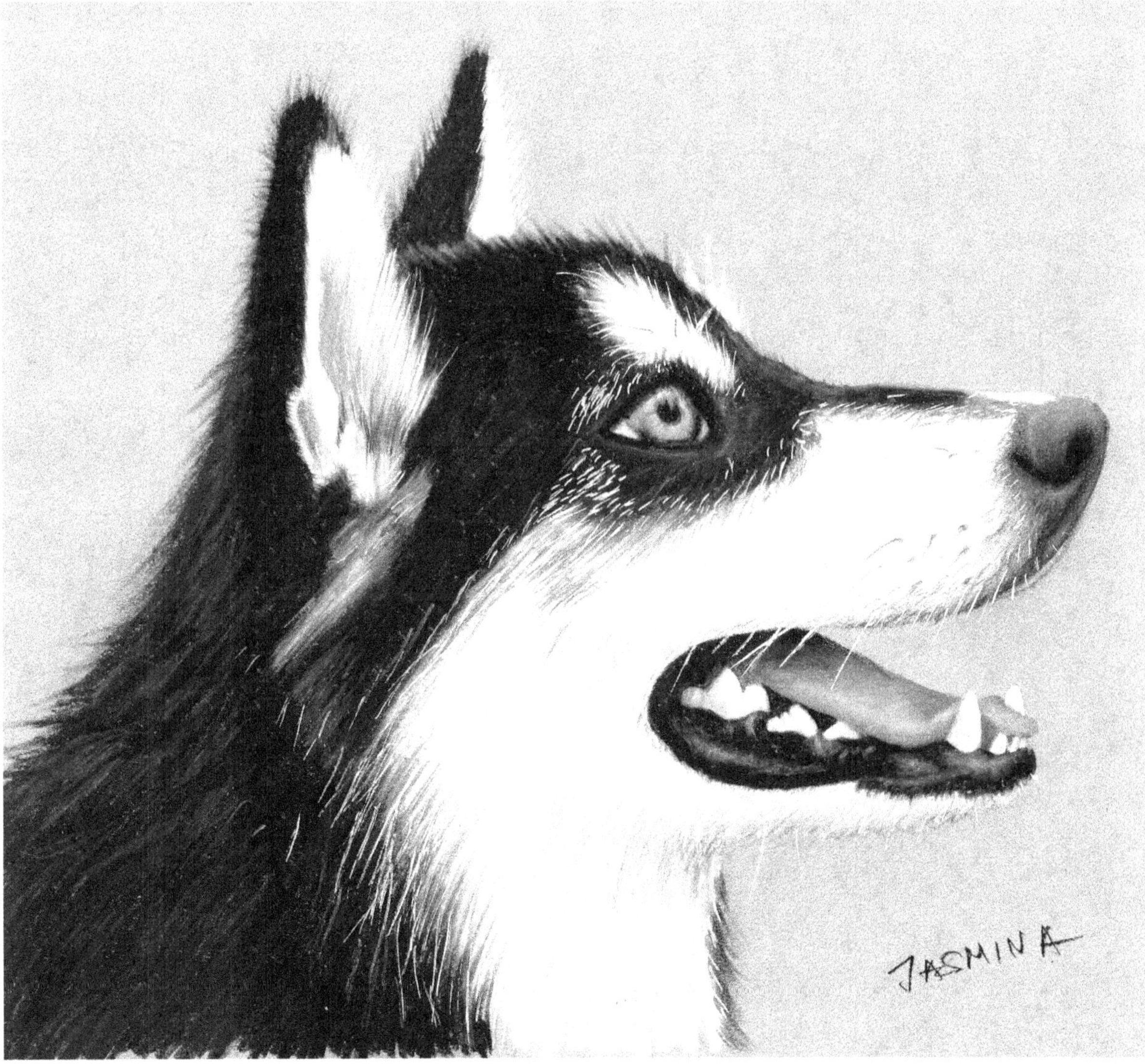

Comment Dessiner un Tigre

Dessiner un tigre à partir d'une photo de référence offre une opportunité de se concentrer sur le développement de ses compétences d'observation et de sa maîtrise technique. Les tigres, en tant que sujets, présentent des détails complexes qui poussent les artistes à perfectionner leurs compétences et à améliorer leurs capacités artistiques en travaillant sur les détails, les textures et les proportions. Le dessin d'un tigre permet également une étude approfondie des caractéristiques uniques de l'animal, favorisant une compréhension plus profonde de la faune et sensibilisant potentiellement à l'importance de la conservation.

La photo de Référence

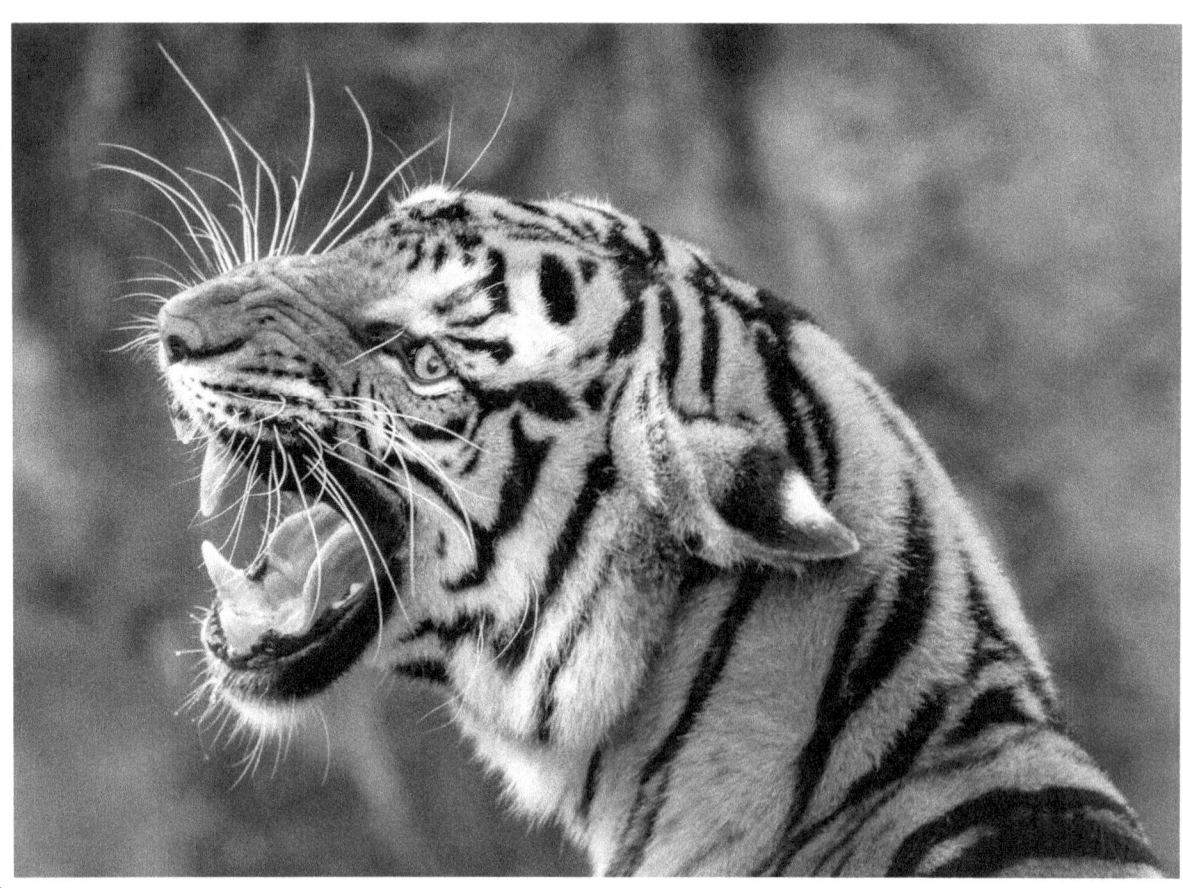

Esquisse et Formes de Base

Explorez vos compétences en dessin en représentant ce tigre sur du papier gris, permettant au pelage blanc et aux vibrisses de ressortir. Travailler sur un fond ton sur ton ajoute non seulement de la profondeur, mais offre également une opportunité unique de développer votre technique artistique. Je recommande le papier Clay de Fabriano ou le papier gris ton sur ton Strathmore pour cela. Sur l'image suivante, vous trouverez mon croquis au crayon après avoir retiré les lignes de la grille. Pour guider mon processus d'ombrage, j'ai marqué les rayures noires distinctives avec un 'X'. Cela sert de référence utile, assurant la précision et permettant une approche ciblée lors de l'ajout des détails d'ombrage.

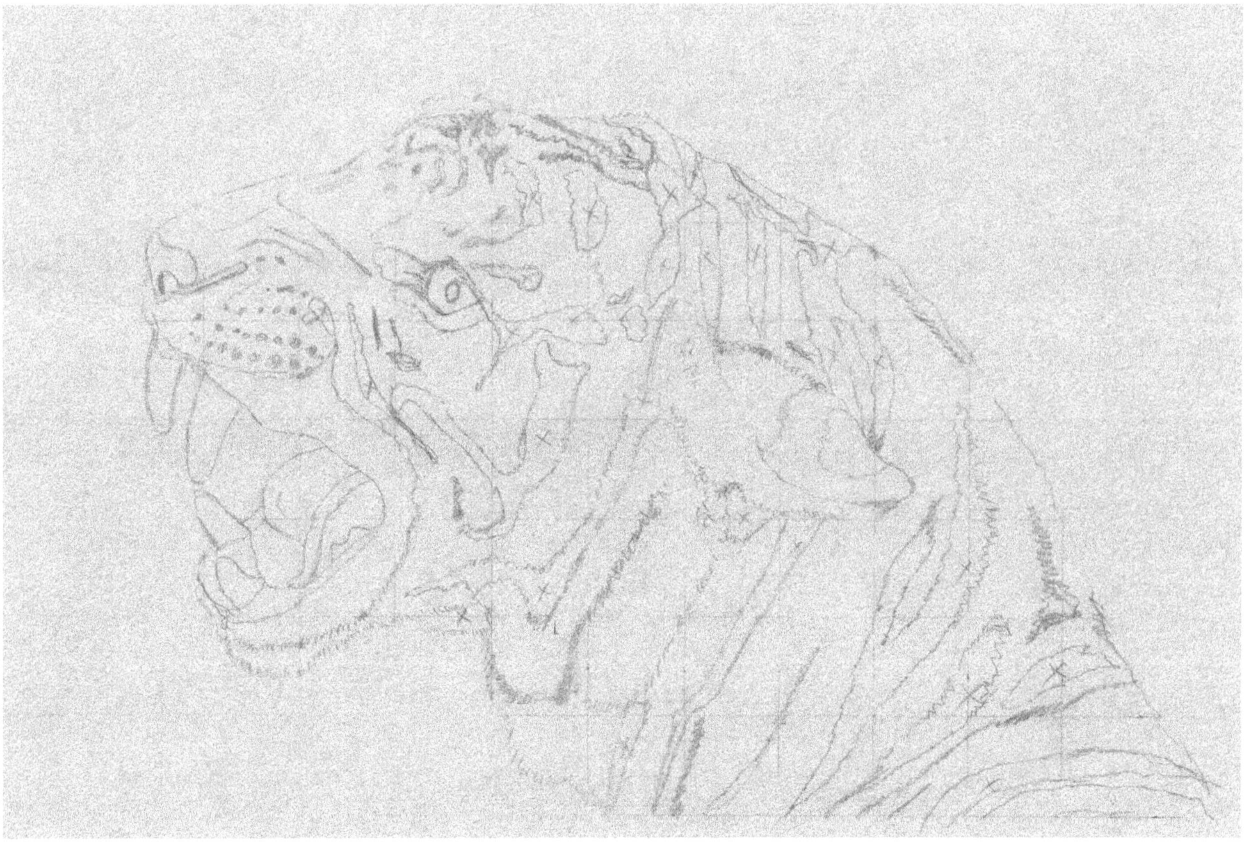

Yeux Captivants

Commencez par donner vie au tigre à travers ses yeux.
Commencez par colorer la pupille avec un crayon 14B pour sa
profondeur. Ensuite, ajoutez des reflets sur l'iris couleur gris
papier en utilisant soit du fusain blanc, soit des marqueurs
blancs opaques. Ce contraste subtil sur papier gris intensifiera
le regard et créera un effet captivant.

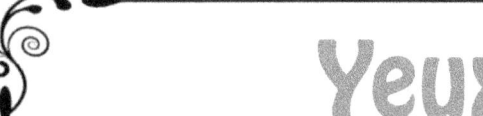

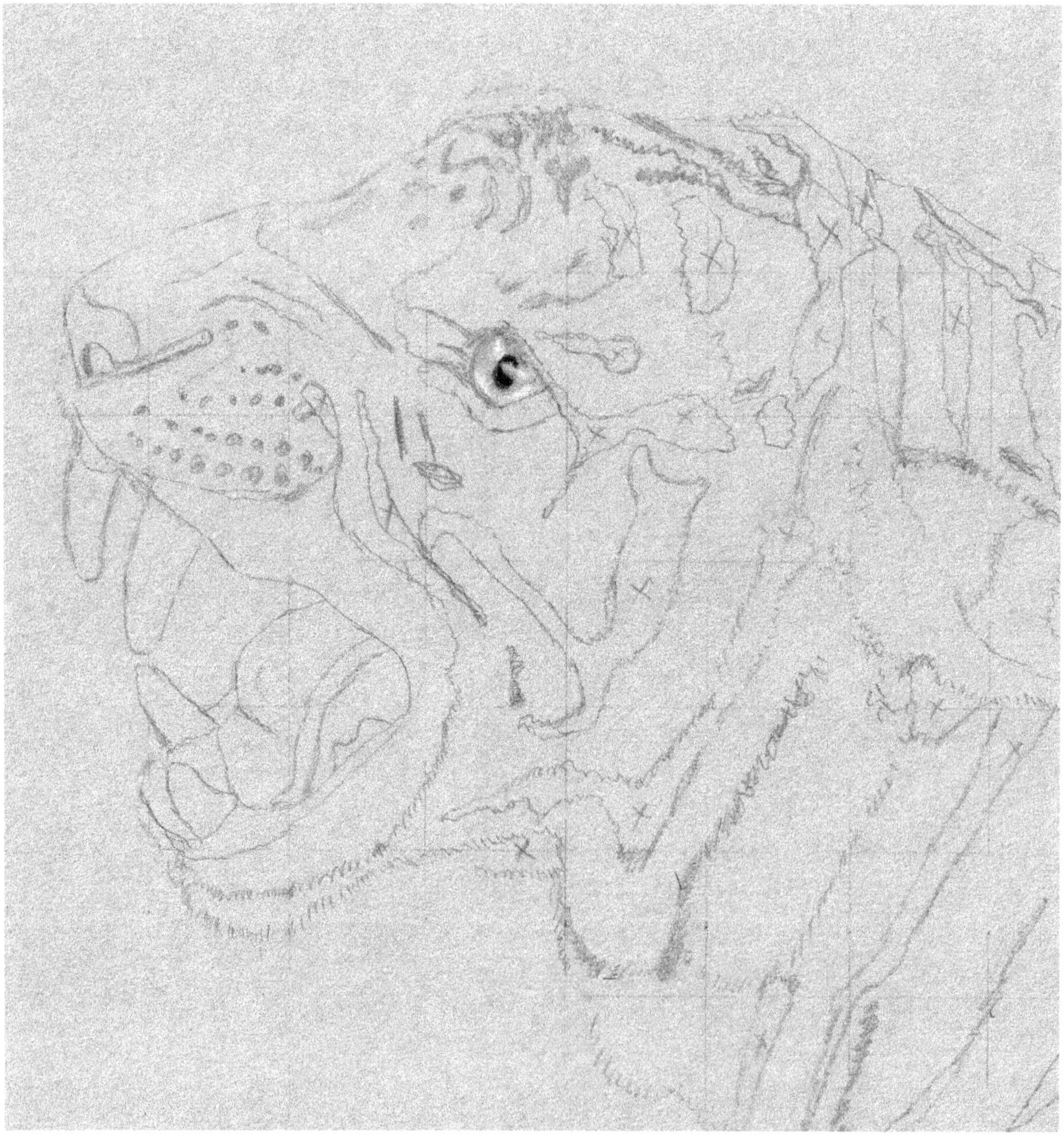

Ombrage des Éléments les Plus Sombres

Procédons à l'ombrage des éléments les plus sombres en utilisant un crayon 14B. Cela inclut les rayures noires et d'autres zones telles que la peau autour du museau, du canal lacrymal et des narines. Appliquez une pression ferme pour obtenir une couleur noire intense, en veillant à suivre la direction de la croissance et du flux des poils. Portez une attention particulière à l'ombrage du nez et du museau pour maintenir leurs formes proportionnelles. Cependant, lors de la coloration des rayures, n'hésitez pas à vous détendre, car elles n'ont pas besoin de correspondre précisément à la photo de référence. Cette étape peut prendre du temps, alors ne vous précipitez pas. Appuyer fort pendant une période prolongée peut causer de l'inconfort, alors prenez des pauses toutes les 10 à 15 minutes. Sur l'image ci-dessous, vous pouvez observer l'ombrage terminé des zones noires.

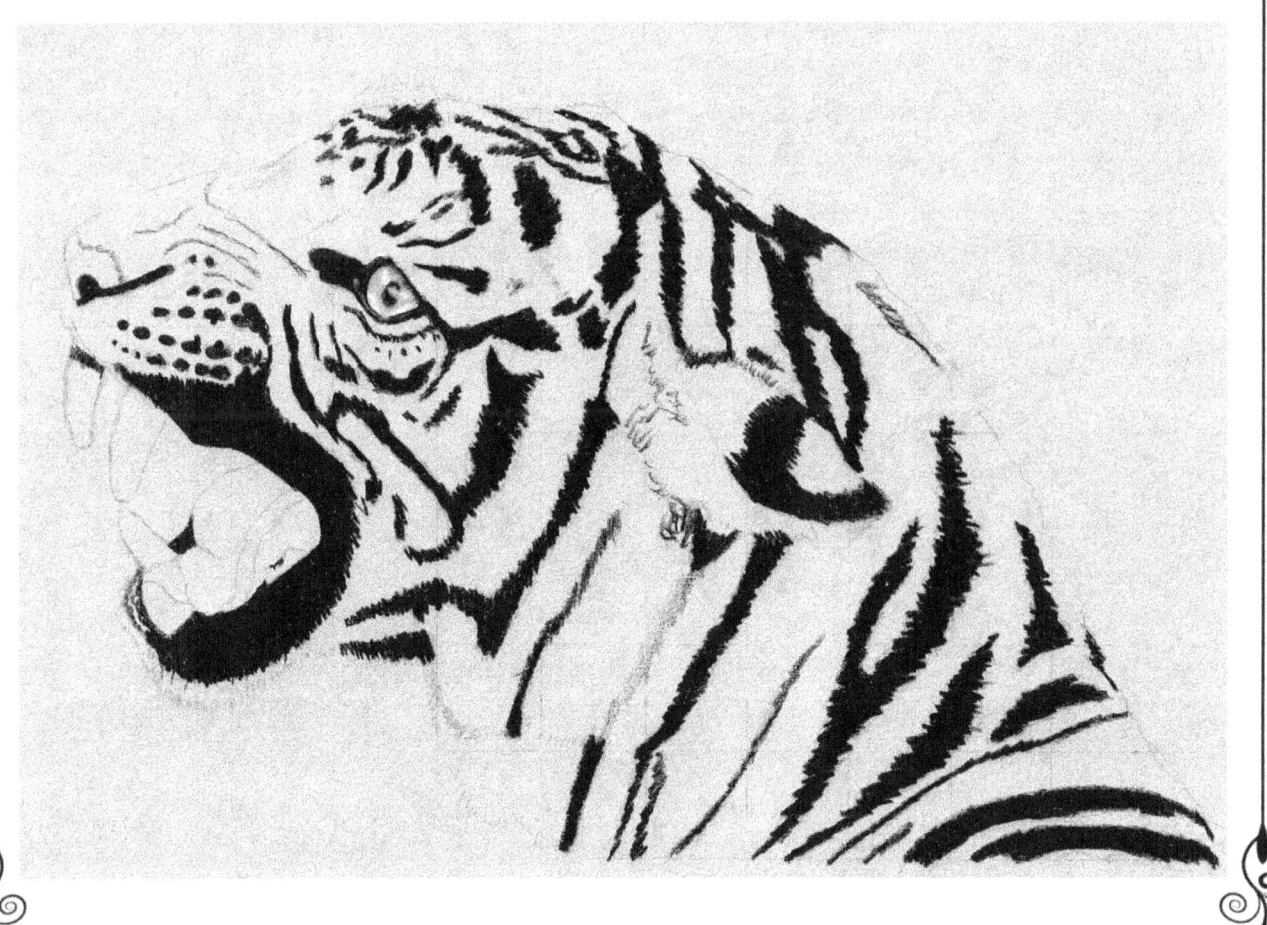

Coloration des Zones Blanches

Passez à la coloration des éléments blancs tels que la canine, les parties illuminées de la langue et le pelage blanc en utilisant un crayon fusain blanc, comme illustré ci-dessous. Portez une attention particulière à la direction de la croissance et du flux des poils pour un aspect naturel.

Faites preuve de prudence lors de la coloration à côté des zones noires pour maintenir leur intensité. Les recouvrir pourrait affecter leur couleur noire absolue et pourrait souiller le fusain de résidus de crayon noir, qui risquent ensuite d'être appliqués sur les sections blanches. Bien que le monde ne soit pas seulement en noir et blanc, concentrons-nous pour le moment sur l'application de ces couleurs primaires, réservant un travail détaillé des transitions pour plus tard.

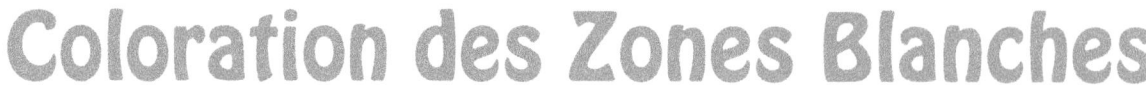

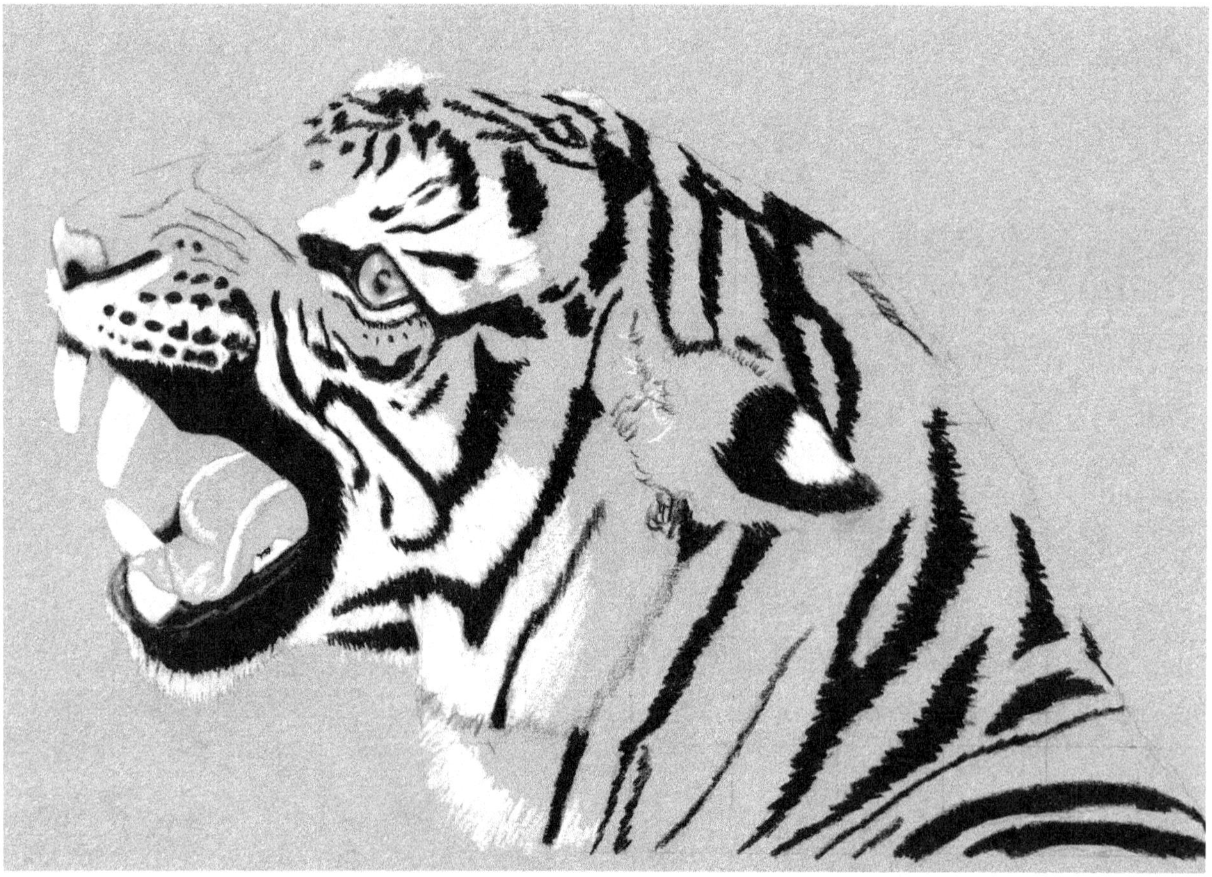

Commencez à ombrer les crocs du tigre à partir du côté droit avec un crayon HB. Diminuez progressivement la pression à mesure que vous vous déplacez vers la gauche, vous arrêtant au milieu pour un effet tridimensionnel nuancé. Utilisez une estompe pour mélanger de manière transparente la zone ombragée avec la zone blanche, créant une apparence arrondie. Répétez ce processus pour le croc inférieur pour obtenir une représentation harmonieuse et réaliste.

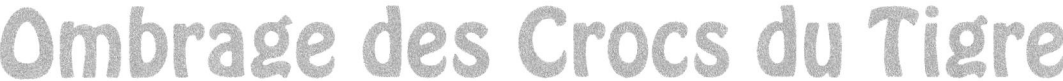

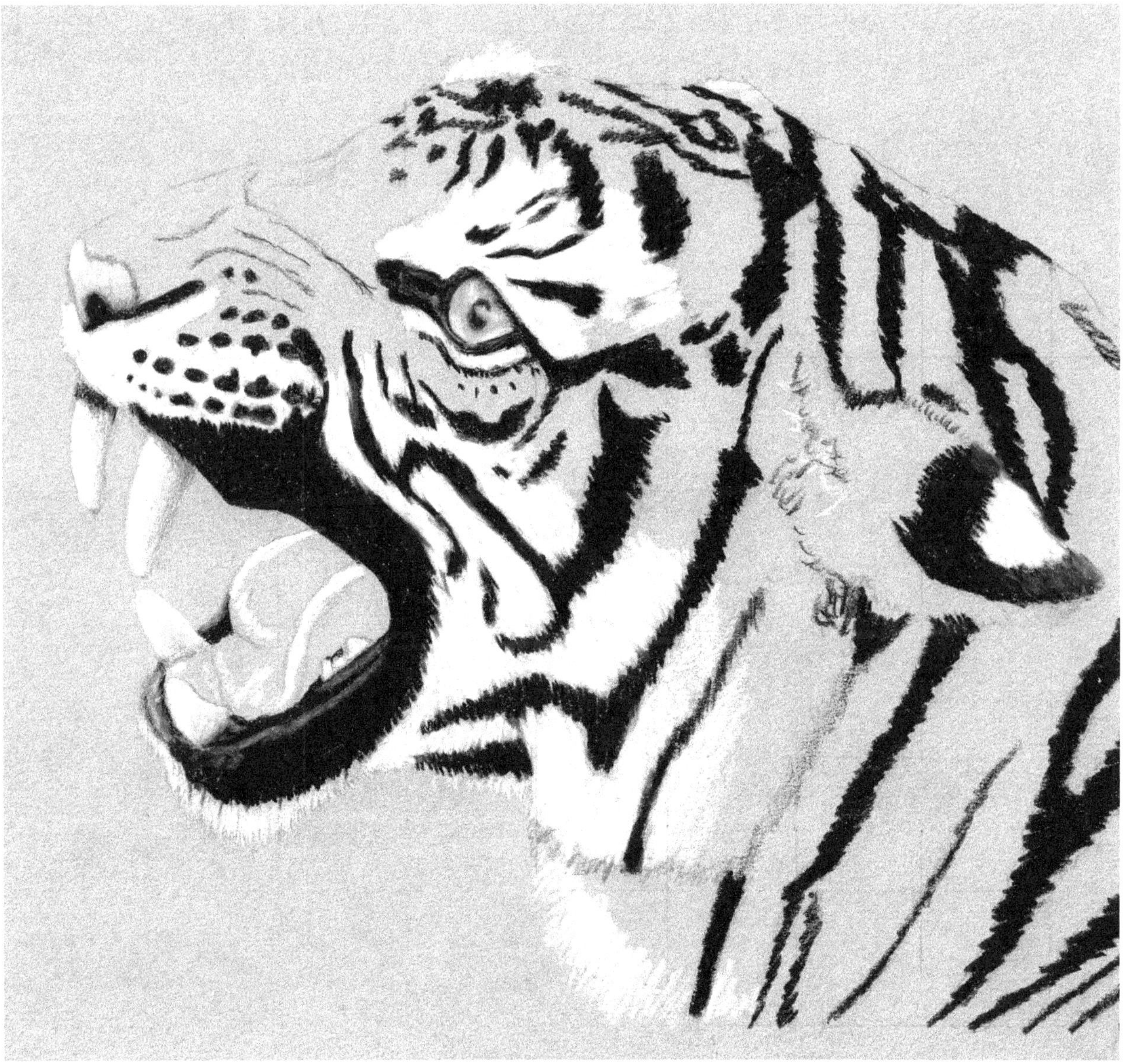

Ombrage du Pelage Brun

Avec un crayon HB, tout en délicatesse, appliquez une légère pression pour ombrer le pelage brun. Suivez la direction naturelle de la croissance des poils, en veillant à marquer les zones brunes pour les détails futurs.

Cette étape nécessite de la patience, car nous améliorerons ultérieurement le dessin avec des reflets et des ombres sur le pelage brun. À ce stade, le dessin peut sembler quelque peu bidimensionnel, mais les ajouts futurs d'ombres, de reflets et de dégradés fluides apporteront réalisme et aspect tridimensionnel à l'œuvre.

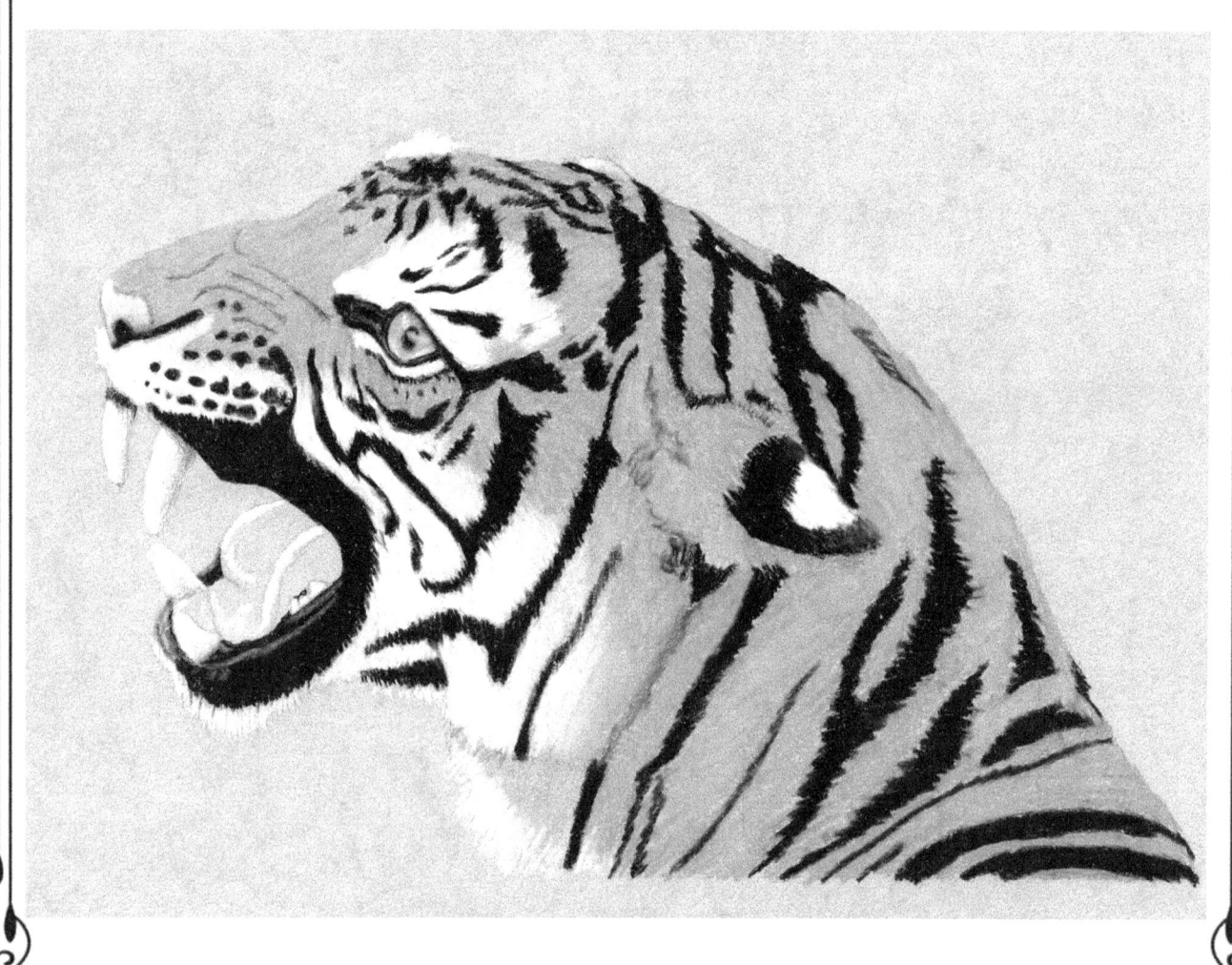

Création des Ombres

Utilisez un crayon 2B pour créer des zones ombragées sur le pelage brun dessiné au crayon HB, en vous concentrant sur les régions les plus sombres telles que l'ombre projetée par l'oreille, les rides faciales et autres zones pertinentes.

Cette phase invite à une attention plus étroite aux détails, vous permettant de dessiner poil par poil maintenant que les teintes principales ont été établies.

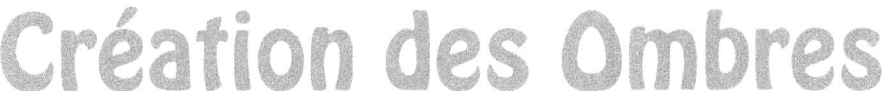

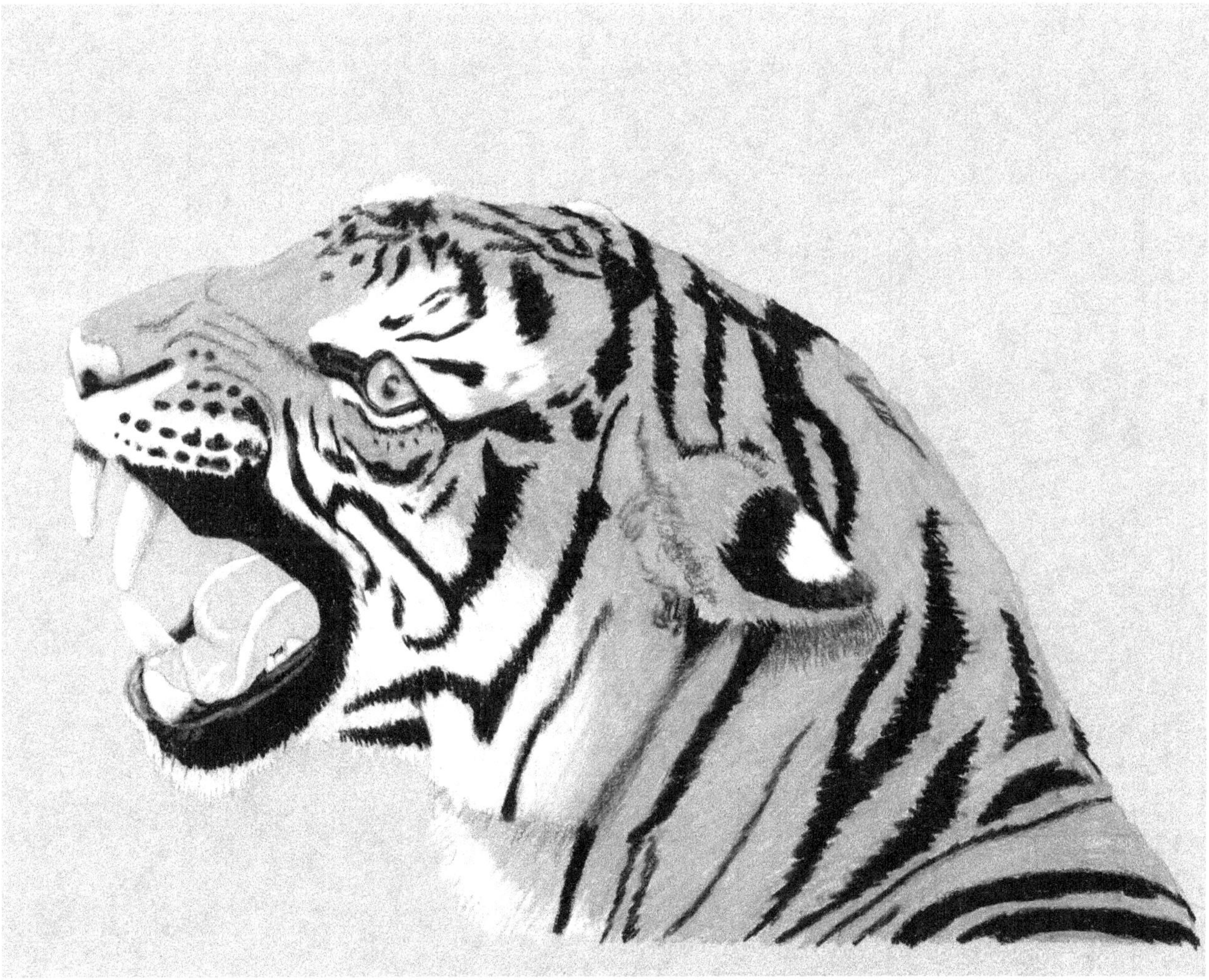

Affinement des Détails

Poursuivez le travail de détail avec un crayon 2B sur le reste du pelage brun ombragé. Fondez les contours entre les zones ombrées au crayon 2B et le pelage brun créé au crayon HB en utilisant un crayon B. Ajoutez de nombreux petits poils dans toute zone plus sombre que la valeur de base du pelage, créant un effet nuancé et réaliste.

Comparez l'image de l'étape précédente avec l'image ci-dessous pour observer les différences notables, surtout dans les zones devenues plus sombres.

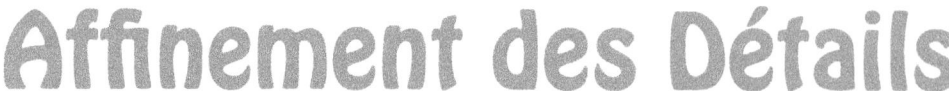

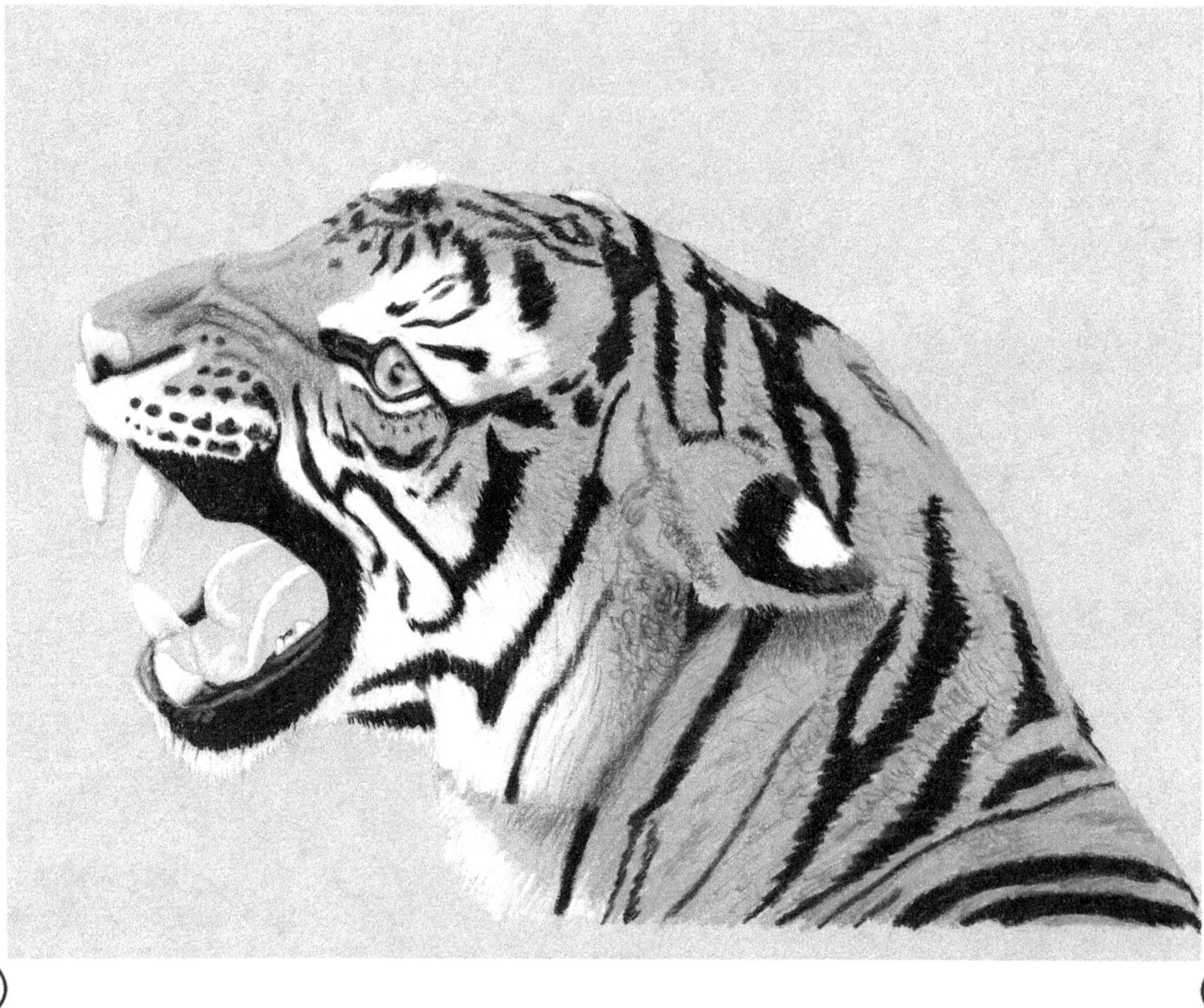

Ajout de Reflets et de Dégradés

Maintenant, mettons en valeur les parties plus claires du pelage brun. Prenez votre gomme et travaillez délicatement sur l'ombrage HB, surtout sur le dessus de la tête et du dos où le pelage attrape plus de lumière. Avec une gomme pointue, retirez soigneusement de petits détails ressemblant à des poils, ajustant la pression pour des reflets variés. Soyez attentif aux bords, eux aussi doivent être un peu plus lumineux

Pour créer une transition harmonieuse entre le pelage blanc et brun, utilisez un crayon 2B. Passez simplement la pointe de votre crayon entre les deux sections, et vous obtiendrez un mélange doux et progressif. Ajoutez plus d'ombrage avec ce crayon au besoin pour enrichir la profondeur et la texture.

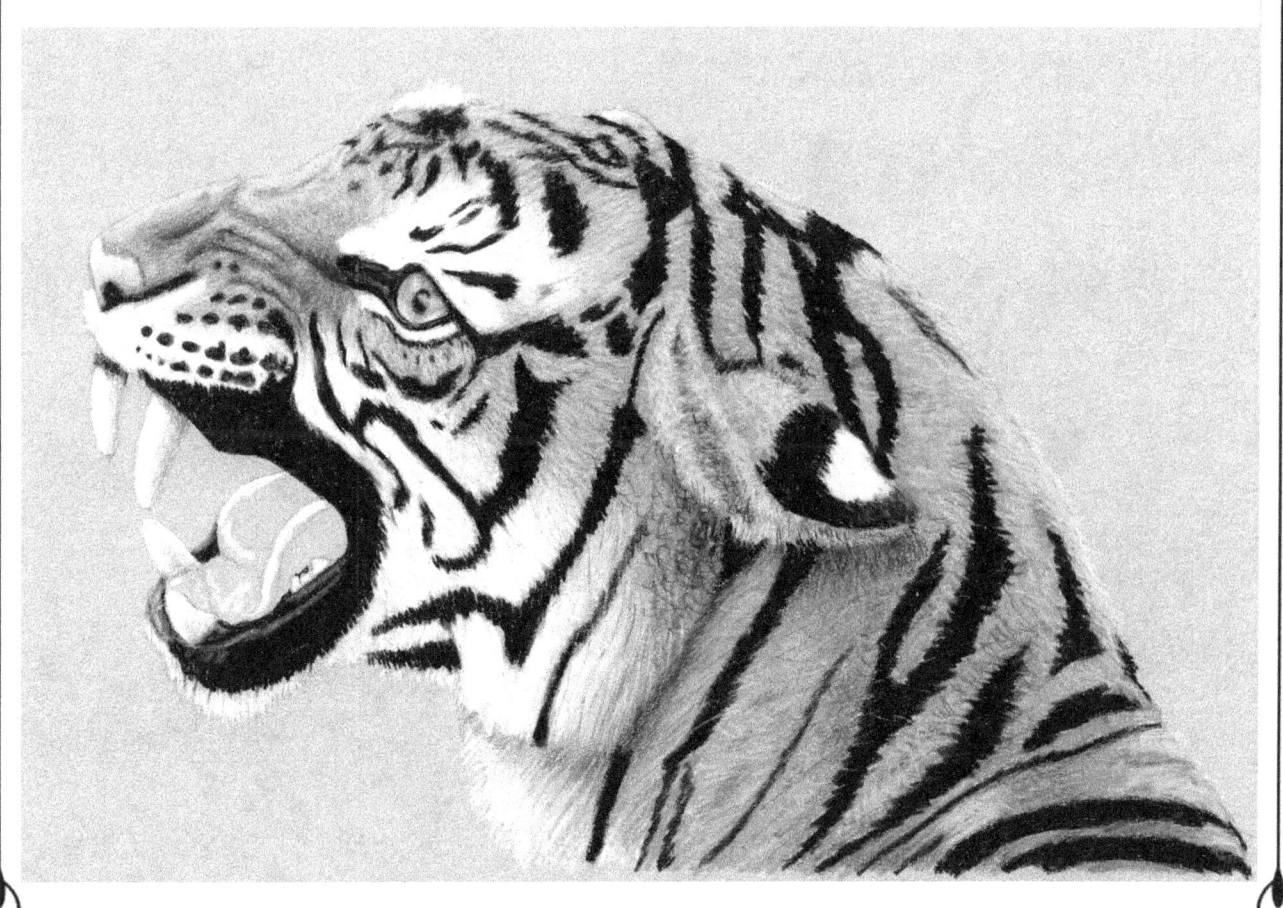

Affinage des Rayures Noires

Prenez un crayon mélangeur incolore (tel que le Prismacolor Premier PC 1077). Placez délicatement la pointe du crayon sur la rayure noire et dessinez vers l'extérieur. Cette technique introduit des poils noirs sur les poils blancs et bruns, donnant une texture douce et pelucheuse. L'objectif est de créer des poils mélangés et moins nets pour un aspect plus réaliste. Soyez attentif à la direction de la croissance et du flux des poils pendant ce processus pour un résultat plus naturel et vivant.

Cette étape peut prendre du temps pour naviguer délicatement autour de chaque zone noire, mais la transformation significative de la texture et de l'apparence que vous obtiendrez en vaudra largement la peine.

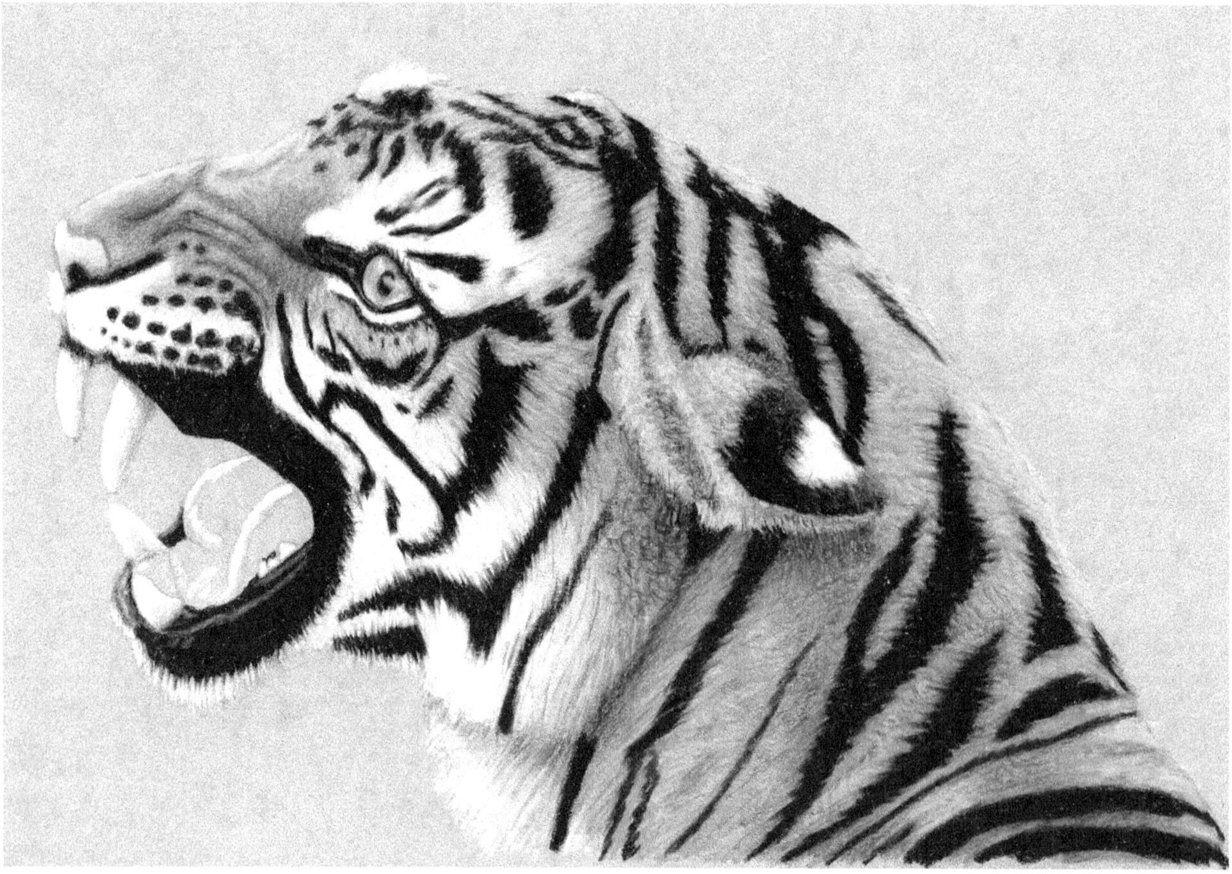

Ombrage des Ombres sur la Fourrure Blanche

Maintenant, approfondissons les ombres sur le pelage blanc dans les zones moins éclairées. Prenez un crayon HB et ombrez les sections blanches au besoin. N'oubliez pas que les objets blancs ont tendance à devenir gris en cas de faible luminosité, alors tenez-en compte lors de l'ombrage.

Mettons en évidence la zone légèrement courbée au-dessus des yeux du tigre au milieu du pelage blanc en la fonçant avec le crayon HB. De plus, assurez-vous que le pelage blanc soit plus sombre du côté droit du museau, car il reçoit moins de lumière. Cette étape ajoute de la dimension et du réalisme au visage du tigre.

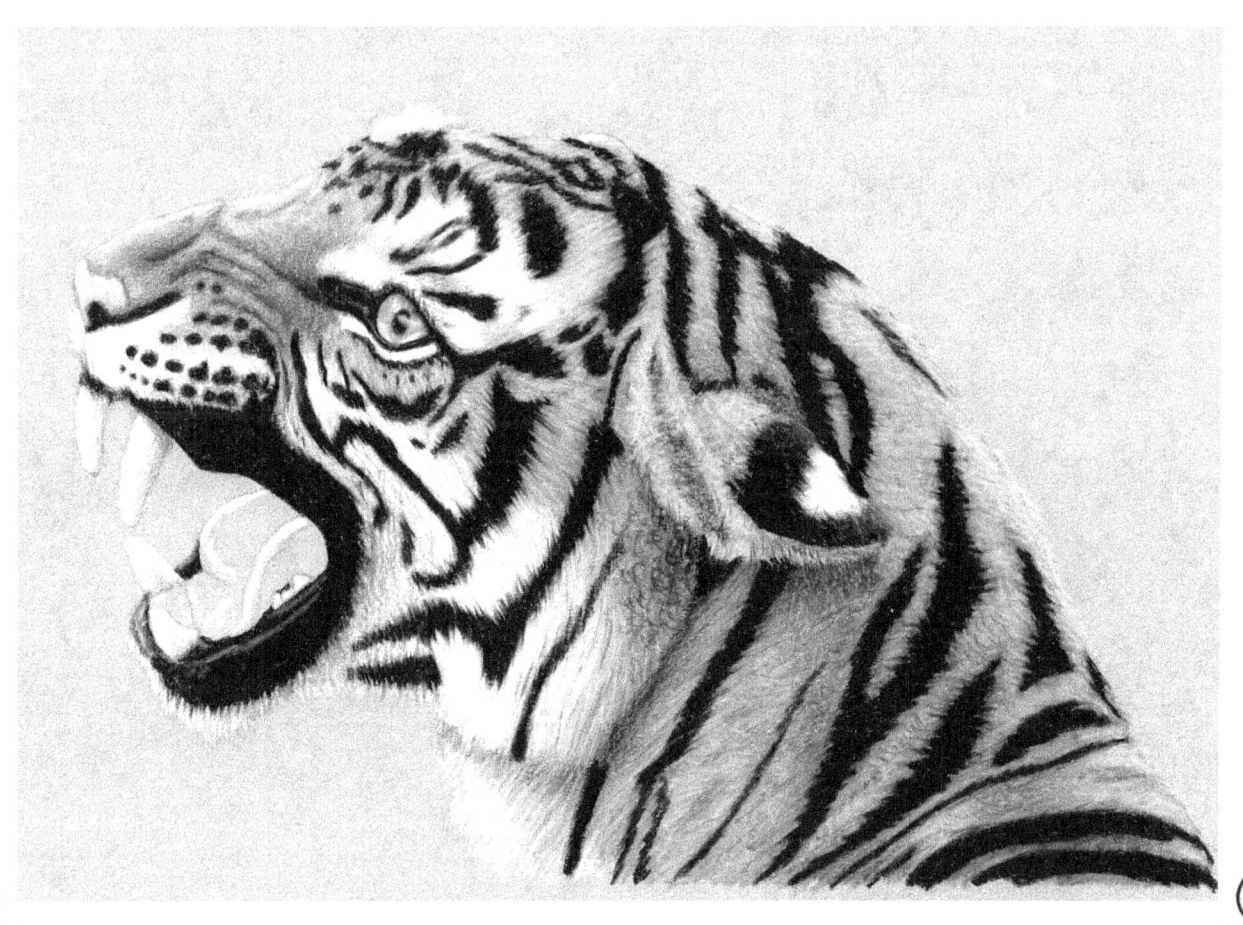

Ombrage de la Langue

Suivez l'image ci-dessous pour ombrer le nez et la langue du tigre avec un crayon HB. Ajustez la pression pour créer des zones ombrées et éclairées nuancées. Vous pouvez utiliser des crayons plus clairs ou plus foncés que le HB pour une variation supplémentaire.

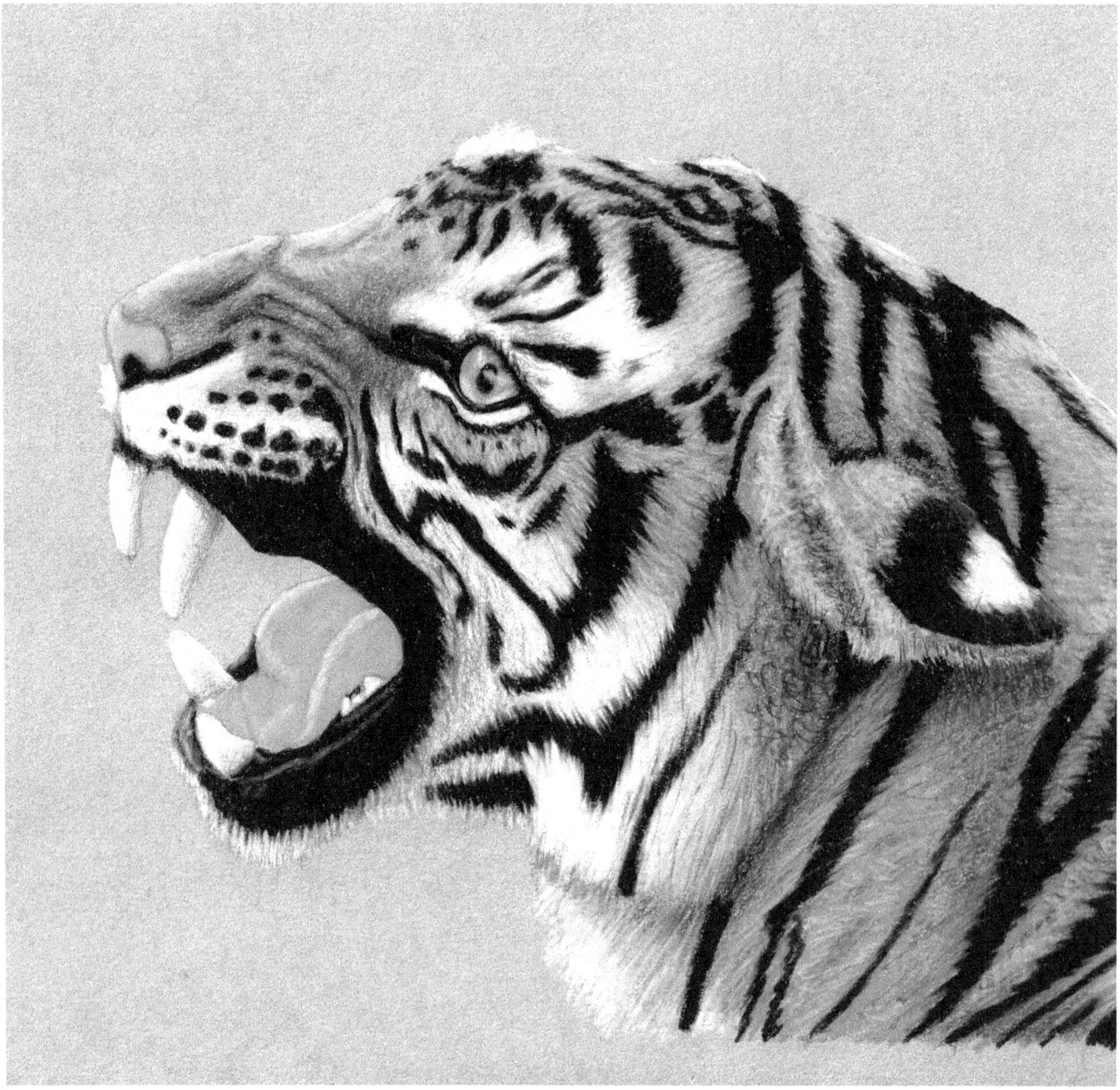

Ajout de Détails

Pour ajouter des détails complexes à la langue, utilisez une gomme électrique pour enlever soigneusement le graphite, créant des textures fines comme des aiguilles. Cette étape améliore le réalisme et attire l'attention sur les aspects plus fins du visage du tigre.

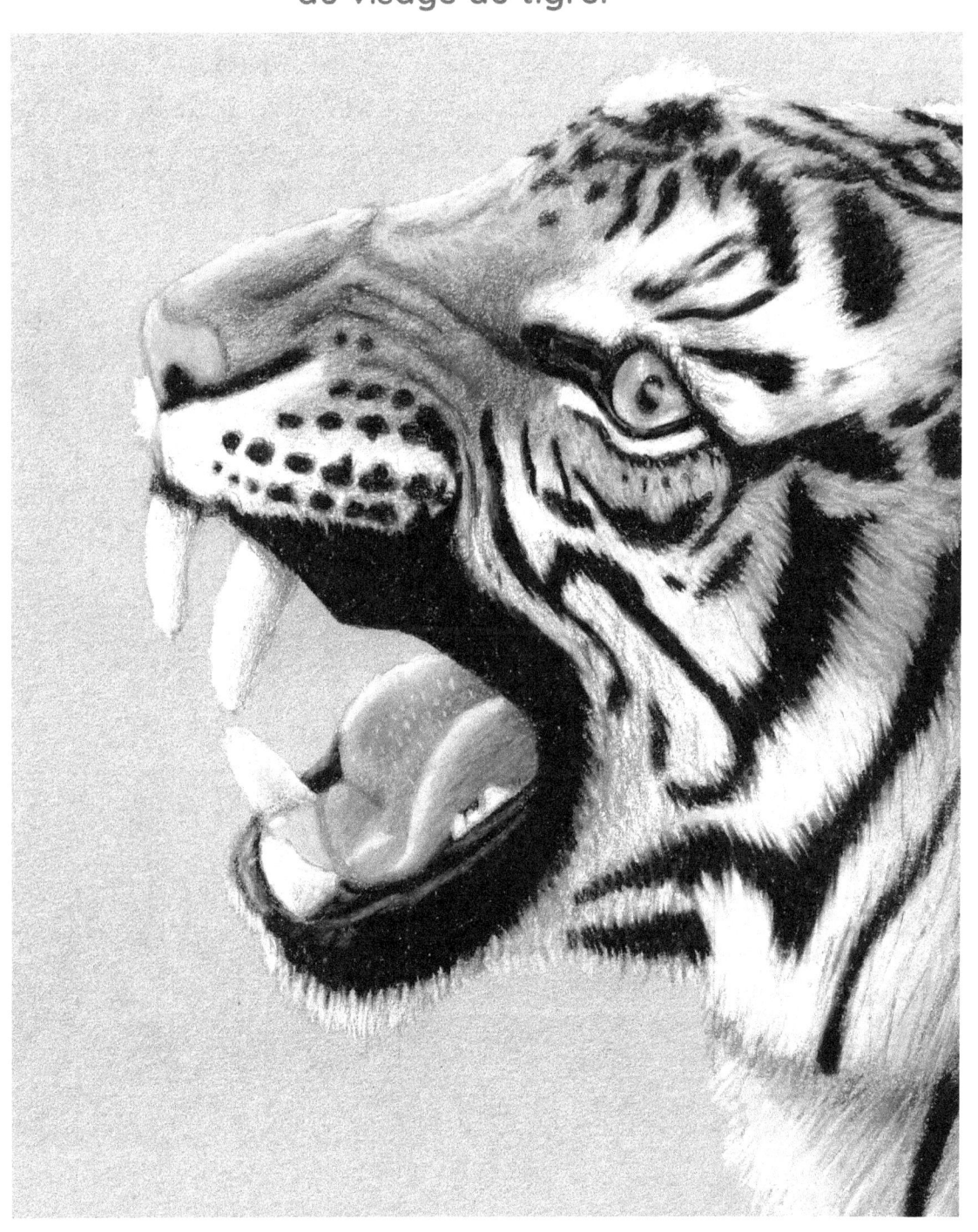

Touches Finales

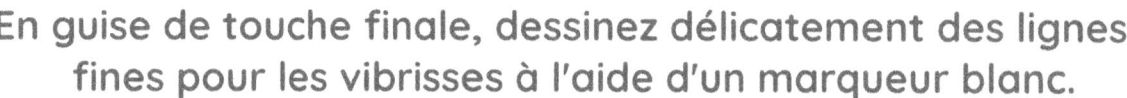

En guise de touche finale, dessinez délicatement des lignes fines pour les vibrisses à l'aide d'un marqueur blanc.

N'hésitez pas à ajouter autant de détails que vous le souhaitez, en ajustant l'ombrage selon votre style préféré.
Cette étape permet de personnaliser votre œuvre, vous offrant la liberté créative de peaufiner et d'améliorer le dessin à votre satisfaction.

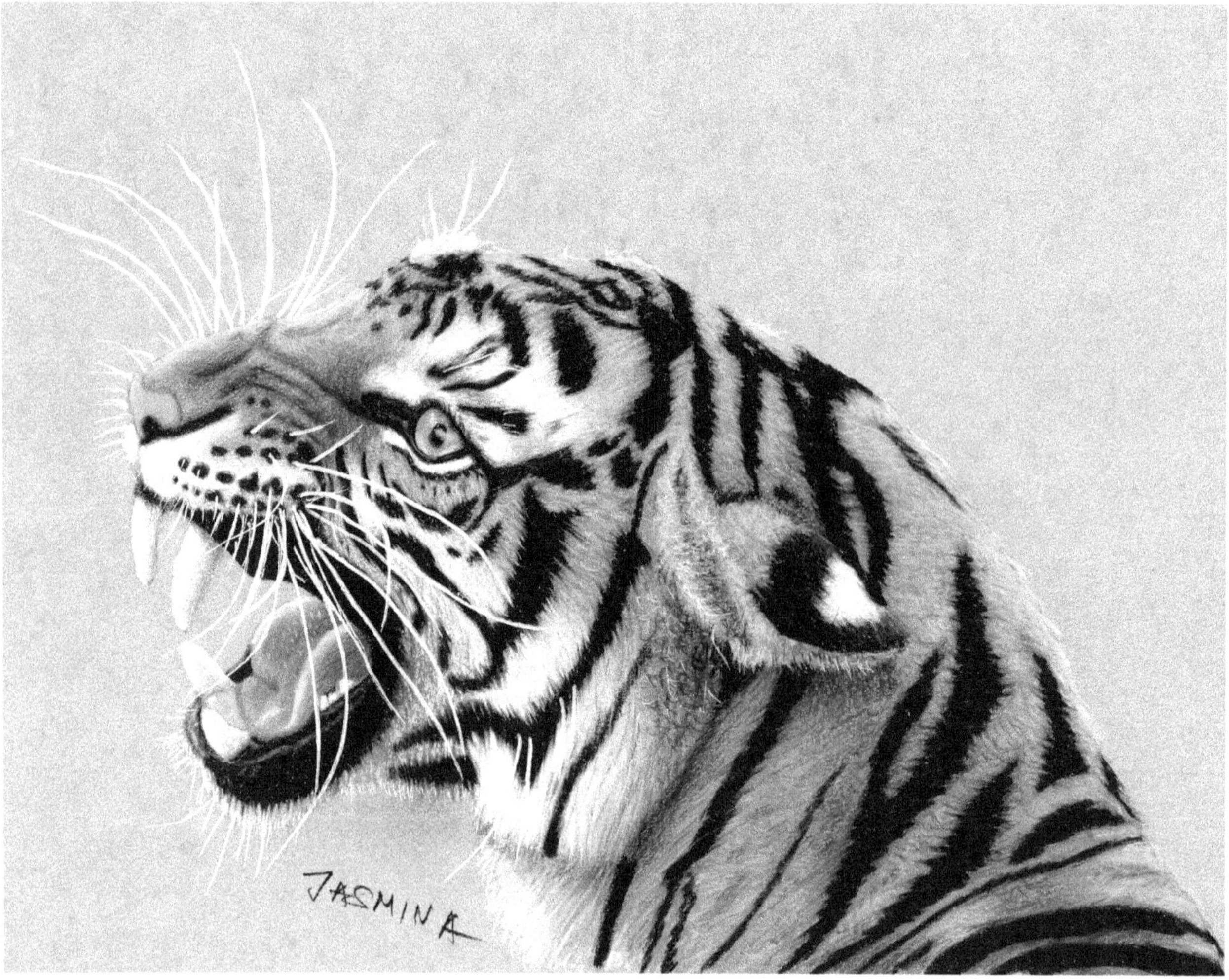

Dessins d'interlude

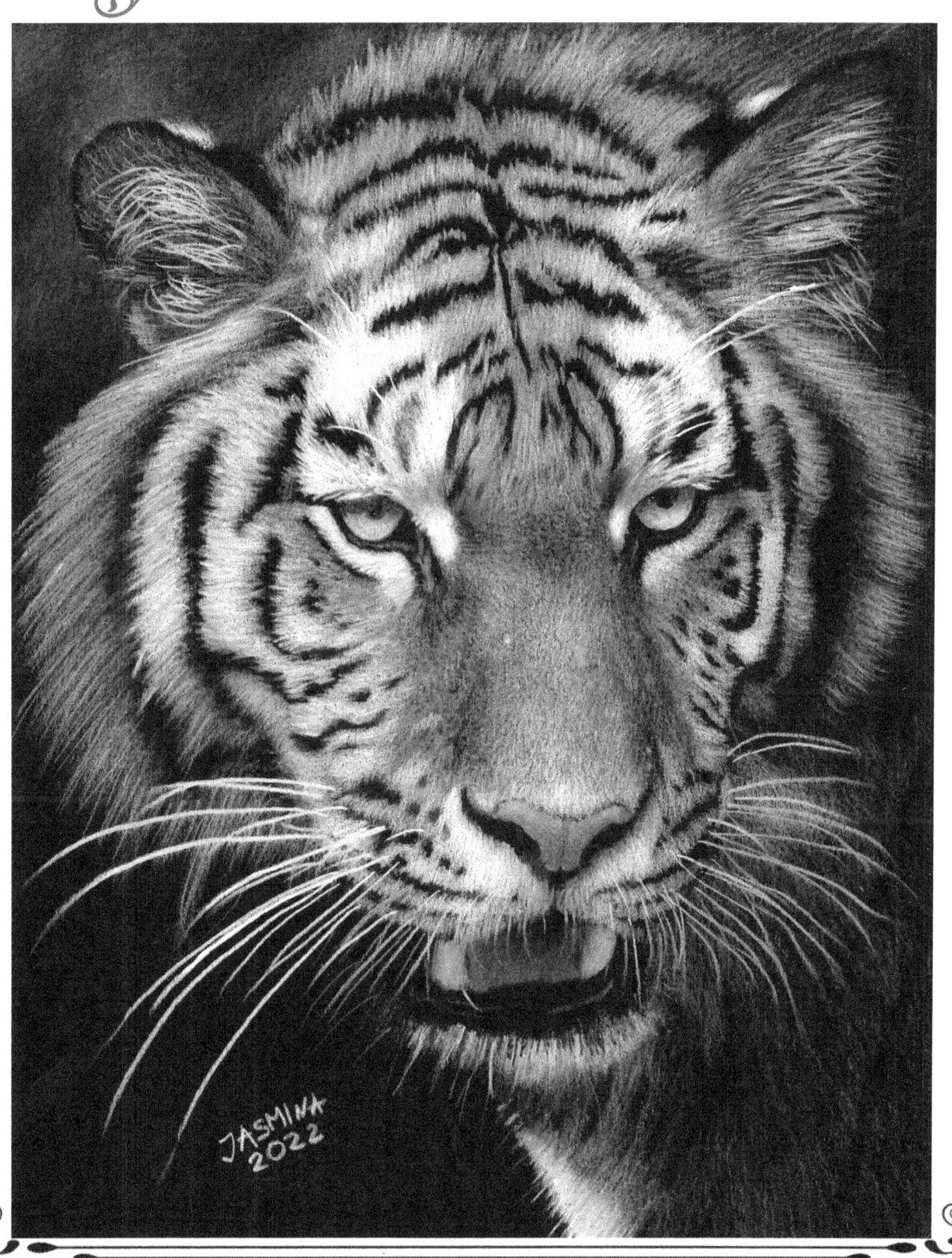

Retouche de votre dessin

Vous avez terminé votre dessin, et il est maintenant temps de le présenter en ligne. Après avoir scanné ou photographié votre œuvre, vous pourriez remarquer qu'elle ne ressemble pas tout à fait à ce qu'elle est en personne. Pour vous assurer que vos dessins soient à leur meilleur avantage, il est essentiel de les présenter dans une lumière naturelle, surtout si vous prévoyez de les vendre ou de prendre des commandes. Dans ce tutoriel, nous allons explorer le processus de la retouche de votre dessin scanné pour améliorer son apparence. Après avoir terminé votre dessin, vous pourriez remarquer que la version scannée ou photographiée semble pâle et que le graphite est trop brillant. Pour présenter votre dessin de manière précise et montrer sa véritable beauté, il est important de le retoucher à l'aide d'un logiciel de retouche d'images.

Avant et après

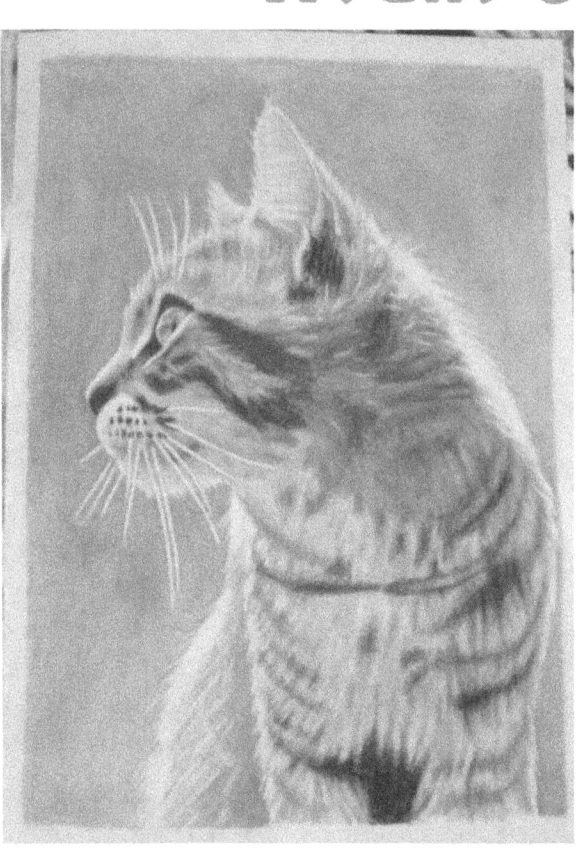 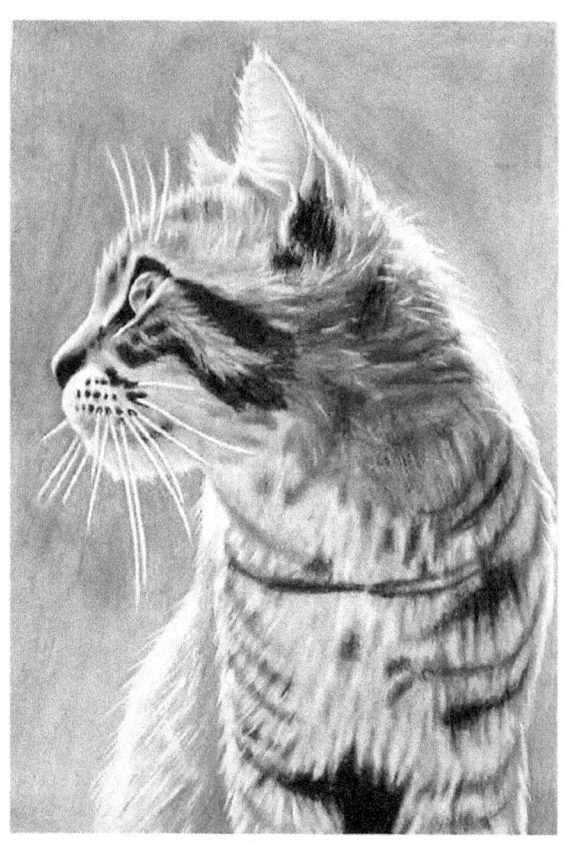

Redressement, recadrage et netteté de Votre Dessin

Personnellement, j'utilise Windows Photo Gallery pour la retouche, comme montré dans ce tutoriel. Cependant, vous pouvez utiliser n'importe quel logiciel de retouche d'images qui offre des capacités d'ajustement, tels que PaintNET, Photoshop ou Picasa. Je vais vous guider dans ma méthode préférée en utilisant Windows Photo Gallery, mais n'hésitez pas à adapter les étapes au logiciel de votre choix. Commencez par redresser l'image si nécessaire. Cela corrigera tout inclinaison ou distorsion qui aurait pu survenir lors de la numérisation ou de la photographie, ce qui aboutira à une composition plus équilibrée et alignée.

Ensuite, recadrez soigneusement l'image pour éliminer tout élément inutile ou distrayant. En recadrant stratégiquement, vous pouvez concentrer l'attention du spectateur sur les parties les plus importantes de votre dessin, créant ainsi une présentation plus captivante et visuellement impactante.

Enfin, appliquez un filtre ou un outil de netteté pour améliorer la clarté et la netteté de votre dessin. Cela fera ressortir les détails fins et les textures, donnant à votre œuvre une apparence plus définie et professionnelle.

Ajustement du contraste et de la saturation

À cette étape, nous nous concentrerons sur la retouche du contraste et de la saturation de notre dessin numérisé ou photographié. Commencez par réduire la saturation pour éliminer toute couleur restante. Cela transformera l'image en une représentation en niveaux de gris qui mettra en évidence les nuances de graphite. Ensuite, augmentez légèrement le contraste pour donner de la profondeur et de la définition au dessin, améliorant les zones claires et sombres et faisant ressortir les détails. Facultativement, vous pouvez également assombrir les ombres pour créer un effet plus dramatique, mettant en évidence la profondeur et la dimension de votre œuvre.

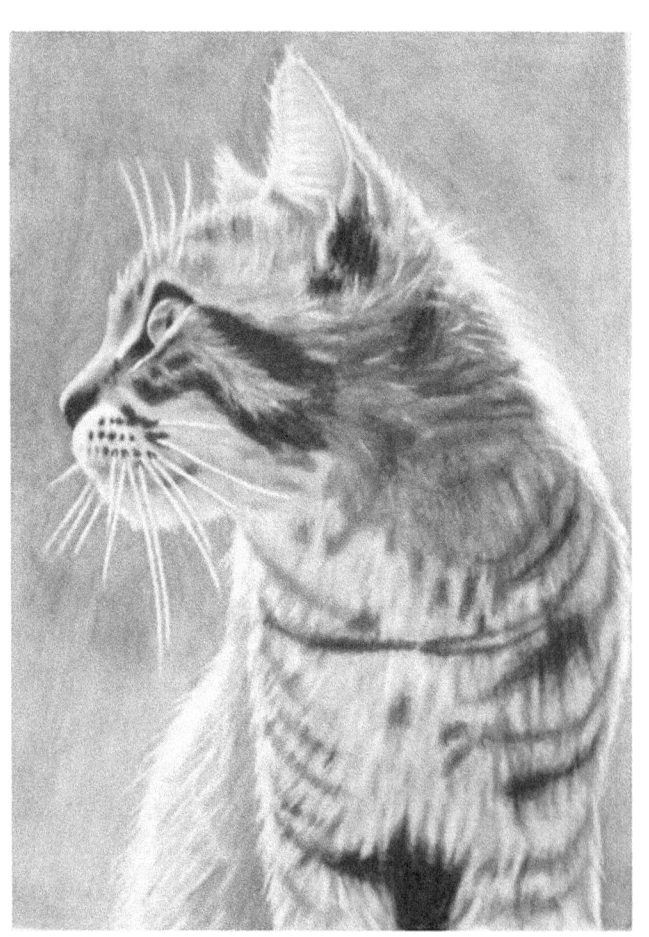

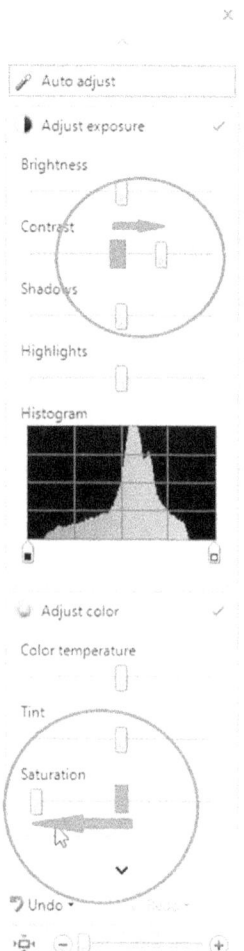

Au lieu d'utiliser la fonction de contraste, vous pouvez vous appuyer sur la fonction d'histogramme pour ajuster les zones sombres et les zones lumineuses de votre dessin numérisé ou photographié. En manipulant les curseurs, vous pouvez approfondir les ombres et faire ressortir les zones plus ,
lumineuses, ajoutant ainsi de la richesse et de la vivacité à votre œuvre. Cette méthode alternative améliore non seulement l'aspect global de votre dessin, mais elle vous permet également de peaufiner des zones spécifiques avec précision. Une fois que vous vous serez familiarisé avec cette technique, vous serez étonné de voir à quelle vitesse vous pouvez rehausser l'impact visuel de votre œuvre, lui donnant une touche supplémentaire de profondeur et de vie.

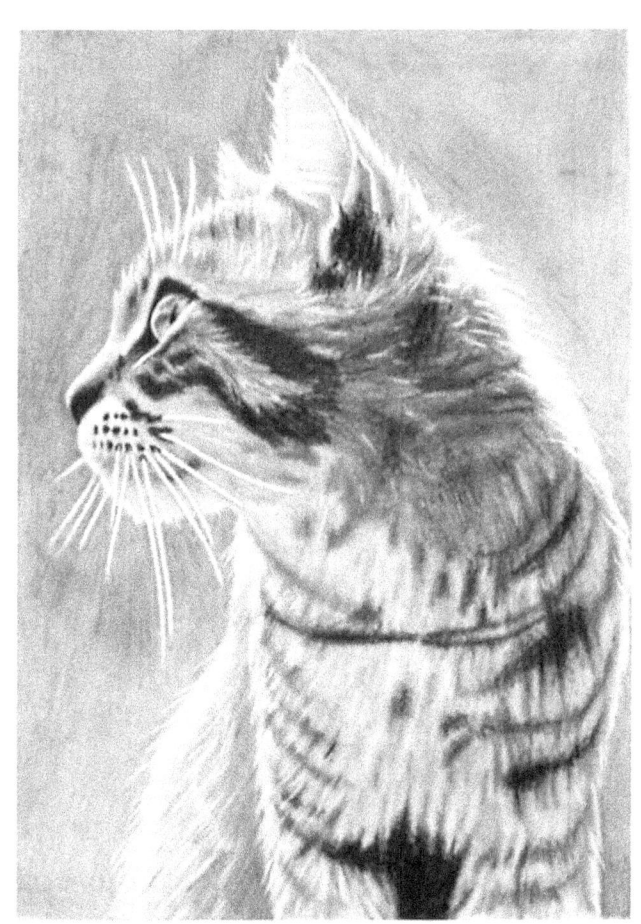
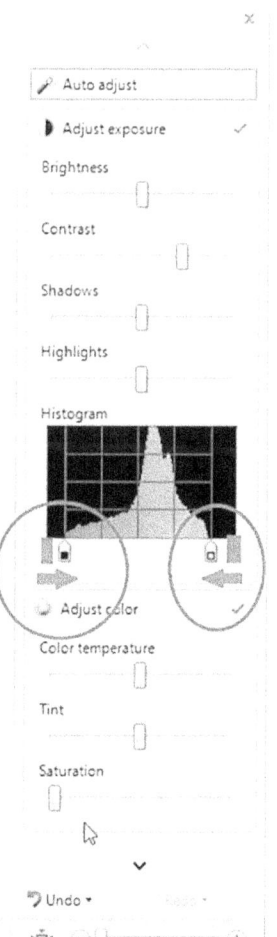

Épilogue

En conclusion, je tiens à exprimer ma sincère gratitude à chacun d'entre vous qui a entrepris ce voyage artistique avec moi. À travers ces tutoriels, j'ai partagé ma passion pour le dessin photoréaliste et les techniques qui ont façonné mon propre style artistique. Tout au long de mon évolution artistique, j'ai appris à apprécier l'inspiration infinie qui réside dans une toile ou une feuille de papier vierge. Chaque trait et chaque marque réalisés ont le potentiel de donner naissance à une œuvre finie captivante et impressionnante.

En plongeant dans le monde du dessin photoréaliste, n'oubliez pas l'importance de construire des bases solides. Commencez avec du graphite ou du fusain pour maîtriser les compétences fondamentales de création de valeurs, en passant progressivement à des techniques plus complexes, comme l'ajout de couleurs à vos dessins. La pratique, le dévouement et la discipline personnelle sont essentiels pour obtenir les résultats souhaités dans votre art.

Je comprends qu'il peut être décourageant de se comparer à des artistes plus accomplis, mais il est important de se rappeler que chacun a son propre chemin et sa propre progression. Rappelez-vous, ces artistes ont investi d'innombrables heures d'efforts et de travail acharné dans leur métier, perfectionnant leurs compétences et produisant des centaines de dessins. Il est important de reconnaître que chacun apprend à son propre rythme. Alors que certaines personnes peuvent saisir facilement les concepts et progresser rapidement, d'autres peuvent avoir besoin de plus de temps et de pratique pour atteindre le même niveau de compétence. La comparaison peut entraver notre progression, alors apprécions l'inspiration des autres tout en restant fidèles à notre propre développement artistique. Souvenez-vous qu'atteindre même une légère ressemblance à la réalité dans votre dessin est un témoignage de votre travail acharné et de votre dévouement. Soyez fier de vos réalisations et laissez-les alimenter votre motivation de continuer à avancer. Au lieu de nous comparer aux autres, concentrons-nous sur notre propre croissance et célébrons nos réussites en cours de route.

Le dessin n'est pas seulement un exutoire créatif, mais aussi une source de joie et d'épanouissement immense. Il transcende les barrières de l'âge et a des avantages profonds pour votre bien--être global. Peu importe votre âge, s'engager dans le dessin favorise la concentration, la pleine conscience et un profond sentiment de présence dans le moment présent. Cela vous permet de vous échapper des pressions de la vie quotidienne et de vous plonger dans un monde de créativité et d'expression de soi. Au-delà de la croissance personnelle, je crois fermement au pouvoir de l'art pour inspirer et avoir un impact positif sur le monde. Chaque dessin a le potentiel de répandre la compassion, de sensibiliser ou tout simplement de remonter le moral de quelqu'un. Pendant que vous créez vos œuvres d'art, envisagez les messages que vous pouvez transmettre et la différence que vous pouvez faire à travers votre art.

Ce fut un honneur de vous guider à travers les étapes de ces dessins complexes. N'hésitez pas à me contacter sur les réseaux sociaux ou via mon site Web. Je serais ravie de voir vos dessins, d'entendre vos suggestions et de répondre à toutes les questions que vous pourriez avoir.
Continuez à créer, à explorer et laissez votre parcours artistique se dérouler de manière inattendue. Merci de m'avoir accompagnée dans cette aventure artistique, et que vos futurs dessins inspirent et enchantent les autres.
Cordialement, Jasmina

A propos de l'auteur

Jasmina Susak est une artiste autodidacte avec une passion pour la création de dessins hyperréalistes et de peintures acryliques. Spécialisée dans le travail aux crayons de couleur et au graphite, elle a été reconnue pour sa capacité à saisir l'essence et la ressemblance des animaux, des portraits, des personnages de films et des objets du quotidien.

Animée par le désir de voir ses dessins prendre vie, Jasmina s'est lancée dans son voyage artistique armée de rien d'autre qu'un crayon en graphite, du papier et d'une gomme. La joie de constater la ressemblance dans ses portraits est devenue une force motrice dans ses démarches artistiques. Les fans de son travail l'ont encouragée à essayer avec des couleurs, alors elle s'est plongée dans le domaine des crayons de couleur, se concentrant principalement sur leurs qualités vibrantes tout en revisitant occasionnellement son cher médium en graphite.

Au-delà de son travail au crayon, Jasmina trouve également de la joie à peindre des paysages à l'acrylique. Cette forme d'expression artistique lui permet de se détendre et d'embrasser un sentiment de liberté, s'éloignant de la ressemblance stricte des photos de référence. Le dessin comme la peinture jouent tous deux un rôle vital dans sa croissance artistique.

Avec un nombre important d'abonnés sur les réseaux sociaux, Jasmina a établi des liens avec des centaines de milliers d'amateurs d'art et d'artistes en herbe qui apprécient son travail et trouvent de l'inspiration dans son parcours artistique.

Pendant son temps libre, Jasmina se consacre à sa passion pour le jardinage et cherche constamment des opportunités pour apprendre de nouvelles choses. Elle croit fermement en la valeur de l'apprentissage tout au long de la vie, le reconnaissant comme un aspect fondamental de l'être humain et un catalyseur de croissance personnelle, tant sur le plan physique que mental.

Les passions de Jasmina s'étendent bien au-delà du monde de l'art. Elle trouve de la joie et de l'inspiration dans les merveilles de la nature, les subtilités de la science, les mystères de l'astronomie, les avancées de la technologie, la créativité de la conception web, les mélodies de la musique et le frisson de participer à diverses activités sportives.

À travers son art et son parcours en tant qu'artiste autodidacte, Jasmina vise à inspirer les autres à explorer leur créativité, encourager l'expression de soi et découvrir le pouvoir transformateur de l'art dans leur vie.

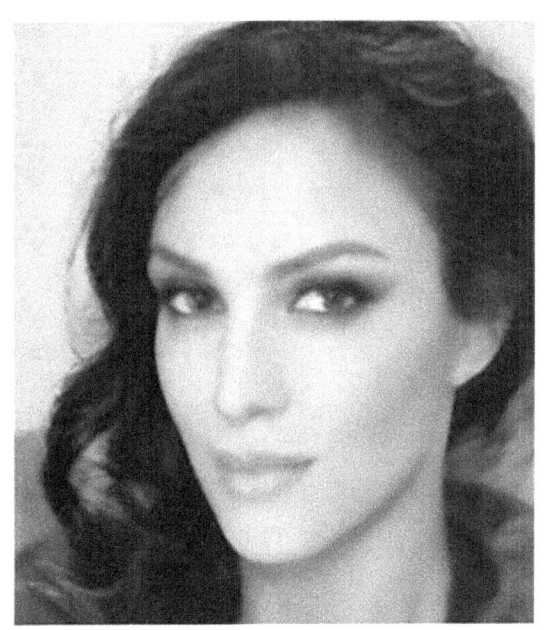

Jasmina croit en la puissance d'une perspective positive et optimiste, mettant l'accent sur l'importance de la discipline personnelle et du soin de soi non seulement dans l'art, mais dans tous les aspects de la vie. Elle reconnaît que les leçons apprises grâce au dessin peuvent influencer profondément nos personnalités et notre façon de vivre, nous guidant vers une existence plus positive et épanouissante.

www.jasminasusak.com

Photos de Référence pour Renforcer vos Compétences

Voici une collection de photos de référence soigneusement sélectionnées pour compléter les stratégies abordées dans les tutoriels de ce livre. Plongez dans la joie du dessin en explorant ces images du domaine public pour améliorer vos compétences. Bon dessin !

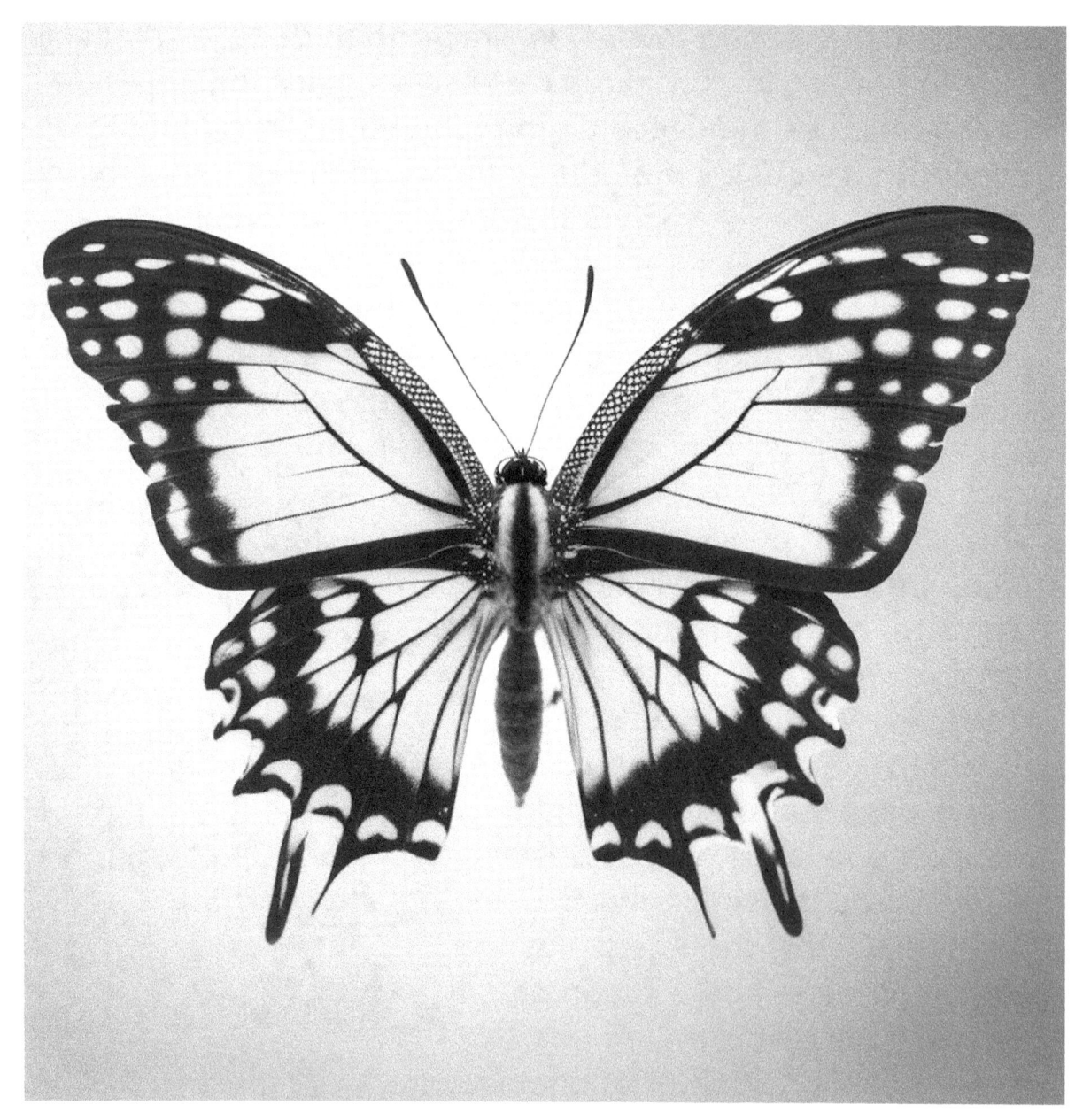

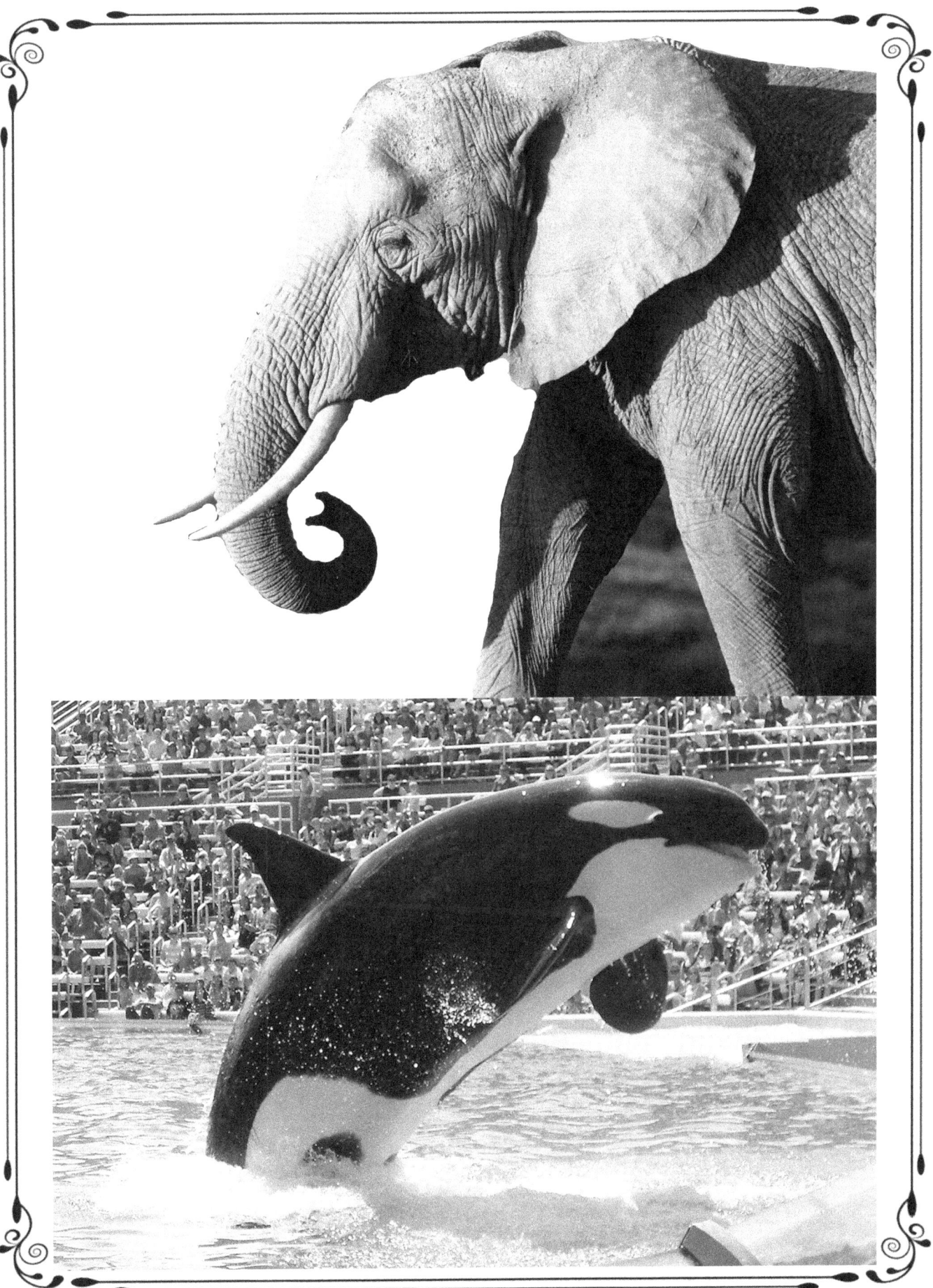

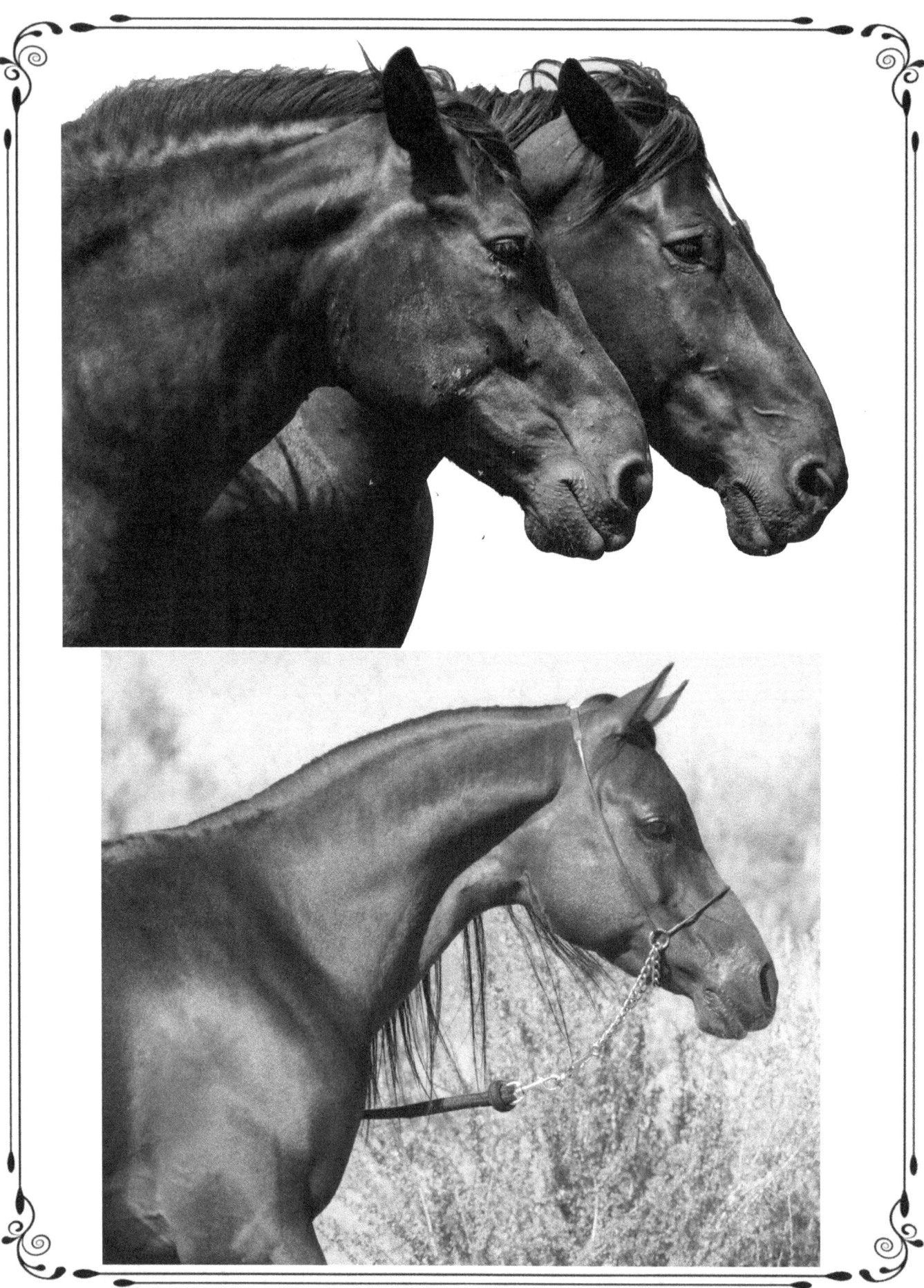

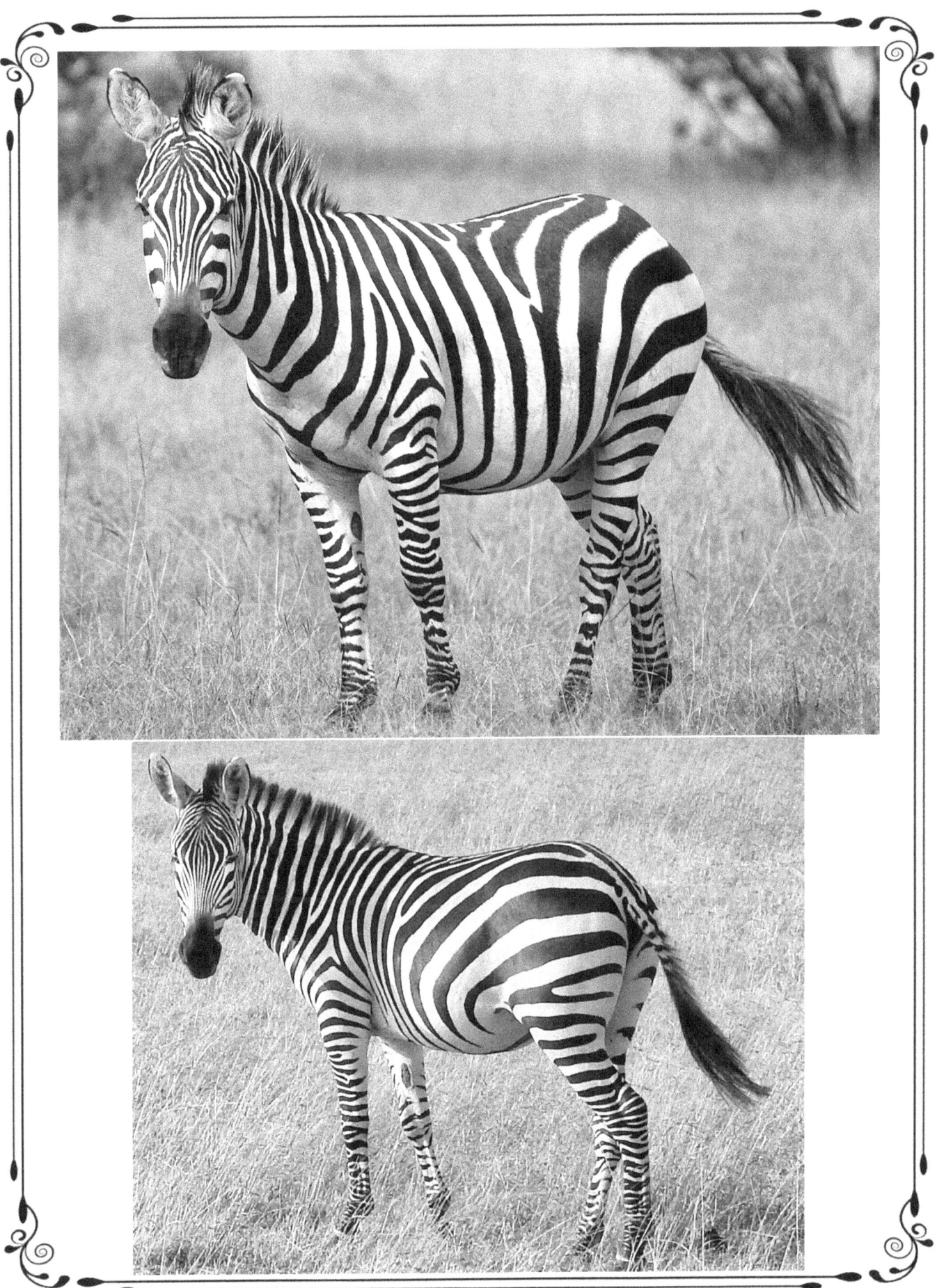

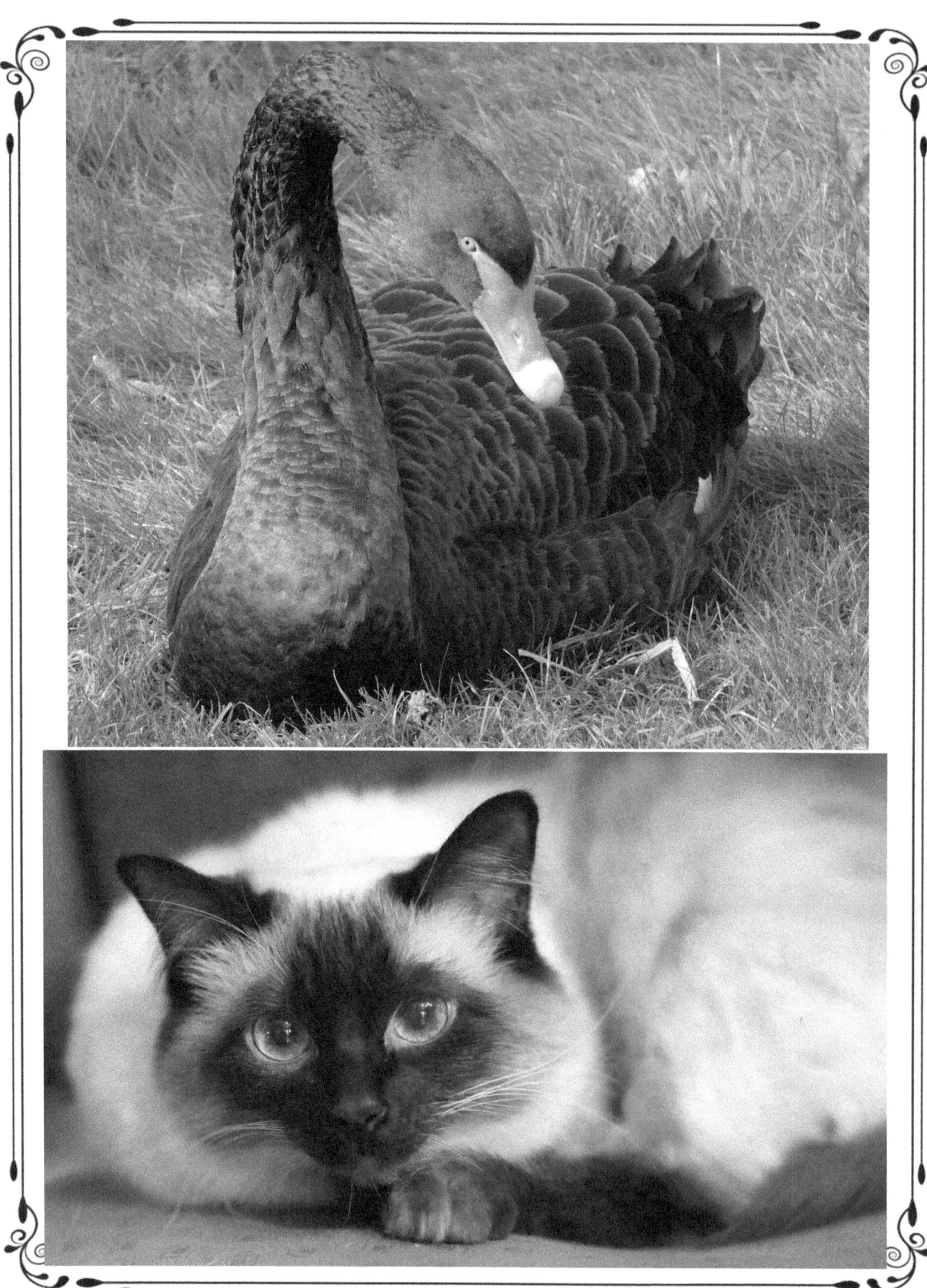

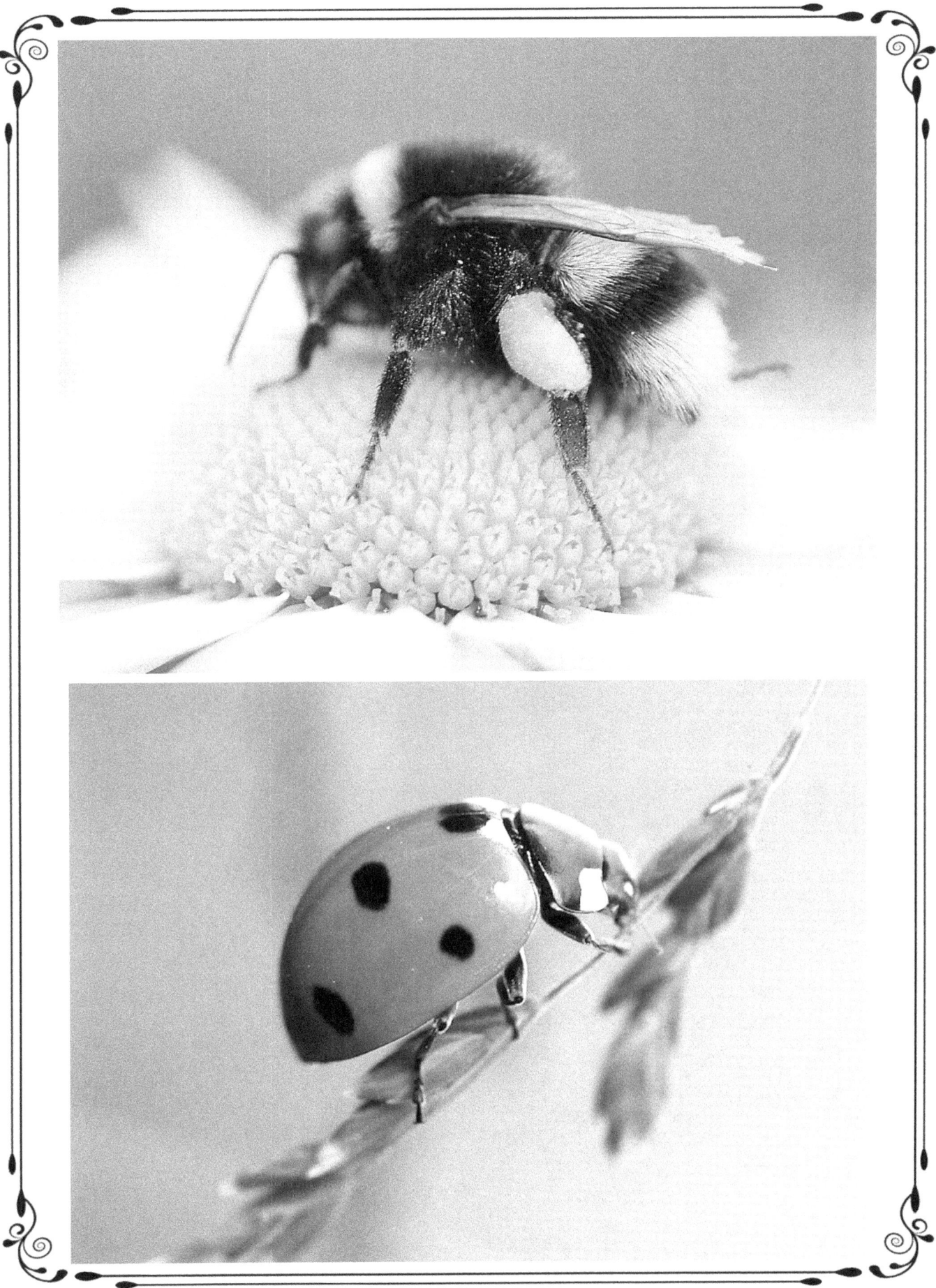